HARDPRESS.NET
HOME OF HARD-TO-FIND BOOKS

# Vita Di Napoleone Iii Narrata Al Popolo Italiano
by Francesco Regonati

# Vita di Napoleone III narrata al popolo italiano

Francesco Regonati

# VITA

# DI NAPOLEONE III

TIP. VALLARDI.

# VITA

DI

# NAPOLEONE III

NARRATA

AL POPOLO ITALIANO

DAL PROF. ABATE FRANCESCO REGONATI

DEDICATA

## AL PRODE ESERCITO ITALO-FRANCO

MILANO
DOTTOR FRANCESCO VALLARDI
TIPOGRAFO-EDITORE
CON STABILIMENTO DI CARTE GEOGRAFICHE
Contrada S. Margherita N. 5.

1859.

O PRODE ESERCITO ITALO-FRANCO

OH! IL PIU' BEL FIORE DI DUE NAZIONI SORELLE

CHE VAI PROPUGNANDO LA CAUSA

DELLA REDENZIONE D'ITALIA DAL GIOGO STRANIERO

QUESTE PAGINE INTORNO AL TUO DUCE SUPREMO

NAPOLEONE III

CON LAGRIME DI TENEREZZA E DI GIOJA

TI DEDICA RICONOSCENTE L'AUTORE.

# SOMMARIO DELL'OPERA

## PARTE PRIMA

*Svizzera.* — Intenzioni finali di Napoleone I svelate dal nipote. — Elogio di Luigi re d'Olanda. — Non ogni legge o governo s'affà per tutti i paesi. — Opportunità delle innovazioni sociali fatte col consenso del popolo, per evitare le rivoluzioni. — Espediente per conciliare il principio d'ordine colla sovranità popolare. — Glorie dell'Impero Napoleonico.

## PARTE SECONDA

DALLO SBARCO DEL PRINCIPE A BOULOGNE FINO ALLA SUA ELEZIONE A PRESIDENTE DELLA REPUBBLICA (1840-1848)

**4**

appello al voto nazionale. — Famigliari del principe, e intrighi del ministero francese. — Allestimenti per la partenza dei congiurati. — Viaggio marittimo. — Preparativi dei congiurati per lo sbarco. — Sbarco a Wimereux, presso a Boulogne. — Ingresso de'congiurati in Boulogne. — L'impresa fallisce. Disperazione del principe. — Pericolo del principe. Generosità di Persigny: tutt'e due son fatti prigionieri, con parte de' loro compagni.

## PARTE TERZA

DALLA ELEZIONE DEL PRINCIPE A PRESIDENTE DELLA REPUBBLICA SINO ALLA GUERRA DA LUI MOSSA ALL'AUSTRIA PER LA CAUSA DELL'INDIPENDENZA ITALIANA (1848-1859).

del popolo, qualunque egli sia. — Primi decreti liberamente promulgati dal principe presidente. — Votazione popolare immensamente favorevole agl'intenti riconosciuti del principe. — Sua risposta alle solenni congratulazioni fattegli in nome della nazione francese. —, « L'opera di Dio riuscirà ad ogni costo ».

12

si chiami Napoleone III. — Ringraziamenti, esortazioni e promesse fatte dall'imperatore alla nazione francese. — Proclamazione dell'Impero. — L'imperatore accondiscende al voto, espresso dal Senato, che si rassodi la dinastia Napoleonica, e sceglie in isposa Madamigella Eugenia Montijo, contessa di Teba. — Sua allocuzione ai Corpi dello Stato su questo soggetto. — Ragioni, che indussero Napoleone III a non ammogliarsi con una principessa regale. — Motivi che guidarono l'imperatore nella scelta della sposa. — Delicato e candido elogio della futura imperatrice. — Nota d'infamia scagliata al vile e sozzo detrattore dell'imperatrice Eugenia. — Celebrazione delle nozze imperiali (30 gennajo 1853). — Discorso dell'imperatore per l'apertura delle Camere legislative (14 febbrajo 1853). — Prospere condizioni della Francia. — Qual cosa si debba temere da una libertà prematura. — Provvedimenti di buon governo. — Risposta dell'imperatore all'indirizzo presentatogli da una deputazione inglese

CAPITOLO XXIV. *Pag.* 400.

Campi di esercizî militari stabiliti dall'Imperatore nella previsione di una prossima guerra colla Russia. — Allocuzione di Napoleone III alle truppe passate in rassegna sul campo di Satory. — Lettera di Napoleone III a Nicolò imperatore della Russia (29 gennajo 1854). — Discorso dell'imperatore per l'apertura delle Camere legislative (2 marzo 1854). — Le due principali questioni che allora misero in pensiero la Francia. — Caro dei viveri. — Il principe raccomanda a tutta la Francia il provvido sistema praticato a Parigi colla così detta cassa de' fornaj. — Novella prova di fiducia data dal popolo francese al capo dello Stato. — Politica esterna della Francia, non interessata e codarda, ma generosa e franca. — Importanza della questione d'Oriente riguardo alla Francia. — Allocuzione dell'Imperatore alle truppe francesi che stanno per imbarcarsi su navi inglesi a Calais (13 luglio 1854). — Discorso tenuto dall'Imperatore al Corpo legislativo (26 dicembre 1854). Lealtà ed efficacia dell'alleanza anglo-francese nella guerra contro la Russia. — Accenno all'Austria ed alla Germania. — Giusto encomio della flotta e dell'esercito francese. — Stato dell'esercito e della marineria. — Prospere condizioni interne dell'Impero. — Discorso di Napoleone III alle Camere convocate ad una straordinaria seduta il 2 luglio 1855. — Esposizione delle trattative diplomatiche, intavolate nelle Conferenze di Vienna per la pace colla Russia, riuscite vane. — Moderazione ed equità delle pretese di Francia e d'Inghilterra che miravano al vantaggio di tutta l'Europa. — Rifiuto delle incongrue proposte di mediazione fatte dall'Austria. — Patriotismo dell'esercito, della flotta e del popolo francese. — Intenzioni e predizioni patriotiche di Napoleone III. — Magnanime tradizioni napoleoniche e

Il male si fu ch'io sono il primo
della mia dinastia, non il terzo.
NAPOLEONE *a Sant'Elena.*

# PARTE PRIMA

## DALLE NOZZE DEI GENITORI DI NAPOLEONE III
## FINO AL SUO SBARCO A BOULOGNE.
### (1802-1840)

# CAPITOLO I.

Ragione dell'opera. — Matrimonio tra Luigi Bonaparte ed Ortensia Beauharnais. — Nascita dei due primi figli di Ortensia, e Senato-consulto che stabilisce la dinastia Napoleonica. — Luigi fatto re d'Olanda, e morte del suo primogenito. — Nascita e battesimo di Napoleone III. — Il piccolo spazzacamino. — Educazione materna; il venditore di mammole. — Volontarie privazioni puerili. — Discussione fanciullesca e l'anellino. — Indole del principino Luigi; il dente guasto. — Abboccamento di Luigino con Napoleone: profetico augurio. — Dolorosi commiati. — Studi del fanciullo. La madre istitutrice. — Generosità del principino. — Ritratto morale del giovinetto Luigi. — Suoi esercizi ginnastici. — Sue occupazioni giovanili. — Luigi Napoleone al campo di Thün. — Brindisi al futuro imperatore.

Quando in mezzo ad una società politica vacillante sulle sue basi perchè scosse e scalzate dalla lotta accanita di avverse fazioni, l'una oltracotante per amore dell'ordine, l'altra smaniosa ad oltranza di libertà, sorge un uomo che sa padroneggiare gli eventi e farsi arbitro delle sorti di Europa, fors'anco del mondo; chiunque non sia indifferente ai fatti straordinari, che si vede balenare sugli occhi, ama spingere gli sguardi più addentro nella vita anteriore di questo grand'uomo, del quale niuno al certo oggidì può ragionevolmente negar la grandezza. Tale è appunto l'imperatore Napoleone III, di cui mi accingo a narrare compendiosamente e popolarmente la storia.

Ma per quanto si voglia rapida e succinta la narrazione di questa vita, crederei di mancare all'integrità del racconto, se non accennassi, almeno di volo, quelle circostanze di tempo e di luogo in cui nacque e passò la sua prima fanciullezza; giacchè, sebbene egli non potesse aver parte in que' fatti, però lasciarono tracce profonde nell'animo suo, determinandolo, forse più che qualunque altra cagione, alla carriera che vagheggiò e si prefisse indeclinabilmente fin dalla sua giovinezza.

Risaliamo adunque colla memoria al 2 agosto 1802, quando Napoleone Bonaparte, col suffragio di tre milioni e cinquecentomila voti fu eletto primo console a vita; chè sin d'allora ei pensava di rassodare vieppiù il suo governo col rendere nella sua famiglia ereditario il potere acconsentitogli dalla volontà consultata del popolo francese: e certo a tal fine egli già dal 7 gennajo di quell'anno medesimo aveva fatto sposare suo fratello Luigi, allora colonnello e nell'età di ventisett'anni, colla propria figliastra Ortensia Eugenia Beauharnais, che ne aveva diciotto. Il primo console non aveva avuto figli dal suo matrimonio con Giuseppina Tascher La Pagerie, vedova del generale visconte Alessandro Beauharnais; col fratello Luciano era in dissapore, perchè questi, il quale dalla sua prima moglie Boyer non aveva avuto figli maschi, era passato a seconde nozze nel 1802 colla vedova di Jouberton senza il consenso di Napoleone. Giuseppe Bonaparte, fratello maggiore del primo console, non aveva prole maschile; e il loro più giovine fratello, Girolamo, era caduto in disgrazia di tutta la famiglia, sposando, negli Stati-Uniti, la figlia di Patterson, ricco negoziante di Baltimora: solo i figli di Luigi Bonaparte erano dunque destinati a succedere allo zio.

A questo matrimonio, voluto imperiosamente da Napoleone, si dovettero adattare, loro malgrado, gli sposi che, per quanto si stimassero mutuamente, pure non riuscirono mai a vivere d'accordo, per una certa quale diversità d'indole, incompatibile coll'armonia conjugale, di cui le attrattive consistono in un reciproco fiducioso abbandono. La sposa però fu più felice che non sua madre, le cui seconde nozze rimasero sempre infeconde; mentre invece Ortensia il 10 ottobre dello stesso anno, in cui s'era maritata, diede alla luce il suo primogenito che venne chiamato coi nomi di Napoleone Carlo, nomi che rammentavano il primo console e suo padre: e il giorno 11 ottobre 1804 ebbe un altro figlio, cui Napoleone, allora già imperatore, e che gli fu padrino, impose i nomi di Napoleone Luigi. L'imperatore aveva fondato la sua dinastia, decretando in un senatoconsulto del 18 maggio di quell'anno, che la dignità imperiale fosse ereditaria nella sua discendenza diretta naturale e legittima, escluse sempre le donne, e in quella pure di Giuseppe e di Luigi Bonaparte, per la quale sostituzione chiese il suffragio del popolo francese; ed anche allora tre milioni cinquecentoventunomila seicentosettantacinque voti accettarono la proposta che fu loro fatta. L'imperatore adunque contava già due eredi nei figli di suo fratello Luigi.

Nel 1806 gli ambasciatori della repubblica di Olanda offersero in nome dei rappresentanti del popolo la corona di quello Stato a Luigi Bonaparte, il quale malgrado la sua ritrosia ad accettarla dovette sottomettersi anche questa volta al volere imperioso di suo fratello Napoleone: gli doleva di lasciare la Francia, dove avrebbe amato di restare, com'era allora, conte di Saint-Leu, anzichè regnare sovra un paese straniero; d'altra parte Luigi, uomo dabbene com'era, non avrebbe voluto cambiar la forma di governo e far d'una repubblica un regno, senza consultare dapprima i suffragi di quella nazione. Ma l'imperatore, che ci aveva i suoi nascosti disegni, voleva essere ad ogni

costo obbedito. Proclamato re di Olanda, Luigi se ne
andò colà insieme alla moglie, alla quale già prima
Napoleone, fin da quando fu consacrato re d'Italia e stabilì il proprio figliastro Eugenio a Milano col titolo e
potere di vicerè, avea detto: — Eugenio è vicerè, e tu,
vedi, tu sarai regina —. Ma nell'anno successivo per la
morte avvenuta del primogenito di Ortensia, Napoleone
Carlo, ella cadde in sì profonda tristezza che la prese
un' insuperabile avversione per l' Olanda, ove tuttavia
s'era fatta universalmente amare per le rare sue doti di
mente e di cuore: se ne ritornò adunque in Francia a
Saint-Cloud presso la madre, colla risoluzione di non
ritornar più in Olanda: onde allorchè il re nel settembre 1807 lasciò Parigi, dove stette un mese chiamatovi
dall'imperatore per affari di stato, la regina non volle
accompagnarlo nel suo viaggio di ritorno al suo regno.

Ella era già incinta, e Luigi avrebbe bramato che l'infante nascesse nella nuova reggia di Amsterdam; ma
invano: chè Ortensia più che mai si confermò nella sua
risoluzione di non abbandonare la Francia. Nel suo palazzo di Parigi situato nella via Cerutti, chiamata poi
Lafitte, il 20 aprile ad un'ora del mattino la regina
diede alla luce il suo terzogenito, chiamato poi nel battesimo coi nomi di Napoleone Luigi Carlo, e l'arcican-
celliere spedì a tutte le autorità civili e militari dell'Impero l'ordine di proclamare nelle forme prescritte la
nascita di un principe del sangue imperiale, figlio del
re e della regina di Olanda. Tra la nascita ed il battesimo del neonato corsero due anni e quasi sette mesi,
giacchè fu battezzato il 10 novembre del 1810. Napoleone
aveva promesso ad Ortensia che sarebbe stato il padrino
dell'infante, e che l'imperatrice ne sarebbe la madrina:
ma quale imperatrice? invece di Giuseppina, fu Maria
Luigia: perocchè in questo frattempo Luigi Bonaparte aveva

rinunziato al regno, Giuseppina aveva dovuto acconsentire, suo malgrado, al divorzio; e Napoleone mantenendo ora la parola data da sì lungo tempo ad Ortensia sotto tutt'altri auspizi facea pesare il suo volere sugli animi della madre come della madrina del fanciullo; giacchè queste due donne non potevano accordarsi tra loro nè per indole nè per la rispettiva loro condizione alla corte di Francia.

Ora che sono determinate abbastanza le circostanze di tempo e di luogo in cui nacque il principe Luigi, cioè il futuro Napoleone III, senza più oltre diffondermi nell'accennare i grandi fatti che allora si succedevano in Francia, mi ristringo a riportare alcuni tratti della sua fanciullezza, dai quali traspariva l'indole sua, e che parvero promettere sin d'allora un luminoso avvenire. Aveva egli quattro anni quando, veduto per la prima volta uno spazzacamino, si spaventò, e corse a rimpiattarsi tra le braccia dell'aja per non vedere l'*omettino nero*. L'aja lo rassicurò, facendogli conoscere chi fosse quel fanciullo, ed eccitandolo alla compassione di questi poveri orfanelli, spinti dalla miseria fuori del proprio tugurio e che scendono dalla Savoja a Parigi per guadagnarsi a stento un tozzo di pane. Il bimbo ne parve vivamente commosso; e di lì a poco tempo, mentre egli dormiva nella medesima stanza con suo fratello, fu destato da un insolito rumore: apre gli occhi, si mette in orecchio; la sua nutrice non è al suo capezzale; il suo fratello dorme. Lo strano fracasso viene dal camino, e tutto ad un tratto egli ne vede uscire uno spazzacamino in mezzo ad un nuvolo di fuliggine.

Egli allora si affretta ad eseguire la risoluzione che avea preso già da lungo tempo; si arrampica su per la ringhiera che chiudeva la culla e che non aveva mai oltrepassata da solo, discende a piedi scalzi e corre al cassettino in cui teneva il denaro de'suoi minuti piaceri, e — prendi, prendi tutto, dice al fanciullo; è roba mia, e posso regalartela: ma, parti subito, chè non ci vedano!— Suo fratello maggiore intanto s'era svegliato e chiamava la nutrice, la quale trovò Luigi molto impacciato per risalire nella sua culla e costretto a confessare il motivo della sua scappata. Lo spazzacamino se n'era andato per la parte ond'era venuto. — Gli ho dato tutto, disse Luigi, un po' confuso d'essere stato sorpreso; ma son sicuro che ne farà parte ai compagni —.

Nel 1814 quando i sovrani alleati erano in Parigi, Ortensia, che si trovava alla Malmaison co'suoi due figli, era spesso visitata da loro e specialmente dall'imperatore di Russia, che trattavala da regina, come i suoi figli da principi, e sua madre Giuseppina da imperatrice. Ma la regina non voleva che i suoi figlioletti si avvezzassero di buon'ora a titoli sì lusinghieri e pur troppo sì dubbii nella durata; e perchè l'abitudine delle grandezze non immiserisse il cuore e la mente dei figli, esigeva dai loro istitutori e dai domestici, che li trattassero come fanciulli, senza dar loro alcun titolo onorifico: onde, come se fossero d'una famiglia borghese, si chiamavano l'uno Napoleoncino, l'altro Luigino; e si studiava d'indirizzarli alla vita operosa ed al bene. — Se tu non possedessi più nulla, e non avessi più i tuoi genitori, diss'ella un giorno a suo figlio maggiore, che faresti tu, Napoleone, per guadagnarti da vivere? — Mi farei soldato, rispose fieramente il fanciullo, e mi batterei tanto bene, che mi nominerebbero capitano. — E tu, Luigino, disse al minore, che ascoltava in silenzio e soprappensiero, che faresti tu? — Io? rispose con tutta gravità il fanciullo di sei anni, mi metterei a vendere mazzolini di viole, come fa quel ragazzo che sta alla porta del giardino delle Tuilerie, e direi come lui a chi passa: prendetelo per vostra mamma, ve ne prego! —

La signora Cochelet, dama di compagnia, ch'era presente a questa istruzione materna, a siffatta risposta non potè trattenere le risa. — Non c'è da ridere, disse la regina : questa è una lezione che do a' miei figli. È una disgrazia pei principi nati sul trono il credere che tutto sia loro dovuto; che non sian fatti come gli altri uomini, e che non abbiano doveri verso nessuno. Non conoscono le miserie umane, e si vanno immaginando che ne saranno esenti per diritto di nascita; e così, quando sono sopraggiunti da qualche infortunio, si trovano sbalorditi e incapaci di mettervi riparo. — Non è vero, mamma, replicò il fanciullo sconcertato dalle risa di quella signora, non è vero che la violetta è il fiore dell'imperatore ? —

La regina coglieva adunque tutte le occasioni per insegnare ai suoi figli che eran soggetti alle vicende della vita e che dovevano star preparati al bene come al male.

Quando gli eserciti stranieri avevano invaso il suolo francese, la regina raccontò tristamente a' suoi figlioletti, accosciati sulle sue ginocchia, i mali dell'invasione, i saccheggi, gl'incendi, il guasto delle campagne, i contadini nascosti nei boschi, seminudi e morenti di fame : i fanciulli si misero a piangere ; e la madre, prevalendosi di questa dimostrazione di pietà, chiese loro se sarebbero disposti a dividere tutto quello, che avevano, cogli infelici : ed essi gridarono insieme, che darebbero con gioja i loro giocattoli e il danaro a quei poveri contadini, vittime della guerra. — Va bene, disse la madre, che spinse più oltre la prova; ma mentre tanta brava gente non sa cosa mangiare, voi non mancate di nulla, e nei vostri pasti avete una gran quantità di pietanze... — Ah, se almeno potessimo mandar loro tutte queste cose! disse il principe Napoleone. — Io non voglio più la frutta e i dolci, disse il principe Luigi, giacchè quella povera gente non ne ha. — Vuoi privarti della frutta e dei dolci tutti i giorni? soggiunse la regina, stupita di vederlo rassegnarsi a una tal privazione. — Senza dubbio, rispose il fanciullo risolutamente; questo non sarà per penitenza, ma di buona volontà, per mostrare che noi non siamo egoisti e ghiottoni. Non è vero, Napoleone? —

Fu dunque convenuto tra i due fratelli, che si priverebbero volontariamente delle frutta e dei dolci, fino a tanto che la guerra durasse in Francia; e mantennero la parola, per quanto la madre offrisse loro di dispensarli da questo impegno troppo costoso per fanciulli come loro. L'imperatore, a cui la regina avea raccontato il sacrificio che i principini s'erano imposto da sè, ne fu vivamente commosso, e ringraziò Ortensia d'averli sì bene allevati. — Se tutti i Francesi, diceva egli, avessero questo spirito di annegazione e di patriotismo, la guerra sarebbe ben presto finita, e la Francia detterebbe la pace all'Europa —.

Essendo avvezzi questi fanciulli a veder sempre sovrani e principi della propria famiglia, quando la madre li presentò per la prima volta all'imperatore di Russia ed al re di Prussia, il principe Luigi credette di dover trattare questi due principi sovrani come se fossero suoi zii; ma il fratello maggiore lo avvertì di non chiamarli con tal nome. — Ma tutti i re non sono nostri zii? soggiunse Luigi con fermezza. — Ben lungi dall'essere nostri zii, riprese l'altro, son nostri nemici, perchè son nemici di nostro zio imperatore. — Dunque, se sono nemici di nostro zio, perchè ci fanno carezze? — Qui l'aja venne in ajuto del principe Napoleone, che era impacciato a dare una risposta concludente, e disse a Luigi: — L'imperatore di Russia vi abbraccia, perchè vi vuol bene, perchè vuol bene alla vostra mamma.... — Non è dunque nemico di nostro zio imperatore, soggiunse Luigi, come lo pretende Napoleone? — Se non fosse lui, rispose l'aja, voi, miei cari fanciulli, non avreste più nulla al mondo, e la sorte dell'imperator vostro zio sarebbe assai peggiore. — Sicchè dunque, siamo obbligati ad amarlo, eh, colui? disse Napoleone scrollando il capo. — Sì certo, riprese l'aja, perchè voi gli dovete esser grati come al più nobile amico della vostra buona madre —. Il principe Luigi non disse più nulla; ma quando rivide l'imperatore di Russia, corse da sè ad abbracciarlo con maggior effusione che non facesse nelle sue ordinarie carezze; indi messosi a cercare un grazioso anellino regalatogli dal principe Eugenio suo zio, si accostò pian piano ad Alessandro, glielo fece scivolare nella mano e se la diede a gambe. La regina lo chiamò a sè, e severamente gli chiese che cosa avea fatto: a cui egli arrossendo per la confusione e la vergogna, disse timidamente: — io non ho che questo anello, e l'ho dato all'imperatore, perchè è tanto buono colla mamma —.

Questo fanciullo, che parlava poco ma rifletteva molto, non dimostrava indole bellicosa come il fratello, ma si poteva già pronosticarne il coraggio imperterrito e calmo. Non alzava mai uno strido, non un lamento; quando ei dava de' colpi in fallo giocando, o cadeva, si rialzava in silenzio e ricominciava a giocare colla stessa serenità di prima: non lo videro piangere che alla morte di sua nonna. Ebbene, un giorno rifiutò di unirsi ai giochi di suo fratello e si ritirò pensieroso in un canto; l'aja gli chiese perchè stesse così solo e con quella ciera inquieta; rispose che non era in voglia di giocare. — Son sicuro che Luigi è ammalato, disse il principe Napoleone all'orecchio dell'aja; ma non vorrà dirlo —. Per quanto lo sollecitassero con dimande, tutto fu indarno: si ostinò sempre a dichiarare che non aveva nulla, ma che non giocherebbe. Un'ora dopo lasciò quel posto e venne spontaneamente a confessare all' aja, di avere un fortissimo mal di denti. — Senti, le disse, fa venire il dentista perchè mi strappi questo grosso dente che mi fa tanto male; ma non parlarne alla mamma, perchè s'inquieterebbe troppo. — Come vuoi tu celarlo a tua madre? gli rispose l'aja; ti sentirà gridare..... — Oh, non griderò! soggiunse il fanciullo. Sono un uomo, ve'! e. nen devo aver coraggio? —

La regina ne fu avvertita, ma fece le viste di saper nulla e permise che si strappasse il dente. Il fanciullo mantenne la parola : si. sottopose senza alzare uno strido all'operazione del dentista; poi corse in aria di trionfo dalla madre a mostrarle il dente strappatogli; e gli elogi materni furono per lui la più dolce ricompensa della propria fermezza. Ma un'emorragia che gliene venne in conseguenza il giorno dopo mise a pericolo la vita del fanciullo, che dovette la sua guarigione alle insuperabili cure materne.

Quando l'imperatore Napoleone, già ritornato dall'isola d'Elba, era sul punto di partir da Parigi per raggiungere l'esercito là dove l'aspettava il gran disastro di Waterloo, il gran-maresciallo di palazzo, Bertrand, entrò nel gabinetto imperiale, per annunciargli che la regina Ortensia co'suoi due figli chiedeva udienza. L'Imperatore, assorto in altre idee, non rispose; e la porta restò socchiusa; quando un leggiadro fanciullo, di biondi e ricciuti capelli, di occhi azzurri ed espressivi, corse nel gabinetto, e avvicinandosi pian piano all'imperatore gli s'inginocchiò davanti, ponendo la sua testolina sui ginocchi di Napoleone che affettuosamente lo rimirava, e mettendosi a piangere dirottamente. — Che cos' hai, Luigino? gridò l'imperatore commosso, suo malgrado, a questa scena muta : perchè piangi? — Sire, la mia aja m'ha detto che voi partite per la guerra, rispose il

fanciullo : ah ! non partite, ve ne prego! — Ma perchè non
vuoi ch' io parta ? rispose l' imperatore, stupito a questa
preghiera : se parto, ritornerò presto. — Oh ! sire, replicò
il principino sempre piangendo; quei cattivi di alleati
vogliono ammazzarvi..... — Ammazzarmi! ripetè l'imperatore con sorriso sdegnoso. Che lo vogliano, è possibile;
ma io non lo voglio. — Oh, mio zio, gridò il fanciullo,
lasciatemi venire con voi alla guerra ! —

L' imperatore, tocco da questa ingenua inspirazione di
tenerezza, preso su' suoi ginocchi Luigi, lo abbracciò
con espansione in silenzio. Anche il gran maresciallo era
commosso come Napoleone, e inavvertitamente si lasciò
sfuggire di bocca queste parole : — Ah ! se il re di
Roma fosse qui, vi terrebbe lo stesso linguaggio, o
sire. — Figlio mio! disse quasi tra sè l'imperatore con
profondo abbattimento : chi sa quando ti rivedrò ! — Si
passò poi la mano sugli occhi e chiamò in tutta fretta la
regina Ortensia che aspettava nella sala vicina. — Prendi,
le disse, con te mio nipote, e sgrida severamente la sua
aja che con parole malaccorte suscitò soverchiamente
la sensibilità di questo fanciullo —. Indi, cambiando
tono, consolò il bambino, dicendogli qualche parola affettuosa e riabbracciandolo; poi rivolto al conte Bertrand,
gli disse : — Generale, abbracciatelo : questo bimbo avrà
una bella mente ed un bel cuore —. E mentre il gran
maresciallo del palazzo abbracciava il principe e lo ras-
sicurava riguardo alla partenza dell' imperatore, — alle-
valo bene, Ortensia, soggiunse Napoleone; perchè questo
fanciullo è forse la speranza della mia schiatta! —

Per conformarsi appunto ai desiderii dell'imperatore la
regina Ortensia stabilì allora di affidare l' educazione e
l' istruzione dei suoi figli ad un uomo di gran merito che
potesse compiere e perfezionare le lezioni dell'abate Bertrand, loro ajo, senza però aver l'intenzione di licenziare

questo buon sacerdote ch' ella stimava e che i fanciulli amavano : ma le sventure della famiglia Bonaparte impedirono alla regina di cercare per allora un altro istruttore.

Infatti di lì a poco tempo l'imperatore, vinto a Waterloo e disperato di tutto , prendeva commiato da Ortensia per abbandonare per sempre il suolo francese. A quel doloroso addio il principino Luigi parve presago della sventura che soprastava allo zio ; d'altra parte la sua immaginazione era colpita dal sentire che si approssimavano i nemici e soprattutto gl'Inglesi : perciò non voleva più distaccarsi dall'imperatore cui si aggrappava colle sue braccia, ripetendo con grido straziante : — Mio zio, te ne prego, non partire, ah! non partire —. Bisognò strapparlo a forza dalle braccia di Napoleone, il quale lo guardava intenerito, mentre la regina portava via il fanciullo, che dimenandosi con tutta la sua personcina piangeva e strillava nell'attraversare le sale deserte dicendo: — Voglio andare con mio zio a far la guerra agli Inglesi e sparare il cannone! —

Malgrado l'abdicazione di Napoleone in favore di suo figlio e la proclamazione di questo sotto il nome di Napoleone II, riconosciuta solennemente dalla Camera dei Deputati, applaudita dall'esercito e dal popolo, furono rimessi sul trono di Francia i Borboni pel volere degli alleati ch'erano già rientrati in Parigi ; onde la regina Ortensia fu costretta ad abbandonare la Francia co' suoi figlioletti, il maggiore dei quali dovette ben presto lasciare la madre e il fratellino (immaginiamoci con quali reciproche angoscie) per convivere lontano da loro col padre che ne aveva fatto ripetute e giudiziali richieste, e a cui i tribunali aveano data ragione : Ortensia si ricoverò col figlio minore dapprima a Costanza nel granducato di Baden sotto la protezione della principessa Stefania sua cugina , la quale però non era libera di far tutto quel

bene che avrebbe voluto ad Ortensia; poi ad Augusta in
Baviera, protettavi dal re, suocero del di lei fratello Eugenio Beauharnais ; indi, come qui sotto vedremo, nel Cantone di Turgovia, che l'aveva generosamente invitata a
stabilirvi la sua dimora; dove dopo tante incertezze, e pur
sempre circondata da spie ed oppressa da vessazioni e da
sospetti incessanti che la così detta Santa Alleanza nu-
triva verso di lei, cercò di farsi dimenticare dal mondo
politico, e professando immensa riconoscenza verso i generosi suoi ospiti, si consacrò tutta all'educazione del suo
Luigi. Si rallegrava essa di scoprire nel figlio il germe
di quel coraggio calmo e rassegnato, di quella circospetta
audacia che rammentavano le qualità personali dell'imperatore Napoleone. Il fanciullo, allora di otto anni, dimostrava una rara memoria; sicchè riteneva senza sforzo
non solo il nesso delle idee e la serie dei fatti che gli
s'insegnavano, sibbene anche le particolarità del racconto
e il colorito della forma. Mostrava pure una gran forza
di riflessione; sicchè tante volte si vedeva seduto ed immobile per più ore in mezzo a' suoi trastulli a cui non
badava. — Che fate voi qui, Luigino? siete voi ammalato? — gli chiedevano l'abate Bertrand o la signora
Cochelet. — Non sono ammalato, rispondeva il fanciullo,
ma penso —. Non si poteva però mai sapere da lui con
precisione il soggetto de' suoi pensieri.

In mancanza di maestri da ballo, di disegno e di musica, la stessa madre lo istruiva in queste arti liberali;
sceglieva le letture adattate a suo figlio, sia di geografia,
sia di storia, e gliele commentava rischiarandone i passi
più oscuri. Fra tutti gli studi quello della storia era il
prediletto di Luigi, il quale smaniava di sapere le imprese degli uomini illustri antichi e moderni. — Non è
vero, mammina, diceva ad Ortensia, che non è difficile
il regnare, quando non si pensa che a far contento il

popolo? — Quand'è, secondo te, che può dirsi contento il popolo? riprese la madre. — Quando il popolo, rispose il fanciullo, mentre governa il suo re, non ne rimpiange l'antecessore e non ne desidera un altro —. La madre gli raccontava la storia dell'Impero, studiandosi soprattutto di dargli idee giuste sugli avvenimenti di questa grand'epoca, di cui egli aveva appena un sentimento confuso e reminiscenze infantili: essa occupava ogni sabbato nel farsi ripetere dal figlio le lezioni settimanali, e assisteva sempre agli esercizi di memoria ch'ei faceva di latino e di altre materie a lei sconosciute, per mostrare a suo figlio quanto le stesse a cuore la sua educazione.

Il principino, secondo quel che ne dice madamigella Cochelet, s'era fatto più ardito e vivace; ond'era più malagevole la sua custodia che l'istruzione: d'altra parte l'ottimo abate Bertrand, suo precettore, non avea cognizioni tanto profonde ed estese nella letteratura classica, da soddisfare appieno le brame della regina intorno alla educazione del figlio. Questo buon vecchio aveva un bel da fare; chè con tutto il suo zelo non poteva dominare l'irrequieta indole del ragazzo il quale gli sfuggiva sovente dallo sguardo. La prontezza d'ingegno del suo allievo, il quale trovava risposta a tutto e voleva sempre sapere la ragione dei comandi e dei consigli che gli si davano, rendeva difficile l'incarico di quel buon sacerdote; onde Ortensia vide il bisogno di affidare a mano più ferma ed a mente più vasta e profonda l'educazione di questo suo figlio che aveva allora otto anni. Ben presto infatti l'abate Bertrand, conservando il nome e gli emolumenti di ajo, venne surrogato negli uffici di maestro da Filippo Lebas, allievo della scuola normale di Parigi, giovine professore molto valente, che corrispose benissimo ai desirii di quella assennata e tenera madre.

Ecco un tratto che dipinge assai bene il cuore del fanciullo e che ne viene raccontato da madamigella Cochelet:

« A Costanza, come ad Aix in Savoja, ella dice, il principe giocava nelle ore di ricreazione con qualche fanciullo del vicinato, tra i quali era il figlio del mugnajo del Ponte del Reno, che, più adulto di lui, lo strascinava talvolta fuori della cinta del giardino. Un giorno che se n'era fuggito, e l'abate Bertrand andava tutto inquieto in traccia di lui, io fui la prima a veder tornare il fanciullo dalla sua scappatella: era in manica di camicia, e camminava a piè nudi nella neve e nel fango. Egli al vedermi si mostrò piuttosto impacciato, trovandosi in un abbigliamento così lontano dalle sue abitudini. Volli sapere perchè si trovasse in quella guisa; ed egli mi narrò che, giocando sull'ingresso del giardino, avea veduto passare una famiglia in uno stato sì miserabile, che il solo guardarla faceva pietà; nè avendo egli in tasca denaro da farle elemosina, aveva dato le sue scarpe ad uno di quei poveri fanciulli, ed all'altro il suo abitino. »

Il principe Luigi non si corresse mai di questa generosità che lo stimolava sempre a donare liberalmente il suo. La madre un giorno gli rimproverava la sua soverchia facilità a spogliarsi del proprio per regalarne il primo che incontrava. — Luigi, gli diss'ella, io non ti darò più niente. Come! tu hai regalato anche que' bei bottoni di smeraldo che avevo fatto allestire per te! — Non volevate voi procurarmi un piacere nel donarmeli? rispose il figlio con un sorriso che disarmò il rimprovero della madre: ebbene! voi invece me n'avete procurato due: quello di ricevere da voi un bel regalo, e quello di farne dono a qualche altro. Non è vero che si partecipa sempre del piacere che si può fare agli altri? —

« Le fattezze del principe, ingrandendosi, scriveva più tardi la stessa Cochelet, divennero forse più espressive che regolari, ma serbano pur sempre quell' impronta di dolcezza, d'ingegno e di sentimento, che ne faceva il più amabile fanciullo. Quella espressione, da cui traspare la sensibilità del suo cuore, si accoppia ora alla calma robusta ch'è il fondo dell'indole sua. Un' educazione semplice, grave e forte ad un tempo, doveva riuscire benissimo sur un'indole tanto privilegiata come la sua; sicchè nulla di buono ne andasse smarrito. »

Ortensia conduceva così a Costanza una vita piuttosto tranquilla, tutta occupata nell'educazione del figlio, e si imponeva, direi quasi, una specie di volontaria prigionia, per rintuzzare col fatto le calunnie de' suoi nemici, i quali l'accusavano ancora di cospirare per l'imperatore Napoleone, od almeno pel figlio di lui; ma sul principio del 1817 il granduca di Baden ebbe ordine dalla Santa Alleanza di bandirla da' suoi Stati. Ortensia allora si ricordò che i magistrati del cantone di Turgovia le avevano offerto graziosamente di prenderla sotto la loro protezione, e risolvette di accettarla definitivamente. In alcune gite di piacere fatte da lei nei dintorni del lago di Costanza sul territorio svizzero, s' era invaghita di una villetta, piuttosto meschina a vedersi, ma in un' eccellente postura: era questa la villa di Arenenberg. Acquistatala cogli annessivi poderi, e cambiato quell' abituro in una casa deliziosa, amava di passarvi l'estate e gran parte dell'autunno. Nello stesso anno 1817 passò l' inverno ad Augusta nella Baviera, dove si trovava vicina a suo fratello Eugenio, e dove poteva attendere più che mai all' educazione del figlio, il quale, continuando sotto la direzione del suo maestro Lebas gli studi ginnasiali di greco e di latino, imparava nel medesimo tempo più lingue vive che gli diventavano famigliarissime: onde oltre il francese, esercitavasi sempre con sua madre, e si esprimeva con facilità nel tedesco, nell'italiano e nell'inglese. Intanto l'abate Bertrand continuava l'educazione morale e religiosa del suo allievo; il principe Luigi avea mostrato di buon'ora sentimenti di pietà, che conservava, crescendo negli anni; specialmente una ferma fiducia nella protezione divina, e una cieca sommissione ai decreti della Provvidenza. La sventura gli aveva ispirato questa religione paziente e rassegnata.

Egli avea già fatto la sua prima comunione a Costanza, indi ricevette la cresima, nella cattedrale d'Augusta, dal vescovo di questa città, ed ebbe per padrino il principe Eugenio, suo zio. Luigi s'era già rinforzato di complessione per mezzo di esercizi ginnastici: non aveva ancora nove anni, e già cavalcava assai bene; imparava a tirar di spada e di pistola, come anche a maneggiare il fucile, ballava con grazia, nuotava con gagliardia; insomma aveva acquistato forza e agilità in tutti i movimenti del corpo.

La regina Ortensia fu consolata da una gioja immensa nel 1818; perocchè, essendosi riconciliata col marito, potè avere per qualche mese presso di sè il suo primogenito; e fu altrettanta la gioja dei due fratelli nel trovarsi riuniti dopo tre anni di separazione. Ma quando Ortensia credeva di aver trovata finalmente la pace, fu colpita dalla perdita delle persone più care; nel 1821 moriva Napoleone, nel 1824 il principe Eugenio, nel 1825 Massimiliano re di Baviera, *ultimo protettore*, com'ella diceva, che le fosse rimasto. Luigi avea compiuto diciassett'anni, e terminati i suoi studi letterari; sicchè niun interesse doveva ormai più trattenere Ortensia in Baviera; potè quindi, tuttavia non senza grandi contrasti, aver licenza di fermarsi in Italia, e tutti gli anni passava l'inverno a Roma, ritornando nell'estate ad abitare la sua villa d'Arenenberg. Luigi soleva accompagnare sua madre tanto a Roma quanto in Isvizzera.

Dal 1825 al 1830 il principe Luigi si preparò, come egli stesso diceva talvolta a sua madre, all'avvenire cui poteva essere destinato, leggendo appassionatamente tutto ciò che fu scritto sulle guerre e sul governo dell'imperatore, studiando e meditando le Memorie dettate da Napoleone a Sant'Elena, imbevendosi, per così dire, e compenetrandosi nello spirito e nelle idee dello zio. Si prevaleva della sua riflessione abituale per non mai arrestarsi alle prime impressioni nel giudicare dei fatti e degli uomini; non si stancava dall'indagare con la sua perspicacia i motivi che diressero l'imperatore in tante congiunture nelle quali poteva credersi che questo grand'uomo si fosse ingannato; e riusciva sempre a convincersi che l'imperatore avea ragione di operare come aveva operato. Egli approfittava della vicinanza di Costanza per assistere con zelo indefesso agli esercizi di un reggimento badese che vi era di presidio. Prendeva nello stesso tempo lezioni di fisica e di chimica dal francese Gostard, uomo versatissimo in quegli studi e che dirigeva un opificio nelle vicinanze di Arenenberg. Più tardi egli fu ammesso al campo di Thün nel cantone di Berna; e questo campo di esercizi che durava, ogni anno, due o tre mesi per l'istruzione degli ufficiali svizzeri, gli diede il mezzo di compiere la sua educazione politecnica, sotto la direzione del generale Dufour, antico colonnello del genio nel grand'esercito napoleonico.

Chi facea parte del campo di Thün si addestrava ad ogni sorta di esercizi militari; manovre, marcie forzate, escursioni sui monti; e Luigi partecipava con ardore a questi faticosi esercizi; nè c'era per lui alcun divario di regime o di nutrimento; non s'arrestava innanzi a nessuna fatica, avvezzandosi a mangiare la pagnotta del soldato e a serenare nelle notti più fredde, facendo più di dieci leghe al giorno, a piedi e col sacco sulle spalle. Come l'imperatore suo zio nella sua giovinezza, egli si appassionò per le esperienze e le lezioni di artiglieria, riguardando questo studio come il principale nella scienza della guerra moderna.

D'altra parte ei vivea nella maggiore armonia co' suoi commilitoni, i quali, quantunque amantissimi della loro eguaglianza e libertà cittadina, riconoscevano nel principe una gran forza d'animo e d'ingegno ed aveano per lui tutti i riguardi che si potessero aspettare da persone a lui devote. Egli usava con loro tutta l'affabilità e cortesia, ma non mai dimestichezza, serbando per l'ordinario un contegno grave e riflessivo; ascoltava tutto con garbo, ma parlava poco; e il suo benevolo sorriso faceva tante volte le veci di una risposta.

Un giorno, in una colezione imbandita dal principe a quelli della sua batteria, il vino del Reno che spumava nei bicchieri diede, dopo ripetute libazioni, alle parole dei bevitori quella gioconda libertà che, permessa a tavola, svanisce coi vapori del vino. Il principe Luigi fu il solo che conservasse la calma della sua ragione, perchè non aveva bevuto che acqua. — Principe, gli disse a un tratto uno dei più linguacciuti della compagnia; permettetemi una dimanda che affogheremo in un brindisi generale, se la trovate indiscreta. Dove contate voi di fare la prima campagna? — Dovunque mi chiami la voce o il pensiero dell'imperatore mio zio, disse alteramente il principe —. E dei *bravo* unanimi accolsero questa risposta, proferita con un far grave e solenne.

Un altro commensale vuole, egli pure, interrogare il principe, e gli chiede alla buona che cosa spera del suo destino, e se crede che il duca di Reichstadt, quando sia diventato maggiorenne, si accontenterà di essere soltanto un arciduca austriaco. Si fece un generale silenzio per sentire la risposta. — Signore, disse il principe fortemente commosso,

non so che cosa sia destinata dalla Provvidenza al re di
Roma; sono però profondamente convinto che l'opera
dell'Impero non fu continuata dalla Ristaurazione, e che
il popolo, il quale si ricorda dell'imperatore, si ricorderà
pure della sua dinastia. — Ma, riprese uno degli uditori,
se il duca di Reichstadt venisse a morire, o principe, secondo la volontà dell'imperatore sareste voi il suo erede
e successore. — Voi dimenticate, o signori, replicò
gravemente il principe, che il principe Napoleone è mio
fratello maggiore. — Checchè ne sia, disse taluno alzando
il bicchiere, propongo un brindisi al futuro imperatore! —
E il brindisi venne fatto con grida di gioja da tutti i commensali; e fu il solo bicchiere di vino vuotato dal principe Luigi, durante quel pasto.

Luigi trovavasi al campo di Thün quando gli giunse
la notizia della rivoluzione di luglio del 1830 che sbalzò
dal trono di Francia per la terza volta i Borboni; ed era
sul punto di partire per offrire il suo servizio al governo
provvisorio di Parigi e per entrare come volontario nel-
l'esercito francese, non dubitando che la ricomparsa del
vessillo tricolore fosse il preludio del suo ritorno libero
in Francia; ma sventuratamente il suo entusiasmo patriotico fu colpito bentosto da un doloroso disinganno;
chè il trattato del quindici si mantenne intatto contro la
famiglia di Napoleone come contro la stessa Francia; onde
ei dovette col cuor trambasciato ritornare presso sua madre a chiudersi nel ritiro di Arenenberg.

# CAPITOLO II.

Simpatie di Luigi Napoleone per la causa italiana. — Esortazioni materne. — I due fratelli Bonaparte combattono per l'indipendenza italiana. — Trattative di accomodamento fallite. — I due principi sono costretti, loro malgrado, a lasciar le file degl'insorgenti. — Esito sfortunato dell'insurrezione. — Ortensia in traccia de' figli. L'uno muore, l'altro si ammala. Angosce e sollecitudini materne. — Parole profetiche sull'Italia. — Viaggio rischioso in Italia ed in Francia. — Colloquio di Ortensia con Luigi Filippo. — Ritorno di lei e del figlio nella Svizzera. — Deputazione polacca ad Arenenberg; costernazione e sdegno del principe; conforti materni.

Deluso nella sua fiducia di rientrare in Francia, Luigi rivolse il suo pensiero all'Italia, in cui alla notizia della rivoluzione di luglio i patrioti credevano giunta l'ora della propria indipendenza, e speravano l'appoggio del governo francese, il quale per ragioni politiche non corrispose poi alla loro fiducia. Il fermento intanto degli animi andava semprepiù crescendo in Italia, e Luigi, che passava l'inverno del 1830 a Roma con la madre, destò i sospetti e i timori del governo pontificio; perchè i patrioti romani fondavano in lui e in suo fratello le più grandi speranze. Il governatore di Roma s'interpose presso il cardinal Fesch, fratello di madama Letizia madre di Napoleone, affinchè facesse allontanare per qualche tempo da Roma il principe Luigi, suo nipote, la cui presenza colà, diceva egli, poteva turbare la tranquillità pubblica; e adducea per motivo, che il giorno prima il principe aveva fatto una cavalcata sul corso, portando la nappa tricolore, e una gualdrappa da sella coi tre colori nazionali di Francia. Il cardinale protestò sdegnosamente contro questa soperchieria; ma, alla sera del dimani, cinquanta carabinieri circondarono il palazzo Ruspoli, in cui abitava Ortensia, coll'ordine di condur sull'istante il principe Luigi alle frontiere dello Stato Pontificio. Il principe non potè far resistenza a questa intimazione; ma prendendo commiato dalla madre, le confidò in segreto che avea ricoverato nel palazzo uno dei capi di congiura della *Giovane Italia*, per sottrarlo alle indagini della polizia, e glielo raccomandò caldamente.

Questo proscritto avea ricevuto cinque colpi di bajonetta in un tumulto, in cui molti de' suoi amici furono uccisi o feriti; un ordine del governo pontificio ingiungeva ai medici di denunziare, sotto pena di dieci anni di galera, ogni ferito che si affidasse alle loro cure: ma il giovine dottore Conneau, nato da genitori francesi a Milano, dove suo padre era pagatore dell'esercito italico, non aveva esitato ad affrontare i rigori della legge, curando secretamente il povero ferito, con cui s'accordava nei sentimenti politici: questo generoso medico nel 1820 era stato segretario particolare dell'ex-re Luigi, a Firenze; e quind'innanzi fu de' più fedeli e magnanimi amici di Ortensia e di suo figlio Luigi.

Il principe, rassicurato dalla madre riguardo al proscritto, partì per Firenze, ove si riunì al padre ed al fratello maggiore, il quale allora avea ventisei anni ed era ammogliato con la secondogenita dell'ex-re Giuseppe, sua cugina. La regina, che mantenne fedelmente la parola a suo figlio, e ch'era rimasta a Roma presso la suocera, seppe da una lettera pervenutale da Bologna, come da un giorno all'altro la Romagna si sarebbe sollevata, e che l'Italia tenterebbe di ricuperare l'indipendenza, sotto gli auspizi del principio di *non intervento*, riconosciuto solennemente dal governo francese. Ella si diede tutta la sollecitudine di spedire a' suoi figli una nota, in cui giudicava lo stato delle cose con un acume ed un senno che avrebbero dovuto influire più che le sue preghiere materne sulla mente e sul cuore dei principi; dimostrando loro che questa insurrezione non aveva probabilità di riuscita, e che pel bene appunto della causa da essi abbracciata dovevano adoperar tutto il loro credito per calmare l'impazienza della gioventù italiana e impedire uno scoppio fatale al paese.

In questo scritto di Ortensia era notevole soprattutto il brano seguente, che fu pel principe Luigi come un insegnamento profetico:

« V'hanno dei nomi magici, i quali possono avere una grande influenza sugli avvenimenti che si preparano; essi non devono comparire nelle rivoluzioni, che per ristabilir l'ordine, dando sicurezza ai popoli e bilanciando il potere esclusivo dei re. Il loro còmpito adunque è quello di aspettar con pazienza. » Queste parole della regina Ortensia racchiudevano tutto l'avvenire del suo ultimo figlio, il quale se ne ricordò più tardi, come a tutti è noto.

Il Menotti, capo dei congiurati di Modena, s'era abboccato segretamente a Firenze coi principi, i quali, appena seppero che l'Italia sentiva il bisogno dei loro servigi, risolvettero di entrar tutt'e due nella congiura, che un imprevedulo accidente fece scoppiare prima del tempo prefisso. Sino dai primi di febbrajo del 1831 Modena aveva dato l'esempio; Parma, Reggio, Ferrara e tutta la Romagna insorsero contro la tirannide austriaca; e le grida di *Viva i Bonaparte* si frammischiavano alle grida di *Viva l'Italia, Viva la Francia*. I due principi erano fuggiti da Firenze sotto il pretesto d'una partita di caccia, per riunirsi agl'insorti; nè avevano, forse per la fretta o per non dar sospetto, condotto seco i loro cavalli, ed erano quasi affatto sprovveduti di denaro; si rivolsero per averne al padre, che non poteva o non voleva spedirlo, sperando che la penuria di mezzi li farebbe ritornare presso di lui; ma la presenza dei due Bonaparte nelle file dell'insurrezione era troppo preziosa; perocchè il loro nome era stato, per così dire, la parola d'ordine degl'insorgenti, che intanto guadagnavano sempre più terreno avvicinandosi a Roma: onde non avrebbero più potuto nè voluto cedere al richiamo del padre ed alle preghiere materne.

I due fratelli furono i primi capi militari, che l'esercito liberatore scegliesse per acclamazione, e organizzarono la difesa da Foligno sino a Civita-Castellana: ma per quanto avessero soldati intrepidi e fidi, per quanto sicuri delle braccia e dei cuori, non poterono supplire al difetto di munizioni e di armi.

Finchè i due principi furono i veri capi della sollevazione della Romagna, le diedero, d'accordo, una direzione strategica, la quale facea prova della loro bravura nell'arte militare. Il principe Napoleone s'era battuto valorosamente alla testa di uno squadrone contro una truppa di briganti, usciti dalle galere, che venivano condotti da alcuni ufficiali pontificii per riprendere a nome del papa le città di Terni e di Spoleto, e corse rischio, più volte, della vita. Il principe Luigi aveva giudicato indispensabile d'impadronirsi di Civita-Castellana, dove comandava un vecchio ufficiale svizzero, ch'era stato suo istruttore al campo di Thün e che lo sapeva capacissimo di dirigere un assedio. Infatti il principe avea rimesso in buon essere un cannone giudicato inservibile, trovato da lui a Spoleto; e con questo solo cannone si riprometteva di prendere d'assalto la città ch'egli batteva in breccia, dopo aver date tutte le disposizioni necessarie per un assedio regolare. — Vedete quel giovine? diceva il comandante di piazza, che osservava dall'alto degli spaldi i preparativi dell'assedio: guardate come se ne intende bene! Però sono stato io il suo maestro! —

Il principe Luigi s'era incaricato di scrivere alla madre, per annunciarle d'avere insieme al fratello abbracciata la causa dell'indipendenza italiana. « Il vostro affetto ci comprenderà, le diceva; noi abbiamo contratto degli impegni, nè possiamo mancarvi; e il nome che portiamo ci obbliga a soccorrere i popoli infelici che ci domandano. »

La Francia intanto non si moveva in favore dei patrioti italiani; e già si sapeva che Luigi Filippo, malgrado il principio del *non intervento*, aveva permesso all'Austria di *ristabilir l'ordine* nelle Legazioni. Nondimeno i figli di Luigi Bonaparte, sebbene tutto paresse congiurare contro i loro sforzi, non attendevano che la presa di Civita-Castellana per marciare su Roma; e confidavano che la comparsa della bandiera tricolore facesse spalancare le porte di quella capitale, in cui i due Napoleoni si proponevano di proclamare il papa come capo supremo di tutta l'Italia. Non mancavano che soli due giorni per mandare ad effetto questo disegno, cui Gregorio XVI era incapace di comprendere e di secondare. Questo papa, recentemente eletto e che aveva già repressa nel sangue una cospirazione fallita nel carnevale a Roma, si sgomentò all'avvicinarsi degl'insorti, e intavolò trattative con loro, per dar tempo agli Austriaci di entrare in Romagna.

Allora un uffiziale, addetto alla casa dell'ex-re Girolamo, si recò dai principi a nome dello zio, pregandoli di abbandonare il partito dell'insurrezione, e di far prima conoscere al papa le vere intenzioni della *Giovane Italia*. Il principe Luigi accondiscese a farsi l'interprete dei voti politici, espressi dalla gioventù che lo circondava; e stese, sotto l'ispirazione del comitato rivoluzionario di Terni, una supplica diretta al papa la quale manifestava le lagnanze, i bisogni e i desiderii del paese. Questa supplica, in cui si raccomandava con nobile linguaggio e con tutti i riguardi al papa quello che era desiderio comune dei buoni patrioti, fu considerata come un insulto fatto al pontefice, e diventò per il principe Luigi, che per amore del bene pubblico gliel'aveva trasmessa, come un decreto di proscrizione.

I principi aspiravano alla pacificazione generale, e confidavano di ottenerla per mezzo del papa che avrebbe dovuto opporsi all'entrata degli Austriaci nella Romagna, invece di chiamarveli. Ma non si lasciò ai fratelli la gloria di compiere, od almeno di ritentare la loro opera di conciliazione; perocchè il governo provvisorio di Bologna invitò il ministro della guerra, generale Armandi, già istitutore del figlio maggiore di Ortensia, a richiamare dall'esercito i principi ed a togliere loro ogni comando militare. Questo avvenne perchè i capi dell'insurrezione erano stati persuasi, non si sa bene da chi, come la presenza dei due Bonaparte sotto le insegne della confederazione italiana dovesse riuscire dannosa a quella causa ed invisa alle potenze straniere, massimamente al gabinetto austriaco.

· I due fratelli ebbero dunque il dolore di vedersi tutt'a un tratto condannati all'inazione per ordine del ministro della guerra del governo provvisorio. Il general Sercognani venne da Bologna a surrogarli nel comando del corpo d'armata di Terni, e il principe Luigi, costretto di rinunziare alla presa di Civita-Castellana che stava per arrendersi, ebbe il rammarico di non poter mettere in libertà tutti i prigionieri di Stato, ch'eran chiusi in quella fortezza. Alla partenza dei principi Bonaparte, l'entusiasmo che avevano comunicato ai loro compagni d'arme parve estinguersi e dar luogo allo sconforto : perocchè non si sperava più di vedere sventolare sul castello di Sant'Angelo il vessillo tricolore, e l'indipendenza d'Italia non poteva più far assegnamento sull'appoggio morale del governo pontificio.

I principi si recarono presso il generale Armandi, per lagnarsi dell'ingratitudine del governo provvisorio di Bologna verso di loro e per chiedere almeno di poter servire, come semplici volontari, nell'esercito liberatore. Ma il generale Armandi li convinse che il loro solo nome autorizzava in qualche modo l'intervento armato dell'Austria; perocchè il consacrarsi, che facevano, alla santa causa d'una nazione oppressa, agli occhi della diplomazia europea compariva come una colpa, quasicchè fossero avventurieri ambiziosi ed impazienti d'imitare l'esempio dello zio. Cedettero adunque, gementi e sdegnosi, e promisero di ritirarsi a Ravenna e rimanervi spettatori passivi degli avvenimenti.

I patrioti italiani, malgrado i rovesci toccati, tendevano ancora le braccia verso la Francia, ma invano; la bandiera austriaca intanto si avanzava verso Bologna e Ferrara. Allora i difensori dell'indipendenza nazionale ripararono nel cuore della Romagna; e i principi Napoleone e Luigi seguirono le schiere italiane nella loro ritirata ed entrarono in Forlì. Qui Napoleone cadde ammalato, e la malattia fu tanto violenta, che in capo a poche ore spirò, il 17 marzo, tra le braccia del fratello, senza che la madre, la quale tutta angosciata andava in traccia dei suoi figli, potesse raccoglierne l'ultimo anelito. Bisognò strappare di viva forza il principe Luigi dal cadavere del fratello perchè non cadesse in mano degli Austriaci che stavano per occupare la città. Ortensia seppe, lungo il viaggio, la morte del suo primogenito; ed arrivata a

Pesaro, immaginiamoci con quale ambascia! vi trovò l'u-
nico figlio superstite: allora dovette soffocare il dolore
materno per la perdita del primo, e pensare allo scampo
dell'altro. Ella s' era già provveduta, prima di conoscere
la morte del figlio, d' un passaporto sotto il nome di
una dama inglese che viaggiava con due figli. Ora, non
vi era tempo da perdere, perchè gli Austriaci s' avanza-
vano sempre sul territorio pontificio, proclamando un'a-
mnistia, da cui erano esclusi, tra gli altri, i due principi
Bonaparte. Il suo passaporto inglese parlava di due giovani; sicchè fece comparire come un de' suoi figli il
giovine marchese Zappi, anch' esso proscritto. Ella intendeva di partire da Ancona prima che gli Austriaci
s' impadronissero di quella città; ma il principe Luigi
cadde ammalato, e per quanto tentasse di celare e soffocare il suo male per non accrescere gli affanni materni,
non riuscì ad ingannare gli occhi ed il cuore d' una
madre. Accortasene Ortensia, manda subito per un medico, il quale dichiara che la febbre è gagliarda e che
può essere il preludio d' una malattia seria. Si dovette
perciò differire la partenza al domani; ma il malato invece peggiorò, sicchè non si potè più farlo alzare dal
letto per metterlo in carrozza. Allora Ortensia manda a
chiedere il passaporto del principe Luigi per Corfù, fir-
mato regolarmente da tutte le autorità; fa prendere un
posto per lui in un cattivo bastimento che dovea partire nella stessa sera; si trasportano sul bastimento
i bagagli del principe; i suoi domestici vanno e vengono
dal palazzo al porto; onde alla sera, quando quella nave
spiegò le vele, tutti i cittadini credevano che il principe
si fosse imbarcato. Ortensia intanto nascose il figlio, la
cui malattia richiedeva tante cure e cautele, in uno stan-
zino attiguo alla sua camera da letto, dove lo assisteva
giorno e notte, senza ammettervi altre persone.

Il principe Luigi, sul suo letto di dolore, si affliggeva per l'esito disastroso di quella insurrezione, che invece di fondar l'indipendenza italiana aggravava di più il dominio dell'Austria sull'Italia. — Avevate ben ragione, diceva egli a sua madre, nel giudicare lo stato delle cose, quando mi scriveste quella lettera ch'io conserverò come il più giusto e più profondo giudizio che si sia fatto sull'avvenire di questo sventurato paese —. E andava rileggendo quella lettera, di cui doveva egli stesso confermare la verità col fatto in congiunture consimili. Si rammentava sopra tutto questo bel passo, secondo il quale diresse poi la propria politica e quella di Francia riguardo all'Italia. Eccolo per l'appunto:

« L'Italia può nulla senza la Francia; bisogna perciò ch'ella aspetti con pazienza che la Francia abbia accomodate dapprima le sue proprie faccende. Ogni imprudenza è dannosa ad entrambe le cause; perocchè un'insurrezione senza riuscita abbatte per molto tempo le forze e gli uomini d'un partito, per rialzar l'altro a sue spese; e si disprezza sempre quello che cade. »

Gli Austriaci entrarono in Ancona, e il generale in capo, barone Geppert, venne a stanziare col suo statomaggiore nel palazzo medesimo abitato da Ortensia; sicchè un doppio uscio, chiuso a chiave, la separava dal generale; e nelle anticamere si vedevano insieme frammisti i di lei domestici coi soldati austriaci: allora ella raddoppiò le sue cautele; perocchè la minima imprudenza poteva tradire lei e il figlio, tuttora ammalato, ma in via di guarigione.

Finalmente il medico, che continuava le sue visite come se fossero dirette alla madre, essa pure alquanto indisposta, dichiarò che l'ammalato poteva mettersi in viaggio, e la partenza si fece il giorno di pasqua. Luigi si mise a sedere a cassetta sulla carrozza della madre, indossando la livrea di un domestico, ch'essa lasciava ad Ancona, e il marchese Zappi, vestito anch'egli ugualmente, se ne stava sul didietro della seconda carrozza in cui stava la cameriera. La cosa riuscì felicemente; partirono di buonissima ora, siochè i due giovani non furono riconosciuti da veruno. A Pisa la regina Ortensia cominciò a servirsi del passaporto inglese; i due giovani si erano spogliati della livrea, e rivestitisi di abiti signorili, si collocarono nella seconda carrozza; il passaporto fu trovato in regola, e il viaggio continuò senza gravi accidenti verso la Francia.

Mentre la regina Ortensia e suo figlio rientravano in Francia con un passaporto inglese sotto la minaccia di una condanna capitale, la Camera dei deputati stava discutendo una legge di bando puro e semplice contro il ramo primogenito dei Borboni, i quali avevano fatto promulgare nel 1816 una legge di proscrizione e di morte contro la famiglia Bonaparte, legge fino allora non abrogata. I viaggiatori adunque, arrivati sul suolo francese, dovettero raddoppiar le cautele per celare il loro vero nome. Appena giunta a Parigi, Ortensia fece conoscere per lettera a Luigi Filippo il proprio arrivo; e il re incaricò Casimiro Périer, presidente del consiglio dei ministri, di recarsi da lei a sentire il motivo del suo viaggio. — So bene, disse la regina al ministro, che ho trasgredito una legge: ne ho pesato tutte le conseguenze; voi avete il diritto di farmi arrestare; sarebbe giusto... — — Giusto no, rispose asciutto il ministro; ma legale sì —. Ella chiese un'udienza a Luigi Filippo, che gliela accordò cortesemente e le disse, che l'esilio della famiglia imperiale gli pesava sul cuore. — Conosco, diceva il re, tutti i dolori dell'esilio, e non è mia colpa se il vostro non è ancor cessato —. Ella gli confessò che aveva seco il figlio, e che aveva oltrepassato le frontiere di Francia nel più stretto incognito per poterlo condur di là sano e salvo in Inghilterra. Luigi Filippo allora le raccomandò il più gran riserbo, perchè non lasciasse trasparire in pubblico la notizia del di lei soggiorno, quantunque brevissimo: indi soggiunse: — So che avete giusti reclami da fare; scrivetemi una nota di tutto ciò che vi è dovuto: io me n'intendo d'affari, e son pronto a servirvi, come vostro incaricato —.

Ma il re era molto inquieto al sapere che Luigi Napoleone era in Francia; perchè il nome solo di lui in que' momenti era già assai pericoloso, avvicinandosi l'anniversario della morte di Napoleone: onde se Luigi non si fosse nuovamente ammalato, Ortensia non avrebbe potuto trattenersi, come fece, dodici giorni a Parigi. Fu sollecitata la sua partenza, non appena seppe il re che Luigi si era alquanto ristabilito, perchè si temeva d'una sommossa Bonapartista.

Appena la regina fu giunta in Inghilterra col figlio, la diplomazia si mise in sospetto, che questa principessa venisse a brigare per ottenere a suo figlio il trono del Belgio, di cui si trattava allora in un congresso di ambasciatori straordinari a Londra. Ma il principe Luigi a certe inchieste che gliene vennero fatte rispose, appartenere esso alla Francia, non importa il come, e aspettar per servirla, che la Francia avesse bisogno de' suoi servigi. Egli aveva ricuperata la sanità, e più nulla poteva trattenere la regina a Londra; sicchè ottenuto, non senza lungaggini e contrasti, il permesso di ripassare per la Francia, escluso Parigi, sotto il nome di contessa d'Arenenberg, madre e figlio affrettarono il ritorno a quel loro tranquillo ritiro in Isvizzera.

Ad Arenenberg trovarono una lettera del dottor Conneau, il quale, già conosciuto da loro nei fatti d'Italia, ove era stato uffiziale d'ordinanza del principe Luigi, rifuggitosi poi in Francia coi capi dell'insurrezione di Romagna, avea bisogno di raccomandazioni per esercitare la medicina a Parigi. Il principe gli rispose subito, invitandolo a stabilirsi ad Arenenberg, dove sarebbe il benvenuto. Il dottor Conneau divenne così l'ospite inseparabile della regina Ortensia, che lo ricolmò di gentilezze e che gli fece promettere di non abbandonare mai più il principe Luigi. Vedremo in appresso con che tratti generosi di riconoscenza ei ricambiasse la cordiale ospitalità di quella principesca famiglia.

In quel mentre una deputazione polacca venne da Varsavia alla villa di Arenenberg per pregare il principe, in nome dei capi dell'esercito, a fare in favore della Polonia quel che aveva fatto per la indipendenza dell'Italia e a combattere nelle file dei patrioti polacchi. La lettera indirizzatagli da molti generali, tra le altre cose, diceva: « A chi mai potrebb'essere meglio affidata la direzione della nostra impresa, se non al nipote del più gran capitano di tutti i secoli? Un giovine Bonaparte, che comparisse sulle nostre terre impugnando il vessillo tricolore, produrrebbe un effetto morale di incalcolabili conseguenze. Venite dunque, giovine eroe, speranza della nostra patria; affidate alle onde, che conosceranno il vostro nome, la fortuna di Cesare, e quel che più importa, i destini della libertà! Voi avrete la riconoscenza dei vostri fratelli d'arme e l'ammirazione dell'universo. »

Il principe esitando tra le ragioni dell'alta sua mente e gl'impulsi generosi del cuore, considerava da una parte che il suo nome poteva dar ombra ai gabinetti stranieri, e temeva di fornire così al governo di Luigi Filippo un pretesto all'abbandono della sventurata Polonia, che s'infingeva ancora di voler sostenere; d'altra parte il ristabilimento del regno di Polonia non era opera dell'imperatore? Questa Polonia non era la Francia del

Nord ? E non si doveva volare in di lei soccorso, quand'ella tendeva le braccia al nipote di Napoleone ?

Il principe Luigi, dopo aver lottato qualche tempo nel contrasto di queste idee generose, risolvette finalmente di rispondere all'appello della Polonia spirante; abbandonò d'improvviso la villa d'Arenenberg, senza prendere congedo dalla madre, (si può ben immaginarne il perchè) e si mise in viaggio sotto altro nome: ma ben presto fu arrestato dalla funesta notizia della presa di Varsavia; sicchè ritornò disperato presso la madre che avea mandato per ogni dove sulle sue tracce, a rischio di additarlo alla vigilanza delle polizie straniere.

Malgrado le promesse di Luigi Filippo e del suo ministro Casimiro Périer, non si riaprirono le porte della Francia alla famiglia dell'Imperatore; si rinnovò anzi la legge che condannava a perpetuo esilio i Bonaparte, abrogando soltanto l'ordinanza reale del 1816 contro i proscritti che rompessero il bando. Il principe Luigi ne fu sdegnato, perchè ninna voce nella Camera dei Deputati e in quella dei Pari, tra tante creature dell'Imperatore, osò alzare una franca protesta in favore della famiglia imperiale: e la madre studiava di calmarlo, dicendogli con angelica rassegnazione: — Se il popolo si rammenta la propria gloria, forza e grandezza, e la sollecitudine costante di cui fu l'oggetto sotto il governo dell'Imperatore, la nostra memoria gli sarà cara, e questo pensiero è il più dolce conforto che si può conservar nell'esilio, come anche portar seco nella tomba ! —

# CAPITOLO III.

*Fantasie politiche.* — Errori di alcuni governanti. — Condizione dell'Europa nel 1832. — Paragone tra i diversi governi della Francia. — Pittura del governo napoleonico. — Quali siano i primi bisogni d'un paese, e quale il governo migliore. — Tipo di un governo democratico e forte, vagheggiato dall'autore. — Fondamenti di un saldo governo. — Appello al popolo francese. Vera bilancia politica. — Diritti dell'uomo e del cittadino. — Il principe è fatto cittadino del cantone di Turgovia. — Morte di Napoleone II: *Viva Napoleone III.* — Riflessione assennata del principe. — *Considerazioni politiche e militari sulla Svizzera.* — Intenzioni finali di Napoleone I svelate dal nipote. — Elogio di Luigi re d'Olanda. — Non ogni legge o governo s'affà per tutti i paesi. — Opportunità delle innovazioni sociali fatte col consenso del popolo, per evitare le rivoluzioni. — Espediente per conciliare il principio d'ordine colla sovranità popolare. — Glorie dell'Impero Napoleonico.

Il principe Luigi, nella speranza di miglior avvenire, vedendo che il tempo di operare non era ancora venuto, si era dato tutto a studi severj e cercava, meditando gli scritti dello zio, la soluzione di diversi problemi politici che lo preoccupavano già da lungo tempo; si mise allora ad esporre le proprie idee intorno al modo di governare, proponendosi per modello di stile la forma semplice, concisa e robusta con cui esprimeva l'Imperatore i suoi vasti e profondi concetti. Il principe scrisse allora le sue meditazioni o *Fantasie politiche,* le quali diede alla luce nel maggio del 1832. Quest'opera propone il modello di una Costituzione, a cui precede un' esposizione dei motivi che l' avevano guidato nella scelta dei principii e dei mezzi del governo che pretende stabilire. Un tal lavoro è tanto più notevole, in quanto che racchiude la maggior parte delle idee politiche svolte da lui più tardi e che si ritrovano anche nella Costituzione del 1852, quasi affatto simile a quella proposta teoricamente nel 1832. Per questa ragione, come anche per mostrare l' altezza e profondità delle idee, non che la rara evidenza della forma ( che vorrei poter conservare tal quale nella traduzione italiana che qui ne faccio di getto), ne darò qui molti tratti. E quind'innanzi, tranne le sue imprese più famose, gli scritti di questo grand' uomo saranno ciò che farò conoscere di preferenza, perchè si veda quale ne sia il senno ed il cuore : giacchè guai, se dovessimo giudicare gli uomini sempre e solo dall' esito delle loro imprese! Chi sale il patibolo, e chi sale i gradini d' un trono.

« Laddove non vi fu rivoluzione, dic' egli in princìpio del suo lavoro, è facile il comprendere che il potere sia restio alle innovazioni e circondi sè stesso di privilegi ; ma dove ci fu rivoluzione, dove il popolo rovesciò un odioso governo per riacquistare gloria e libertà, là il vedere i vinti approfittare della vittoria, soffocar l'entusiasmo e rialzare ciò che il popolo nella sua collera aveva distrutto: questo è quanto sorpassa l' immaginazione, e dee servire di lezione ai posteri.

La cosa più difficile non è l' acquisto della libertà, sibbene il conservarla ; e come conservarla, quando coloro, che dovrebbero difenderla, continuamente l' assalgono ?

Non è solamente la forza brutale che comandi, o il tradimento che uccida; c'è un amor di sistema che tutto distrugge. Questa sistematica manía fu quella appunto che, poco sollecita dell' onore della Francia, sacrificò tutto alla paura d' un' anarchia la quale non era a temersi, o d'una guerra di cui non avevamo a sgomentarci.

Falsa idea di utilità si è quella che sacrifica mille vantaggi reali per un inconveniente o immaginario o di poca importanza; essa vorrebbe dunque togliere agli uomini il fuoco, perchè non incendii, o l'acqua, perchè non innondi ? »

Egli giudica quindi così la condizione dell'Europa:

« L'inquietudine generale che si vede in Europa nasce dalla poca fiducia dei popoli nei loro sovrani. Tutti han promesso, nessuno ha mantenuto la parola. I bisogni che scaturiscono dalla civiltà si fanno sentire in ogni paese: i popoli dappertutto dimandano, i re dappertutto rifiutano. Dee dunque decidere la forza.

Guai a quel sovrano che non ha interessi comuni colla nazione, quando la gloria di quello non è gloria di questa, quando la conservazione di uno è a detrimento dell'altra, quando non possono fidarsi reciprocamente alle loro promesse ed ai loro giuramenti! I re difendono il trono come loro proprietà personale: ogni concessione par loro un furto, ogni miglioramento un principio di ribellione.

I despoti che governano colla spada alla mano e che non hanno altra legge fuor del loro capriccio, quelli almeno non avviliscono la specie umana; la opprimono senza guastarne i costumi. La tirannia ritempera gli animi, ma i governi fiacchi che sotto una larva di libertà mirano ad un potere arbitrario, che si studiano di corrompere quanto vorrebbero abbattere, che sono ingiusti coi deboli, umili coi forti, questi governi riescono a scompaginare la società, perchè addormentano colle promesse, mentre i despoti risvegliano i popoli col martoriarli ».

Indi paragona tra loro i diversi governi che da quarant'anni ressero, l' un dopo l'altro, la Francia.

« Un governo, dic' egli, non può essere forte, se non quando i suoi principii s'accordano colla sua natura.

Così la natura della repubblica fu di stabilire il regno dell'eguaglianza e della libertà; e le passioni che la spinsero all'opera furono l'amor di patria e lo sterminio di tutti i suoi nemici.

La natura dell'Impero fu di consolidare un trono sui principii della Rivoluzione, di rimarginare tutte le piaghe della Francia, di rigenerare i popoli; sue passioni furono l'amor di patria, della gloria, dell'onore.

La natura della Ristaurazione fu una libertà concessa per far dimenticare la gloria, e sue passioni furono il ristabilimento dei vecchi privilegi e la mira al potere arbitrario.

Fu natura del governo del 1830 il risorgimento delle glorie francesi, la sovranità del popolo, il regno del merito; sue passioni furono la paura, l'egoismo e la vigliaccheria....

Sì, esclama l'autore coll'entusiasmo della persuasione, verrà giorno, e forse non è lontano, in cui la virtù trionferà dell'intrigo, il merito avrà più forza che i pregiudizi, la gloria darà principio alla libertà!

Per ottener questo intento, ciascuno pensò a mezzi tra loro diversi: io credo che non si possa ottenerlo se non accoppiando le due cause popolari, quali sono quella di Napoleone II (che allora non era ancor morto) e quello della Repubblica. Il figlio del grand'uomo è il solo rappresentante della gloria più insigne, in quella guisa che la Repubblica rappresenta la più gran libertà. Col nome di Napoleone non si temerà più il ritorno del Terrore; col nome della Repubblica non si temerà più il ritorno del potere assoluto. »

Fa quindi a gran tratti una magnifica pittura del governo di Napoleone.

« Non rinfacciategli la sua dittatura, dice nobilmente: essa ci guidava alla libertà, come il vomero di ferro che scava i solchi preparando così la fertilità dei campi.

Per lui la civiltà si estese dal Tago sino alla Vistola; per lui si radicarono in Francia i principii repubblicani.

Il fine che un saggio governo deve dunque proporsi è quello di continuar l'opera di Napoleone il quale non ebbe tempo di raccogliere tutto quanto avea seminato.

« Senza dubbio, soggiunge il nipote dell'Imperatore, senza dubbio oggidì abbisognano leggi che assicurino per sempre la felicità e libertà del paese; ma non iscordiamoci, che vi sono momenti critici, da cui la patria non potrebbe uscire trionfante, se non col genio d'un Napoleone o la volontà inflessibile d'una Convenzione; perchè fa mestieri di una mano forte che abbatta il dispotismo della servitù col dispotismo della libertà, che salvi la patria con quegli stessi mezzi che l'avrebbero potuta far serva. »

I preliminari della Costituzione, ch'egli trae per la maggior parte dalle Costituzioni del 91 e del 93, avrebbero potuto servir di proemio alla costituzione del 1852, sebbene l'autore delle *Fantasie politiche* raccomandasse allora all'indulgenza de' suoi lettori quelle idee da lui profondamente meditate, ma che non erano ancor maturate dall'esperienza.

« Primi bisogni d'un paese, prosiegue l'autore, sono l'*indipendenza*, la *libertà*, la *stabilità*, la *supremazia* del *merito*, e l'*agiatezza equabilmente diffusa*. Il miglior governo sarà quello, in cui ogni abuso di potere possa sempre esser corretto; in cui senza sociale scompiglio, senza spargimento di sangue possano cambiarsi e le leggi e il capo dello Stato; perchè una generazione non può sottomettere alle sue leggi le generazioni future.

Perchè l' *indipendenza* venga assicurata, fa d'uopo che il governo sia forte; e perchè sia forte fa d'uopo che abbia la fiducia del popolo, che possa aver un esercito numeroso e ben disciplinato, senza che si gridi alla tirannia; che possa armare tutta la nazione, senza timore di vedersi abbattuto.

Per aver *libertà*, la quale non è che una conseguenza dell'indipendenza, fa d'uopo che il popolo, indistintamente, possa concorrere alle elezioni de' rappresentanti della nazione; fa d'uopo che la massa, la quale non si può mai corrompere, e che non è lusinghiera nè dissimulatrice, sia la sorgente perpetua da cui scaturiscono tutti i poteri.

Perchè l'*agiatezza* si spanda in tutte le classi fa d'uopo non solo che vengano diminuite le imposte, sì ancora che il governo abbia un aspetto di stabilità, la quale tranquillando i cittadini permetta di far capitale dell'avvenire.

Il governo sarà *stabile*, quando le istituzioni non saranno esclusive, vale a dire, quando senza favorire alcuna classe saranno tolleranti per tutti e d'accordo coi bisogni e coi desiderii della maggioranza della nazione.

Allora il *merito* sarà la sola ragione di riuscita, e i servigi resi alla patria saranno la sola causa delle ricompense ».

Corsero già ventisett'anni da che queste teoriche politiche e sociali furono espresse da un principe, il quale non pensava ancora di doverle un giorno praticare egli stesso; giacchè vedeva fra il trono e lui i diritti ereditarii di suo cugino Napoleone II. L'autore delle *Fantasie politiche* a ventiquattr'anni non ancora compiuti presagiva e preparava così l'avvenire politico della Francia.

« Dalle opinioni che espongo, soggiunge egli francamente, si vede che i miei principii sono affatto repubblicani. Qual cosa più bella infatti, che il pensare all'impero della virtù, allo svolgimento delle nostre facoltà, al progresso della civiltà? Che se nel mio disegno di Costituzione preferisco la forma monarchica, si è perchè penso che un tale governo converrebbe meglio alla Francia, in quanto che fornirebbe maggiori guarentigie, maggior tranquillità, forza e libertà.

Se il Reno fosse un mare, se la virtù fosse sempre il solo motore, se il merito solo giungesse al potere, allora io vorrei una repubblica pura e semplice; ma, circondati come siamo da nemici formidabili che comandano a milioni di soldati e che possono rinnovare in casa nostra l'irruzione dei barbari, credo che la repubblica non riuscirebbe a respingere l'invasione straniera ed a comprimere le turbolenze intestine, se non ricorrendo a mezzi di tal rigore che nocerebbe alla libertà. In quanto alla virtù ed al merito, si vede spesso che in una repubblica non possono arrivare che ad un certo grado; perocchè o l'ambizione li corrompe, o la gelosia li perde: sicchè a tutti i genii trascendenti si dà spesso l'ostracismo per la diffidenza che ispirano, e così l'intrigo trionfa del merito il quale potrebbe illustrare la patria.

Io vorrei dunque un governo che fornisse tutti i beni della repubblica, senza trarne seco gl'inconvenienti; insomma un governo che fosse forte senza dispotismo, libero senza anarchia, indipendente senza conquiste ».

Si direbbe quasi che l'imperatore medesimo, ammaestrato dall'esperienza, aspiri a continuare così ed a compiere l'opera incominciata della rigenerazione sociale.

« Non può esservi armonia tra governo e governanti che in due maniere; quando il popolo si lascia governare dalla volontà di un solo, o quando il capo governa pel volere di tutti: nel primo caso c'è il despotismo, nel secondo la libertà; la tranquillità dell'uno è il silenzio delle tombe, quella dell'altro è la serenità d'un purissimo cielo ».

Nel suo piano di costituzione l'autore di quest'opera vorrebbe che i tre poteri dello Stato fossero il Popolo, il Corpo legislativo e l'Imperatore: onde il popolo abbia il potere elettivo e di sanzione; il Corpo legislativo, composto di un Tribunato e d'un Senato, abbia il potere deliberativo; l'Imperatore, il potere esecutivo. Il paese, soggiunge l'autore, sarà felice finchè vi sarà armonia tra questi tre poteri, cioè quando l'opposizione, che in uno Stato libero deve sempre trovarsi, non sarà che come le dissonanze della musica le quali concorrono all'accordo totale.

Egli fa appello al popolo, a questo giudice supremo, collocato da lui al di sopra di ogni convinzione personale.

« Tocca a lui decidere della sua sorte, accordare tra loro tutti i partiti, impedire la guerra civile, proclamare altamente e liberamente la sua volontà: ecco il punto a cui devono far capo tutti i buoni Francesi, a qualunque fazione appartengano, tutti quelli che vogliono la felicità della patria, non già il trionfo delle proprie dottrine! »

Egli termina così queste riflessioni preliminari:

« Si parla di eterne battaglie, di lotte interminabili; eppure facilmente riuscirebbe ai sovrani di consolidare la pace per sempre, purchè badino ai costumi ed alle attinenze delle diverse nazioni tra loro, e diano loro la nazionalità e le istituzioni che riclamano: allora sì che avranno trovata la vera bilancia politica; allora tutti i popoli saranno fratelli, e si abbracceranno in faccia alla tirannia spodestata, alla terra consolata, ed alla umanità soddisfatta! »

Credo non sarà cosa sgradita ai lettori ch'io qui trascriva il primo capitolo di quella costituzione proposta dall'autore, dove si fa la dichiarazione dei diritti dell'uomo e del cittadino: tanto più che ci sembra avere una doppia importanza, qualora si rifletta che il principe non l' ha mai rinnegata, anzi può dirsi l'abbia riconfermata in complesso nella Costituzione definitiva del 1852, con queste parole:

« La Costituzione riconosce, conferma e guarentisce i grandi principii proclamati nel 1789 che sono la base del diritto pubblico francese. »

Ecco adunque il Capitolo I della Costituzione, tratto dalle *Fantasie politiche*, e che espone appunto i diritti dell'uomo e del cittadino.

« Art. I. — Il fine della società è la felicità comune.

Art. II. — Questi diritti sono l' Eguaglianza, la Libertà, la Sicurezza, la Prosperità.

Art. III. — Tutti gli uomini sono eguali per natura e davanti alla legge.

Art. IV. — Tutti'i cittadini sono egualmente ammissibili ai pubblici uffici. I popoli liberi non conoscono altri motivi di preferenza nelle loro elezioni, che la virtù e l'ingegno.

Art. V. — Il diritto di manifestare il proprio pensiero e le proprie opinioni, sia per mezzo della stampa, sia per ogni altra maniera; il diritto di radunarsi pacificamente, il libero esercizio dei culti non possono soggiacere a divieti.

Art. VI. — Niuno dev'essere accusato, arrestato o detenuto, se non nel caso determinato dalla legge e secondo le forme da lei prescritte. Ogni cittadino citato o colpito dall'autorità della legge deve obbedire sul momento; e si rende colpevole colla resistenza.

Art. VII. — Ogni atto esercitato contro un uomo fuori dei casi e senza le forme determinate dalla legge è arbitrario e tirannico; colui contro il quale si volesse eseguirlo colla violenza ha diritto di respingerlo colla forza.

Art. VIII. — Dovendosi ritenere ogni uomo come in-nocente fino a tanto che non sia dichiarato colpevole, qualora si giudichi indispensabile il suo arresto, ogni rigore che non fosse necessario per assicurarsi della sua persona dev' essere severamente represso dalla legge.

Art. IX. — Niuno dev' essere giudicato e punito, se non dopo essere stato sentito o legalmente citato, e in forza d'una legge promulgata prima del fatto. La legge che punisse falli commessi prima della sua esistenza è tirannia; l' effetto retroattivo dato alla legge è un delitto.

Art. X. — Il diritto di proprietà è quello che ha ogni cittadino di godere e disporre, a suo beneplacito, de' suoi beni e delle sue rendite, del frutto del proprio lavoro e della propria industria.

Art. XI. — Niun genere di lavoro, di coltura, di commercio, può essere vietato all' industria dei cittadini.

Art. XII. — I pubblici soccorsi sono un debito sacro. La società è debitrice, verso i cittadini poveri, del loro mantenimento, sia col fornirli di lavoro, sia coll' assicurare i mezzi di sussistenza a chi non è in caso di lavorare.

Art. XIII. — La sovranità risiede nel popolo; essa è una, indivisibile, imprescrittibile e inalienabile.

Art. XIV. — Un popolo ha sempre il diritto di rivedere, di riformare e di cambiare la sua Costituzione. Una generazione non può assoggettare alle sue leggi le generazioni future. »

Questo piano di Costituzione fu quasi sconosciuto in Francia, sebbene l'autore ne avesse spedito esemplari a molte persone, destinandoli specialmente agli amici di sua madre ed ai partigiani dell' Impero, esemplari che furono in gran parte sequestrati dalla polizia di Luigi Filippo. Mentre dava alla luce le Fantasie politiche,

questa eloquente professione di fede di cittadino francese,
come dice un suo biografo, il principe accettò il diritto
di borghesia onoraria offertogli dal comune di Sallenstein,
in riconoscenza dei numerosi benefizi che quel Comune
avea ricevuto dalla regina Ortensia, durante la sua dimora alla villa di Arenenberg. Il cantone di Turgovia,
desiderando di mostrar in tal modo quanto onorasse i
generosi ospiti di Arenenberg, conferì al principe Luigi
il titolo di cittadino del Cantone; e questi non credette
diminuire per nulla i suoi diritti di cittadino francese,
accettando un titolo, di che venne ugualmente insignito
dal cantone di Berna il maresciallo Ney quando risiedeva
colà come ministro di Francia.

Ma non era lontano quel giorno in cui il principe francese, che non avea sdegnato il titolo di cittadino del cantone di Turgovia, stava per diventare, alla morte del duca
di Reichstadt, l'erede presuntivo di Napoleone I.

Napoleone II moriva appunto dopo un lungo languore
ed una misteriosa malattia il 22 luglio 1832. Due giorni
dopo questa morte, il principe Luigi riceveva dalla Francia molte lettere che lo avvertivano, andarsi propagando
l'opinione Bonapartista nell'esercito francese, quand'ecco
arrivargli da Vienna un corriere segreto, che gli consegna
una lettera a lui diretta, in cui gli si dice: « Napoleone II
non è più: egli morendo lasciò i suoi diritti di eredità
imperiale a suo cugino. Viva Napoleone III! »

Il principe Luigi Napoleone (omai gli si davano questi
due nomi riuniti) capì che la morte del duca di Reichstadt
era stata un colpo funesto pel suo partito; e malgrado le
istanze di alcuni ardenti bonapartisti che lo eccitavano ad
operare immediatamente, e ad entrare in Francia per farvisi
proclamare imperatore sotto il nome di Napoleone III,
credette suo debito il farsi dapprima conoscere personalmente, per riunire intorno a sè i partigiani di

Napoleone II : risolvette perciò di trar profitto da'suoi studi militari e dalle sue meditazioni politiche, scrivendo molte opere che dovevano chiamare su di lui l'attenzione dei dotti e de'patrioti francesi ; non cessando però dal soccorrere liberalmente le vittime della politica antinazionale, ma non dando alcun pretesto coi fatti ai sospetti di Luigi Filippo e della così detta Santa Alleanza che lo facevano sorvegliare nel suo ritiro di Arenenberg. Nel 1833 il principe diede alla luce uno de'suoi lavori più importanti, intitolato : *Considerazioni politiche e militari sulla Svizzera*, nel quale con raro ingegno passa in rassegna moltissimi problemi sociali e amministrativi, concernenti anche la Francia, e in cui gettava il germe di quelle grandi idee governative, che svolse e maturò poi coll'esperienza.

« Parlando della Svizzera, non ho potuto trattenermi dal pensare di spesso alla Francia, dic'egli nel proemio del suo libro in data del giorno 6 luglio 1833 : spero che i miei lettori mi perdoneranno le mie digressioni; perocchè l'affetto che m'inspira un popolo libero non può che accrescere in me l'amore pel mio paese. »

Ne offriremo alcuni brani che mettono in nuova luce l'opera e l'intenzione di Napoleone I, o che accennano già sin d'allora alla continuazione e al perfezionamento ch'ei si prefisse di fare all'opera dello zio.

« Dappertutto, egli dice, l'Imperatore non creò che governi di transizione tra le idee vecchie e le nuove ; dappertutto si possono vedere in ciò che stabilì due elementi distinti :. una base provvisoria, colle apparenze della stabilità; *provvisoria*, perchè sentiva che l'Europa doveva essere rigenerata; *con apparenze di stabilità*, per nascondere a'nemici i suoi vasti disegni, e perchè non fosse accusato di aspirare all'impero del mondo. A tal fine egli mise i suoi fratelli sul trono.

Un grand' uomo non ha le mire anguste e le debo-
lezze che gli attribuisce l'uomo volgare : quando ciò fosse,
cesserebbe di' essere un grand' uomo.

Non per dare corone alla propria famiglia ei nominò
re i suoi fratelli, sibbene perchè fossero in quei diversi
paesi le colonne d'un nuovo edificio ; li fece re perchè si
credesse alla stabilità e non si gridasse alla sua ambizione ; mise su quei troni i suoi fratelli, perchè essi soli
potevano conciliare l'idea d'un mutamento coll'apparenza
della immovibilità, perchè essi soli potevano consolarsi
nel perdere un regno ritornando ad essere principi francesi.

Mio padre in Olanda fu un esempio luminoso di quello
che dico. Se l'imperatore Napoleone avesse nominato un
generale francese al posto di suo fratello, gli Olandesi
nel 1810 si sarebbero battuti contro la Francia; mio padre invece, non credendo di poter conciliare gl'interessi
del popolo, ch'era chiamato a governare, con quelli della
Francia, amò meglio di perdere il regno anzichè di operar contro coscienza o contro il fratello : la storia rare
volte ci offre un così bell'esempio di lealtà e disinteresse. »

A questo giusto elogio dell'abdicazione del re di Olanda
aggiunge l'autore, che Napoleone dovea mettere un termine allo stato provvisorio d'Europa dopo la sconfitta dei
Russi e la disfatta del sistema inglese.

« S'egli fosse stato vincitore, si sarebbe veduto il du-
cato di Varsavia cambiarsi in nazione polacca ; la Westfa-
lia cambiarsi in nazione tedesca; il regno d'Italia cambiarsi in nazione italiana.

In Francia un governo liberale avrebbe surrogato la
dittatura : dappertutto stabilità, libertà, indipendenza, invece di nazionalità incompiute e d'istituzioni transitorie. »

Egli ha sempre in pensiero la Francia, anche quando
espone teoriche generali :

« È impossibile, dice l'autore, di riconoscere un sistema siccome buono per tutti i popoli ; e il volere estendere indistintamente la medesima forma di governo dappertutto è una falsa e sciagurata idea. Ogni nazione ha i suoi costumi, le sue abitudini, la sua lingua, la sua religione; ciascuna ha il suo carattere particolare e un interesse diverso che dipende dalla sua postura geografica o dalla sua statistica. Se vi sono massime buone per tutti i popoli, non v'ha sistema buono per tutti. . . .

Non solo il medesimo sistema non può convenire a tutti i popoli, ma le leggi devono modificarsi colle generazioni, e con le circostanze più o meno difficili. L'imperatore Napoleone, di cui si ammireranno sempre più le intenzioni, quanto più se ne scruteranno imparzialmente le azioni, i principii e le mire, diceva al Consiglio di Stato (sessione del 1.º dicembre 1809 ): Non bisogna legarsi nell'istituzione d'un nuovo governo con leggi minute : le Costituzioni sono l'opera del tempo; si dovrebbe sempre lasciare un largo campo ai miglioramenti. . . .

Secondo i bisogni del momento gli uomini rivolgono lo sguardo o verso il passato o verso l'esempio d'un popolo straniero. Se invece si limitassero ad imitare le sole istituzioni dei popoli vicini che siamo a lor confacenti, non seguirebbero in ciò che le leggi della saggezza; ma pur troppo spesso, quando si copia, si approvano persino i difetti. Nel 1815 in Francia non si vagheggiava che il governo inglese; oggidì, non si vagheggia che il governo americano, benchè noi non siamo nè Americani nè Inglesi. »

Un'altra digressione importante è quella che tratta della sovranità del popolo, e della maniera di applicare questo principio fondamentale; e si fa manifesto sin d'allora il sistema di governo che avrebbe voluto iniziare l'autore, se mai fosse venuto al potere.

« Il primo vantaggio del piano di accordo in Isvizzera è la legge fondamentale che prescrive dopo dodici anni la revisione del patto federale: ecco in tal modo rassicurata la sovranità nazionale. Senza leggi consimili, la sovranità del popolo non è che una vana parola, adoperata dai governanti per ingannare i creduli, ripetuta dai governi timidi per acquietare la loro coscienza che suggeriva ad essi di edificare su larghe basi le istituzioni della patria.

Nel senato-consulto dell'anno XII, che stabiliva i doveri della famiglia Bonaparte verso il popolo francese, questo principio veniva riconosciuto; perocchè in capo a un certo tempo un Appello al popolo vi era ingiunto come obbligo sacro.

Dicono che in un gran paese il sistema elettivo può essere fonte di gravi disordini; ma ogni cosa ha il suo lato buono e cattivo.

È vero che la stabilità fa sola il bene d'un popolo; senza fiducia nell'avvenire non si possono dare nella società nè spirito vitale, nè commercio, nè intraprese benefiche; il popolo soffre pel ristagno di tutti gli elementi di stabilità inceppati dal timore di prossimo scompiglio.

Ma qual è il mezzo di acquistare una tale stabilità? Forse l'aggrapparsi al passato come ad una base immutabile, e il volere incatenar l'avvenire, come se fosse già in nostra balìa? Non si erra tanto nel giudicare il presente come se fosse superiore a tutto ciò che fu, quanto nel crederlo al di sopra di tutto ciò che sarà per succedere. Non si può dire ad una nazione: — la tua felicità è qui; è circoscritta da confini insormontabili; ogni progresso sarebbe un difetto, ogni ritorno al passato un delitto. —

La natura non è stazionaria. Le istituzioni invecchiano, mentre il genere umano continuamente ringiovanisce; perocchè quelle son l'opera caduca degli uomini, questo è quella di Dio: la corruzione può svolgersi in quelle, mentre questo è incorruttibile; perocchè lo spirito celeste, lo spirito di perfezione è quel che ne spinge.

Il principio di ogni istituzione ordinariamente è buono, siccome quello che si fonda sui bisogni del momento; ma traligna quando questi bisogni sono mutati, quando l'effetto che doveva produrre è compiuto.

Nei momenti di transizione da un progresso all'altro hannovi necessità di mutamento per distruggere gli abusi e per rimettere le leggi in armonia cogli urgenti bisogni.

Se limiti immutabili impediscono alla civiltà di estendersi, il progresso verrà ritardato; ma il trapasso, invece di esser dolce e facile, produrrà un tale scoppio, che farà crollare l'edificio sociale, e sarà tanto più forte, quanto più avrà avuto bisogno di tempo e di sforzi per aprirsi la strada.

Ma in questi momenti di transizione, chi deciderà dei novelli bisogni di cambiamento? chi deciderà delle diverse forme di governo?

Il popolo, che è il più giusto e il più forte di tutti i partiti; il popolo, che abborre tanto dalla sfrenatezza quanto dalla schiavitù; il popolo, che non si potrà mai corrompere, e che ha sempre il sentimento di ciò che gli conviene.

Ma può forse il popolo esercitare il suo potere indefinitamente? Non dovrebb'egli limitarsi ad approvare o a rigettare le proposizioni fattegli dalla parte istrutta della nazione, da quella che ne rappresenta già gl'interessi?

Se il popolo non si limitasse al diritto di sanzione, ma scegliesse indifferentemente fra tanti individui e codici i suoi governanti e le sue leggi, le turbolenze si farebbero continue; perocchè scegliere equivale a possedere il diritto d'iniziativa.

Ora l'iniziativa non dovrebbe esser lasciata che ad un potere deliberativo; e il popolo in massa non è atto a deliberare.

Dunque per conciliare ad un tempo la sovranità popolare col principio d'ordine, bisognerebbe, in caso di elezione, che i corpi addottrinati, aventi un mandato speciale, non facessero che proporre, mentre il popolo non farebbe che accettare o rigettare le loro proposte. »

Ben si comprende che il principe Luigi Napoleone non perde mai di vista la Francia, sua cara patria, nè il governo imperiale che si sentiva chiamato a continuare; onde pieno d'entusiasmo per l'opera feconda della Repubblica e dell'Impero, esclama:

« E qual parte dell'Europa si può mai percorrere, senza scorgervi tracce della gloria francese? Se passate un ponte, il nome di questo vi rammenta che i nostri battaglioni lo espugnarono colle bajonette; se attraversate le Alpi o gli Apennini, le strade che appianano questi monti furono fatte sulle orme dei nostri soldati che pei primi ne aprirono i passi: finalmente il suolo che noi calchiamo, da Mosca sino alle Piramidi, fu il campo di battaglia in cui i figli della Repubblica e dell'Impero diedero nuovo splendore al nome francese. E quel che v'ha forse ancora di più glorioso si è che, se presso popoli stranieri vediamo miglioramenti nei codici, opere utili, lavori durevoli, instituzioni benefiche; questo cambiamento fu preparato dai giovani battaglioni repubblicani che rovesciarono tutto quanto si attraversava al loro cammino, e venne consolidato dalle vecchie coorti imperiali, le quali gettarono le prime basi del nuovo edifizio cui la Rivoluzione di luglio aveva il còmpito di terminare.

E dal 1815 in poi, che divennero questi avanzi gloriosi del nostro grande esercito? Mi sia permesso di far loro giustizia. Tranne alcuni maggiorenti dell'Impero, tutti gli altri si sono mostrati, in tutte le congiunture, in tutti i paesi, ardenti a secondare ogni nobile impresa: in Francia imporporarono col loro sangue i patiboli della Ristaurazione;

in Grecia ajutarono un popolo schiavo a ricuperare la sua indipendenza; in Italia, sono i capi di quella gioventù sfortunata che anela a libertà; essi riempirono le prigioni coi loro corpi mutilati: finalmente, in Polonia quali erano i capi di questo popolo eroico? Soldati di Napoleone. In somma, si trovano i soldati del grand'uomo dovunque si tratti di onore, di libertà e di patria. »

# CAPITOLO IV.

Il principe Luigi riceve dalla Dieta Elvetica il titolo di cittadino della Repubblica. — Napoleone I e il popolo francese. — Il principe è nominato capitano d'artiglieria dal governo di Berna. — Lettera in cui nobilmente smentisce la voce delle sue nozze colla regina di Portogallo. — Suo *Manuale d'artiglieria*, lodatissimo dagli esperti. — Sue abitudini giornaliere e casalinghe. — Suo ritratto fisico e morale. — Eccitamenti fattigli perchè uscisse dalla sua solitudine. — Piano strategico e politico dell'impresa di Strasburgo. — Magnifico proclama al popolo francese. — Energico appello all'esercito. — Proclama agli Strasburghesi.

La Dieta Elvetica apprezzò grandemente il servizio che il principe le avea fatto con questo lavoro, in cui con vasta e profonda scienza strategica le proponeva un sistema di difesa, che attuato dalla Repubblica la renderebbe pressochè inaccessibile alle invasioni dei nemici: onde, per attestare all'autore la propria stima e riconoscenza, gli decretò per acclamazione unanime l'onorifico titolo di cittadino della Repubblica: titolo che il principe accettò di buon grado, perocchè la Svizzera poteva considerarsi come sua seconda patria, avendone già goduta l'ospitalità per diciasett'anni; e d'altra parte con questo titolo non veniva a perdere il nome e i diritti di cittadino francese, come si è detto di sopra, riguardo al titolo di cittadino di Turgovia.

Nelle varie lettere che il principe scriveva in que' tempi a' suoi amici sfavilla sempre l'idea Napoleonica; e prende occasione da tutto per far l'apologia dell'Imperatore ch'egli si era proposto a modello. Ecco per esempio un notevole frammento di una lettera scritta da lui nel giugno 1834.

« Sono convinto che Napoleone giovò alla causa della libertà, anzi salvò la libertà coll'abolire le forme legali, arbitrarie e tarlate degli anni, e coll'accordare le istituzioni del suo paese ai progressi del secolo. Sorto dal popolo, bisognava ch'ei favorisse la civiltà; mentre quell'autorità, che non è punto fondata sull'elezione popolare, tende naturalmente ad arrestarne il progresso. Ben lo comprese il popolo; e in quella guisa che Napoleone faceva tutto per il popolo, questo, dal canto suo, faceva tutto per Napoleone.

Chi lo innalzò alla dignità di console? Il popolo. Chi lo proclamò imperatore con quattro milioni di voti? Il popolo. Chi lo ricondusse in trionfo dall'isola d'Elba a Parigi? Il popolo. Quali erano i nemici di Napoleone? Gli oppressori del popolo.

Ecco perchè il suo nome fu sì caro alla massa del popolo, e perchè il suo ritratto, che si trova in ogni tugurio, è un oggetto di venerazione.

Scusatemi, se parlo sì a lungo di mio zio; ma io adoro Napoleone e la libertà: questo è il mio sentimento più ardente; e il mio sentimento è inseparabile dalla mia convinzione. »

Luigi Napoleone assisteva spesso agli esercizi del campo di Thün e stava preparando un trattato d'artiglieria; tutti gli anni si trovava colla sua carabina al tiro federale di Berna, in cui disputava la palma ai più valenti cacciatori della Svizzera. Per rendere omaggio al suo talento militare, il governo di Berna lo nominò capitano del reggimento d'artiglieria cantonale; e il principe accettò ringraziando; e rientrava così nella carriera militare come l'Imperatore suo zio, cominciando al pari di lui dall'artiglieria col titolo di capitano sotto una Repubblica.

Mentre il principe curava l'edizione del suo *Manuale d'artiglieria*, alcuni giornali francesi, ingannati senza dubbio dalle rivelazioni officiose di qualche malaccorto amico del principe, sparsero la voce, ch'ei dovesse sposare Donna Maria, regina di Portogallo, ch'era rimasta vedova poco dopo le nozze col duca di Leuchtenberg, figlio del principe Eugenio; Luigi aveva già prima dichiarato che non acconsentirebbe, anche a prezzo di una corona, a separar la sua sorte e i suoi interessi da quelli di Francia; ed ora, sebbene gli fosse stata offerta già prima codesta fortuna, per ismentire tali voci scrisse questa lettera che venne pubblicata sui giornali:

« Arenenberg, 14 dicembre 1835.

Molti giornali accolsero la notizia della mia partenza per il Portogallo, come pretendente alla mano della regina Donna Maria. Per quanto lusinghiera sia per me la supposizione ch'io dovessi sposare una giovane regina, bella e virtuosa, vedova d'un cugino che mi era caro, è mio dovere lo smentire tal voce, perocchè nessuna pratica a me nota vi diede appiglio.

Devo pure aggiungere che, malgrado la viva simpatia che sento per le sorti di un popolo il quale venne ora acquistando la sua libertà, rifiuterei l'onore di partecipare al trono del Portogallo, se mai per avventura alcune persone mettessero l'occhio sopra di me.

La bella condotta di mio padre, che abdicò nel 1810, perchè non poteva metter d'accordo gl'interessi della Francia con quelli dell'Olanda, non mi uscì mai di mente.

Mio padre mi mostrò col suo grande esempio, quanto la patria sia preferibile a un trono straniero. Io sento infatti che, avvezzo sin dàlla mia fanciullezza a prediligere soprattutto il mio paese, non saprei qual altra cosa preferire agl'interessi francesi.

Persuaso che il gran nome ch'io porto non sarà sempre un titolo d'esclusione agli occhi de'miei compatrioti, giacchè rammenta loro quindici anni di gloria, aspetto con calma, in un paese ospitaliero e libero, che il popolo richiami nel suo seno coloro che furono esiliati nel 1815 da un milione e dugentomila stranieri.

La speranza di servire un giorno la Francia come cittadino e come soldato fortifica l'animo mio, e vale ai miei occhi più che tutti i troni del mondo ».

Finalmente il *Manuale d'artiglieria* comparve alla luce verso la fine del 1835, dopo tre anni di faticose ricerche, di profondi studi e di esperienze, collocandosi così fra i primi scrittori di tattica militare, ed avverando i lieti pronostici che gliene avea fatto il suo valentissimo maestro, colonnello Dufour. L'autore, affinchè il governo di Luigi Filippo non impedisse la distribuzione di quest'opera in Francia, al titolo modesto del suo libro aggiunse queste parole: *Ad uso degli ufficiali d'artiglieria della Repubblica Elvetica*, ed al suo nome sospetto di pretendente sostituiva il semplice titolo di *Capitano nel reggimento di artiglieria del cantone di Berna*.

Mercè queste cautele il libro potè liberamente circolare in Francia. I principali giornali di Francia e dell'estero parlarono di questo libro, come del migliore trattato d'artiglieria che fin qui si conosca: lasciamo dunque agli esperti dell'arte il parlar di quest'opera; non si potrebbe far meglio conoscere il merito e l'importanza di questo bel libro che col trascrivere, come qui facciamo, letteralmente tradotto l'esame critico ed imparziale, che uno dei giudici più competenti in siffatta materia inserì, sotto il velo dell'anonimo, nel fascicolo 120.º dello *Spettatore militare*, stampato nel mese di marzo del 1836.

« L'autore attinse per ogni dove tutto ciò che concerne l'artiglieria d'assedio e da fortezza, di cui la Svizzera non è ancora fornita; egli vi mise in pratica molti documenti sull'istruzione delle nostre truppe e sul servizio dei nostri stabilimenti, di maniera che questo *manuale* potrà essere apprezzato e ricercato dagli ufficiali francesi, che vi troveranno quasi tutti di che imparare.

L'autore vi si mostra instrutto in tutte le innovazioni notevoli, in tutti i più importanti miglioramenti, specialmente in quelli adottati dalle potenze straniere, spesso mal noti in Francia, avida di conoscerli; insomma la scienza vi è spiegata per quanto è possibile.

In capo all'opera v'ha un ragguaglio storico dell'invenzione e dei progressi dell'artiglieria sino ai nostri giorni; questo esordio va a meraviglia, è la parte attraente, quella da cui trarrà il lettore le più minute particolarità tecniche dei nomi e dei lavori, sempre piuttosto aride, quando non se n'ha un urgente bisogno: questa è la sola maniera di farne gustar la lettura.

Il disegno dell'opera è ben concepito, e si può riguardarla come divisa in tre parti, la prima delle quali tratta dell'artiglieria di campagna; la seconda, dell'artiglieria d'assedio e di fortezza; la terza, delle fabbricazioni e delle costruzioni che dipendono dall'artiglieria ».

Dopo aver analizzato da par suo quest'opera con un linguaggio tecnico e con giudizi speciali che non potrebbero esser ben compresi da noi profani alla scienza, lo scrittore anonimo termina così il suo articolo:

« È impossibile, percorrendo questo libro, di non istupirsi dell'assidua fatica che dovette costare all'autore. Possiamo farcene un'idea, scorrendo l'elenco di tutti gli autori francesi, tedeschi ed inglesi, di cui si prevalse; perocchè questo elenco non è un vano catalogo, scorgendosi nel testo le idee, e spesso persino le espressioni degli autori citati.

Qualora si esamini quanto studio e quanta perseveranza occorse all'autore per giungere a fare da solo (perocchè anche le tavole intercalate nel testo son disegnate dall'autore) un libro che richiede cognizioni sì profonde e sì varie; e quando si pensa che quest'autore era nato sui gradini di un trono: non si può non ammirare quest'uomo che sopporta in tal modo i rovesci della fortuna ».

Luigi Napoleone, apparentemente immerso ne' suoi studi militari e politici, attendeva la sua ora, tenendo lo sguardo rivolto verso la Francia, e preparando in segreto, di nascosto anche da sua madre, i mezzi acconci a conseguire l'intento di tutta la sua vita; nè però cambiava in nulla il suo modo di vivere laborioso e solitario ch'egli teneva alla villa di Arenenberg.

Il suo appartamento, situato in un padiglione separato dalla villa, non offriva alcunchè dell'eleganza e della agiatezza che rammentava gli splendidi avanzi del lusso imperiale nella casa della regina Ortensia; era veramente la tenda d'un guerriero e insieme il ritiro d'un filosofo; non tappeti, non sedie a bracciuoli, non lampade, non dorature; soli ornamenti delle stanze semplici e nude, che formavano il suo quartiere, erano libri ed armi.

Il principe era stato sempre per abitudine e per elezione austero e frugale nel suo modo di vivere. Sin dallo spuntare del giorno saliva a cavallo e galoppando avea già corse molte leghe prima che gli altri della villa abbandonassero il letto; quindi si metteva a lavorare nel proprio studiolo; le ore del mattino erano assorbite dai suoi numerosi carteggi: fra il giorno interrompeva le sue letture e i suoi scritti per darsi a qualcuno dei suoi prediletti esercizi, come per esempio quello della sciabola o della lancia a cavallo, il maneggio del fucile, il tiro di pistola, e simili. Spesso nel cuor dell'estate attraversava a nuoto il lago di Costanza; e nel rigore dell'inverno giocava di scherma coi più valenti spadaccini della Svizzera.

Nelle *Lettère di Londra*, pubblicate non prima del 1839 e scritte dal Sig. Almbert chè fu intimo segretario del principe, se ne legge il ritratto fisico e morale. « Noi, dice un biografo, non oseremo aggiungere un solo tocco di matita o di pennello a questa pittura viva e colorita, che ritrae fedelmente Luigi Napoleone all'età di ventotto o ventinove anni. » Lo diam qui tradotto.

« Il principe Luigi Napoleone ha fisonomia piacevole, statura mezzana, contegno militare; accoppia al garbo di tutta la sua persona quello più seducente delle sue maniere semplici, naturali, tutte disinvoltura e buon gusto, le quali sembrano proprie delle schiatte più illustri.

A prima vista colpisce la sua rassomiglianza col principe Eugenio e coll'imperatrice Giuseppina, sua ava, ma non si scorge sulle prime un'egual rassomiglianza coll'Imperatore.

È vero che non avendo la figura ovale, nè le guance piene, nè il colorito bilioso di suo zio, il complesso della sua figura manca di taluna tra le particolarità, che si ravvisano nella testa dell'Imperatore e che bastano per dare ai ritratti più infedeli e più informi una certa rassomiglianza con Napoleone. I mustacchi che porta, con un leggero pizzo alla foggia imperiale, danno oltracciò alle sue fattezze un'impronta soldatesca tanto distinta, che nuoce alla sua rassomiglianza collo zio. Ma osservando i lineamenti essenziali che non hanno a che fare coll'essere più o men grasso, coll'avere più o men barba, non si tarda a riconoscere in lui il tipo Napoleonico, con meravigliosa fedeltà riprodotto.

Infatti v'è la stessa fronte alta, larga e diritta, lo stesso naso di belle proporzioni, gli occhi bigi, però con più dolce espressione; vi sono gli stessi contorni e la stessa

piegatura di capo talmente propria del carattere Napoleonico, che al lampeggiare d'uno sguardo c'è di che scuotere
un soldato della vecchia guardia; e se l'occhio si ferma
sui contorni di quelle forme così corrette, è impossibile
di non esser colpiti, come dinnanzi al busto dell'Imperatore, dall'autorevole fierezza di quel profilo romano, le
cui linee, sì pure e sì gravi, aggiungerei anche sì solenni,
son quasi il suggello dei grandi destini.

Il carattere distintivo delle fattezze del principe Luigi
Napoleone è la nobiltà e la severità; tuttavia dalla sua
fisionomia, tutt'altro che dura, traspira anzi un sentimento
di bontà e di dolcezza. Pare che il tipo materno, conser-
vatosi nella parte inferiore del viso, sia venuto a correggere la rigidezza dei lineamenti imperiali, come il sangue
dei Beauharnais pare che abbia temperato in lui l'impeto
meridionale del sangue Napoleonico. Ma ciò che desta
sopra tutto la simpatia è quella tinta indefinibile di me-
lanconico e di pensieroso, diffusa su tutta la sua persona,
e che rivela i nobili dolori dell'esiglio.

Nulla di effemminato nel principe Luigi Napoleone. La
tristezza che adombra la sua fisionomia addita un'indole
energica; il suo franco contegno, il suo sguardo vivace
insieme e pensoso, tutto in lui accenna una di quelle
nature non comuni, che si nutrono dell'intendimento vòlto
a grandi cose, e che sole son capaci di compierle. »

Il principe in quel tempo considerava tra sè lo stato
politico della Francia, e andava, per così dire, chiedendo
a sè stesso, se dovesse aspettare una congiuntura favorevole alle sue mire, come per esempio qualche nuovo attentato alla vita del re Luigi Filippo, oppure una nuova
insurrezione repubblicana, per presentarsi all'esercito, come
nipote ed erede dell'Imperatore, facendo appello alle memorie patriotiche dell'impero ed ai grandi principii democratici del 1789. Una voce segreta gli diceva che solo

il nome di Napoleone non aveva perduto il suo popolare prestigio, anche dopo la morte dell'illustre prigioniero di Sant'Elena. L'attentato di Alibaud contro la vita del re, sebbene non riuscito, mise allora di nuovo l'incertezza negli animi; e molte persone che meritavano la fiducia di Luigi Napoleone, gli dipinsero allora in iscritto la condizione mal sicura della Francia, con queste parole:

« Noi non godiamo il presente, perchè l'avvenire ci spaventa; il nuovo governo, in sei anni, non si è per nulla saldato, perocchè ha represso le nobili passioni, snervato i cuori, senza ispirare nè sicurezza nè fiducia. E come avrebbe potuto riuscirci, non avendo il sostegno dei secoli, nè quello fornito dalla sanzione del popolo, e nemmanco il prestigio d'un'origine gloriosa? Il più forte non è mai forte abbastanza per essere sempre padrone, se non trasforma la sua forza in diritto e l'obbedienza in dovere... La vita del re si trova in continuo pericolo : se mai riuscisse uno di questi attentati, noi saremmo in balía dei più gravi sconvolgimenti; perocchè non v'è più in Francia nè un partito che possa rannodare gli altri, nè uomo che inspiri generale fiducia.

In questo stato di cose, o principe, abbiam messo gli occhi su di voi; il gran nome che portate, le vostre opinioni, il carattere vostro, tutto c'induce a vedere in voi un punto di riunione per la causa popolare. Siate pronto all'opera, e, venuto il tempo opportuno, gli amici vostri non vi mancheranno. »

Luigi Napoleone non esitò più ; si risolvette di passar dai disegni ai fatti, e di mettere la Francia al bivio di appigliarsi a Luigi Filippo, od alla memoria dell'Imperatore : e allora pensò all'audace impresa di Strasburgo, che concertò in segreto di lunga mano con alcuno de' suoi più fidi. Il vero carattere di quest'impresa ci viene mostrato da due tra i principali fautori del principe, Laity e Persigny che di conserva scrissero il ragguaglio storico di questo fatto; i quali, nel darne il disegno, talmente s'accordano da supporre che avessero in mano un abbozzo dettato a loro dal principe stesso. Questo appunto io trascrivo perchè giudichi spassionatamente il lettore, se dovesse credersi affatto irragionevole e temerario un tal tentativo che, non riuscito, si ebbe dal partito vincitore quelle acri censure e quegli esorbitanti dispregi che d'ordinario pur troppo sono il retaggio dei vinti. Eccolo, senz'altro preambolo :

« Il piano del principe consisteva nel gettarsi all'improvviso in mezzo ad una gran piazza forte per rannodarvi il popolo e la guarnigione col prestigio del suo nome e coll'ascendente della sua audacia, e recarsi subito a gran giornate su Parigi con tutte le forze disponibili, attraendo lungo la via truppe e guardie nazionali, popolo delle città e delle campagne, e tutti quanti fossero elettrizzati dalla magia d'un grande spettacolo e dal trionfo d'una gran causa.

Strasburgo era proprio la città più opportuna per l'esecuzione di questo progetto : una popolazione patriotica, nemica del governo che si vide costretto a licenziarne la guardia nazionale; un presidio di otto a dieci mila uomini, un'artiglieria considerevole, un arsenale immenso; spedienti d'ogni specie facevano di questa fortezza importante una base d'operazioni la quale, acquistata che fosse dalla causa popolare, poteva assicurare la più bella riuscita.

La nuova di una rivoluzione fatta a Strasburgo, dal nipote dell'Imperatore, in nome della libertà e sovranità del popolo avrebbe fatto divampar tutti i cuori.

Se potevano impadronirsi di Strasburgo, la guardia nazionale si sarebbe immediatamente organizzata, per far da sola il servizio della fortezza e vegliare alla guardia de' suoi baluardi ; la gioventù della città e delle scuole , formando un corpo di volontari si riunirebbe alla guarnigione: nel giorno stesso in cui si compiesse questa grande rivoluzione , si disporrebbe il tutto in maniera da poter partire all'indomani, per incamminarsi a Parigi con più di dodicimila uomini, quasi cento pezzi di artiglieria , da dodici a tredici milioni in denaro contante , e quantità considerevole di armi , da fornirne le popolazioni lungo la via.

L' esempio di Strasburgo trarrebbe seco tutta l'Alsazia e i suoi presidii : la linea da percorrere attraversava i Vosgi , la Lorena e la Sciampagna. Quante solenni memorie ridestate! quanti vantaggi si potevano trarre dall' ardor patriotico di quelle provincie! Metz seguirebbe l' impulso di Strasburgo, Nancy e i presidii dei dintorni si sarebbero presi al quarto giorno, mentre il governo avrebbe appena risolto un partito.

In tal modo il principe Napoleone potrebbe entrare nella Sciampagna , il sesto o settimo giorno , alla testa di più di cinquantamila uomini. La crisi nazionale s'ingrandirebbe d' ora in ora ; i proclami, fatti per risvegliare tutte le simpatie popolari, penetrerebbero per ogni dove: innonderebbero le provincie settentrionali, le orientali , il centro e il mezzodì della Francia. Besanzone, Lione , Grenoble sentirebbero il contraccolpo elettrico di questa grande rivoluzione.

Ora, in circostanze sì gravi, che farebbe il governo ? sguarnirebbe forse Parigi dei cinquantamila uomini, che nei tempi ordinari bastano appena per mantener nell'obbedienza il popolo di questa grande città ? Supposto che avesse il tempo di rannodare i presidii di Lilla e di una parte delle frontiere settentrionali , potrebb'egli tenere in freno la capitale e arrestare un movimento principiato con tanta gagliardia ?

A questo esercito di cittadini e di soldati, entusiasti per la gloria e la libertà, non avrebbe da contrapporre se non reggimenti scossi dall'esempio contagioso dell'insurrezione. E quando pure si riuscisse a mantenere un esercito sotto le insegne del gallo, a fronte dell'aquila di Austerlitz, la cosa, ridotta alle proporzioni di un affare puramente strategico, si deciderebbe tuttavia in favore della causa popolare.

Un esercito, senza linea di comunicazione da difendere, con niente da custodire dietro le spalle, ma portante tutto con sè, nè con altro pensiero, altra mira, che di arrivare a Parigi, trionferebbe, senza trarre un colpo, di un esercito posto in condizioni al tutto contrarie. Basterebbe infatti guadagnare una marcia su quest'ultimo, per tagliargli la linea di comunicazione, e per giungere prima di lui a Parigi; il che avrebbe terminato la lotta. »

Ecco ora i tre proclami preparati per questa intrapresa.

### Al Popolo Francese.

« Francesi! Voi siete traditi! I vostri interessi politici e commerciali, il vostro onore, la vostra gloria sono venduti allo straniero.

E da chi? Dagli uomini che si valsero della vostra bella rivoluzione e che ne vanno violando tutti i principii. Abbiamo noi dunque da quarant'anni sino a quest'ora combattuto per un governo senza lealtà, senza onore, senza generosità, per istituzioni senza forza, per leggi senza libertà, per una pace senza prosperità e senza calma, in fine per un presente senza avvenire?

Nel 1830 s'impose alla Francia un governo senza consultare nè il popolo di Parigi, nè quello delle provincie, nè la gagliarda voce dell'esercito. Francesi, tutto quanto fu fatto, venne fatto senza di voi, e perciò appunto è illegittimo.

Solo un congresso nazionale, eletto da tutti i cittadini, può avere il diritto di scegliere quel che meglio convenga alla Francia.

Altiero della mia origine popolare, forte per quattro milioni di voti che mi destinavano al trono, io m'inoltro verso di voi come rappresentante della sovranità del popolo.

È tempo che in mezzo ai partiti una voce nazionale si faccia sentire; è tempo che alle grida della libertà tradita voi rovesciate il giogo vergognoso che pesa sulla nostra bella Francia. Non vedete che a reggere le nostre sorti stanno ancora i traditori del 1814 e 1815, i carnefici del maresciallo Ney?

Potete aver fiducia in loro?

Essi fan tutto per compiacere alla Santa Alleanza; per obbedirle abbandonarono i popoli, nostri alleati; per sostenersi armarono il fratello contro il fratello, insanguinarono le nostre città, calpestarono le nostre simpatie, i nostri diritti. Ingrati! non si rammentano delle barricate, se non per allestire i forti staccati; sconoscendo la grande nazione, strisciano innanzi ai re ed ai despoti. La vostra antica bandiera tricolore si sdegna di stare nelle loro mani.

Francesi, vi rianimi la memoria del grand'uomo che tanto fece per la gloria e la prosperità della patria! Fidente nella santità della mia causa, io vengo a voi col testamento dell'imperatore Napoleone in una mano, colla sua spada di Austerlitz nell'altra. Quando a Roma il popolo vide le spoglie insanguinate di Cesare, atterrò i suoi ipocriti oppressori. Francesi, Napoleone fu più grande di Cesare: egli è l'emblema della civiltà del secolo decimonono.

Fedele alle massime dell'Imperatore, io non conosco altri interessi che i vostri, altra gloria che quella di esser utile alla Francia ed all' umanità. Senza odii, senza rancori, immune dall'amore di parte, io chiamo sotto l'aquila dell'Impero tutti coloro che si sentono palpitare in petto un cuore francese.

Io consacrai la mia vita al compimento di una grande azione. Dallo scoglio di Sant'Elena un raggio del sole morente vibrò sull'anima mia : io saprò custodire questo fuoco sacro ; saprò vincere o morire per la causa dei popoli.

Uomini del 1789, uomini del 20 marzo 1815, uomini del 1830, sorgete! Mirate chi vi governa, mirate l'aquila, emblema di gloria, simbolo di libertà, e scegliete! »                                        NAPOLEONE.


### All' Esercito.

« Soldati ! È giunto il momento di ricuperare il vostro antico splendore ! creati per la gloria, men che altri potete sopportare più a lungo la parte vergognosa che vi fanno rappresentare. Il governo che tradisce i nostri interessi vorrebbe offuscare altresì la nostra gloria: insensato ! Crede forse che sia spenta la razza degli eroi d'Arcole, d'Austerlitz, di Wagram ?

Mirate il leone di Waterloo ritto ancora sulle nostre frontiere, Uninga priva delle sue difese, vedete i gradi del 1815 sconosciuti, la legion d'onore prodigata agli intriganti e rifiutata ai valorosi, la nostra bandiera non isventolar più in nessun luogo dove trionfarono le armi nostre; vedete per ogni dove tradimento, viltà, influenza straniera, e gridate con me: « Scacciamo i Barbari dal Campidoglio ! »

Soldati, riprendete le aquile che avevate nelle nostre grandi battaglie campali: i nemici della Francia non possono sostenerne gli sguardi: quelli che ci governano già furon fuggiaschi in faccia a loro! Liberate la patria dai traditori e dagli oppressori, proteggete i diritti del popolo, difendete la Francia ed i suoi alleati contro l'invasione! Ecco la via, a cui l'onore vi chiama; ecco qual è la vostra sublime missione!

Soldati francesi! checchè sia del vostro passato, venite a schierarvi sotto la bandiera tricolore rigenerata; essa è l'emblema dei vostri interessi e della nostra gloria. La patria divisa, la libertà tradita, l'umanità sofferente, la gloria in gramaglia fan capitale di voi; e voi sarete pari all'altezza della sorte che vi attende. Soldati della Repubblica, soldati dell'Impero, il mio nome ridesti in voi l'antico ardore! E voi, giovani soldati, che nasceste al par di me, sotto il frastuono del cannone di Wagram, rammentate che siete i figli della grande armata: il sole di cento vittorie sfavillò sulla nostra culla: ora le nostre illustri imprese o la morte nostra siano degne del nostro nascimento! Dall'alto del cielo la grand'ombra di Napoleone ci guiderà le braccia, e lieta dei nostri sforzi esclamerà: « Erano degni dei padri loro! » Viva la Francia, viva la libertà! NAPOLEONE.

### Agli abitanti di Strasburgo.

« Cittadini dell'Alsazia! A voi l'onore di aver pei primi abbattuta un'autorità che, schiava della Santa Alleanza, metteva sempre più a repentaglio di giorno in giorno il vostro avvenire di popolo civile! Il governo di Luigi Filippo vi detestava in ispezial modo, o bravi Strasburghesi, perch'egli detesta tutto quanto è grande, generoso, nazionale: egli ha offeso il vostro onore sciogliendo le vostre legioni, ha calpestato i vostri interessi conservando i diritti di entrata, e permettendo lo stabilimento di dogane straniere che immiseriscono il vostro commercio.

Strasburghesi! voi avete messe le mani sulle vostre ferite, e mi avete chiamato in mezzo a voi perchè viviamo insieme, o moriamo per la causa del popolo. Ajutato da voi e dai soldati, io tocco alfine dopo un lungo esiglio il sacro suolo della patria. Io ve ne rendo grazie! Abitanti dell'Alsazia, il mio nome è un vessillo che deve richiamarvi a grandi memorie : e questo vessillo, voi lo sapete, inflessibile a fronte delle fazioni e dello straniero, non si piega che innanzi alla maestà del popolo.

Onore, patria, libertà, ecco il nostro motore e il nostro fine. Parigi nel 1830 ci mostrò come si rovesci un empio governo : mostriamole noi di ricambio come si rassodino le libertà d'un gran popolo.

Strasburghesi, dimani ci avanziamo alla volta di Parigi per liberare la capitale dai traditori e dagli oppressori. Riordinate i vostri battaglioni nazionali che misero lo sgomento in un governo impopolare! custodite, durante la nostra assenza, la vostra città, questo propugnacolo dell'indipendenza della Francia, ed ora sua culla rigeneratrice! L'ordine e la libertà regnino tra le vostre mura, e il genio della Francia vegli con voi su' vostri baluardi d'Alsazia !

Con un gran popolo si fanno grandi cose : io ho una fede saldissima nel popolo Francese. »

NAPOLEONE.

# CAPITOLO V.

Giudizio del principe sulle sue condizioni personali. — Sua determinazione. — Lettera diretta alla madre. — Preludi dell'impresa di Strasburgo. — Abboccamento col colonnello Vaudrey. — Convegno dei congiurati. — Principio dell'insurrezione. — Allocuzione del colonnello Vaudrey e del principe a' soldati. — Acclamazioni de' soldati e dei cittadini. — Ritrosia del generale Voirol. — Scompiglio nella caserma di Finckmatt. — L'impresa fallisce. — Il principe fatto prigione. — Sentimenti del principe e del generale Voirol. — Il principe condotto a Parigi. Sue proteste. — Sua lettera a Luigi Filippo. — Altra sua lettera ad Odilon Barrot. — Difesa de' suoi compagni di congiura. — Il principe cita il discorso tenuto da lui a' congiurati.

Prima di narrare colle stesse parole del principe l'impresa di Strasburgo, fallitagli più per contrattempi imprevisti che per mancanza di audacia e di prudenza nei capi, vediamo in qual modo ei giudicava la sua condizione, sia nel gennaio 1835, come nel luglio 1836, nell'espansione de' suoi intimi colloqui e delle sue lettere confidenziali: — In quanto alla mia condizione, diceva egli, credetelo pure che, per quanto assai complicata, la conosco benissimo. So che valgo molto pel mio nome, nulla ancora per me stesso; aristocratico per nascita, democratico per natura e per opinione, debitore di tutto all'eredità e riclamante tutto dalla elezione, festeggiato dagli uni pel mio nome, dagli altri pel mio titolo; tacciato d' ambizione personale dal momento che fo un passo fuori della mia solita sfera, tacciato di apatia e d'indifferenza , se resto tranquillo nel mio cantuccio; finalmente inspirante i medesimi timori, per l'influenza del mio nome, e ai liberali ed agli assolutisti, non ho amioi politici se non tra quelli i quali, assuefatti ai giochj della fortuna, pensano che tra gli eventi possibili dell'avvenire posso diventare un'utile *occasione* —.

Dopo aver giudicato così la sua condizione personale, ribadisce la sua professione di fede che avea fatto sin dalla sua giovinezza.

— Appunto, diceva su questo proposito, appunto perchè conosco tutte le difficoltà che si opporrebbero a'miei primi passi in una carriera qualunque, mi determinai inalterabilmente di non seguire che le ispirazioni del mio cuore, della mia ragione, della mia coscienza ; di non lasciarmi arrestare da veruna considerazione d'interesse secondario, quando credo di operare utilmente colla mira di un interesse generale ; finalmente di camminar sempre diritto, qualunque sia l'ostacolo che mi si attraversi per via, sforzandomi così di giungere a tale altezza, che un raggio del sole che tramonta a Sant'Elena possa ancora illuminarmi —.

Noi già sappiamo che il tentativo di Strasburgo andò fallito: orbene, trasportiamci col pensiero a quel tempo in cui il giovine principe facea vela, suo malgrado, verso le coste dell'America: appunto mentre i suoi amici e seguaci, complici del tentativo fallito, venivano, a di lui insaputa, ma secondo le sue vive brame, onorevolmente assolti dal giurì di Strasburgo, dopo eloquentissime difese fatte dagli stessi accusati e dai loro ardenti patrocinatori, (cose che a malincuore ommettiamo per conseguire più rapidamente l'unità del racconto, giacchè non risguardano direttamente la persona del nostro protagonista) lo stesso principe, in una lunga lettera diretta a sua madre, racconta imparzialmente e senza reticenze come accadde l'insurrezione di Strasburgo; e noi ci prevaliamo ben volentieri di questa bella opportunità che ci si offre, per mostrare insieme i fatti genuini e i sentimenti di Luigi Napoleone in quel torno di tempo; e tanto più volentieri ci appigliamo a questo partito, perchè, mentre serve all'integrità del racconto, ci dà un altro saggio del suo stile; notiamo oltracciò che egli sperava dovesse questa lettera giungere in Francia prima che si sentenziassero i suoi accusati, e giovasse perciò a difenderli innanzi ai loro giudici, od almeno a giustificarli nell'opinione pubblica de' suoi compatrioti.

« Madre mia (diceva egli), narrarvi partitamente le mie sventure è come un rinnovare le vostre pene e le mie; e tuttavia è insieme un conforto per voi e per me il ragguagliarvi di tutte le impressioni che provai, di tutti i sentimenti che mi agitarono dalla fine di ottobre sin qui.

Voi sapete con qual pretesto io mi dipartissi da Arenenberg; ma non sapete che cosa accadesse allora nell'animo mio. Fortemente persuaso che la causa Napoleonica fosse la sola causa nazionale in Francia e la sola causa d'incivilimento in Europa, altiero della nobiltà e purezza delle mie intenzioni, ero fermamente risoluto di rialzare l'aquila imperiale o di cader vittima della mia fede politica.

Io partii nella mia carrozza, tenendo la medesima via che avevo percorsa, or fanno tre mesi, per recarmi a Unkirch ed a Baden: nulla s'era mutato intorno a me, ma qual differenza nei pensieri che mi ribollivano in cuore! Allora io era lieto e sereno come la luce che mi splendeva d'intorno; poi triste e pensieroso, l'animo mio ritraeva dall'aria nebbiosa e fredda che mi circondava.

Se mi si chiedesse, qual cosa mi spingeva a lasciare una vita lietamente tranquilla per affrontar tutti i pericoli d'un'impresa sì audace, risponderei, che una voce segreta mi c'incalzava, e che per nulla al mondo avrei voluto differire ad altro tempo un tentativo che parevami offrisse tante probabilità di felice riuscita.

E quel che mi fa più pena si è il pensare che adesso, mentre la realtà sottentrò alle miè supposizioni, e invece di una mera immaginazione ho veduto i fatti quai sono, e posso farne giudizio; rimango tanto più fermo nella mia persuasione che, se avessi potuto attuare il disegno primamente ideato, invece d'essere in questo punto sotto l'equatore, sarei nella mia patria.

Che importano a me le grida del volgo, il quale mi darà dello stolido perchè non sono riuscito nel mio intento, e che avrebbe esagerato il mio merito, se avessi trionfato? Io chiamo sopra di me tutta la responsabilità del fatto, avendo operato per mia convinzione, non già per altrui allettamento. Ah! s'io fossi la sola vittima, avrei nulla da deplorare, perchè trovai ne' miei amici un'obbedienza senza pari, nè ho da rampognar chicchessia. »

Indi si fa a narrare le più minute circostanze di quest'impresa.

« Il 27 (di ottobre), dic'egli, giunsi a Lahr, piccola città del granducato di Baden, dove aspettavo notizie. Vicino a questa città essendosi spezzata la sala della mia carrozza, dovetti fermarmi colà un giorno intero: la mattina del 28 partii da Lahr, e rifacendo la via già percorsa attraversai Friburgo, Neuf-Brisach, Colmar, e giunsi alle undici di sera a Strasburgo, senza il minimo accidente. La mia carrozza fu condotta nell'albergo *La Fleur*, ma io andai ad alloggiare in una cameretta, già presa a pigione per me, nella via della Fontana.

Colà vidi, nel 29, il colonnello Vaudrey, al quale spiegai il piano d'operazione da me ideato; ma il colonnello, i cui nobili e generosi sentimenti meritavano migliore fortuna, mi disse: — Qui non si tratta di un conflitto; la nostra causa è tanto nazionale e tanto pura, che non dobbiamo macchiarla spargendo sangue francese; non v'ha che una maniera di operare, la quale sia degna di voi e schivi ogni zuffa: quando sarete alla testa del mio reggimento, andremo insieme dal generale Voirol; un vecchio soldato non può resistere al veder voi e l'aquila imperiale; tanto più, quando sappia che tutta la guarnigione vi segue —.

Approvai le sue ragioni, e tutto fu deciso per la mattina vegnente. Noi avevamo preso a pigione una casa in una contrada vicina al quartiere d'Austerlitz, nella quale dovevamo ritirarci tutti per passare di là alla caserma, qnando il reggimento vi fosse radunato.

Il 29 ad undici ore di sera, uno de' miei amici venne a prendermi nella via della Fontana per condurmi al generale convegno: attraversammo insieme tutta la città; un bellissimo chiaro di luna illuminava ogni via; ed io trassi da questo bel tempo un fausto presagio pel domani. Osservavo attentamente i luoghi per cui si passava, e mi facea profonda impressione il silenzio che vi regnava: che cosa succederà mai dimani a questa calma?

Nondimeno dissi al compagno: — Se la cosa riesce, non accadrà verun disordine; poichè appunto per impedire i trambusti che si frammischiano spesso alle insurrezioni del popolo, volli tentare una rivoluzione militare : però quanta fiducia, soggiunsi, che profonda persuasione bisogna avere nella nobiltà d'una causa per affrontare tutti i pericoli cui ci esponiamo! Ma, e l'opinione pubblica non ci dilanierà, non ci opprimerà di rampogne, se non riusciamo? Eppure chiamo Dio in testimonio che non per isfogare un'ambizione personale, sibbene per compiere una missione a cui mi credo sortito, metto a repentaglio ciò che è più prezioso della stessa vita, la stima, vo' dire, de' miei concittadini —.

Giunti alla casa, posta nella via degli Orfanelli, vi trovai i miei amici, radunati in due stanze a pian terreno; li ringraziai del vivo affetto che dimostravano per la mia causa, e dissi loro, che da quell'istante avremmo insieme partecipato alla buona come alla mala fortuna. Un uffiziale portò un'aquila, quella stessa che già appartenne al settimo reggimento di linea. — L'aquila di Labédoyère! — gridarono tutti, e ciascuno di noi, vivamente commosso, se la strinse al cuore..... Ogni ufficiale vestiva la divisa di gala, ed io avevo indossato l'uniforme d'ufficiale d'artiglieria, e m'era messo il cappello di ufficiale dello stato maggiore.

La notte ci parve eterna: io la passai trascrivendo i miei proclami, che, per timore di qualche indiscretezza, non volli prima dare alle stampe. C'eravamo convenuti di rimanermene in casa finchè il colonnello non ci avesse mandato l'avviso di recarci alla caserma. Noi contavamo le ore, i minuti, i secondi. Le sei del mattino erano l'ora fissata. Quanto è difficile esprimere quel che si prova in simili istanti! In un minuto secondo si vive più che in dieci anni; perchè il vivere sta nel far uso dei nostri organi, dei nostri sensi, delle facoltà nostre, di ogni parte di noi stessi che ci dia il sentimento della nostra esistenza; e in que' momenti supremi le nostre facoltà, i nostri organi, i sensi, gagliardamente sovreccitati si concentrano su un sol punto, cioè sull'ora che deve decidere di tutto il nostro avvenire. È forte colui che può dire a sè stesso: — dimani sarò il liberatore della mia patria, o sarò morto! — C'è ben di che dolersi quando le circostanze sian tali da non aver potuto ottenere nè una cosa nè l'altra!

Non ostante le mie cautele, il chiasso naturalmente suscitato dalle molte persone riunite destò i pigionali del piano superiore, che sentimmo alzarsi ed aprire le finestre: ma, raddoppiando noi di prudenza, ripresero il sonno.

Finalmente scoccarono le sei! Il suono d'un orologio mai non risuonò con tanta forza nell'anima mia; un momento dopo, lo squillo delle trombe del quartiere d'Austerlitz crebbe ancor più i battiti del mio cuore. Il gran momento era vicino: ben presto un romoroso tramestìo si sentì nella via; un gridar di soldati e un galoppare di altri dinanzi alle nostre finestre: mandai fuori un ufficiale per sapere la ragione di un tale trambusto; sarebbe forse lo stato maggiore della piazza forte già informato dei nostri disegni? saremmo noi già scoperti? Ma quegli ritornò ben tosto dicendo, che quel fracasso proveniva dai soldati, spediti dal colonnello a prendere i loro cavalli ch'eran fuori del quartiere.

Scorsero ancora pochi minuti, quando vennero ad avvertirmi che il colonnello mi aspettava: tutto fiducioso mi slancio in istrada: Parquin, coll'assisa di generale di brigata, e un capo battaglione, con l'aquila in pugno, mi stanno ai lati, e circa dodici ufficiali mi sieguono.

Breve era la via, e fu ben presto percorsa. Il reggimento stava schierato in ordine di battaglia, nel cortile del quartiere: al di là dei cancelli, sul suolo tappezzato d'erba fitta e minuta stavano quaranta cannonieri a cavallo. Pensate, madre mia, qual gioja in quell'istante io provassi! Dopo vent'anni di esilio, calcavo finalmente il sacro suolo della patria, stavo ancora in mezzo a Francesi, il cui entusiasmo doveva suscitarsi alla memoria dell'Imperatore. Il colonnello Vaudrey era là solo in mezzo al cortile: io m'avanzai verso di lui; allora il colonnello, la cui bella persona aveva in quel momento alcunchè di sublime, sguainata la sciabola, gridò: — Soldati del quarto reggimento d'artiglieria, una grande rivoluzione incomincia in questo momento! Ecco qui davanti a voi il nipote dell'imperatore Napoleone, che viene a riconquistare i diritti del popolo; il popolo e l'esercito possono fare assegnamento su di lui. Chiunque ama la gloria e la libertà della Francia venga a rannodarglisi intorno. Soldati, sentite voi, come il vostro capo, tutta la grandezza dell'impresa che siam per tentare? tutta la santità della causa che siam per difendere? Il nipote dell'imperatore Napoleone può riporre fiducia nel vostro concorso? —

A queste parole risposero unanimi grida di: *Viva Napoleone! viva l'Imperatore!* Allora io presi a dire: — Risoluto di vincere o morire per la causa del popolo francese, volli presentarmi primamente a voi, perchè grandi memorie ci sono comuni: nel vostro reggimento tenne il grado di capitano l'imperatore Napoleone mio zio; con voi si segnalò all'assedio di Tolone; fu il vostro bravo reggimento che gli aperse le porte di Grenoble al suo ritorno dall'isola d'Elba. Soldati, nuove sorti vi sono serbate: a voi ora la gloria di dar principio ad una grande impresa! a voi l'onore di salutare pei primi l'aquila d'Austerlitz e di Wagram! —

Afferrai allora l'aquila, portata da Querelles, uno dei miei ufficiali, e presentandola ad essi soggiunsi: — Soldati, ecco il simbolo della gloria francese, destinato a diventare eziandio l'emblema della libertà. Per quindici anni esso guidò i nostri padri alla vittoria, attraversò tutte le capitali d'Europa. Soldati, riunitevi sotto questa nobile bandiera che affido al vostro onore ed al vostro coraggio! Moriam tutti insieme contro i traditori e gli oppressori della patria, gridando: Viva la Francia! viva la Libertà! —

Mille acclamazioni fecero eco alle mie parole: allora c'incamminammo colla banda musicale alla testa; da ogni

volto traspariva la speranza e la gioja. S'era convenuto
di correre dal generale, e di mettergli le pistole alla gola,
ma l'aquila sotto gli occhi, per istrascinarlo con noi. Per
andare da lui bisognava attraversare tutta la città; strada
facendo, io dovetti allontanare da me un ufficiale con un
drappello per inviarli alla tipografia a farvi stampare i
miei proclami, un altro dal prefetto per arrestarlo; finalmente altri sei ebbero incarichi speciali: onde arrivato
dal generale, mi trovai privo di parte delle mie forze,
disgiuntesi per ordine mio da quelle che mi accompagnavano. Ma che bisogno c'era di aver tanti soldati d'intorno? Non confidavo io nella partecipazione del popolo?
Checchè se ne dica, ebbi infatti su tutte le strade che percorsi
testimonianze non dubbie della simpatia del popolo: anzi
ci volle di molto per sottrarmi alla veemenza con cui mi
prodigava i segni della sua premura; e la copia delle acclamazioni con cui ero accolto mi persuadeva non esservi
un solo partito che non si accordasse col mio. Giunto nel
cortile della casa ove dimorava il generale, salgo da lui,
seguito da Vaudrey, da Parquin e da due ufficiali. Il generale non s'era ancora vestito; io gli dico: — Generale,
io vengo da voi come un amico; sarei dolentissimo di
dover innalzare la nostra antica bandiera tricolore senza
l'ajuto d'un valoroso soldato quale voi siete; la guarnigione è tutta per me: risolvetevi dunque a seguirmi. —
Gli fu mostrata l'aquila, ma egli la respinse dicendo:
— Principe, voi foste ingannato; l'esercito conosce i suoi
doveri, ed io ve lo proverò sul momento —. Allora mi al-
lontanai, ordinando si lasciasse un drappello per custodire
il generale. Questi si presentò più tardi a' suoi soldati,
esortandoli a ritornare al dovere; ma gli artiglieri sotto
gli ordini di Parquin ne disconobbero l'autorità, e non
gli risposero che gridando replicatamente: *Viva l'Imperatore!* Più tardi il generale riuscì a fuggire dal suo

palazzo per una porta segreta. Quando uscii dalla stanza del generale, venni accolto dalle medesime grida di *viva l'Imperatore*. Ma questo primo tentativo fallito vivamente mi afflisse; non me lo aspettavo, convinto com'io era, che alla sola vista dell'aquila avessero a ridestarsi nell'animo del generale le antiche ricordanze di gloria e guadagnarlo al nostro intento.

Ci rimettemmo in cammino; lasciammo la contrada maggiore ed entrammo nella caserma di Finckmatt per la viuzza che dal sobborgo di Pierre vi fa capo. Questa caserma è un vasto edificio, costrutto come in una specie di vicolo cieco; lo spazio davanti è tanto angusto, che un reggimento non vi si può schierare a battaglia: vedendomi così chiuso tra il bastione ed il quartiere, m'accorsi che non era stato eseguito il disegno convenuto. Al nostro arrivo i soldati si accalcano d'intorno a noi; io gli arringo; la maggior parte di loro corre in cerca delle armi e ritorna ad unirsi a me, dimostrandomi con acclamazioni la sua simpatia. Intanto scorgendo io tra loro una improvvisa titubanza per le voci sparse ad arte da alcuni ufficiali sulla identità della mia persona, e d'altra parte, consumando noi un tempo prezioso in una posizione spaventevole, invece di correre senza indugio dagli altri reggimenti che ci aspettavano; ordinai al colonnello di partircene: egli mi persuade a fermarmi, ed io mi arrendo a'suoi consigli; ancor pochi momenti, e non eravamo più in tempo. Arrivano ufficiali d'infanteria, che fanno chiudere i cancelli, rampognando aspramente i loro soldati: questi stanno ancora esitando; ordino l'arresto ai loro ufficiali, ma i soldati li difendono: allora si fa generale lo scompiglio. Lo spazio era talmente ristretto, che noi tutti ci perdevam nella folla; il popolo, salito sulle mura, lanciava pietre sui soldati d'infanteria; i cannonieri volevano far uso delle armi, ma ne li impedimmo, ben vedendo che ne andava la vita di troppa gente. Vidi il colonnello più volte arrestato dall'infanteria e liberatone da' suoi soldati; io stesso stava per soccombere in mezzo a tanti soldati, che, riconoscendomi, incrociavano su di me le bajonette: io mi riparava dai loro colpi colla sciabola, tentando insieme di calmarli; quando alcuni cannonieri vennero a trarmi di là ed a collocarmi in mezzo a loro. Mi lanciai allora con alcuni sott'ufficiali verso i cannonieri a cavallo, per impadronirmi d'una cavalcatura; ma tutta l'infanteria m'incalzò, e mi trovai serrato tra i cavalli e il muro, senza poter fare un passo: allora i soldati, accorsi da ogni lato, mi afferrano e mi traggono al corpo di guardia. Entrando vi trovo Parquin, gli stendo la mano, ed egli mi si avvicina con un contegno calmo e rassegnato, dicendomi: — Principe, noi saremo fucilati, ma morremo da valorosi! — Sì, gli risposi, la nostra bella e nobile impresa è fallita! — Di lì a poco giunse il generale Voirol, il quale entrando mi disse: — Principe, voi non avete trovato che un traditore nell'esercito francese —. Generale, dite piuttosto, che vi ho trovato un Labédoyère. — Giunsero delle carrozze, e ci trasportarono nella prigione nuova.

Eccomi dunque fra quattro mura, colle inferriate alle finestre, nel soggiorno dei delinquenti. Oh! chi sa per prova, cosa sia piombare ad un tratto dal colmo della felicità, procacciata dalle più nobili illusioni, nell'abisso della miseria, che non lascia più speranza, e valicar questo immenso intervallo, senza avere un istante per prepararvisi, comprenderà che cosa accadesse allora nell'animo mio!

Alla cancelleria ci rivedemmo tutti, e Querelles, stringendomi la mano, mi disse ad alta voce: — Principe, malgrado la nostra sconfitta, vo tuttavia superbo di quello che feci —.

Fui sottoposto ad un interrogatorio; io era tranquillo e rassegnato; la mia risoluzione era presa. Mi fecero queste dimande: — Qual fu la spinta che vi fece operare così? — Le mie opinioni politiche, risposi, e il desiderio di rivedere la patria, di cui mi aveva privato l'invasione straniera. Nel 1830 chiesi d'esser trattato come un semplice cittadino, e mi trattarono da pretendente: orbene, io mi condussi da pretendente. — Volevate voi stabilire un governo militare? — Io voleva stabilire un governo appoggiato sull'elezione popolare. — Vincitore, che avreste voi fatto? — Avrei radunato un'assemblea nazionale —.

In appresso dichiarai che, avendo io solo organizzato ogni cosa, io solo strascinati gli altri nella cospirazione, assumevo sopra di me tutta la responsabilità dell'impresa. Ricondotto in prigione, mi gettai su di un letto colà per me allestito, e, nonostante il mio dolore, il sonno che allevia ogni affanno concedendo tregua a' tormenti dell'anima venne a calmare i miei sensi. Non fugge dalla sventura il riposo; solo il rimorso non ne può gustare. Ma quanto mi fu doloroso il risvegliarmi! parevami di essere stato oppresso da un orribile incubo; quello però che più mi affliggeva e m'inquietava si era la sorte delle persone per me compromesse.

Scrissi al generale Voirol per dirgli che l'onor suo l'obbligava a darsi tutta la premura pel colonnello, poichè l'affezione del colonnello per lui, e i riguardi col quale l'aveva trattato, erano forse stati cagione che non riuscisse l'impresa; terminavo pregando che sopra di me pesasse tutto il rigor della legge e dichiarando ch'io era il solo colpevole ed il solo da temersi.

Il generale venne a trovarmi, mostrandomi la più affettuosa premura, ed entrando mi disse: — Principe, mentre io era vostro prigioniero, non avevo che dure parole da dirvi; ma ora che voi siete mio prigioniero, non ho più a dirigervi che parole di conforto —.

Il colonnello Vaudrey ed io fummo trasferiti alla cittadella, dove, almeno io, mi trovavo assai meglio che non in prigione; ma l'autorità civile reclamò le nostre persone, e dopo sole ventiquattr'ore fummo ricondotti nella nostra primitiva dimora.

Il carceriere e il direttore della prigione di Strasburgo, mentre facevano il proprio dovere, si studiavano tuttavia, per quanto potessero, di render meno aspra la mia condizione; ma un certo signor Lebel, mandato colà da Parigi, volendo esercitare la propria autorità, m'impedì d'aprir le finestre per respirar un po' d'aria, mi tolse l'orologio, nè me lo rese che al momento della mia partenza; e infine aveva ordinato che si mettessero delle persiane alle mie finestre per intercettarmi la luce.

Il 9 di novembre verso sera ebbi l'avviso che sarei stato trasferito in un'altra prigione: uscito di là, trovo il prefetto ed il generale che mi fanno entrare nella loro carrozza, senza dirmi dove mi conducessero: insisto perchè mi lascino co' miei compagni di sventura; ma mi rispondono che il governo aveva determinato altrimenti.

Giunto al palazzo della prefettura, vi trovai due carrozze di posta; nell'una dovetti salir io insieme al signor Cuinat, comandante della gendarmeria della Senna e col luogotenente Thiboulet; nell'altra c'erano quattro sott'ufficiali.

Quando mi avvidi che bisognava abbandonare Strasburgo, e che la mia sorte doveva andar disgiunta da quella degli altri accusati, ne provai un indescrivibile dolore.

Eccomi dunque costretto ad abbandonare persone che si sono sagrificate per me! eccomi privato dei mezzi di far conoscere nella difesa le mie idee e le mie intenzioni!

eccomi a ricevere un preteso benefizio da colui al quale
volevo fare il maggior male!

Mi sfogai in doglianze e lamenti; ma non potevo far
altro che protestare!....

I due ufficiali datimi a scorta eran due veterani del-
l'esercito imperiale, intimi amici di Parquin; quindi mi
usarono ogni sorta di cortesie, sicchè mi parea di viag-
giare in compagnia di amici.

Il giorno 11, a due ore del mattino, arrivai a Parigi
e scesi al palazzo della prefettura di polizia: il prefetto,
Signor Delessert, mi accolse con molta gentilezza e mi
avvertì che voi eravate venuta in Francia a invocare per
me la grazia del re; mi disse che fra due ore dovevo
partire per Lorient, dove mi sarei imbarcato per gli Stati-
Uniti su di una fregata francese.

Dissi al prefetto, ch'io era dolentissimo di non poter
partecipare alla sorte de'miei compagni d'infortunio; che
strappato così dal carcere senza esser sottoposto ad un interrogatorio generale (giacchè il primo non fu che sommario),
mi si toglieva ogni mezzo per deporre in giudizio molte cose
in favore degli accusati; ma essendo riuscite ancor vane le
mie proteste, risolvetti di scrivere al re. Scrissi infatti dicendo
che, cacciato in prigione per aver preso le armi contro il suo
governo, io non aveva di che dolermi con lui, fuorchè d'una
cosa, cioè della sua stessa generosità, venendo essa a pri-
varmi della più dolce consolazione, quale era quella di
poter condividere la sorte de' miei compagni di sventura:
aggiunsi che la era ben poca cosa per me, e che la mia
riconoscenza sarebbe assai maggiore, se risparmiasse la
vita di vecchi soldati, avanzi del nostro antico esercito,
affascinati da me e sedotti da gloriose memorie.

Nello stesso tempo scrissi al Sig. Odilon Barrot una
lettera che qui ho trascritto, pregandolo ad assumere la
difesa del colonnello Vaudrey.

Alle quattro mi rimisi in cammino colla medesima scorta, ed il giorno 14 eravamo nella cittadella di Porto-Luigi presso Lorient, dove rimasi fino al 21 di novembre, giorno in cui comparve la fregata. »

Qui segue la lettera summenzionata, che il principe aveva diretta al Sig. Odilon Barrot.

« Signore,

Malgrado il mio desiderio di restare co'miei compagni di sventura e di partecipare alla lor sorte, malgrado i miei riclami su questo proposito, il re nella sua clemenza ordinò ch'io fossi condotto a Lorient, per passare di là in America.

Benchè vivamente tocco dalla generosità del re, profondamente mi duole di lasciare i miei complici, pensando che la mia presenza in giudizio, e le mie deposizioni in loro favore avrebbero potuto influire sui giurati e illuminarli su molti fatti importanti.

Privo del conforto di giovare a persone ch'io strascinai alla propria rovina, sento il dovere di confidare ad un avvocato quel che non posso più dir da me stesso dinnanzi ai giurati.

Certo che siam tutti colpevoli, agli occhi del governo costituito, di aver preso le armi contro di lui; ma il più colpevole son io; io che, meditando già da lungo tempo una rivoluzione, venni ad un tratto a strappare questi uomini da una sociale condizione onorevole per avventurarli a tutti i pericoli d'un popolare tumulto.

Innanzi alla legge i miei compagni di sventura sono colpevoli d'essersi lasciati strascinare; ma non a tal segno che non vi siano agli occhi del paese circostanze attenuanti in lor favore.

Io tenni al colonnello Vaudrey, quando lo vidi, e alle altre persone, nella sera del 29, il seguente discorso:

Signori, voi conoscete tutti i gravami della nazione verso il governo dell'agosto 1830; ma sapete altresì che nessuno tra i partiti esistenti al dì d'oggi è forte abbastanza per isbalzarlo di seggio, nessuno abbastanza potente da riunire tutti i Francesi, qualora uno di questi partiti riuscisse ad impadronirsi del potere.

Questa debolezza del governo, come quella dei partiti, nasce da ciò, che ciascuno di loro rappresenta gl'interessi di una sola classe della società: gli uni s'appoggiano al clero ed alla nobiltà; gli altri all'aristocrazia borghese; altri finalmente ai soli proletarii.

In questo stato di cose la sola bandiera che può collegar tutti i partiti è l'aquila imperiale, siccome quella che è bandiera della Francia, non d'una fazione.

Sotto questo vessillo che ricorda tante gloriose memorie, niuna classe può essere esclusa: esso rappresenta gli interessi e i diritti di tutti.

L'imperatore Napoleone riconosceva il suo potere dal popolo francese; per quattro volte la sua autorità ricevette la sanzione popolare; nel 1804 la trasmissione ereditaria del potere nella famiglia imperiale fu riconosciuta da quattro milioni di voti; d'allora in poi il popolo non venne più consultato.....

Come il maggiore d'età tra i nipoti di Napoleone, posso dunque considerarmi qual rappresentante dell'elezione popolare, non dirò dell'Impero, perchè da vent'anni in qua le idee ed i bisogni della Francia dovettero cangiarsi; ma un principio non può essere annullato dai fatti, sibbene soltanto da un altro principio; ora nè un milione e dugentomila stranieri nel 1815, nè una Camera di dugentoventuno deputati nel 1830 han potuto annullare il principio dell'elezione stabilito nel 1804.

Il sistema napoleonico consiste nel far avanzare la civiltà senza discordie e senza eccessi, nel dare slancio alle idee, mentre pure si sviluppano gl'interessi materiali, nel rassodare il potere facendolo rispettabile, nel disciplinare le masse giusta le loro facoltà intellettuali; finalmente nel riunire intorno all'altare della patria i Francèsi di tutti i partiti, dando loro per impulso l'onore e la gloria.

Rendiamo, dissi loro, al popolo i suoi diritti, l'aquila alle nostre bandiere e la salvezza alle nostre istituzioni.

E che? gridai finalmente, i principi per diritto divino trovan pure uomini che muojono per loro, affine di ristabilire gli abusi e i privilegi; ed io, che pel mio nome rappresento la gloria, l'onore e i diritti del popolo, morrò dunque solo nell'esiglio? —

— No! risposero i miei bravi compagni di sventura, no, voi non morrete solo; noi morremo con voi o vinceremo insieme per la causa del popolo francese! —

...... Vedete dunque che sono stato io a sedurli, ad affascinarli, parlando loro di tutto quanto può scuotere un cuore francese.

Mi parlarono dei proprii giuramenti; ma rammentai loro che nel 1815 avean giurata fedeltà a Napoleone II ed alla sua dinastia.

— L'invasione straniera, soggiunsi, vi ha sciolti dai vostri giuramenti; la forza può ristabilire ciò che la forza sola ha spezzato —.

Per togliere loro anche ogni scrupolo aggiunsi che si vociferava la morte quasi improvvisa del re, e che la notizia pareva sicura.

Da questo si vede quanto io fossi colpevole verso il governo.

Ebbene, il governo fu generoso con me: capì come la mia condizione di esule, l'amore pel mio paese, la mia parentela col grand'uomo fossero cause attenuanti.

Ora, non vorranno dunque i giurati seguir la via indicata loro dal governo? non troveranno forse circostanze attenuanti assai più forti a favor de' miei complici, nelle memorie dell'Impero, nell'intima dimestichezza di molti tra loro con me, nel fàscino del momento, nell'esempio di Labédoyère, finalmente in quei sensi magnanimi, i quali fecero sì che soldati dell'Impero non potessero trattenere la commozione alla vista dell'aquila; che soldati dell'Impero preferissero sacrificare la vita anzichè abbandonare il nipote dell'imperatore Napoleone e darlo in balìa a'suoi carnefici? Perocchè noi eravam ben lontani dal pensare ad una grazia, nel caso di una mala riuscita..... »

Qui finisce la lettera del principe ad Odilon Barrot; o almeno il resto non è conosciuto.

# CAPITOLO VI.

Giornale del viaggio fatto dal principe. — Il principe lascia la
Francia. — Suoi compagni di viaggio. — Tristi reminiscenze e
fantasie del principe. — Passaggio della linea equinoziale. —
Il capo d'anno, — Figliale addio. — Il principe a Nuova
York. — Sua lettera a Vieillard. — Ragioni della sua condotta politica nell'impresa di Strasburgo. — Suo ritorno in
Isvizzera. Mórte di Ortensia. — Processo fatto a Laity amico
di Luigi Napoleone. — Lettera del principe a Laity. — Giu-
stificazioni suggerite dal principe all'accusato. — Vastità della
causa Napoleonica. — Divinazione dell'avvenire. — Brighe e
minacce del governo francese per ottenere lo sfratto del principe dal territorio svizzero. — Nobilissima lettera del principe
al Landamanno. — Sua riconoscenza.

Dopo aver narrato confidenzialmente alla madre le particolarità e la giustificazione della sua impresa, il giovane
principe chiude la lettera con un giornale di parte del
suo viaggio: che noi qui riproduciamo tradotto, perchè,
mentre serve all'integrità del racconto, giova a farci vieppiù
più conoscere la vita intima di questo giovane proscritto,
ch'era destinato a sì glorioso avvenire.

« Di fronte a Madera, 12 dicembre.
Rimasi dieci giorni nella cittadella di Porto Luigi;
ogni mattina venivano a visitarmi il vice-prefetto di
Lorient, il comandante di piazza e un ufficiale di gendarmeria, che mi trattavano tutti assai amichevolmente,

nè cessavano di parlarmi del loro vivo affetto alla memoria dell'Imperatore; il comandante Cuinat e il luogotenente Thiboulet si mostrarono tutta cortesia verso di me; onde mi parea quasi d'essere tra'miei amici, e mi dava gran pena il pensare che dovevano far meco da nemici. I venti sempre contrari impedivano alla fregata di uscire dal porto; finalmente il 21 un battello a vapore rimorchiò la fregata, e il vice-prefetto venne ad annunziarmi che il momento della partenza era giunto. Si abbassarono i ponti levatoj della cittadella, e ne uscii accompagnato dal vice-prefetto, dal comandante di piazza, dall'ufficiale di gendarmeria di Lorient, non che dai due ufficiali e dai sottufficiali che mi avevano colà scortato: passai in mezzo a due filè di soldati, che trattenevano indietro la folla dei curiosi accorsa per vedermi.

Salimmo tutti nei palischermi per andare a raggiungere la fregata che ci attendeva fuori del porto, salutai cordialmente quei signori, montai sul vascello e mi sentii dare una stretta al cuore vedendomi sfuggire dagli occhi le coste di Francia.

Voglio darvi ragguagli circostanziati anche sulla fregata. Il comandante mi ha ceduto la sua propria camera sulla poppa del bastimento, nella quale io dormo; pranzo con lui, con suo figlio, col comandante in secondo e con uno de' suoi ufficiali. Il comandante, capitano di vascello, Enrico Villeneuve, è un uomo eccellente, franco e leale come un vecchio marinaio, e mi usa ogni sorta di cortesie: vedete dunque ch'io sono meno da compiangere de' miei amici. Anche gli altri ufficiali della fregata mi trattano con molta gentilezza; vi sono inoltre due viaggiatori che possono dirsi due tipi perfettamente opposti; l'uno, il signor D..., è un dotto a ventisei anni, di molto ingegno, di viva immaginazione, e con qualche poco di originalità e di stravaganza; per esempio egli crede agli oròscopi, e si prende la briga di predire a ciascuno la sua sorte avvenire; crede assai nel magnetismo, e mi disse che, due anni sono, una sonnambula aveva predetto che un membro della famiglia dell'Imperatore ritornerebbe in Francia a detronizzarvi Luigi Filippo. Questo giovine dotto si reca al Brasile per farvi degli sperimenti sull'elettricità. L'altro viaggiatore è un antico bibliotecario di Don Pedro, e serba ancora tutte le costumanze della vecchia corte; maltrattato al Brasile per essere stato fedele a quell'imperatore, ora vi ritorna per farvi valere i suoi reclami.

I primi quindici giorni di tragitto furono assai penosi; noi eravamo in continuo travaglio per burrasche e per venti contrari che ci gettarono fin là dove ha principio lo stretto della Manica....

Noi sappiamo solo da qualche giorno, che la nostra destinazione è cambiata; il comandante aveva ordini suggellati, che aperse nel tempo e nel luogo prescritto e che gli ingiungono di andare a Rio Janeiro, di rimanervi il tempo bastante per rinnovare le sue provvigioni, di ritenermi a bordo finchè il naviglio resterà ancorato, e di condurmi poi a Nuova York. — Ora sappiate che questa fregata è destinata a solcare i mari del Sud nei quali deve fare stazione per due anni: così le fanno fare tre mila leghe di più, giacchè da Nuova York dovrà far ritorno a Rio, costeggiando molto verso l'est per aver propizi i venti.

### 14 dicembre, di fronte alle Canarie.

Ogni uomo porta in sè stesso un mondo composto di tutto quanto vide ed amò, e in cui di continuo rientra, anche quando percorre un mondo straniero.

Non so se allora sia più doloroso il ricordarsi delle disgrazie che ci hanno colpito o del tempo felice che non è più.

Noi abbiamo trascorso l'inverno e siam di nuovo in estate: i venti etesii sottentrarono alle burrasche, il che mi permette di rimanere per la maggior parte del tempo sul ponte, seduto sul cassero: vo ruminando quel che mi accadde, e penso a voi e ad Arenenberg.

Lo stato nostro dipende dagli affetti che vi rechiamo: due mesi sono, altro io non bramava che di non far più ritorno in Isvizzera; al presente, s'io mi lasciassi trasportare dalle mie sensazioni, non avrei altro desiderio che di trovarmi nella mia cameretta, in quel bel paese, in cui parmi che dovrei essere tanto felice!

Ah! quando si ha un'anima che sente fortemente, siam destinati a passare la vita nello sconforto di forzata inazione o nelle convulsioni di dolorose vicende.

Quando, or fa qualche mese, dopo aver accompagnato Matilde (cugina del principe e destinatagli a sposa), feci ritorno nel parco, vi trovai un albero schiantato dal turbine, e dissi tra me: — Il destino romperà le nostre nozze! — Il mio vago presagio si è avverato; si è dunque esaurita per me, nel 1836, tutta la parte di felicità che mi era destinata?

Non mi accusate di debolezza, se mi riduco a ragguagliarvi di tutte le mie sensazioni: possiamo ben rimpiangere quel che perdemmo, senza pentirci di quanto operammo.

D'altra parte le nostre sensazioni non sono al tutto indipendenti dalle cause interne; sicchè le nostre idee prendono sempre un po' la piega secondo gli oggetti che ne circondano. La luce del sole o la direzione del vento influiscono molto sul nostro stato morale: se fa bel tempo come oggi, che il mare è tranquillo come il lago di Costanza quando noi lo solcavamo alla sera, e la luna, sì, la stessa luna ci rischiara colla medesima luce azzurrognola; e la temperatura in fine è sì mite, come nel mese d'agosto in Europa: allora io sono più mesto del solito;

tutte le rimembranze liete o tristi vengono a piombarmi collo stesso peso sull'animo: il bel tempo allarga il cuore e lo fa più sensitivo, mentre il cattivo tempo lo restringe: solo le passioni non badano alle intemperie delle stagioni.

Quando lasciammo la caserma d'Austerlitz, un turbine di neve venne a piombarci addosso: il colonnello Vaudrey, a cui feci notare tal cosa, mi disse: — Malgrado questa bufera, oggi sarà una bella giornata! —

29 dicembre.

Ieri abbiamo passata la linea equinoziale; si fece la cerimonia consueta; il capitano, che è sempre con me gentilissimo, mi esentuò dal *battesimo*: è un' usanza molto antica, ma non per questo è più spiritosa, quella di festeggiare il tragitto della linea, gettandosi addosso dell'acqua e scimiottando così un rito divino.

C'è un caldo fortissimo.

Trovai a bordo abbastanza libri da non annojarmi; rilessi le opere di Chateaubriand e di Gian-Giacomo Rousseau; tuttavia il moto della nave rende faticosa ogni occupazione.

1 gennaio 1837.

Mia cara mamma, oggi è il primo giorno dell'anno; io sono lontano da voi millecinquecento leghe, in un altro emisfero; fortunatamente il pensiero percorre tutto questo spazio in meno di un minuto secondo; io vi sono vicino, vi esprimo il mio rammarico di tutti gli affanni che vi ho cagionato, e vi rinnovo l'assicurazione della mia riconoscenza.

Stamattina, gli ufficiali vennero tutti insieme ad augurarmi il buon capo d'anno: questa loro affettuosa premura mi commosse.

A quattr'ore e mezzo noi eravamo a tavola : trovandoci noi a diciassette gradi di longitudine più a ponente di Costanza, nel medesimo punto saranno state sette ore pomeridiane ad Arenenberg, voi probabilmente pranzavate, in quell'ora : feci un brindisi col pensiero alla vostra salute, e voi forse avete fatto altrettanto per me ; almeno mi piacque di crederlo in quel momento.

Pensai pure ai miei compagni di sventura... Oh! io penso sempre a loro! Consideravo ch'erano più infelici di me, e questa idea mi rendeva più infelice di loro.

Fate i miei cordiali saluti a quella cara signora Salvage, a quelle fanciulle, a quella povera Chiarina ( figlia di Parquin, e della già defunta madama Cochelet) al dottor Conneau e ad Arsenio.

5 gennajo.

Jeri un turbine venne a piombare su di noi con estrema violenza : se le vele non fossero state squarciate dal vento, la fregata avrebbe potuto pericolare ; ne fu spezzato un albero ; la pioggia cadeva con tant'impeto, che il mare si era tutto imbianchito.

Oggi il cielo è bello come al solito, le avarìe si son riparate, il cattivo tempo fu già dimenticato ; perchè non succede così anche delle burrasche della vita ?

A proposito di fregata, il capitano mi ha detto che la fregata, che portava il vostro nome, ora si trova nel mare del Sud e si chiama la *Flora*.

10 gennajo.

Siamo arrivati poc'anzi a Rio Janeiro : la vista della rada è magnifica ; dimani ne farò il disegno.

Spero che questa lettera vi possa arrivar presto.

Lasciate ora il pensiero di venirmi a raggiungere : non so ancora dove mi abbia a fermare ; forse troverò maggiori attrattive ad abitare l'America del Sud. Il lavoro a cui l'incertezza della mia sorte mi obbligherà, se voglio farmi uno stato, sarà l'unica consolazione ch'io possa gustare.

Addio, madre mia; ricordatemi ai nostri vecchi servitori e ai nostri amici della Turgovia e di Costanza.

Io sto bene.

Il vostro tenero e rispettoso figlio
NAPOLEONE LUIGI BONAPARTE. »

Così finisce questa lunga lettera, della quale lasciamo l'imparziale giudizio ai lettori che han senno e cuore.

Pare che il principe non abbia continuato il giornale del suo viaggio; sappiamo solo che la fregata, che l'avea condotto nella rada del Brasile, dopo più di quattro mesi tra viaggio e fermate, entrò nel porto di Norfolk, negli Stati-Uniti, il 30 marzo 1837; di là il principe, già libero di sè, si trasferì a Nuova York, dove fece un breve soggiorno: ma prima spedì, tra le altre, una lettera a Vieillard, antico ajo di suo fratello, per giustificare le intenzioni dell'impresa di Strasburgo, lettera che ebbe molta pubblicità; e che qui crediam bene di tradurre, sempre nello scopo prefissoci di mostrare qual fosse l'intento politico, a cui costantemente si attenne Luigi Napoleone. Questa lettera porta la data di Nuova York, 30 aprile 1837.

« ..... Ora, egli dice, sento il dovere di spiegarvi i motivi che mi spinsero all'impresa. Vero è che avevo due partiti da prendere; l'uno che in qualche modo dipendeva da me, l'altro dagli avvenimenti. Scegliendo il primo, io era, come voi dite benissimo, un mezzo: aspettando il secondo, non ero che un ripiego. Ora, secondo il mio modo di vedere e la mia convinzione, il primo partito era molto preferibile al secondo.

La riuscita della mia impresa mi offriva i vantaggi seguenti. Compivo con un colpo di mano, forse in un

sol giorno, l'opera di dieci anni : riuscendo, avrei ri-
sparmiato alla Francia le lotte, le turbolenze, i disordini
d'uno sconvolgimento che accadrà, credo, presto o tardi.

« Lo spirito di una rivoluzione, dice Thiers, si compone di passioni per lo scopo, e di odio per chi vi fa
contro ». Quando il popolo vi fosse strascinato dall'esercito, ci sarebbero per noi le nobili passioni senza l'odio;
perocchè l'odio non nasce che dalla lotta tra la forza
fisica e la forza morale.

Personalmente poi, la mia posizione era chiara e netta;
quindi facile. Tentando una rivoluzione con quindici
persone, se arrivavo a Parigi, sarei stato debitore della
mia riuscita, non ad un partito, ma al popolo. Arrivan-
dovi da vincitore, avrei deposto ben volontieri, senza esservi
costretto, la mia spada sull'altare della patria; si poteva
allora aver fiducia in me, giacchè non più il solo mio
nome, sibbene la mia persona diventava una guarentigia: nel caso contrario, io non avrei potuto essere chiamato che da una parte del popolo, e avrei avuto a nemici, non già un governo debole, bensì una quantità
d'altri partiti, forse nazionali anch'essi.

D'altra parte è più facile impedir l'anarchia, che re-
primerla; è più facile diriger le masse, che tener dietro
alle loro passioni. Venendo come ripiego, non sarei stato
che una bandiera di più gettata nella mischia, la cui
influenza, immensa nell'aggredire, sarebbe forse riuscita
impotente a collegare. Finalmente, nel primo caso io era
al timone, sur un vascello che ha da vincere una sola
resistenza; nel secondo caso, per lo contrario, io era su
di una nave in balìa d'ogni vento, e che in mezzo alla
burrasca non sa qual via tenere.

È vero che quanti vantaggi mi avrebbe procacciato il
buon esito di quel primo disegno, altrettanto biasimo
mi sarebbe ridondato da una mala riuscita; ma entrando

in Francia non badavo alle conseguenze di una sconfitta: perocchè in caso di sfortuna avrei riguardato i miei proclami come testamento e la mia morte come un bene.

Tale si era il mio modo di vedere... »

Frattanto la regina Ortensia, che già da molto tempo era d'una salute malferma, sentendola peggiorare ogni giorno sotto il peso de' suoi affanni materni, e vedendosi costretta a subire una pericolosa operazione, del cui buon esito assai dubitava, scrisse al figlio una commoventissima lettera in cui gli mandava la sua benedizione, non senza qualche speranza di rivederlo ancora su questa terra.

I voti di quest'ottima madre non doveano cader tutti a vuoto. Non appena infatti Luigi Napoleone ebbe ricevuta questa dolorosa notizia, unico suo pensiero fu quello di ritornare al più presto in Europa e di correre ad Arenenberg; dove potè giungere in tempo per riabbracciare la madre morente, e raccoglierne sulle labbra l'anelito estremo.

Dopo la morte della regina Ortensia, Luigi Napoleone passò più mesi in una solitudine quasi assoluta alla sua villa di Arenenberg, coll'animo assorto nel suo figliale dolore, non traendo qualche sollievo che dallo studio. Egli aveva già sbozzato un lavoro, intitolato: *Le Idee Napoleoniche*, e ne andava lentamente maturando il disegno.

Ora, per esser fedeli all'ordine cronologico, e al nostro proposito, ch'è di mostrare coll'evidenza dei fatti e degli scritti suoi proprii la perseveranza nell'unità degl'intenti politici di Luigi Napoleone, traduciamo qui una sua lettera, diretta ad Armando Laity, uno de' suoi più fidi seguaci, già compromesso nell'affare di Strasburgo, e che nel 21 giugno 1838 venne arrestato a Parigi, come rèo di un attentato alla sicurezza dello Stato, perocchè avea

dato alla luce un opuscolo, in cui giustificava l'insurrezione di Strasburgo difendendo il Principe ed i suoi
complici dagli oltraggi e dalle calunnie che recavano a
piene mani su loro i giornalisti ligi al governo di Luigi
Filippo. Non è qui nostro intendimento di narrar le vicende di quel processo, perchè oltrepasserebbe i limiti
che ci siam prefissi a questo lavoro biografico.

Ci basti il sapere che, malgrado le circostanze mitiganti
del fatto, la Corte dei Pari condannò Laity a cinque anni
di prigione e a diecimila franchi di multa; ma per buona
ventura un vecchio generale dell'esercito imperiale che
vivamente ammirava la condotta di questo giovane ufficiale verso il nipote di Napoleone, morendo ricco e senza
prole mentre Laity stava scontando la sua prigionia, volle
ricompensarlo delle persecuzioni che gli procacciava la causa
da lui abbracciata, lasciandolo erede di tutti i suoi beni,
che si vociferava ascendessero a ventimila franchi di rendita. Ora, senza più, riportiamo codesta lettera che doveva servire di traccia all'accusato per fare le sue difese.

« Arenenberg, 2 luglio 1838.
Mio caro Laity! Voi siete dunque per comparire davanti
alla Corte dei Pari, grazie alla generosa premura che aveste
di ripubblicare il ragguaglio circostanziato della mia impresa, di giustificare le mie intenzioni e di confutare
le accuse scagliate contro di me.

Non so capire per quali ragioni il governo si studii
d'impedire la pubblicazione di codesto vostro opuscolo.

Voi sapete che, autorizzandovi io a pubblicarlo, unica mia
mira fu quella di confutare le vili calunnie, di cui gli
organi ministeriali mi aggravarono nei cinque mesi che
restai in prigione o sul mare; era debito di onore per me
e per i miei amici il provare, che nel 1836 non fui spinto
da uno stolido fanatismo a Strasburgo.

- Dicono che il vostro opuscolo è una nuova cospirazione, mentre invece esso mi difende dal rimprovero d'aver cospirato e dice, fin nelle prime pagine, che abbiamo aspettato quasi due anni a pubblicare le particolarità che mi concernono, affinchè gli animi, divenuti più calmi, potessero giudicare senza rancore e senza prevenzione.

Se, come amo di credere, la Corte dei Pari è animata da uno spirito di giustizia, e serbasi indipendente dal Potere esecutivo, come è prescritto dalla Costituzione, non è possibile che vi condannino, perchè, non lo ripeterò mai abbastanza, il vostro opuscolo non è già un nuovo appello alla rivolta, sibbene la spiegazione semplice e vera d'un fatto che si era sfigurato. Io non ho altro appoggio nel mondo che l'opinione pubblica, non altro sostegno che la stima de' miei concittadini: se riesce impossibile a' miei amici ed a me il difendermi da ingiuste calunnie, trovo che la mia sorte è la più dura di tutte!

Voi conoscete abbastanza quale amicizia ho per voi, da comprendere quanto mi affligga il pensiero che possiate esser vittima del vostro generoso affetto; ma so altresì, che con la nobile indole vostra saprete soffrire con rassegnazione per la causa popolare.

Vi chiederanno, come ha già fatto qualche giornale, dove sia il partito napoleonico; e voi rispondete: — Il partito non è in alcun luogo, e la causa dappertutto: il partito non è in alcun luogo, perchè i miei amici non sono ordinati a battaglioni; ma la causa ha partigiani dappertutto, dall'officina dell'operajo sino ai consiglieri del re, dalla caserma del soldato sino al palazzo del maresciallo di Francia. I repubblicani, i così detti moderati o dal *giusto mezzo*, i legittimisti, tutti coloro che vogliono un potere forte, una libertà vera, un governo autorevole, tutti costoro, io dico, sono Napoleonisti, sia che lo pensino o no; perchè il sistema imperiale non è un'imitazione bastarda della Costituzione inglese o americana, sibbene la formola governativa dei principii della Rivoluzione; è la gerarchia nella democrazia, l'eguaglianza nella legge, la ricompensa pel merito; è infine un colosso piramidale che ha larga la base ed alta la cima.

Dite, che autorizzandovi a questa pubblicazione, non ebbi per mira di turbare la odierna tranquillità della Francia, nè di ridestare passioni male assopite, sibbene di mostrarmi a' miei concittadini tale qual sono, e non quale mi dipinse un odio interessato; ma se un giorno i partiti avessero a rovesciare il potere attuale ( e l'esempio di questi ultimi cinquant'anni ci permette di fare questa supposizione), e se, avvezzi, come sono, da ventitrè anni a vilipendere l'autorità, riuscissero a scalzare tutte le basi dell'edificio sociale, allora forse il nome di Napoleone sarebbe un'àncora di salvezza per tutto quanto v'ha di generoso e di veramente patriotico in Francia.

Per questa ragione appunto, come voi ben sapete, mi preme, che l'onore dell'aquila del 30 ottobre rimanga intatta, malgrado la sua sconfitta, nè si scambi il nipote dell'Imperatore con un avventuriero volgare. Vi chiederanno senza dubbio d'onde abbiate attinto tutte le asserzioni che proferite: potrete dire che le aveste da me, e che assicuro sull'onor mio, essermene stati mallevadori uomini degni di tutta la fede.

Addio, mio caro Laity! Spererei ancora nella giustizia, se l'interesse momentaneo non fosse la sola morale dei partiti.

Abbiatevi l'assicurazione della mia schietta amicizia.

NAPOLEONE LUIGI. »

Sin dal ritorno del principe in Isvizzera, il governo francese lo fece sorvegliare per mezzo di agenti secreti che mandavano a Parigi informazioni false e ridicole sul conto suo, dicendo che il principe manteneva ad Arenenberg una congiura permanente contro il governo di Luigi Filippo, e che la sua villa era il punto di convegno per tutti i malcontenti politici che venivano a farsi suoi partigiani. L'ambasciatore francese presso la Confederazione Elvetica avea tentato più volte di ottenere lo sfratto del principe dal territorio svizzero, ma invano; perchè il presidente del Direttorio federale sdegnava di dar mano a questa persecuzione diplomatica, rispondendo sempre che il principe, protetto dal suo titolo onorifico di cittadino del cantone di Turgovia, non poteva essere molestato per nulla su questo proposito.

Ma infine fu indirizzata alla Dieta Elvetica dall'ambasciatore francese, duca di Montebello, una nota del ministro degli affari esterni, in cui le si intimava l'espulsione immediata del principe; la Dieta federale, e specialmente il cantone di Turgovia, resistette con dignitosa franchezza a questa indebita pretesa; allora il governo di Luigi Filippo, risoluto di ottenere ad ogni costo l'allontanamento del principe da quei luoghi così vicini alle frontiere di Francia, dopo aver minacciato di bloccare ermeticamente la Svizzera, se non si affrettava ad obbedirlo, vedendo che pur tuttavia la Dieta persisteva nel suo nobile rifiuto, ordinò una dimostrazione armata contro la Svizzera, la quale, inflessibile ogni qualvolta si tratti la causa della sua indipendenza, di ricambio per tutta risposta chiamò sotto le armi i prodi suoi figli, che pronti e di tutta lena risposero all'appello, per resistere ad una sì ingiusta aggressione: e la guerra sarebbe inevitabilmente scoppiata, se il nobile proscritto, non soffrendo che il suo nome servisse di pretesto ad una lotta tremenda tra la Francia, suo paese nativo, e la Svizzera, sua patria adottiva, non si fosse determinato a ritirarsi spontaneamente.

Egli diresse quindi questa lettera al Landamanno Anderwert, presidente del Piccolo Consiglio di Turgovia.

« Arenenberg, 22 dicembre 1838.

Signor Landamanno,

Allorchè la nota del duca di Montebello venne indirizzata alla Dieta, non volli sottomettermi all'intimazione del governo francese, perchè mi stava a cuore di provare col mio rifiuto di allontanarmi di qui, ch'io era ritornato in Isvizzera senza mancare a veruna promessa, che avevo il diritto di rimanervi, e che vi troverei ajuto e protezione.

La Svizzera mostrò, già da un mese, colle sue gagliarde proteste, ed ora colle decisioni dei Gran Consigli che si sono sin qui radunati, essere ella pronta a fare i maggiori sagrifizi per mantenere la propria dignità e il proprio diritto : ella seppe fare il suo dovere come nazione indipendente ; io saprò fare il mio e rimaner fedele alla voce dell'onore.

Potranno, sì, perseguitarmi ; avvilirmi, non mai.

Avendo il governo francese dichiarato, che il rifiuto della Dieta di accondiscendere alla sua domanda sarebbe il segnale d'una conflagrazione di cui la Svizzera potrebbe esser vittima, altro non mi resta che di lasciare il paese, in cui la mia presenza è bersaglio a così ingiuste pretese, e sarebbe pretesto a sì gravi sciagure!

Vi prego adunque, signor Landamanno, di annunciare al Direttorio generale, ch'io partirò, non appena egli abbia ottenuto dagli ambasciatori delle diverse Potenze i passaporti che mi occorrono per recarmi in un luogo dove io trovi un asilo sicuro. Abbandonando ora volontariamente quel solo paese in Europa, dove trovai appoggio e protezione, allontanandomi da' luoghi che per tante ragioni mi si erano fatti sì cari, spero di provare al popolo

Svizzero, ch' io era meritevole delle dimostrazioni di stima e d'affetto di cui mi fu liberale.

Non dimenticherò mai la nobile condotta dei Cantoni che si dichiararono con tanto coraggio in mio favore; e specialmente la memoria della generosa protezione accordatami dal cantone di Turgovia mi resterà profondamente scolpita nel cuore.

Spero che questa separazione non sarà eterna, e che verrà giorno in cui, senza compromettere gl'interessi di due nazioni le quali devono restare amiche, potrò riavere un ricovero qui dove la dimora di vent'anni e gli acquistati diritti mi aveano creato una seconda patria.

Vogliate, signor Landamanno, farvi interprete de' miei sentimenti di riconoscenza verso i Consigli, e credete che il solo pensiero di risparmiare molte molestie alla Svizzera può mitigare l'affanno che provo nel lasciarla.

NAPOLEONE LUIGI BONAPARTE. »

Sappiamo poi come, più tardi, il profugo principe diventato imperatore pagasse il debito di gratitudine verso la generosa e libera Svizzera, patrocinando efficacemente la di lei nazionale indipendenza nella recente questione di Neuchâtel, su cui vantava la Prussia diritti feudali e volea sostenerli colla diplomazia e colla spada.

# CAPITOLO VII.

Il principe si stanzia a Londra. — *Idee Napoleoniche.* — Proemio
e intento dell'opera. — Sua divisione. — Importanza attuale
di quest'opera. — Leggi costanti del progresso, e acconcia varietà di forme politiche. — Missione politica degli Stati Uniti
Americani e della Russia. — Apostrofe profetica alla Francia. — Opera provvidenziale di Napoleone. — Prosopopea della
Rivoluzione francese. — Napoleone considerato come il Messia
politico dell'Europa. — Avvedutezza politica. — Supremo scopo
di Napoleone. — Condizioni perchè la libertà sia desiderata e
possibile. — Salutare avvertimento ai popoli. — Mezzi di cui
si valse Napoleone per fondare uno spirito pubblico in Francia. — Intuizione napoleonica di Luigi Bonaparte. — Sistema
governativo proposto dall'autore. — Incalzanti rampogne ai
governi dei Borboni e di Luigi Filippo, messe in bocca di Napoleone. — Veri bisogni del popolo francese, e, in generale, di
ogni nazione civile, esposti negativamente. — Tre specie di
politica verso i governi stranieri; quale tra esse piacque a Napoleone. — Motivi che spinsero Napoleone alla guerra. — Confederazione dei popoli d'Europa. — Solo un governo forte può
stare colla libertà vera. — Identità d'interessi tra sudditi e
sovrani è il saldo fondamento dei troni. — L'autore predice
ai nemici di Napoleone il castigo della loro cieca o perversa
politica. — Cause della caduta di Napoleone. — Stupenda conclusione profetica delle Idee Napoleoniche.


Il principe, costretto ad abbandonare il suo delizioso ritiro di Arenenberg, trovò rifugio in Inghilterra, dove non
si dipartì dalle abitudini laboriose che aveva contratte in
Isvizzera, occupandosi principalmente nel dare l'ultima

mano all'opera intitolata *Idee Napoleoniche*, che voleva
pubblicare come splendida risposta a tutte le calunnie di
cui lo fecero segno i legittimisti ed orleanisti; e come
apologia del governo e del carattere dell'Imperatore, in con-
futazione delle accuse fattegli dall'ignoranza, dal pregiudizio e dalla mala fede: era insomma lo schietto programma
del sistema imperiale, ch'egli era destinato a svolgere,
dopo tanti contrasti, coi fatti.

Questo libro, che venne prima alla luce in Londra, poi
fu ristampato a Parigi, era preceduto da questo proemio
in data del luglio 1839:

« Se la sorte presagitami dal mio nascimento non si fosse
mutata in forza degli avvenimenti, io, nipote dell'Imperatore, sarei stato un difensore del suo trono, un propa-
gatore delle sue idee; avrei avuto la gloria di essere una
colonna del suo edifizio, o di morire tra le file quadrate
della sua guardia, combattendo per la Francia.

L'Imperatore non è più, ma il suo spirito non è già
morto.

Impotente, com'io sono, a difenderne colle armi il provvido governo, posso almeno provarmi a difenderne la
memoria cogli scritti; illuminar la pubblica opinione, indagando il pensiero che presiedette a' suoi vasti disegni, è
un còmpito che sorride ancora al mio cuore e che mi
consola nell'esiglio.

Nè mi tratterrà il timore di offendere opinioni contrarie;
giacchè idee che sono sotto l'egida del più gran genio dei
tempi moderni possono professarsi con tutta franchezza,
siccome quelle, che non sono variabili a seconda dell'atmosfera politica.

Nemico di ogni teorica assoluta e di ogni dipendenza
morale, i' non sono legato a verun partito, a nessuna
setta, a nessun governo; la mia voce è libera come il
mio pensiero.... ed io amo la libertà! »

L'opera, divisa in due capitoli, ha tre parti distinte, che comprendono: 1.º una teoria sul governo in generale; 2.º l'esame ragionato dei principii e delle istituzioni del governo imperiale; 3.º il giudizio sul fine a cui mirava Napoleone, e che la sua caduta non gli permise di raggiungere.

Questo libro è di tale importanza, ora specialmente che l'autore di esso, mercè il suffragio di otto milioni di cittadini, siede sul trono imperiale di Francia, che merita di essere conosciuto da tutti coloro i quali amano paragonare le Idee Napoleoniche coi fatti che le vennero poscia a commentare, a confermare ed a svolgere conformemente alle mutabili condizioni dei tempi: perciò ne sceglieremo que' molti tratti che più si affanno alle attuali congiunture, non solo della Francia, sì ancora dell'Italia nostra.

Nel I capitolo, dove tratta del movimento generale del progresso, della forma dei governi e della loro missione, tra le altre cose ne dice:

« Il progresso mai non iscompare, ma cambia spesso di posto, e va dai governanti ai governati: ma lo scopo delle rivoluzioni è quello appunto di ricondurlo sempre fra i governanti. Quando il progresso è alla testa della società, cammina arditamente, perchè fa da guida: quando è nella massa, va di passo lento, perchè gli è forza di lottare: nel primo caso il popolo fiducioso si lascia governare; nel secondo caso invece egli vuol far tutto da sè.

Da che c'è mondo, c'è sempre stato il progresso. Per riconoscerlo, basta misurare la strada tenuta dalla civiltà; la traccia ne è segnata dai grandi uomini che ne sono, per così dire, i confini militari; ciascuno ha un gradino più alto che ci avvicina alla meta: e si va da Alessandro a Cesare, da Cesare a Costantino, da Costantino a Carlomagno, da Carlomagno a Napoleone. Le forme di governo invece non seguono leggi costanti. Le repubbliche sono vecchie quanto il mondo; l'elezione e l'eredità già da se coli si disputarono tra loro il potere, e il potere si alternò mano mano tra quelli che avevano per sè le scienze ed il senno, il diritto o la forza. Non si può dunque dare governo stabilito su forme invariabili; non vi è formola governativa che assicuri il bene di tutti i popoli, come non vi è panacea universale che guarisca da tutti i mali.

Ogni problema di forma politica, disse Carrel, ha i suoi dati nella condizione della società, e non altrove. Queste parole racchiudono una gran verità: in politica il bene è sempre relativo, non mai assoluto.

Ammettendo le idee precedenti, sarebbe impossibile attribuire un'alta importanza ai paralleli eruditi, fatti dai pubblicisti tra il governo di un solo e il governo di molti, tra i governi democratici e i governi aristocratici.

Tutti furono buoni, poichè durarono; per un popolo fu migliore quella forma che durò più lungamente; ma, in astratto, il miglior governo è quello che bene adempie la sua missione, cioè che si adatta ai bisogni del suo tempo, e che, mentre si va modellando sullo stato presente della società, adopera i mezzi opportuni per aprire una strada facile e piana alla civiltà che si avanza.

Non vedo (a malincuore lo dico) non vedo oggidì che due governi i quali adempiano bene la loro missione provvidenziale: son questi i due colossi ai due capi della terra: l'uno all'estremo confine del nuovo, l'altro all'estremità del mondo antico.

Mentre il nostro vecchio centro europeo è come un vulcano che si consuma nel suo cratere, le due nazioni, orientale ed occidentale, si avanzano, senza esitare, verso la perfezione; la prima per la volontà di un solo, l'altra per mezzo della libertà.

La Provvidenza affidò agli Stati-Uniti d'America la cura
di popolare e di guadagnare alla civiltà tutto quell'immenso territorio che si stende dall'Atlantico all'Oceano
Pacifico, e dal polo settentrionale all'equatore.

Quel governo, il quale non è che una semplice amministrazione, non ebbe, sino al presente, che a mettere
in pratica quell'antico proverbio: *lasciate fare, lasciate
passare*, per favoreggiare quell'istinto irresistibile, che
spinge i popoli Americani verso l'Occidente.

In Russia i progressi, che già da un secolo e mezzo
trassero questo vasto impero dalla barbarie, si devono tutti
alla dinastia imperiale. Il potere imperiale deve lottare
contro i vecchi pregiudizi della nostra vecchia Europa;
fa d'uopo che concentri, per quanto è possibile, nelle mani
d'un solo le forze dello Stato, a distruggere tutti gli abusi
che si perpetuano sotto l'ombra delle franchigie comunali
e feudali: l'Oriente può ricevere solo da lui i miglioramenti che aspetta.

Ma tu, o Francia di Enrico IV, di Luigi XIV, di Car-
not, di Napoleone, tu che fosti sempre per l'Occidente del-
l'Europa la fonte dei progressi, tu che possiedi i due sostegni degl'Imperi, il genio delle arti pacifiche e quel
della guerra, non hai tu più alcuna missione da compiere?
Sciuperai la tua forza e la tua energia nelle continue lotte
co'tuoi proprii figli?

No, tale non può essere il tuo destino; verrà presto
il giorno in cui per governarti farà mestieri comprendere
che tua missione è di mettere in tutti i trattati la tua
spada di Brenno, in favore della civiltà. » (E ora, dopo
vent'anni, lo stesso autore conferma co' fatti le sue teorie.)

Nel II capitolo, Luigi Napoleone torna a svolgere con maggior forza le idee che aveva già pubblicato nelle sue *Fantasie politiche*, sulla missione dell'Imperatore, come organa-
tore della rivoluzione e fondatore della libertà in Francia.

« Le idee del 1789, dic' egli, idee, che, dopo aver messo a tumulto tutta l' Europa riusciranno ad assicurarne la quiete, già nel 1791 parea che avessero distrutto l' antico ordine di cose, e creato ne avessero un nuovo. Ma il nascimento della libertà è malagevole, e l' opera dei secoli non si distrugge senza scosse tremende! Il novantatrè seguì dappresso il novantuno, e si videro ruine sopra ruine, trasformazioni sopra trasformazioni; finchè da ultimo apparve Napoleone, il quale sbrogliò quel caos di nulla e di gloria, separò le verità dalle passioni, gli elementi di vita dai germi di morte, e ridusse all' idea di sintesi tutti quei grandi principii che lottando continuamente tra loro rendeano incerto quell' esito, che tutti vivamente bramavano.

Napoleone arrivando sulla scena del mondo vide ch' era sua missione il farsi *esecutore testamentario* della Rivoluzione. (Notate bene, o lettori, questa frase.) Il fuoco distruttore delle fazioni era spento, e quando la Rivoluzione morente, ma non vinta, affidò a Napoleone il compimento de' suoi ultimi voleri, dovette dirgli: — Stabilisci sovra solide basi i principali risultamenti dei miei sforzi, riunisci i Francesi discordi, respingi l'Europa feudale, collegata contro di me, rimargina le mie piaghe, illumina le nazioni, eseguisci in estensione quanto io dovetti fare in profondità; sii tu per l'Europa quel ch'io fui per la Francia; e quando pure tu dovessi inaffiar col tuo sangue l' albero della civiltà, vedere i tuoi disegni sconosciuti, e i tuoi cari senza patria andar raminghi pel mondo, non abbandonare giammai la sacra causa del popolo Francese, e falla trionfare con tutti i mezzi che il genio crea e che l' umanità approva. —

Questa grande missione, Napoleone la compì sino all' ultimo termine.

L' imperatore Napoleone giovò più che ogni altro ad affrettare il regno della libertà, salvando l' influenza morale della Rivoluzione e diminuendo i timori ch' ella inspirava.

Senza il Consolato e l'Impero, la Rivoluzione non sarebbe stata che un gran dramma, il quale lascia insigni memorie, ma poche vestigia: la Rivoluzione si sarebbe affogata nella controrivoluzione, quando invece ebbe luogo il contrario, perchè Napoleone radicò in Francia e introdusse dappertutta l'Europa i principali benefizi della gran crisi dell'ottantanove, e, per servirci delle sue espressioni, *disimbrattò la Rivoluzione, consolidò i re e nobilitò i popoli.*

Disimbrattò la Rivoluzione, separando le verità, ch'ella fece trionfare, dalle passioni, che nel loro delirio le avevano offuscate; consolidò i re, col renderne rispettabile ed onorato il potere; nobilitò i popoli, dando ad essi la coscienza delle loro forze e quelle istituzioni che rialzano l'uomo a' suoi proprii occhi: l'Imperatore dev'essere considerato come il Messia delle nuove idee. »

Questo capitolo è sparso di precetti politici; a cui Luigi Napoleone si attenne, quando venne il tempo di metterli in atto egli stesso.

« Nei primi momenti, dic'egli, che precedono ad un sociale scompiglio, l'essenziale non istà nel praticare principii in tutta la sottigliezza della loro teorica, sì nell'impadronirsi del genio rigeneratore, immedesimarsi co' sentimenti del popolo, e dirigerlo arditamente alla meta ch'ei vuole raggiungere. (Rammentiamoci a che scopo rivolse l'autore di questo libro il suo colpo di Stato.)

Per esser capace di compiere quest'opera, bisogna che *la vostra fibra risponda a quella del popolo,* che sentiate come lui, e che i vostri interessi sien fusi insieme talmente, da non poter vincere o cadere che insieme.

Appunto questa unione di sentimenti, d'istinti e di voleri fece tutta la forza dell'Imperatore.

Si commetterebbe un grave errore, qualora si credesse che un grand'uomo sia onnipotente, nè tragga forza da altri che da sè stesso: saper indovinare, approfittare e dirigere: tali sono le prime doti d'una mente sublime.

Mi guardo bene (diceva Napoleone) dal cader nello sbaglio degli uomini dai moderni sistemi, di credermi, cioè, da me solo e per le mie idee la sapienza delle nazioni: il talento dell'operajo sta nel saper valersi dei materiali che ha sotto le mani. »

Nel capitolo III l'autore ci espone come l'Imperatore vide collo sguardo penetrante del genio quali idee fossero invecchiate senza speranza di rinnovellarsi, quali potessero immediatamente applicarsi nel suo sistema politico, e quali grandeggerebbero nell'avvenire.

« Ogni governo, dic'egli, ha il dovere di combattere le idee false e dirigere le vere, mettendosi francamente alla testa; perchè, se un governo, invece di guidare, si lascia condurre, corre alla propria rovina e mette in pericolo la società, invece di proteggerla.

L'Imperatore acquistò con tanta agevolezza il più immenso ascendente, perchè fu appunto il rappresentante delle idee vere del suo secolo. In quanto alle idee perniciose, non le assalì mai di fronte, ma le prese, per così dire, alle spalle, venne a patti con loro, e alla fine le soggiogò coll'influenza morale: perocchè ben sapeva che la violenza val nulla contro le idee. »

Quindi l'autore si fa a sostenere, con tutto l'ardore della persuasione, che l'Imperatore, nel suo còmpito legislativo, ebbe sempre dinanzi agli occhi la libertà per meta.

« Sì, la libertà! esclama; e quanto più si studierà la storia di Napoleone, tanto più si farà evidente questa verità; perocchè la libertà è come un fiume: affinchè ella possa recar l'abbondanza e non la devastazione, fa d'uopo scavarle un letto largo e profondo. Se nel suo corso regolare e maestoso ella resta dentro i suoi naturali confini, i paesi che attraversa benedicono il suo passaggio: ma se irrompe come un torrente che straripa, si riguarda come il più terribile dei flagelli; essa ridesta tutti i rancori, e si vedono allora uomini pregiudicati respingere la libertà come atta a distruggere; quasichè si dovesse bandire il fuoco perchè abbrucia, e l'acqua perchè innonda.

Si dirà che le leggi imperiali non assicuravano la libertà! È vero che il suo nome non si vedeva alla testa di tutte le leggi, nè affisso a tutte le cantonate, ma ogni legge imperiale ne preparava il regno pacifico e sicuro.

Quando in un paese vi sono fazioni accanite le une contro le altre ed odii violenti, bisogna che si dileguino queste fazioni, che questi odii si calmino, prima che la libertà sia possibile.

Quando in un paese ridotto a democrazia, come era la Francia, il principio di eguaglianza non è applicato generalmente, bisogna introdurlo in tutte le leggi, prima che la libertà sia possibile.

Quando non v'è più spirito pubblico, non religione, non fede politica, bisogna rinnovellare almeno una di queste tre cose, prima che la libertà sia possibile.

Quando i cambiamenti successivi di Costituzione hanno scemato il rispetto dovuto alla legge, bisogna ricreare l'influenza legale, prima che la libertà sia possibile.

Quando gli antichi costumi sono stati distrutti da una rivoluzione sociale, bisogna ricrearne altri che siano conformi coi nuovi principii, prima che la libertà sia possibile.

Quando il governo, qualunque ne sia la forma, non ha più prestigio nè forza; quando nell'amministrazione e nello Stato regna il disordine; bisogna rinnovare il prestigio, ristabilir l'ordine, prima che la libertà sia possibile.

Quando in una nazione non v'è di organizzato che l'esercito, bisogna ricostituire un ordine civile, fondato su di una organizzazione precisa e regolare, prima che la libertà sia possibile.

Finalmente, quando un paese è in guerra co'suoi vicini ed ha tuttora nel suo seno partigiani dello straniero, bisogna vincere i nemici e farsi alleati sicuri, prima che la libertà sia possibile.

Sono da compiangersi que' popoli che vogliono raccogliere prima di aver dissodato il campo, sparsavi la semente, e dato alla pianta il tempo di attecchire, di sbocciare e di maturare.

È un errore fatale il credere che basti una proclamazione di principii, per costituire un nuovo ordine di cose! » (Avviso ai Mazziniani!)

Si vede da quanto qui ne dice l'autore, che Napoleone I non poteva avanzarsi verso la meta più di quanto abbia fatto, e si riconoscono le intenzioni liberali che lo dissero in tutti gli atti del suo governo.

« Dopo una rivoluzione, siegue a dire l'autore, il punto essenziale non è di fare una Costituzione, sibbene di adottare un sistema, il quale appoggiandosi su principii popolari possieda tutta la forza necessaria a fondare e stabilire, e che, sormontando le difficoltà del momento, abbia in sè quella flessibilità che permette di piegarsi alle circostanze.

Oltracciò, dopo la lotta può forse una Costituzione esser sicura dal ribellarsi delle passioni? E non è assai pericoloso il trasmutare transitorie occorrenze in generali principii?

Una Costituzione, disse Napoleone, è l'opera del tempo: non sarebbe mai troppo largo il campo che si lasciasse a migliorarla. »

Quelle lodi che il futuro Napoleone III tributava allora all'Imperatore suo zio, si possono rivolgere in gran parte a lui stesso, che cercò sempre, ne 'sentimenti come nelle azioni, di imitare, e non rare volte emulare il suo glorioso modello: ed anche allora il giovine trentenne poteva già annoverarsi tra' più profondi politici.

« Ammiriamo lo spirito Napoleonico! (diceva egli) esso non fu mai esclusivo, nè intollerante. Superiore alle meschine passioni dei partiti, generoso come il popolo cui era chiamato a governare, l'Imperatore professò sempre questa massima: che in politica fa d'uopo guarire i mali, non mai vendicarli. »

Indi parla dei mezzi poderosi di cui l'Imperatore si valse per creare uno spirito pubblico in Francia.

« La prima dote di un popolo che aspira a governo libero è il rispetto della legge.

Ora, una legge trae forza soltanto dall'interesse che ha ogni cittadino nel rispettarla o nel trasgredirla. Per radicare nel popolo il rispetto alla legge, bisognava ch'ella fosse eseguita nell'interesse di tutti, e che consacrasse il principio della eguaglianza in tutta la sua estensione; bisognava ricreare il prestigio del potere e radicare i principii della Rivoluzione; perocchè i costumi sono il santuario delle istituzioni.

Al sorgere di una nuova società il legislatore fa i costumi o li corregge; mentre invece più tardi i costumi fanno le leggi o le conservano intatte d'età in età. Quando le istituzioni vanno d'accordo, non solo cogli interessi, ma eziandio co' sentimenti e colle abitudini di ciascuno, allora appunto si forma questo spirito pubblico, questo spirito generale che è la forza di un paese, perchè serve di baluardo contro ogni usurpazione di potere, contro ogni assalto dei partiti. ....

Questo spirito generale sì difficile a creare dopo una rivoluzione, si formò sotto l'Impero per mezzo di quei codici che fissarono il diritto di ciascuno, per mezzo della morale severa, introdotta nell'amministrazione, per mezzo della prontezza con che il governo reprimeva ogni ingiustizia; finalmente per 'mezzo dello zelo che l'Imperatore continuamente adoperava a soddisfare i bisogni materiali e morali della nazione.

Il suo governo non commise lo sbaglio, comune a tanti altri, di separare gl'interessi dell'anima da quelli del corpo, rigettando i primi nella regione delle chimere, e mettendo come reali soltanto i secondi.

Napoleone, invece, dando slancio a tutte le alte passioni, mostrando che il merito e la virtù procacciavano ricchezze ed onori, provò al popolo, che i sentimenti nobili del cuore umano non sono che le insegne degl'interessi materiali ben intesi, nella medesima guisa che la morale cristiana è sublime, siccome quella che anche qual legge civile è la guida più sicura che possiamo seguire, la miglior consigliera dei nostri interessi privati. »

Dopo queste considerazioni (dirò colle parole del biografo Lacroix) sull'opera governativa di Napoleone, il suo nobile panegirista entra nell'esame diligente e ragionato di tutte le istituzioni dell'Impero, che divide in due categorie, concernenti l'una l'organamento amministrativo, l'altra il politico; passa in rassegna codeste istituzioni, ne definisce chiaramente la natura e l'oggetto, le giudica, le spiega, ne fa risaltare i vantaggi, ne va enumerando i prodigi. Si può dire che nessuno storico o pubblicista fece mai una pittura sì vera e sì splendida del governo imperiale; l'imperatore Napoleone non fu mai sì ben compreso e sì ben giudicato.

E v'inframmette di mano in mano i suoi proprii concetti l'autore; ecco, per esempio, come avrebbe voluto piantare il sistema amministrativo nel governare la Francia.

« Una buona amministrazione governativa, egli dice, consiste in una distribuzione regolare d'imposte, in un modo pronto ed uguale per riscuoterle, in un sistema finanziario che assicuri il credito, in una magistratura autorevole che faccia rispettare la legge; infine in un congegno di uffici amministrativi che porti la vita dal centro alle estremità, e dalle estremità al centro.

Ma quel che distingue sopra tutto un buon governo è quando esso fa appello a tutti i meriti, a tutti gl'ingegni, per rischiararsi la via e mettere in pratica ogni perfezionamento; quando reprime con forza tutti gli abusi, migliora la sorte delle classi povere, incoraggia tutte le industrie, e tiene una bilancia uguale per i ricchi ed i poveri, per chi lavora e chi fa lavorare, per i depositari dei poteri e gli amministrati. »

Dopo di aver messo in mostra i beni ottenuti nei quattordici anni che furon concessi all'Imperatore tra il 1800 e il 1814 per crear tutto, per ristabilir tutto, per rifare, in una parola, una nuova Francia; dopo aver descritte le innumerevoli istituzioni fondate da questo genio universale, dopo aver accennato le riforme e i miglioramenti che restavano a farsi, secondo le mire di Napoleone; dopo aver esposto nella sua vera luce il meccanismo mirabile del sistema imperiale, l'autore delle *Idee Napoleoniche* fa comparire allo sguardo dei governi della Ristaurazione e di Luigi Filippo la sdegnosa ombra dell'Imperatore che gl'interpella per chieder loro ragione di quel che hanno fatto, e che gli sforza a vergognarsi della propria impotenza e miserabile incapacità:

— « A compiere tutto quello ch'io feci per l'interna prosperità della Francia, grida il grand'uomo, non ebbi che gl'intervalli tra le battaglie; ma voi, che mi biasimate, che cosa avete fatto in ventiquattr'anni di profonda pace?

Avete voi acquetato le discordie, riconciliato i partiti intorno all'altare della patria? Avete procacciato ai diversi poteri dello Stato quella preponderanza morale, che la legge loro concede, e che è un pegno di stabilità?

Avete organizzato democraticamente come il mio Senato la vostra Camera di Pari?

Avete conservato al Consiglio di Stato la sua salutare influenza e il suo benefico ufficio?

Avete conservato all'istituzione della Legion d'onore la purezza e il prestigio del suo primitivo organamento?

Avete fondato il vostro sistema elettorale sulla base democratica delle mie assemblee distrettuali?

Avete agevolato l'accesso alla Camera dei Rappresentanti, assicurando una retribuzione ai Deputati?

Avete voi, come fec'io, ricompensato ogni merito, repressa la corruzione, e introdotta nel governo quella morale severa e pura che rende l'autorità rispettabile?

Avete fatto servir l'influenza del potere al miglioramento dei costumi? I delitti, invece di scemare, non andarono sempre crescendo?

Avete assicurata la proprietà, terminando l'operazione del catasto?

Avete, al pari di me, fatto zampillare dal suolo centinaja di nuove industrie?

Avete voi compiuto, durante una lunga pace, la metà dei lavori ch'io principiai mentre infieriva la guerra?

Avete voi aperto nuovi sfoghi al commercio?

Avete voi migliorata la sorte delle classi povere?

Avete impiegate tutte le rendite della Francia al solo fine della sua prosperità?

Avete ristabilita la legge sul divorzio, la quale guarentiva la costumatezza delle famiglie?

Avete organizzato la guardia nazionale in maniera che sia una barriera invincibile contro l'invasione?

Avete contenuto il clero nelle cose spettanti alla religione, lontano dal potere politico?

Avete conservato all' esercito quella stima e quella popolarità, che avea sì giustamente acquistate? Non avete voi cercato di avvilire la nobile missione del soldato?

Avete restituiti ai nostri avanzi di Waterloo quel poco pane ch'era loro dovuto, come prezzo del sangue che versarono a pro della Francia?

Il vessillo tricolore, il nome di Francese hanno conservato quel prestigio e quella influenza che li faceva rispettare da tutto l'universo?

Avete assicurato alla Francia alleati, sui quali possa fare assegnamento nel giorno del pericolo?

Avete voi diminuito gli aggravi del popolo?

I vostri balzelli non sono anzi più gravi che non le mie retribuzioni di guerra?

Infine, avete voi affievolito quella concentrazione amministrativa, ch'io non avea stabilita, se non per organizzare l'interno del paese, e per resistere allo straniero?

No; voi avete serbato del mio governo tutto ciò che era cosa transitoria ed obbligazione momentanea, e avete rigettato tutti i vantaggi che ne palliavano i difetti.

I beni della pace, non avete potuto ottenerli; e tutti gl'inconvenienti della guerra, gli avete conservati senza gl'immensi suoi compensi, l'onore cioè e la gloria della patria. » —

L'autore, dopo aver giustificato l'Imperatore dall'accusa che gli si facea di governare colla sciabola, rintuzza l'altra taccia, che gli si dava, di essere nemico implacabile della pace del mondo.

« In tre maniere, dice l'autore, si possono considerare le attinenze della Francia coi governi stranieri; e ne risultano i tre sistemi seguenti:

Avvi una politica cieca e passionata che vorrebbe gettare il guanto di sfida all'Europa e detronizzar tutti i re

Avvene un'altra affatto opposta, che consiste nel mantener la pace, comperando l'amicizia dei sovrani a spese dell' onore e degl' interessi del paese.

Finalmente v'è una terza politica, la quale offre francamente l'alleanza della Francia a tutti i governi che vogliono accordarsi con lei negl' interessi comuni.

Colla prima, non può darsi nè pace nè tregua; colla seconda non vi è guerra, ma neppure indipendenza; colla terza non guerra senza onore, non guerra universale.

Il terzo sistema è la politica Napoleonica, quella che l'Imperatore mise in pratica, durante tutta la sua carriera. »

Posti questi grandi principii, che l'autore doveva seguire con tanta dignità e con tanto senno, esamina la quistione straniera sotto il regno di suo zio, e prova sino all'evidenza che l'Imperatore non fece la guerra, se non costrettovi dagli avvenimenti, e sempre per l'interesse della Francia.

« Assicurare l'indipendenza della Francia, egli dice, stabilire una solida pace Europea, tale era la meta che stava poco a raggiugnere, malgrado la complicazione degli eventi e il continuo conflitto di opposti interessi. Quanto più si alzerà il velo dai segreti diplomatici, tanto più si farà evidente questa verità, cioè che Napoleone fu condotto mano mano dalla forza delle cose a quella gigantesca potenza cui la guerra creò e la guerra distrusse. Egli non fu l'assalitore; anzi fu sempre obbligato a respingere le coalizioni dell'Europa. »

Nel capitolo quinto l'illustre scrittore, indagando lo scopo a cui mirava l'Imperatore, mostra che questo grand'uomo intendeva di stabilire in Europa una grande confederazione di popoli collegati tra loro dal vincolo dell'interesse e della fiducia; confederazione che ben valeva più di quell'ammasso informe di piccoli Stati rivali, gelosi del bene altrui, o trascuranti del proprio e del bene dei popoli a loro soggetti. Poi siegue a dire:

« Fondata l'Europa Napoleonica, l'Imperatore avrebbe dato opera in Francia alle instituzioni di pace. Egli avrebbe consolidata la libertà; nè avea che ad allentare le fila della rete che avea formata.

Il governo di Napoleone, più che ogni altro, poteva sopportare la libertà, per quest'unica ragione, che la libertà avrebbe reso saldo il suo trono, mentre invece ella rovescia i troni che non hanno solida base.

La libertà avrebbe dato saldezza al suo potere:

Perchè Napoleone avea stabilito in Francia tutto ciò che dovea precedere la libertà;

Perchè il suo potere si appoggiava sull'intiera massa della nazione;

Perchè i suoi interessi erano identici a quelli del popolo;

Perchè infine fra governanti e governati regnava la più intera fiducia.

Infatti senza interessi identici, senza fiducia assoluta, niuna autorità è possibile; perocchè qualunque bene faccia o voglia fare un governo, è condannato a perire, se a tutti i suoi atti si suppongono intenzioni colpevoli.

Quanto maggiore è la forza morale di un'autorità, e tanto minore è la necessità ch'ella può avere della forza materiale; quanto maggiore è il potere che l'opinione pubblica le conferisce, tanto più ella può dispensarsi dal farne uso.

Ripetiamolo dunque: la medesimezza degl'interessi tra il sovrano ed il popolo; ecco la base essenziale di una dinastia.

Un governo è inconcusso, quando può dire a sè stesso: — quello che gioverà al più gran numero, quello che assicurerà la libertà de'cittadini e la prosperità del paese, farà pure la forza della mia autorità e rassoderà il mio potere —.

Ma quando un governo ha partigiani soltanto in una classe, e la libertà dà le armi solo ai nemici di esso, come mai può sperarsi da lui, che allarghi il sistema di elezione, e favoreggi la libertà? Può forse pretendersi da un governo, che dia morte a sè stesso?

Così, con Napoleone si poteva giungere senza scosse e senza tumulti ad uno stato normale, in cui la libertà sarebbe stata il sostegno del potere e mallevadrice del benessere generale, invece di essere un'arma di guerra, una fiaccola di discordia. »

Al leggere queste considerazioni, esposte con tanta logica e chiarezza, intorno allo svolgimento inevitabile della libertà col sistema dell'Imperatore, parmi non si possa più dubitare, che l'autore fin d'allora non si proponesse di compiere, potendo, quel che Napoleone avrebbe voluto fare, se la sorte gliene avesse lasciato il tempo opportuno. Ed io credetti bene di raccogliere appunto in questo mio lavoro e di tradur più italianamente che mi sia fattibile codeste veramente magnifiche pagine sotto il doppio aspetto della forma e delle idee, tratte dalle voluminose opere già pubblicate, e che sono il fiore degli scritti di Napoleone III; risparmiando così ai lettori la fatica e la noja di rovistar nelle biblioteche o sfogliacciare i giornali per trovar quello che qui forma, riunito, il complesso della vita intellettuale di questo insigne politico: poco vale il narrare fatti già noti; giova invece assaissimo l'additarne storicamente concatenate le idee inspiratrici.

E già nel 1839 il nipote dell'Imperatore poteva rivolgere al governo francese ed alla così detta Santa Alleanza queste acerbe rampogne, dettate da un istinto, direi quasi profetico, che presentiva le rivoluzioni politiche e gli sconvolgimenti sociali del 1848;

« Uomini della libertà, che vi rallegraste alla caduta di Napoleone, funesto fu il vostro errore! Quanti anni ci vorranno ancora, quante lotte e quanti sacrifizi, prima che arriviate a quel punto a cui Napoleone vi aveva condotti!

E voi, statisti del Congresso di Vienna, che foste i padroni del mondo sulle rovine dell'Impero, la vostra missione poteva esser bella, ma non l'avete compresa!

Voi, in nome della libertà ed anche della licenza, sollevaste i popoli contro di Napoleone; voi lo bandiste dall'Europa come un despota ed un tiranno; voi diceste di aver liberato le nazioni e assicurato il loro riposo.

Esse per un po' vi credettero; ma nulla si fonda di solido sulla menzogna e sull'errore! Napoleone avea chiuso la voragine delle rivoluzioni; e voi abbattendolo la riapriste: badate bene che questa voragine non v'inghiotta! »

L'autore, dopo averci fatto, per così dire, toccar con mano, quanta probabilità di durata sortissero le istituzioni imperiali, ci addita con maschia eloquenza le ragioni per cui cadde il grand'uomo:

« Napoleone non cadde, se non perchè, ingrandendosi i suoi disegni a misura delle forze che avea pronte a' suoi cenni, volle in dieci anni d'impero compire l'opera di più secoli.

L'Imperatore non soccombette adunque per impotenza, ma per ispossatezza; e malgrado spaventevoli sinistri e calamità senza numero, il popolo francese sempre l'assicurò coi suffragi, lo sostenne cogli sforzi, lo incoraggiò coll'affetto.

Qual conforto per quelli che si sentono scorrere nelle vene il sangue del grand'uomo il pensare al rimpianto che ne accompagnò la caduta!

Grande, e tale da insuperbirne è il pensiero, che bisognarono tutti gli sforzi dell'Europa collegata per istrappare Napoleone da questa Francia ch'egli avea fatta sì grande ! Non fu il popolo francese, che atterrasse a furore il suo trono ; ma ci vollero per due volte un milione e dugentomila stranieri per infrangere lo scettro imperiale !

Certo son belle esequie per un sovrano, quando la patria dolente e la gloria in gramaglie lo accompagnano alla sua ultima dimora ! »

La conclusione delle *Idee Napoleoniche* è anch'essa una profezia, che in parte già vedemmo splendidamente avverarsi, e che ormai par vicina all'ultimo termine del suo compimento.

« Il periodo imperiale fu una guerra a morte contro il vecchio sistema europeo. Il vecchio sistema trionfò ; tuttavia, malgrado la caduta di Napoleone, le idee napoleoniche germogliarono per ogni dove : gli stessi vincitori presero le idee dei vinti, e i popoli si vanno consumando in isforzi per rifare ciò che Napoleone aveva stabilito nel loro paese.

Sentiamo, quali sono i più grandi uomini di Stato? Quelli che fondano un sistema il quale si sfascia, malgrado la loro onnipotenza, o quelli che fondano un sistema che sopravvive alla loro sconfitta, e che rinasce dalle sue ceneri?

Le idee napoleoniche hanno dunque il carattere delle idee che regolano il movimento delle società ; giacchè si avanzano per forza lor propria, sebbene private del loro autore ; somiglianti ad un corpo che, slanciato nello spazio, giunge pel suo proprio peso alla meta che gli venne assegnata.

Al presente non v'è più bisogno di rifare il sistema dell'Imperatore : si rifarà da sè stesso ; sovrani e popoli, tutti concorreranno a stabilirlo, perchè ciascuno ci vedrà una guarentigia d'ordine, di pace e di prosperità.

Ripetiamolo qui sulla fine : l'Idea Napoleonica non è punto un'idea di guerra, ma un'idea sociale, industriale, commerciale, umanitaria.

Per taluni apparve sempre in mezzo a folgori di guerra;
infatti per troppo tempo fu avvolta nel fumo del cannone
e nella polvere delle battaglie; ma ora dileguarono le nubi,
e si scorge attraverso la gloria delle armi la gloria civile
più grande e più durevole.

I Mani dell'Imperatore riposino dunque in pace!

La sua memoria grandeggia ogni giorno. Ogni onda
che si frange sullo scoglio di Sant'Elena reca, con un
soffio che vien dall'Europa, un omaggio alla sua memoria, un rimpianto alle sue ceneri; e l'eco di Longwood
ripete sulla sua tomba: « I POPOLI LIBERI S'AFFATICANO DAPPERTUTTO A RIFARE L'OPERA TUA! »

Tale è il libro delle *Idee Napoleoniche*, nè certo io credo
aver biasimo perchè ne abbia fatta una minuta analisi, e letteralmente tradotti molti e lunghi tratti; giacchè in quest'opera sopra tutto si svela il pensiero costante
che animò nell'esiglio ed anima ancora sul trono imperiale questo degnissimo erede di quanto v'era di più glorioso nei concetti politici di Napoleone I.

Quest'opera, data alla luce dal principe Luigi nel 1839,
rianimò lo zelo de' suoi partigiani, che lo riguardavano
già come il futuro salvatore della patria, e propagò le
idee che dopo dieci anni doveano suscitare in Francia
un'era nuova sotto gli auspizi della grande rivoluzione
organizzata dall'Imperatore, capo-stipite della dinastia dei
Bonaparte: famiglia che appartiene in comune all'Italia
e alla Francia, e simboleggia a meraviglia l'alleanza naturale di queste nazioni sorelle.

# CAPITOLO VIII.

Segreti propositi di Luigi Napoleone. — L'*Idea Napoleonica*, rivista mensile. — Parallelo tra il governo di Napoleone e quello de'suoi successori. — Pittura del governo di Luigi Filippo. — Filosofica esposizione del sistema napoleonico. — Modello di un governo veramente paterno, descritto ne'suoi molteplici offici. — Nuova risposta ai detrattori di Napoleone. — Censura severa fatta dal principe ai così detti *conservatori* francesi. — Condanna dell'opinione dei *dottrinarii*, fautori ad oltranza del regno di Luigi Filippo. — Patetica elegia sull'esiglio.

Il principe si preparava in segreto a tentare uno sbarco in Francia, prendendo occasione dall'entusiasmo che si era ridestato per Napoleone al ritorno delle sue ceneri in Francia, proposto dal governo di Luigi Filippo per dare, come si dice, un'offa al così detto partito Napoleonico, e rendersi meno impopolare, malgrado il suo disertare dalla bandiera nazionale per riaccostarsi sempre più alle idee della pretesa Santa Alleanza, nemica giurata del nome francese; il principe tuttavia volle stornar l'attenzione della polizia francese, lasciandole credere ch'egli si fosse rimesso a' suoi lavori di pubblicista, e che si riducesse, non potendo altro, a ricominciare una guerra di penna contro il governo di Luigi Filippo. Si mise adunque a pubblicare in Londra una rivista mensile, intitolata l'*Idea Napoleonica*, che aveva per epigrafe questa sentenza, tratta dagli scritti dello stesso principe: « Non le sole ceneri convien ricondurre, sibbene anche le idee dell'Imperatore. »

Questa rivista era una specie di programma dei miglioramenti politici riclamati dalla Francia, che non potevano
venirle, se non ritornando definitivamente alle istituzioni
imperiali.

L'autore dimostra nella introduzione del primo fascicolo, pubblicato nel luglio 1840, che la Francia si sfoga
in vani sforzi per istabilire uno stato di cose durevole;
che le cause di tumulti continuamente rinascono, e la
società non fa che passar mano mano da un'agitazione
febbrile ad un'apatia letargica.

« Quando sul principio del secolo decimonono, dic'egli,
apparve la grande figura di Napoleone, tutta quanta la società prese un nuovo aspetto, calmaronsi le popolari tempeste, le ruine disparvero, e con meraviglia si videro
uscire l'ordine e la prosperità dallo stesso cratere che gli
aveva pel momento inghiottiti.

Perocchè il grand'uomo scioglieva a pro della Francia
e dell'Europa il più gran problema; egli operava con ardire, ma senza eccessi e disordini, la transizione tra gli
antichi ed i nuovi interessi; pose in Francia le larghe
fondamenta che dovevano assicurare il trionfo della rivoluzione sociale e della rivoluzione politica.

Ma non appena cadde l'Impero, riapparvero tutti i fer-
menti della discordia: del passato si videro risorgere le
antiquate pretese, e con esse le rivoluzionarie esorbitanze
da loro prodotte.

Il regime stabilito nel 1800, guidato da un ingegno
eminente, avea fondato per ogni dove istituzioni progres-
sive su principii d'ordine e di autorità; ma il vecchio
regime si presentò nel 1814 e nel 1815 sotto maschera
di idee liberali; questo cadavere si avvolse in brandelli
dai nuovi colori, e il lenzuolo mortuario si scambiò colle
fasce di un bambolo pieno di vita. »

Questa bella e poetica immagine, dice Lacroix, che sfavilla nello stile semplice e chiaro dell'autore, ritrae a pennello la lugubre istoria della Ristaurazione e della sua Carta costituzionale.

« Si salutò (continua l'autore) col nome di *liberatore dei popoli* l'oppressore straniero; si chiamarono *briganti* gli avanzi gloriosi degli eserciti della Repubblica e dell'Impero; si onorarono col nome di liberali gli ammiratori del sistema oligarchico dell'Inghilterra, mentre si volle infamare col nome di *partigiani dell'assolutismo* coloro che rimpiangevano la podestà tutelare e democratica dell'eroe plebeo. »

La pittura che fa poi dell'opera sociale e politica di Luigi Filippo non è men vera nè men dolorosa.

« La rivoluzione del 1830 non fece che seminare tra noi elementi di turbolenza e discordia; nè vi sono oggidì che teorie confuse, meschini interessi e sordide passioni.

Corruzione da un lato, dall'altro menzogna, e odio dappertutto: ecco la nostra condizione.

E frammezzo a questo caos d'intelligenza e di miseria parrebbe che non vi fosse più idea grande abbastanza da rannodare una pluralità, che non vi fosse più un uomo abbastanza popolare da personificare in sè stesso un grande interesse.

Questa suddivisione di opinioni, questa mancanza di grandezza, questa indifferenza del popolo provano abbastanza quanto sieno insufficienti a stabilire un sistema e fondare una causa tutte le teorie tentate dal 1815 in poi.

La società francese non obbedisce ad un semplice impulso regolare; ella non cammina, ma vaga alla ventura.

Ma la Francia sarà ancora salvata da Napoleone che già la salvò nel naufragio della grande rivoluzione dell'ottantanove.

Gli uomini grandi, grida il nipote dell'Imperatore, hanno questo di comune colla Divinità, cioè ch'essi non muojono mai interamente; sopravvive il loro spirito, e l'Idea Napoleonica rampollò dalla tomba di Sant'Elena, come appunto la morale del Vangelo s'innalzò trionfante, malgrado il supplizio del Calvario. »

Luigi Napoleone (segue a dire lo stesso biografo) definisce qui solennemente che cosa intenda per *idea napoleonica*, e questa bella definizione (o piuttosto dimostrazione), che non diede mai ne' suoi precedenti lavori, racchiude una teorica completa di governo, che procede da quella dell'Imperatore e che ne svolge i fecondi germogli. Per questa ragione non si dee stralciar nulla da un sì magnifico disegno, il quale, dopo molti ostacoli divenne una fortunata realtà, e che noi non abbiamo più diritto di riguardare come una speciosa chimera.

« L'Idea Napoleonica uscì dalla rivoluzione francese, come Minerva dal capo di Giove; coll'elmo in testa, e tutta coperta di ferro.

Essa combattè per esistere, trionfò per convincere, soccombette per rinascere dalle sue ceneri; imitando, in questo, un esempio divino.

L'Idea Napoleonica consiste nel ricostituire la società francese, sconvolta da imo a sommo in cinquant'anni di rivoluzione; consiste nel conciliare tra loro l'ordine e la libertà, i principii d'autorità e i diritti del popolo.

Ella prende le antiche forme e i nuovi principii, siccome quella appunto che sta in mezzo a due fazioni accanite, l'una delle quali non vede che il passato, l'altra l'avvenire.

Ella, volendo fondare solidamente, appoggia il suo sistema su principii di eterna giustizia e calpesta le teoriche reazionarie, nate dalle esorbitanze dei partiti.

Ella sostituisce al sistema ereditario delle vecchie aristocrazie un sistema gerarchico, il quale, mentre assicura l'eguaglianza, ricompensa il merito e guarentisce l'ordine.

Ella trova un elemento di forza e di stabilità nella democrazia, siccome quella che la va disciplinando.

Essa trova un elemento di forza nella libertà, siccome quella che sapientemente ne prepara il regno, collo stabilir larghe basi prima di rizzar l'edificio.

Essa non siegue nè il cammino incerto di un partito nè le passioni della folla; essa comanda colla ragione e fa da guida, perchè s'avanza per la prima.

Librandosi al di sopra delle combriccole politicanti, scevra d'ogni pregiudizio nazionale, essa non vede in Francia che fratelli facili a riconciliare, e nelle diverse nazioni Europee non vede che membri di una sola e grande famiglia.

Essa non procede per via d'esclusione, sibbene colla riconciliazione; non mira a dividere la nazione, sibbene a riunirla.

Ella assegna a ciascuno l'ufficio che gli è dovuto, il posto che merita secondo la capacità e le opere sue, senza chieder conto a veruno nè della sua opinione nè dell'anteriore sua vita politica.

Non avendo altro pensiero che il bene, ella non cerca con qual mezzo artificiale possa sostenere un potere vacillante, ma per qual mezzo possa far prosperare il paese.

Essa non dà importanza che alle cose, e abborre dalle vane parole.

I disegni che altri van discutendo nel corso di dieci anni, essa in un sol anno li compie.

Essa naviga a gonfie vele sull'oceano della civiltà, invece di restare in uno stagno fangoso a tentarvi inutilmente ogni governo di vele.

L'Idea Napoleonica si suddivide in tanti rami, quante sono le diverse fasi dell'ingegno umano; essa dà vita all'agricoltura, inventa nuovi prodotti, toglie anche da paesi stranieri le innovazioni che possono loro giovare.

Ella spiana i monti, attraversa i fiumi, agevola le comunicazioni, ed obbliga i popoli a darsi la mano.

Essa impiega tutte le braccia e tutti gl'ingegni.

Essa va nelle capanne, non con isterili dichiarazioni dei diritti dell'uomo tra le mani, sibbene coi mezzi opportuni a dissetare il povero, a sfamarlo; inoltre ha un racconto di fatti gloriosi per ridestare in lui l'amore di patria.....

Umile senza bassezza, ella batte ad ogni porta, riceve le ingiurie senz'odio e senza rancore, e cammina senza mai arrestarsi; perocchè sa che la luce la precede e i popoli la seguono.

L'Idea Napoleonica, avendo la coscienza della propria forza, respinge lungi da sè la corruzione, l'adulazione e la menzogna, questi vili ausiliari della debolezza. Sebbene ella aspetti tutto dal popolo, non lo lusinga, e sdegna quelle frasi di cortigianeria democratica, con che si accarezzano le plebi.

Suo scopo non è di crearsi una popolarità passaggera, riattizzando odii male spenti, e lusingando le passioni del popolo.

L'Idea Napoleonica si è già da lungo tempo cattivata la simpatia delle masse, perchè i sentimenti nel popolo precedono il ragionamento, perchè il cuore sente, prima che la mente comprenda.....

Questa influenza ch'ella crede di esercitar sulle masse, vuol adoperarla, non a sconvolgere la società, sibbene a rimetterla in assetto ed a riorganizzarla.

L'Idea Napoleonica è dunque di sua natura un'idea di pace anzichè di guerra, un'idea d'ordine e di ricostituzione anzichè di rivolture sociali.

Ella professa senza fiele la morale politica che il Grand'Uomo concepì per il primo.

Ella svolge quei grandi principii che bene spesso si dimenticano nei tempi burrascosi.

Volendo sopra tutto persuadere e convincere, va predicando concordia e fiducia, e fa appello più volontieri alla ragione che non alla forza. »

Tale era la condotta che si proponeva Luigi Napoleone, quando si credette chiamato ad incarnare l'Idea Napoleonica; e quind'innanzi non ebbe più bisogno di cambiare sistema governativo; sicchè, giunto al potere, non fece che seguire appuntino i suoi disegni concepiti dodici anni prima, sotto le ispirazioni del Genio dell'Imperatore.

Nel primo fascicolo della Rivista mensile suddetta, il principe tratta molte importanti questioni legislative; e la difesa del sistema elettorale stabilita da suo zio gli porge novella occasione a rintuzzare il rimprovero di tirannia scagliato da storici e pubblicisti superficiali o di mala fede contro il governo di Napoleone.

« Quando Napoleone, egli dice, afferrò il potere, la Francia era già stata da lungo tempo in preda a due mali ugualmente funesti: l'oppressione cioè, e l'anarchia; e quelle due malaugurate condizioni eran riuscite a questa deplorabile conseguenza, che coloro i quali erano stati oppressi detestavano il potere, qualunque si fosse; e quelli, che aveano sofferto per l'anarchia, detestavano la libertà, sotto qualunque forma si presentasse.

Rassettare la società francese, ricostituire il potere e l'autorità, gettando in pari tempo le basi fondamentali delle istituzioni che doveano condurre al regno della libertà: ecco qual fu la missione di Napoleone.

Per eseguire un'opera sì grande gli occorrevano, secondo la sua opinione, vent'anni di regno; e gliene mancarono cinque anni soli.

L'Imperatore, agli occhi di taluni, parve un tiranno; e tuttavia, se investigassimo gli atti del suo governo, se

penetrassimo nello spirito che gli ha dettati, ci persua-
deremmo di questa verità, che tutte le sue istituzioni
aveano uno scopo molto più democratico, e insieme molto
meno rivoluzionario, che non tutto quanto venne stabilito dopo la sua caduta. »

Ma Luigi Napoleone, pubblicando una rivista politica
nel momento stesso in cui stava per fare un grande appello al popolo e ridar vita all'Idea Napoleonica, non
potea trattenersi dal chiedere ai ministri di Luigi Filippo,
o piuttosto a lui stesso, che cosa avessero fatto per la
gloria, la prosperità, la felicità della Francia.

« Havvi ora, egli dice, una fazione politica, la quale si
dà il titolo pomposo di *conservatori!* Nou è cosa ridicola il
darsi questo nome in un paese, dove nulla è al suo posto e tutto dev'esser mutato?

Voi, conservatori francesi, di che potete andar superbi,
voi, che non avete, come partito, alcuna gloria antecedente, e che volete oggi conservare quel che appena jeri
ajutaste a distruggere?

Quali sono le basi di quest'edifizio, che voi paventate sia empiamente manomesso?

Che cosa volete proteggere contro lo spirito di miglioramento e di mutazione?

Forse il trono? ma esso non ha nè saldo fondamento,
nè prestigio, nè influenza; il capo dello Stato è, per così
dire, prigioniero nella sua reggia.

Forse la Camera dei Pari? ma essa non rappresenta
nulla; la sua fioca voce, a mala pena ascoltata, è senza
autorità sull'opinione pubblica.

Forse la Camera dei Deputati, la quale non rappresenta
che dugentomila elettori, e che, considerata in sè stessa,
non ha nè la dignità d'un Senato, nè lo slancio generoso d'un'assemblea qualunque? I partiti, che vi si for-
mano, non hanno nè coscienza nè principii; le loro voci

si sperdono senza eco, una pluralità di voti vi si stabilisce a stento, nè hanno la forza di sostener quanto approvano, nè di rovesciare quel che van biasimando.

Forse lo stato materiale della Francia vi sembra sì prospero, che bramiate di conservarlo? Ma guardatevi intorno; e non vedrete che languore nelle transazioni commerciali, arrenamento nell'industria, miseria nel popolo, corruttela nelle classi elevate.

È forse lo stato morale, che vi piace? Ma non vedete che ci avanziamo verso una dissoluzione completa, e che il lucro e la rapina sono le sole passioni de'nostri giorni?

Sorride forse al vostro spirito di conservazione la pace interna dello Stato? Ma ad ogni momento questa pace è turbata; dimani, come jeri, come dieci anni sono, la rivolta tuonerà nelle vie; voi siete incapaci di proteggere i beni e la vita dei cittadini contro la ribellione che sempre rinasce.

E quando lo spirito rivoluzionario sonnecchia, bisogna allora temere del vostro spirito pauroso: la vostra polizia va spargendo il turbamento nelle famiglie, e la vostra violenza oltraggia ad ogni momento il focolare domestico.

Per quel che risguarda le nostre relazioni esterne, qui appunto può ancor meno spiegarsi codesto sistema conservativo. I nostri rappresentanti sono appena tollerati nelle Corti del Nord; nelle Corti del Sud non hanno influenza; al Nord come al Sud la nostra politica è incerta e insieme equivoca; in Oriente come in Occidente non si sa che cosa vogliamo, e si dubita perfino se possiamo volere. Insomma, in nessun luogo imponiamo il rispetto, in nessun luogo inspiriam simpatia; noi saremmo il ludibrio dell'Europa, e ci sprezzerebbero le Potenze vicine, se potessero dimenticare quello che fummo.

Chiamatevi dunque *conservatori* fin che volete, uomini di Stato dalla vista meschina e dal meschino valore: noi rideremo di compassione; imperocchè predicare il mantenimento di uno stato malaticcio e febbrile, invece di cercarne il rimedio efficace, è proprio degl'inetti e degli stolti. »

Questo era proprio un condannare inappellabilmente la politica di Luigi Filippo, un segnare a dito le piaghe cancrenose della patria.

Un altro articolo, contenuto esso pure nel primo fascicolo (ed unico che comparve alla luce, perchè gli avvenimenti successivi ne impedirono la serie) della Rivista suddetta, m'importa di far conoscere ai lettori, perocchè esprime a meraviglia i dolorosi sentimenti dell'esule, provati per tant'anni dal principe proscritto.

« O voi, dic'egli, cui la felicità rese egoisti, e che non soffriste mai i tormenti dell'esiglio, voi credevate forse che sia una pena leggiera il privar gli uomini della loro patria!

Ora, sappiate che l'esiglio è un continuo martirio, è la morte!

Ma non la morte splendida e gloriosa di quelli che soccombono per la patria, non la morte più dolce di quelli, la cui vita si spegne in mezzo alle attrattive del focolare domestico, sì una morte di consunzione lenta e spaventosa, che sordamente v'insidia e vi conduce senza strepito e senza sforzo ad una tomba deserta.

Nell'esiglio, l'aria che vi circonda vi soffoca, nè vivete che del debile soffio che vien dalle rive lontane della terra natale.

Straniero ai vostri compatrioti, che vi hanno dimenticato, sempre straniero con quelli con cui vivete, voi siete come una pianta, trasportata da un clima lontano, che avvizzisce per mancanza di un po' di terreno dove possa attecchire.

L'esule può trovare in terra straniera anime generose e caratteri sublimi che si sforzeranno di essere con lui cortesi ed affabili; ma l'amicizia, quest'armonia dei cuori, ei non la rinviene in niun luogo; perocchè essa non riposa che in una comunela di sentimenti e d'interessi: le stesse cortesie che gli usano perderanno molto del loro incanto, perocchè esse avranno sempre l'impronta di un servizio a lui fatto. Usar riguardi ad un esule, come si farebbe a chiunque, non è invero un atto di coraggio?

Esule, vero Paria delle società moderne, se non vuoi avere il cuore spezzato ad ogni istante, ti conviene, come dice Orazio, avvilupparti nella tua virtù, e, coperto il petto di triplice bronzo, farti inaccessibile alle commozioni che t'assaliranno ad ogni passo che farai sulla via.

Non ti lasciar mai indurre ad una espansione di cuore, a rapimenti simpatici, che tentassero di richiamarti alla memoria de'tuoi compatrioti; essi verrebbero, coll'ingiuria sul labbro, a chiederti con qual diritto tu, esule, osi metterti ad esprimere un'opinione sugli affari del tuo paese, con qual diritto osi tu piangere o rallegrarti co'tuoi concittadini?

Se tu incontri sulla terra straniera uno de'tuoi, vale a dire un di coloro la cui vita anteriore si lega alla tua famiglia, e con cui passasti i primi anni della tua fanciullezza, frena lo slancio che ti spinge verso di lui, non gli stender la mano, perchè lo vedresti fuggire a precipizio; e non a torto, giacchè il tuo contatto par che gli porti la pestilenza; il tuo bacio è come il soffio del deserto, che inaridisce tutto quanto egli tocca. Se sapessero che ti ha parlato, lo priverebbero di quel pane che alimenta i suoi figli. È un delitto agli occhi dei grandi d'oggidì l'aver legami con un esule!

Vedi tu in lontananza quella bandiera dai colori sì belli? Senti tu risonare quei canti guerrieri?

Infelice! non correre a raggiungere i tuoi fratelli; fatti legare, come Ulisse, all'albero del vascello; perocchè se tu andassi a dividere con loro i pericoli, ti direbbero: — Noi non sappiam che fare del tuo sangue! —

Se una calamità pubblica affligge i concittadini, se si riceve, per alleviar l'infortunio, l'offerta del ricco come quella del povero; non inviare il frutto de' tuoi risparmi, perchè ti direbbero: — Noi non sappiamo che fare dell'obolo d'un' esule! —

Sii guardingo ad ogni passo che fai, ad ogni parola che pronunci, ad ogni sospiro che ti sfugge dal petto; perocchè vi ha gente pagata per alterar le tue azioni, per isfigurare le tue parole, per interpretare i tuoi sospiri.

Se ti calunniano, non rispondere; se ti offendono, serba il silenzio; perocchè gli organi della pubblicità sono chiusi per te: essi non accettano i riclami degli uomini che sono banditi.

L'esule dev' essere calunniato senza rispondere, deve soffrire senza dolersi: non c'è giustizia per lui.

Felici coloro, la cui vita scorre in mezzo ai proprii concittadini e che, dopo aver servito gloriosamente la patria, muojono daccanto alla culla che li vide nascere!

Ma infelici coloro che, sbalzati qua e là dalle onde della fortuna, son condannati a condurre una vita raminga, senza allettamenti, senza dolcezze e senza scopo, e che, dopo essere stati di peso dappertutto, muojono in terra straniera, senza che un amico venga a piangere sulla loro tomba! »

Io sfido a trovare tra le poesie dei letterati un'elegia sullo stesso soggetto, la quale gareggi di sovrane bellezze con questa semplice prosa.

# PARTE SECONDA

## CAPITOLO IX.

Schiarimento opportuno pel lettore. — Próclama al popolo francese, in cui si passano a minuta rassegna i torti del governo orleanista. — Proclama patriotico all'esercito francese. — Proclama speciale agli abitanti del Dipartimento del Passo di Calais e di Boulogne. — Decreto in cui tra le altre cose fa appello al voto nazionale. — Famigliari del principe, e intrighi del ministero francese. — Allestimenti per la partenza dei congiurati. — Viaggio marittimo. — Preparativi dei congiurati per lo sbarco. — Sbarco a Wimereux, presso a Boulogne. — Ingresso de' congiurati in Boulogne. — L'impresa fallisce. Disperazione del principe. — Pericolo del principe. Generosità di Persigny: tutt'e due son fatti prigionieri, con parte de' loro compagni.

Ora, per esser fedele al dovere di storico e tenere il filo del racconto, dovrei narrare in esteso e con tutte le circostanze il nuovo tentativo dello sbarco del principe a

Boulogne; ma essendo mio scopo speciale di far conoscere al popolo italiano la vita intima, ossia le idee ed i sentimenti di Napoleone III, espressi, per quanto è possibile, colle sue proprie parole, anzichè la sua vita politica, ossia le imprese a cui ebbe parte e di cui fu l'anima; perocchè queste per lo più si sanno, e invece è più desiderabile l'avere, per così dire, la chiave di questi fatti, traendola dagli scritti del principe stesso; per queste ragioni adunque mi limiterò ad accennare in poche parole il tempo in cui tentò quello sbarco già lungamente maturato nel suo secreto, e pei cui preparativi avea speso quasi tutta la sua sostanza, molto tempo prima ridotta per buona parte in denari contanti od in biglietti di banca, onde valersene al bisogno. Quel tentativo accadde appunto nel 1840, quando Luigi Filippo, per rendersi alquanto meno impopolare, chiese ed ottenne dall'Inghilterra il trasporto delle ceneri di Napoleone; il che risuscitò in molti, e rinforzò ne' più fedeli soldati dell'Impero l'amore alle idee napoleoniche.

Darò qui invece tradotti i tre proclami e il decreto preparati dal principe a questo scopo; toccherò di volo il fatto dello sbarco e del tentativo di Boulogne, riserbandomi ad una maggior estensione nel riferire gl'interrogatorii del principe, nei quali le sue risposte e la sua difesa faranno le veci della migliore dilucidazione che da me si potesse aspettare su quel tentativo. Nè vorrò, anche in questo processo, toccare se non di quel che riguarda direttamente il principe stesso, tacendo de' suoi compagni nell'impresa; perchè altrimenti oltrepasserei i limiti e lo scopo che mi prefissi in questo lavoro.

Ecco i proclami, già stampati alla macchia in Londra, nella casa stessa del principe, e che doveano essere sparsi a profusione, nel momento del suo sbarco in Francia.

### Al Popolo Francese.

Francesi! Le ceneri dell'Imperatore non ritorneranno che in una Francia rigenerata. I Mani del Grand'Uomo non devono essere contaminati da impuri ed ipocriti omaggi: bisogna che la gloria e la libertà stiano ritte ai fianchi del feretro di Napoleone! Bisogna che scompajano i traditori della patria!

Bandito dal mio paese, s'io fossi solo a soffrire, non me ne dorrei; ma la gloria e l'onore del paese sono esiliati al par di me: Francesi, noi rientreremo insieme!

Oggi, come tre anni sono, vengo a consacrarmi alla causa popolare: se la fortuna mi mancò a Strasburgo, i giurati dell'Alsazia mi diedero prova ch'io non m'era ingannato!

Che cosa han fatto i vostri governanti, per avere diritti al vostro amore?

Vi promisero la pace, e vi recarono la guerra intestina, e quella disastrosa dell'Africa; vi promisero la diminuzione delle imposte, e tutto l'oro che possedete non sazierebbe la loro cupidigia; vi promisero un governo incorrotto, e non regnano che a forza di corruzione; vi promisero libertà, e non proteggono che privilegi ed abusi! Si oppongono ad ogni riforma, non producono che arbitrio ed anarchia; promisero stabilità, e in dieci anni non hanno stabilito nulla: finalmente promisero difendere coscienziosamente i nostri diritti, i nostri interessi; e dappertutto vendettero il nostro onore, abbandonarono i nostri diritti, tradirono i nostri interessi!

È ormai tempo che abbiano fine tante iniquità; è tempo di chieder loro che cosa abbian fatto di questa Francia sì grande, sì generosa, sì unanime del 1830!

Agricoltori, essi vi lasciarono, durante la pace, imposte più gravose di quelle che Napoleone riscoteva in tempo di guerra.

Industriali e commercianti, i vostri interessi sono sacrificati alle pretese straniere; si adopera, a corrompere, quel denaro di cui l'Imperatore si valeva ad incoraggiare i vostri sforzi e ad arricchirvi.

Finalmente voi tutte, o classi laboriose e povere, che siete in Francia il rifugio di tutti i nobili sentimenti, rammentatevi che tra voi Napoleone sceglieva i suoi luogotenenti, i suoi marescialli, i suoi ministri, i suoi principi, i suoi amici. Sostenetemi col vostro concorso, e mostriamo al mondo, che nè voi nè io siam tralignati.

Io sperava, come voi, che senza rivoluzione potessimo correggere le cattive influenze del governo; ma ora non c'è più da sperare: in dieci anni si cambiò dieci volte il ministero; ancorchè si cambiasse altre dieci volte, i mali e le miserie della patria sarebbero sempre gli stessi.

Quando si ha l'onore di essere alla testa d'un popolo com'è il popolo francese, v'ha un mezzo infallibile di far grandi cose: basta volerle.

Non avvi oggidì in Francia che violenza da una parte e licenza dall'altra: io voglio ristabilire l'ordine e la libertà; voglio, circondandomi di tutti gli uomini del paese, senza eccezione, appoggiandomi sulla volontà e sugl'interessi del popolo, fondare un edifizio incrollabile.

Voglio dare alla Francia alleanze vere ed una pace salda, non gettarla nei rischi di una guerra generale.

Francesi! Io mi vedo davanti il luminoso avvenire della patria.

Sento dietro di me l'ombra dell'Imperatore che mi spinge innanzi; nè mi arresterò, se non quando avrò ripigliata la spada di Austerlitz, ricollocate le aquile sulle nostre bandiere, e rimesso il popolo ne' suoi diritti.

NAPOLEONE. »

Quest'ammirabile proclama (dice il biografo Lacroix) racchiudeva un intiero programma di governo popolare;

programma che il principe non perdette mai più di vista, e che va applicando anche oggigiorno.

Il proclama all'esercito era un'allocuzione patriotica, che doveva andar diritto al cuore del soldato francese.

« Soldati!

La Francia è nata fatta per comandare; e invece obbedisce. Voi siete il fiore del popolo; e vi trattano a guisa di vile armento. Voi siete nati a proteggere l'onor nazionale; e si rivolgono le vostre armi contro i vostri fratelli! Coloro, che vi governano, vorrebbero avvilire la nobile professione del soldato.

Voi vi siete sdegnati, e andaste chiedendo che cosa fossero divenute le aquile d'Arcole, d'Austerlitz, di Jena: ebbene, eccole! io ve le riporto; riprendetele: con esse avrete gloria, onore, fortuna, e, ciò che val più di tutte queste cose, la riconoscenza e la stima dei vostri concittadini.

Soldati! Le vostre acclamazioni, quand'io mi presentai a voi a Strasburgo, non mi sono uscite di mente; nè ho dimenticato il cordoglio che mostraste per la mia sconfitta.

Tra voi e me vi son legami indissolubili: noi abbiamo gli stessi odii e gli stessi amori, gli stessi interessi e gli stessi nemici.

Soldati! La grand'ombra dell'Imperatore Napoleone vi parla per mia bocca.

Affrettatevi, mentre quella attraversa l'Oceano, a scacciare i traditori e gli oppressori: mostratele, al suo arrivo, che siete i degni figli della Grande Armata, e che avete ripreso questi sacri emblemi, che per quarant'anni fecero tremare i nemici della Francia, tra i quali eran coloro che oggidì vi governano.

Soldati! all'armi! Viva la Francia!

NAPOLEONE. »

Il terzo proclama, diretto nominatamente agli abitanti del Dipartimento del Passo di Calais, conteneva quanto eravi di più atto ad elettrizzarli, e strascinarli sulle orme del principe.

« Abitanti del Dipartimento del Passo di Calais e di Boulogne!

Seguito da un piccol numero di valorosi, sono sbarcato sul suolo Francese, da cui una legge ingiusta mi respingeva.

Non vi prenda timore della mia temerità; chè io vengo, non a compromettere, sibbene ad assicurare le sorti della Francia: ho amici potenti, sì all'estero come nell'interno, che mi promisero di sostenermi. Il segnale è dato, e ben presto tutte le città della Francia, e Parigi per la prima, si leveranno in massa per calpestare dieci anni di menzogna, di usurpazione e d'ignominia; perocchè tutte le città, come tutti i villaggi, hanno a chieder ragione al governo sugl'interessi particolari da lui abbandonati, sugl'interessi generali da lui traditi.

Osservate i vostri porti quasi deserti, le vostre barche neghittose sulla spiaggia! Guardate al vostro popolo laborioso, che non ha di che nutrire i suoi figli, perchè il governo non osò proteggere il suo commercio; e gridate con me: — traditori, sgombrate! Lo spirito Napoleonico, il quale non cura che i beni del popolo, si avanza per isvergognarvi! —

Abitanti del Dipartimento del Passo di Calais! Non avete a temere di veder rotti i legami che vi annodano ai vostri vicini d'oltremare.

Le spoglie mortali dell'Imperatore e l'aquila imperiale non ritornano dall'esiglio, che con sentimenti di amore e di riconciliazione.

Due grandi popoli son fatti per intendersi, e la gloriosa colonna, che superba s'innalza sul lido come un ricordo di guerra, diventerà un monumento espiatorio di tutti i nostri vecchi rancori.

Città di Boulogne, tanto cara a Napoleone! Tu sarai il primo anello d'una catena che unirà tutti i popoli civili fra loro: la tua gloria sarà imperitura, e la Francia tributerà la sua gratitudine a quegli uomini generosi, che salutarono pei primi colle loro acclamazioni la bandiera d'Austerlitz.

Abitanti di Boulogne! Venite da me, ed abbiate fiducia nella missione provvidenziale che dal martire di Sant'Elena mi venne affidata!

Dall'alto della Colonna della Grande Armata il Genio dell'Imperatore veglia su di noi, e applaude ai nostri sforzi, perocchè non hanno altra mira che la felicità della Francia.

NAPOLEONE.

Il Generale Montholon, facente funzioni di Maggior Generale.

Il Colonnello Voisin, facente funzioni di Ajutante-Maggior-Generale.

Il Comandante Mésonan, Capo di Stato Maggiore.

Boulogne, il            1840. »

Ecco in fine il decreto, preparato come necessario complemento di quei proclami.

« IL PRINCIPE NAPOLEONE, IN NOME DEL POPOLO FRANCESE, decreta quanto segue:

La dinastia dei Borboni d'Orleans ha cessato di regnare.

Il Popolo Francese è rientrato ne' suoi diritti. Le truppe sono sciolte dal giuramento di fedeltà. La Camera dei Pari e quella dei Deputati sono disciolte.

Giunto che sia il principe Napoleone a Parigi, sarà convocato un Congresso nazionale.

Il Signor Thiers, presidente del Consiglio, è nominato presidente del Governo provvisorio a Parigi.

Il maresciallo Clausel è nominato Comandante in capo delle truppe riunite a Parigi.

Il Generale Pajol conserva il comando della prima Divisione militare.

A tutti i capi di Corpi, che non si conformino immediatamente a questi ordini, altri ne verranno sostituiti.

Tutti gli uffiziali, sott'uffiziali e soldati, che mostreranno energicamente la loro simpatia per la causa nazionale, ne avranno uno splendido guiderdone in nome della patria.

Dio protegga la Francia!        NAPOLEONE. »

Ora accenniamo di volo le circostanze di questo nuovo tentativo, a cui il principe si accinse, incoraggiatovi dai fratelli superstiti dell'Imperatore. Fece a tal uopo noleggiare per mezzo di un certo Rapallo, negoziante italiano, ma che aveva ottenuto la cittadinanza inglese, ed era il procuratore del principe ne' suoi affari privati; fece, dico, noleggiare il battello a vapore che si chiamava il *Castello d'Edimburgo,* sotto il pretesto di fare una gita di piacere sul mare.

Tutti i congiurati di Strasburgo, tranne forse un solo, assecondarono operosamente il principe negli apparecchi della sua nuova impresa; ma la polizia francese, che stava sempre all'erta sui passi del principe, era riuscita a far penetrare alcuni suoi agenti secreti tra i famigliari stessi di Luigi Napoleone, il quale usava la più cortese ospitalità a tutti i Francesi, e soprattutto a quelli che si presentavano a lui come veterani dell'esercito imperiale, o che erano militari in attività di servizio: la sua casa, la borsa, la mensa erano aperte agli antichi ufficiali; e nel conversare con loro, benchè facesse un mistero di tutto quello che risguardava le circostanze di tempo, di luogo e di mezzi, non avea punto riguardo a dire, ch'e' ritornerebbe un giorno in Francia, e che vi sarebbe richiamato dalla gran voce del popolo. Queste spie adunque, insinuatesi nella sua casa, brigavano per sapere le minime parole e i minimi atti del principe, e tenevano carteggi segreti col ministero francese ; di maniera che si sapeva nel gabinetto dei ministri a Parigi quasi tutto quel che succedeva nel palazzo di Carlston-Terrace.

Il principe avea però intorno a sè una famiglia militare, composta dei più valorosi e leali uffiziali dell'Impero, e tutti s'accordavano a lodare la sua affabilità, la sua generosità, e soprattutto la sua dilicata riconoscenza verso coloro che gli avevano mostrato affetto. Persino i suoi domestici erano scelti, di preferenza, tra i soldati dell'antico esercito.

L'insurrezione e il processo di Strasburgo avea fatto conoscere l'energia e la lealtà degli antichi Bonapartisti; sicchè si rannodavano a loro molti giovani, i quali, animati da un'eguale affezione pel principe e per le idee politiche di cui era l'anima, non aspettavano che un'occasione per segnalar la propria audacia e bravura. Però i due unici confidenti del principe, a cui egli avea manifestato interamente il suo disegno e i mezzi di eseguirlo, erano il dottor Conneau ed il visconte Persigny.

Le persone, che doveano concorrere a quest'impresa, non sapevano ancora, fuori di quattro o cinque, la prova, a cui il principe voleva mettere il loro vivo affetto : essi erano stati avvertiti soltanto alla vigilia, di star pronti ad imbarcarsi con lui : e tutti avevano obbedito senza chiedere ulteriori schiarimenti. Il capitano del battello, avvertito in tempo dall'incaricato del principe ( ch'egli non sapeva chi fosse ) di allestire il vascello per un'escursione in mare, approntò le provvisioni di vettovaglie e di carbone ; e il 3 agosto s'imbarcarono tutti i bagagli, appartenenti all'incognito noleggiatore del battello : l'imbarco di tutti questi oggetti che si portavano sul vascello da ogni parte, cioè casse e bauli che racchiudevano armi e divise, e portavano l'indirizzo di Amburgo, durò tutta la giornata. Al domani s'imbarcarono tutti i passeggeri destinati al tragitto; e il capitano del battello, ricevuto a bordo il principe, designatogli dal Rapallo senza nominarlo come il noleggiatore della nave, diede il segnale della partenza. Il capitano capì bene, che aveva a che fare con un personaggio non ordinario; ma senza darsi briga di indagarne e indovinarne il mistero, si occupò esclusivamente, durante il tragitto, del suo battello e della ciurma.

Lungo le coste inglesi, si fermarono cinque o sei volte in diversi luoghi per ricevere nuovi passeggeri, un centinajo all'incirca. Tra questi era un pilota francese, salito a bordo senza esserne autorizzato dal capitano, e che si presentò più tardi per dirigere il bastimento all'avvicinarsi delle coste di Francia, di cui non era pratico il pilota inglese. Questi dovette cedere all'altro il governo del timone, non senza qualche contrasto da parte del capitano, quando il battello ebbe perduto di vista le coste d'Inghilterra.

Si vedevano sulla nave tutte le persone ligie alla fortuna di Luigi Napoleone o addette alla sua casa; ciascuna di queste si era fatta accompagnare da' suoi proprii domestici, scelti a bella posta tra gli antichi militari che avevano avuto per certificati i loro stati di servizio nell'esercito francese; giacchè lo stesso principe, nella previsione dell'impresa che volea tentare, avea già da lungo tempo raccomandata questa scelta agli amici. Del resto gli ufficiali, che doveano rappresentare una parte attiva in questo ardito colpo di mano, erano quelli appunto che lo attendevano quando che sia, e già da quindici mesi vi si erano preparati.

A un segnale dato dal principe, ogni congiurato indossa l'uniforme e le divise che gli sono assegnate; i marinai e i meccanici inglesi, che non capivano nulla di questo andirivieni sul ponte, di questi travestimenti, di questa distribuzione di armi, s'immaginarono sulle prime di aver a che fare con corsari o contrabbandieri; ma il capitano li rassicurò, dicendo loro che il battello era stato noleggiato da un gran signore che voleva sollazzarsi co' suoi amici. — Noi non abbiamo, soggiunse, ad occuparci delle loro faccende; non è cosa che appartenga a noi —. Questa osservazione fu riconosciuta giustissima da quegli Inglesi, i quali perciò ritornarono tranquilli al loro posto ed alle loro faccende, senza badare a quel che succedeva sotto ai loro occhi.

Radunati tutti i suoi seguaci, il principe uscì dalla camera del capitano, portando l'uniforme di colonnello d'artiglieria con la piastra e la gran croce della Legion d'onore, accompagnato dal generale Montholon e dagli ufficiali di stato maggiore in divise di gala. Venne accolto da grida assordanti di evviva: gli si presentarono le armi, e le acclamazioni raddoppiarono, quando videro alla destra del principe sventolare una bandiera tricolore, sormontata dall'aquila imperiale e portante i nomi delle principali vittorie dell'Impero a lettere d'oro.

Il principe accennò che volea parlare, e in mezzo ad un profondo silenzio, interrotto soltanto dai comandi della manovra del battello, pronunziò con voce chiara e ferma un discorso in cui manifestava la sua intenzione di sbarcare sur un punto della costa di Francia, di presentarsi alle truppe, e di avanzarsi alla volta di Parigi, dove farebbe un appello al popolo e radunerebbe un Congresso nazionale per cambiare la forma di governo e rispondere così al voto solenne del paese.

Qui non farò che accennare il fatto dello sbarco e del tentativo caduto a vuoto, perchè il più importante ( che è l'idea inspiratrice di questa impresa ) si è già detto; e il resto si vedrà meglio nel narrare i dibattimenti alla Camera dei Pari.

Il corpo di spedizione adunque sbarcò a Wimereux, distante circa una lega da Boulogne, di buon mattino, il giovedì (6 agosto 1840). Un sottobrigadiere di dogana, che faceva le sue ispezioni solo con due guardie, e che aveva già scorto davanti al suo posto, a un quarto circa di lega dal mare, un battello a vapore ancorato, e uno schifo che approdava, si avanzò sul lido; allora un soldato di quelli del palischermo gli diede il *chi va là*. Rispostogli che erano guardie della dogana, il capo di quei soldati soggiunse : — Noi apparteniamo al 40° reggimento di linea (tali erano le insegne delle assise che indossavano); e ce ne andavamo da Dunkerque a Cherbourg, quando rottasi una ruota del battello, ci fu impossibile di continuare il viaggio : sicchè siamo costretti a sbarcare per forza —.

I doganieri, raffigurando gli uniformi e vedendo sui quaschi il numero del reggimento, non ebbero più sospetto, nè si opposero allo sbarco. Lì comparvero alcuni, venuti da Boulogne, che si riunirono agli sbarcati e indossarono anch'essi divise consimili. Tutto il corteggio si mise in ordine col principe alla testa; e un luogotenente di dogana, co' suoi impiegati che erano nei dintorni, si trovò tutto a un tratto prigioniero dei nuovi arrivati; ma lasciato in libertà questo sottotenente per le preghiere fatte allo stesso Luigi Napoleone, mandò per iscorciatoje un avviso del fatto alle autorità di Boulogne.

Intanto il grosso drappello, sempre avanzandosi in ordine compatto, arriva ai sobborghi di Boulogne, gridando: *Viva l'Imperatore*; il popolo si affolla intorno e risponde anch'esso gridando: *Viva l'Imperatore*; si va alla caserma dov'era il 42° di linea; e il principe vi è accolto con entusiasmo da due compagnie che si erano già schierate in ordine di battaglia per cura di un ufficiale già partecipe della congiura; ma l'ostinazione di un capitano che aveva potuto penetrare nella caserma mette in agitazione le truppe; una pistola del principe inavvertitamente prende fuoco e ferisce un granatiere: a un tratto i sentimenti dei soldati si cambiano, e i congiurati si vedono costretti a sgombrar la caserma. Si dirigono allora in colonna verso la città alta per guadagnar terreno e seguaci tra' cittadini; perocchè quello era il punto di convegno dato ai partigiani che dovevano riunirsi da tutti i dipartimenti vicini: ma il Comandante di Piazza, che era già avvertito, ne aveva fatto chiudere le porte. Si tenta, allora, di sfondarle a colpi di scure; ma invano. Qui succede un'estrema confusione: il principe, disperando del successo, perocchè non si erano seguiti con prontezza e precisione i suoi disegni, non attende più che la morte; il vice-prefetto del dipartimento, che aveva già messo in sicurezza la città e il castello, intima ai congiurati ed al popolo accorso di ritirarsi: il popolo, vedendo caduta l'impresa, si separa dai partigiani del principe, i quali avendo prima inalberato l'aquila imperiale sulla cima di una colonna monumentale, intorno a cui si erano radunati, ora insistono presso il principe, per istrascinarlo con loro sulla spiaggia ed essere in tempo a raggiungere il porto dov'era ancorato il battello, non volendo che fosse ucciso o fatto prigioniero: ma egli non dà retta nè a ragioni, nè a preghiere, ed aggrappandosi ai cancelli della colonna, va disperatamente gridando: — Sono un esule e voglio morire in terra di Francia! allontanatevi, amici, e procurate di raggiungere il battello che è nel porto —. Ma i suoi amici, risoluti a salvare ad ogni costo la vita del principe od a morire con lui, ottennero finalmente di strascinarlo seco, in grazia appunto della loro salvezza; nè c'era tempo da perdere; perocchè le guardie nazionali, dapprima irresolute, chiamate poi sotto le armi, s'erano determinate ad investire i fuggenti; l'autorità s'era già impadronita del battello: sicchè gl'insorgenti non potevano più avere altro rifugio che in mare. Ma mentre coll'acqua sino alla cintola stavano per afferrare un palischermo, legato a trenta passi dalla riva, la maggior parte di loro viene arrestata, o getta le armi fuggendo. Il principe arriva a salir sullo schifo in mezzo ad uno spaventevole disordine.

— Arrendetevi — grida un sottotenente che s'avanza nell'acqua verso la barca; ma intanto le guardie nazionali e la truppa fanno fuoco, e resta ucciso un compagno del principe ; egli e Persigny si gettano a nuoto; molti congiurati restano gravemente feriti, ed uno di loro annegato : ma il principe era già fuori del tiro dei fucili.

— Coraggio, mio principe! gli va gridando Persigny che si sentiva esaurire le forze: nulla è perduto, se voi siete salvo —.

Ma tutt'a un tratto, salito sul palischermo, a cui miravano come a tavola di salvezza, un capitano francese, si avanzava verso i nuotatori per tagliar loro la ritirata. Il principe a tal vista non pensò più allo scampo, e si abbandonò sotto un'onda. In quell'istante i marinai dello schifo gettavano una fune a Persigny ch 'era più vicino e stava per essere affogato. — Il principe, il principe! gridò egli con voce disperata: non occupatevi di me! salvate il principe! —

Egli stesso fu salvato egualmente; e quando riaprì gli occhi, si vide nello schifo con Luigi Napoleone, il quale fu sottratto a stento dalla morte ch'egli cercava tra le onde. Il principe aveva ripreso la sua calma e rassegnazione abituale. — Sia lodato Iddio! diss'egli, stringendo la mano del suo fedele amico: il mio esiglio è finito, e, morto o vivo, resterò in Francia! —

I naufraghi furono tutt'e due condotti prigionieri al castello di Boulogne.

# CAPITOLO X.

Luigi Napoleone era talmente oppresso dalla stanchezza,
dopo tante commozioni successive, dopo sessanta ore passate
senza sonno e quasi senza nutrimento, che non badò neppure al valore considerevole in banco-note che aveva in
tasca; le quali ne furono tratte tutte inzuppate d'acqua
di mare, senza che egli pensasse a farne avverare la cifra
esatta in sua presenza. Perciò non si ritrovarono tutte nel
processo verbale d'inventario e di deposito.

Oltre questi cinquecento o seicento mila franchi in biglietti di banca che il principe aveva sulla sua persona,
si colsero in mano di quattro persone del suo séguito
quattro rotoli, di venticinque mila franchi ciascuno, in
monete d'oro chiuse in iscatole di latta. Coloro, che li
portavano, avrebbero potuto facilmente involarsi alle ricerche, se avessero voluto far uso della somma loro affidata.

Verso un'ora dopo mezzogiorno si fece svegliare il principe, che dormiva profondamente, per sottoporlo ad un primo interrogatorio. Buisson, giudice d'informazione al tribunal civile di Boulogne, lo interrogò sommariamente sulla sua spedizione; e sin d'allora Luigi Napoleone, che aveva ricuperata la sua presenza di spirito e forza d'animo, rivendicò a sè solo tutta quanta la responsabilità di ogni fatto concernente l'impresa, e dichiarò, nel modo più energico, di avere strascinato i suoi amici, a loro insaputa e loro malgrado. E persistè più tardi in questa nobile e generosa dissimulazione.

— Voi siete incolpato, gli disse il giudice, di essere sbarcato sulla costa di Boulogne con un numero piuttosto considerevole di persone nella notte dal 5 al 6 di questo mese, e d'aver tentato di mutar la forma del governo stabilito dalla Carta costituzionale del 1830. —

— Sono partito da Londra, martedì prossimo scorso, ai 4 del mese corrente, rispose, sul battello a vapore detto la *Città di Edimburgo*, che avevo noleggiato, senza dire al capitano quali fossero i miei disegni. Tutte le persone che mi accompagnavano non sapean nulla de' miei progetti, neppure ch'io fossi a bordo. Io aveva loro detto, prima della partenza, ch'erano destinati ad andare nel Belgio, dove resterebbero finchè in Francia scoppiasse una rivoluzione a mio favore: solo durante il tragitto svelai ad essi i miei progetti, dicendo loro ch'io voleva impadronirmi di Boulogne, per avanzarmi di là alla volta di Parigi, e convocarvi un Congresso nazionale, affinchè decidesse della forma di governo che meglio conveniva alla Francia —.

Narrò poi senza alcuna reticenza tutte le circostanze dello sbarco e del tentativo di Boulogne, coll'accorgimento di non implicare veruno nella propria accusa; s'interruppe parlando della pistolettata che fu tirata per isbaglio nella caserma, e chiese con premura al giudice, se la ferita del soldato fosse grave. Allora si credeva tale, e il giudice rispose che lasciava poca speranza di guarigione.

— Vivamente mi affligge cotesta disgrazia, disse il principe, e tanto più mi duole d'esserne io stato causa involontaria, in quanto che avevo dato espressi comandi perchè si evitasse, in ogni caso, lo spargimento del sangue francese. Se quest'uomo ha famiglia, mi farò un dovere di riparare, per quanto è possibile, verso di lui un fatale accidente di cui sono l'autore, e che fu tuttavia affatto indipendente dalla mia volontà —.

Questa dichiarazione non fu registrata nel processo verbale, essendo già chiuso: mentre se ne faceva lettura al principe, si accòrsero ch'egli si era profondamente addormentato.

All'indomani, in un secondo interrogatorio davanti al medesimo giudice, il principe stette fermo nel suo sistema di coprire colla propria responsabilità quella di chiunque avea cooperato alla sua impresa.

L'otto agosto, a due ore del mattino, il principe, che era solo nella sua prigione, (non avevano permesso di entrarvi a nessuno de' suoi camerieri, sebbene avessero tutti chiesto istantemente di riprendere presso di lui il servigio) venne avvertito che dovea star pronto immediatamente a salire in carrozza. Chiese, se si voleva sottrarlo ancora un'altra volta a' suoi giudici naturali e trasportarlo fuori di Francia; ma non potè avere nessuna risposta alle sue inchieste. Protestò energicamente contro la nuova violenza di cui era vittima; disse che intendeva di essere giudicato, come i suoi amici, che erano innocenti, confessandosi egli solo per colpevole: ma furono vane le sue proteste. Venne trasportato, con tutte le precauzioni e con una buona scorta militare, al forte di Ham, dove fu custodito sino a che venne ricondotto in prigione a Parigi alla

Conciergerie, per essere giudicato co' suoi compagni dalla Camera dei Pari, convocata a bella posta, previa la deliberazione del Consiglio dei Ministri.

La Corte dei Pari si radunò il 18 agosto, sotto la presidenza del gran cancelliere, barone Pasquier; e all'indomani, 19 agosto, ebbe luogo il primo interrogatorio del principe alla Conciergerie, dove una Commissione scelta tra i Pari e presieduta dallo stesso barone Pasquier venne a sentire le deposizioni del principe, a cui il presidente dirigeva la parola chiamandolo affettatamente *Signor Bonaparte.*

Il principe continuò ad attenersi con fermezza al sistema di difesa già adottato, cioè a prendere sopra di sè, per quanto era possibile, la responsabilità dell'attentato del 6 agosto.

Ora accennerò qualche cosa su questo e sui seguenti interrogatorii.

Pasquier, mostrandogli i proclami stampati, ch'erano stati distribuiti ed affissi a Boulogne, disse al principe:

— Riconoscendo questi proclami, riconoscete altresì l'intenzione di rovesciare il governo stabilito in Francia dalla Carta del 1830?

— Sì, certo — replicò il principe con vivacità: indi, dopo aver dichiarato, che le persone indicate con lui sul piroscafo non sapevan nulla de' suoi disegni, troncò le insistenze e le obbiezioni del cancelliere, dicendo in tuono asciutto e franco: — Operai, lo ripeto, all'insaputa de' miei amici: per questo mi considero come più colpevole verso di loro, che verso chicchessia —. Raccontò poi senza reticenza le particolarità dell'invasione fatta nella caserma ove stanziava il 42.º reggimento di linea.

— Siccome tutto dipendeva, diss'egli, dalla riuscita del tentativo fatto su quelle due compagnie, vedendo andare a male la mia impresa, fui còlto da una certa qual disperazione, e, non lo nasconderò, trassi di tasca una pistola; ma

come a difesa; senza volerlo, fece fuoco e colpì un granatiere —. Qui il principe chiese ancora con premura nuove
del ferito; e gli fu risposto in maniera dubbiosa.

— È bene che si sappia, o signori, soggiunse il prigioniero, che mi duole vivamente di questa involontaria
disgrazia. A Boulogne, come anche a Strasburgo, avrei potuto fare appello alle armi, ma non volli: ho tentato invece di fare una rivoluzione pacifica con le sole forze del
sentimento nazionale; non sono venuto in Francia per
attizzarvi la guerra civile e spargere sangue francese.
Vorrei poter riscattare col mio quello che si è versato! —

— Come credere, gli chiese scaltramente il cancelliere, che
vi siate impegnato in un'impresa, come la vostra, senza
avere avuto intelligenze, che certo avrete assai esagerato,
ma a cui avetè senza dubbio creduto? —

— Su questo, rispose il principe, capite bene che non
posso spiegarmi —.

Dopo altre dimande e risposte, il cancelliere riprese a
dire: — Vedete bene, che prima e dopo di questo tentativo
di Strasburgo, tentativo d'altra parte sì colpevole, non
cessaste di mantenere segrete intelligenze in Francia. —

— Soltanto da un anno o diciotto mesi: replicò Luigi Napoleone con nobile franchezza. Finchè credetti che l'onore
mi vietasse di nulla intraprendere contro il governo, son
rimasto tranquillo; ma quando fui perseguitato in Isvizzera col pretesto ch'io cospirassì (il che era falso), allora
ricominciai ad occuparmi de' miei antichi disegni. —

— Avete detto or ora, proseguì il cancelliere, che non
avete cospirato contro il governo, fino a tanto che l'onore
vi proibiva di nulla tentare. Ma dopo l'inaudita generosità con che foste trattato al tempo del vostro tentativo di
Strasburgo, forsechè l'onore non vi proibiva per sempre
di nulla tentare contro un governo che aveva usato verso
di voi tanta clemenza? —

— Signor cancelliere, lo interruppe Luigi Napoleone, facendogli sentire che andava tropp'oltre, risponderò a questa osservazione, là davanti alla Camera dei Pari. In tali cose non v'è altro giudice che la coscienza —.

I tre interrogatorii seguenti non fecero deviare il principe dalla condotta che si era prefissa; nè usel da questo estremo riserbo nelle sue risposte, se non per istabilir senza equivoco i motivi che l'avevano spinto all'azione dopo il suo ritorno in Europa, e per ripetere un'altra volta, che non avea contratto alcun impegno di promessa verso il re Luigi Filippo, quando venne tolto, per politica anzichè per clemenza, al processo di Strasburgo.

I dibattimenti alla Camera dei Pari si fecero il 28 settembre.

— Primo accusato, alzatevi! — disse il cancelliere rivolgendosi al principe, il quale, sorridendo a questa strana intimazione, si alzò.

— Qual è il vostro nome e cognome? — chiese il barone Pasquier, impicciato per le dimande d'obbligo che dovea fare al principe imperiale.

— Carlo Luigi Napoleone Bonaparte —, rispose il principe con tranquilla baldanza.

— La vostra età?

— Trentadue anni.

— Il luogo di vostra nascita e quello del vostro domicilio?

— Nato a Parigi, dimorante a Londra.

— La vostra professione?

— Principe francese in esiglio —.

Questa risposta semplice ed inaspettata fece una dolorosa impressione sull'assemblea; indi il presidente della Corte fece le medesime inchieste a tutti gli accusati. Il principe chiese poi di fare qualche osservazione sull'interrogatorio degli accusati; e, concessagli la parola, spiega lentamente un foglio, e in tono chiaro, sonoro ed energico ne legge il contenuto seguente:

— Per la prima volta in mia vita mi è permesso finalmente di alzar la voce in Francia e di parlare liberamente a Francesi!

Malgrado le guardie che mi circondano, malgrado le accuse che ora ho sentito, pieno delle memorie della mia infanzia, trovandomi in questo recinto del Senato, frammezzo a voi, che conosco, non posso credere, o signori, ch' io abbia qui bisogno di giustificarmi, o che voi vogliate esser miei giudici.

Un' occasione solenne mi si offre di spiegare a' miei concittadini la mia condotta, le mie intenzioni, i miei disegni, quel che penso e che voglio.

Senza orgoglio, come senza debolezza, s' io rammento i diritti deposti dalla nazione in mano alla mia famiglia, questo io fo solo per ispiegare i doveri che tali diritti imposero a tutti noi.

In questi cinquant'anni, dacchè il principio della sovranità del popolo fu consacrato in Francia dalla più potente rivoluzione che sia successa nel mondo, la volontà nazionale non fu mai proclamata con tanta solennità, nè mai fu avverata con suffragi sì numerosi e sì liberi, come nell' approvazione delle Costituzioni imperiali. La nazione non ha mai rivocato questo grand' atto della sua sovranità, e l' Imperatore lo ha detto:

« Tutto quanto venne fatto senza la nazione è illegittimo ».

Perciò guardatevi bene dal credere ch' io, lasciandomi strascinar dagli impulsi di un'ambizione popolare, abbia voluto tentare in Francia, a dispetto del paese, una ristaurazione imperiale.

Io fui ammaestrato da più alte lezioni, e vissi tra più nobili esempi.

Nacqui da un padre che discese dal trono senza rammarico, quando non giudicò più possibile di conciliare

cogl' interessi della Francia gl'interessi del popolo cui
era stato chiamato a governare.

L'Imperatore mio zio volle piuttosto rinunciare all'impero che accettare per via di trattati ristrette frontiere, le
quali doveano esporre la Francia a soffrire gli spregi e le
minaccie, cui lo straniero oggidì si permette di lanciare
contro di lei.

Io non vissi un sol giorno immemore di tali insegnamenti.

La proscrizione immeritata e crudele che nel corso di
venticinque anni strascinò la mia vita dai gradini del
trono, sui quali son nato, sino alla prigione donde esco
in questo momento, fu impotente ad irritare, come a stancare il mio cuore; nè potè farmi straniero un sol giorno
alla dignità, alla gloria, agl'interessi della Francia.

La mia condotta, i miei interessi ora si spiegano da sè.

Quando il popolo nel 1830 riconquistò la sua sovranità,
io credetti che la domane della conquista sarebbe stata
leale come la conquista medesima, e che le sorti della
Francia verrebbero stabilite per sempre.

Ma il paese ha fatto una ben triste sperienza in questi
ultimi dieci anni.

Io pensai che il voto di quattro milioni di cittadini, che
aveva innalzato al trono la mia famiglia, c'imponesse almeno il dovere di fare appello alla nazione e interrogarne
il volere.

Credetti pure che, se nel seno del Congresso nazionale
ch'io volevo convocare potevano farsi sentire alcune pretese, avrei avuto il diritto di ridestarvi le splendide memorie
dell'Impero, di parlarvi del fratello maggiore dell'Imperatore, di quest'uomo virtuoso che prima di me ne è il degno erede, e di collocare in faccia alla Francia, ora indebolita e non curata nel Congresso dei re, la Francia d'allora, sì forte di dentro, sì potente e rispettata di fuori. La

nazione avrebbe risposto : *Repubblica o Monarchia, Impero o Regno*. Dalla sua libera decisione dipende la fine dei nostri mali, il termine delle nostre dissensioni.

In quanto all'impresa, lo ripeto, non ebbi complici.

Risolvetti ogni cosa da me solo; nessuno conobbe anticipatamente nè i miei disegni, nè i mezzi, nè le speranze.

Se sono colpevole verso qualcuno, lo sono soltanto verso i miei amici.

Tuttavia credo, non mi accuseranno ch'io abbia con leggerezza abusato d'una sì coraggiosa annegazione qual essi mi dimostrarono, e comprenderanno i motivi onorevoli e prudenti, che non mi permettevano di rivelare a loro stessi quanto fossero vaste e gagliarde le ragioni che mi facevano sperare un buon esito

Ancora una parola, o signori.

Io rappresento davanti a voi un principio, una causa, una sconfitta: il principio è la sovranità del popolo; la causa, quella dell'Impero; la sconfitta, Waterloo. Il principio, l'avete riconosciuto; la causa l'avete servita; la sconfitta, volete vendicarla.

No, non v'ha disaccordo tra voi e me, nè voglio credere ch'io debba essere destinato a pagare il fio delle altrui diserzioni. Rappresentante, com'io sono, d'una causa politica, non posso accettare a giudice de'miei voleri e de' miei atti una giurisdizione politica.

Le vostre formalità non ingannano alcuno. Nella lotta ch'or si apre non v'è che un vincitore ed un vinto; se voi siete ligi al vincitore, da voi non posso aspettarmi giustizia; e generosità, non ne voglio —.

A questa lettura, ascoltata da tutti in profondo silenzio, sottentrò una lunga agitazione nell'uditorio, vivamente colpito da questa specie di professione di fede imperialista, in cui l'accusato si faceva alla sua volta giudice ed accusatore, invocando i sacri diritti dell'onor nazionale. Si ricominciò poi l'interrogatorio, in cui il principe non uscì mai da quel riserbo che si era prefisso, serbando sempre la sua intrepidezza ed una dignitosa moderazione. Successe l'interrogatorio degli altri accusati, che nulla offerse di particolare; indi la requisitoria (ossia replica dell'atto di accusa) del procurator generale, in cui si stabiliva il grado di colpabilità dei diversi accusati. A questa seguì una magnifica difesa del principe, fatta da Berryer, il quale, tuttochè legittimista, venne incaricato da Luigi Napoleone dell'ufficio di suo difensore, ed accettò l'incarico, adempiendo con tutto lo zelo e con tutta la forza della sua rara eloquenza al còmpito di avvocato difensore; ed a saggio della sua eloquenza, traduco qui la chiusa della sua arringa:

— Voi state per giudicarlo; e per meglio eccitarvi, perchè possiate con più agevolezza costituirvi suoi giudici, vi parlano di *progetti insensati*, di *stolta presunzione!*

Ah! signori, il buon esito sarebbe dunque diventato base delle leggi morali e del diritto? Qualunque sia la debolezza, l'illusione, la temerità dell'impresa, non bisogna guardare al numero delle armi e dei soldati, sibbene al diritto, ai principii, in nome dei quali si è operato: ora, di questo diritto e di questi principii · voi non potete esser giudici.

E qui non credo già che il diritto, in nome del quale si fece il tentativo, possa cadere dinnanzi alle parole sprezzanti del signor procuratore generale.

Voi alludete alla pochezza dei mezzi, alla meschinità dell'impresa, alla ridicola speranza di riuscirvi!

Ebbene, se tutto sta nel riuscire, a voi che siete uomini, che siete anche i primi dello Stato, che siete membri di un gran Corpo politico io dirò: V'ha un Arbitro inevitabile, eterno fra ogni giudice ed ogni accusato; prima di giudicare, davanti a quest'Arbitro e in faccia al paese che udirà le vostre sentenze dite a voi stessi, senza aver riguardo alla debolezza dei mezzi, tenendo sotto gli occhi il diritto, le leggi, la Costituzione, e una mano sulla coscienza, dite davanti a Dio e davanti a noi che vi conosciamo: — S'ei ci fosse riuscito, se avesse trionfato questo diritto, io l'avrei negato, avrei rifiutato ogni partecipazione a quel governo, l'avrei sconosciuto, l'avrei respinto —. Io accetto questo arbitrato supremo; e chiunque tra voi, davanti a Dio e davanti al paese, mi dica: — se fosse riuscito, avrei negato questo diritto —, colui io l'accetto per giudice.....

Risalendo all'origine della vostra vita, voi, o marchesi, conti e baroni; voi, o ministri e marescialli, a chi siete debitori della vostra grandezza? Certo, alla vostra abilità riconosciuta; ma non ne siete men debitori alle munificenze imperiali, se vi è dato di sedervi oggi qui come giudici.

A fronte degli obblighi, che vi siete imposti per le memorie della vostra vita, delle cause a cui avete servito, dei vostri giuramenti, dei benefizi che avete ricevuto, io sostengo che una condanna sarebbe immorale, e aggiungo che dovete seriamente pensarvi; perocchè v' ha una logica inesorabile e tremenda nell'intelligenza e negl'istinti dei popoli; e chiunque nel governo delle umane cose abbia violato una sola delle leggi morali, deve aspettarsi che un giorno tutte s'infrangano contro di lui. —

Questo discorso, a cui seguì una lunga e febbrile agitazione, fu una vera profezia politica, che si avverò nel 1848 e negli anni seguenti per Luigi Filippo e per la Camera dei Pari di Francia.

Vennero appresso le difese degli altri accusati, alle quali successe la replica del pubblico ministero, in cui, tra le altre cose, il procuratore generale disse, rivolgendosi a Luigi Napoleone:

—'Tutto adunque condannava le vostre rancide pretese e i vostri colpevoli attentati; tutto vi presagiva la fine, in cui venne a seppellirsi una presuntuosa ambizione! Voi siete venuto in Francia per commettervi un delitto; vi trovate ora davanti alla giustizia; essa v'infliggerà, come a tutti i colpevoli, il castigo legale in cui siete incorso —.

Mentre Berryer si alzava per replicare, il principe lo pregò di tornare a sedersi, dicendo in tuono dolcemente scherzevole: — Il signor procuratore generale ha fatto ora un discorso eloquentissimo; ma questo discorso era inutile. Pregando il signor Berryer di voler qui bene spiegare le mie intenzioni, che si vollero svisare, e provare i miei diritti, volli compiere un dovere verso la mia nascita e verso la mia famiglia: il signor Berryer corrispose a meraviglia alla mia aspettazione; ma ora che si tratta solo della mia sorte, voglio partecipare a quella degli uomini che non mi abbandonarono nel giorno del pericolo: prego perciò il signor Berryer di non continuare questi dibattimenti. —

—I nobili sentimenti che ora esprimeva il principe Napoleone, soggiunse Berryer, mi rendono più prezioso l'onore ch'egli mi fece di scegliermi a suo avvocato, e godo tanto più di aver adoperato a sua difesa tutta quanta la mia franchezza e l'energia, delle mie convinzioni: perciò gli obbedisco —.

La conclusione del processo fu, che nella seduta del 6 ottobre il presidente Portalis lesse la sentenza che condannava Carlo Luigi Napoleone ad una perpetua prigionia in una fortezza situata sul territorio continentale del regno, e i suoi complici a diverse altre pene, secondochè si erano giudicati più o meno colpevoli.

Il principe, alla vigilia della sentenza toccatagli, scriveva al suo difensore:

« Non so qual sorte mi sia riserbata; non so se mai
sarò in caso di provarvi la mia gratitudine; nè so se
vorreste accettarne prove; ma qualunque sia la nostra
condizione reciproca fuori della politica e delle sue deso-
lanti obbligazioni, noi potremo nutrir sempre stima ed amicizia l'uno per l'altro; e vi dichiaro, che se il mio processo
non dovesse avere altre conseguenze, eccetto quella di pro-
cacciarmi la vostra amicizia, crederei di aver fatto ancora
un immenso guadagno, nè mi dorrei della sorte. »

Lo stesso giorno 6 ottobre, a quattr'ore pomeridiane, la
porta della sua prigione si aperse, e il segretario archivi-
sta della Camera dei Pari, facente funzioni di cancelliere,
lesse al principe la sentenza che lo condannava alla prigionia perpetua.

—Signor cancelliere in capo, disse freddamente il principe, dopo aver sentito codesta lettura; si è detto più volte
che la parola *impossibile* non era francese: è lo stesso anche del vocabolo *perpetua;* siatene sicuro —.

A mezzanotte si venne ad avvertirlo, interrompendone
il sonno, che doveva esser subito condotto al forte di
Ham. Egli chiese soltanto di rivedere ancora una volta i
suoi amici; ma non gli fu concessa questa consolazione,
chè una carrozza di posta era lì pronta: vi dovette salire
insieme ad un luogotenente della guardia municipale; e
con una buona scorta di gendarmi, senza alcun accidente
od indugio, dopo dodici ore di cammino giunse a quella
fortezza. Il generale Montholon, vecchio amico dell'Imperatore, condannato a vent'anni di prigionia, e il dottor
Conneau, condannato a cinque anni, ottennero, previa loro
inchiesta, d'esser rinchiusi nel castello di Ham col principe, a cui aveano consacrato la vita.

# CAPITOLO XI.

Avvertimento al lettore. — Lettera del principe a Ferdinando Barrot. — *Alle ceneri di Napoleone:* Cantico in prosa. — Compagni di prigionia del principe. — Sua lettera affettuosa a Lady Blessington. — Suoi patimenti. — Protesta del prigioniero di Ham al governo di Luigi Filippo. — Duplice condizione d'un prigioniero di Stato. — Inutili e sconvenienti soprusi fatti al principe. — « Guai a'vinti! » — Aurea sentenza. — Coraggiosa e costante pazienza del principe. — Sua vita intellettuale e morale, durante la prigionia. — Scritti scelti del principe. — Suoi *Frammenti storici,* 1688-1830. — Nobilissima prefazione allusiva a'suoi casi. — Predizioni oramai tradottesi in fatti compiuti. — Da che dipendano le sorti delle nazioni. — Illusioni dei governi impopolari. — Motivi dello sbarco di Guglielmo III in Inghilterra: allusione allo sbarco fatto dal principe a Boulogne. — Pensieri del principe messi in bocca a Guglielmo. — *Non si viola mai impunemente la logica popolare.* — Conclusione de' *Frammenti storici.* — Avvedimento politico dell'autore. — Sapienti consigli ai governi di qualunque forma e d'ogni paese.

Senza estendermi nel narrare la vita del principe prigioniero di Stato, che del resto traluce dagli scritti suoi o pubblici o privati, mi darò cura invece di tradur per intero i più brevi, e di dar qui trascritti i tratti più importanti de'suoi lavori di più lunga lena; perocchè mio speciale intento si è quello, come ho già detto altrove, di mettere in rilievo agli occhi del lettore la vita intellettuale e morale di quest'uomo singolare, che passò per tutti

gli stadii della fortuna ; giacchè la vita puramente politica oltrepasserebbe i limiti d'un racconto popolare com'è
il mio, e la storia circostanziata allargherebbe troppo i
confini di questo compendio.

Or ripigliamo il filo cronologico dei fatti. Avendo saputo i prigionieri di Ham dai giornali a loro permessi, che
si attendeva a Cherbourg la fregata chè dovea riportare
in Francia le ceneri di Napoleone, il generale Montholon
preparò d'accordo col principe una lettera in cui si doleva
di non essere il primo a salutare il feretro del grand'uomo, a cui avea chiuso gli occhi. Luigi Napoleone spedì
questa lettera a Ferdinando Barrot, avvocato del generale
Montholon, pregandolo di pubblicarla a tempo opportuno;
ed ecco qui la sua lettera accompagnatoria, del cui ricapi-
to si era incaricato un fido amico, e che potè per buona
sorte sottrarsi alla vigilanza dei custodi della prigione.

« Ham, 24 novembre 1840.

Mio caro signor Ferdinando Barrot, mi prevalgo di
un'occasione per rammentarmi a voi e pregarvi ad aver
la compiacenza di pubblicar nei giornali la lettera qui ac-
chiusa, che il generale Montholon ha scritto al presidente
del Consiglio...

- Vorrei che questa lettera non venisse alla luce, se non
otto giorni circa innanzi al trasporto delle ceneri, e che non
si avesse a credere sia partita di qui.

Se mi rispondete, non date a conoscere di aver rice-
vute mie lettere; perocchè questa vi arriverà di contrab-
bando, e tutte le lettere che ricevo o che scrivo vengono
lette e commentate.

Non posso molto lodarmi della maniera con cui mi trattano dacchè son qui; non mi usano il minimo riguardo;
sì la più operosa sorveglianza insieme alle più inutili cautele: i ministri di Carlo X eran trattati meglio di noi.

Tuttavia vorrei essere trattato anche peggio di quel che fanno, se ciò potesse inspirar qualche simpatia ai miei compatrioti e giovare al trionfo della mia causa, ch'io credo sia quella degl'interessi popolari e della civiltà europea.

So, che vorrebbero mandarmi in America, perchè la mia presenza qui dà fastidio, essendovi molte simpatie per me, specialmente nell'esercito: ma essendochè si violerebbe la legge facendomi trasportare in America, spero che i miei amici protesteranno: quantunque ben pochi amici si abbiano nella sventura.

Addio! Credete che non dimenticherò mai, ecc.

N. L. »

Mentre poi si celebrava il 15 dicembre dello stesso anno a Parigi quella cerimonia funebre che appagava l'estremo voto dell'Imperatore, quello cioè di avere la sua tomba in Francia, il principe Luigi Napoleone dal fondo della sua prigione si trasportava col pensiero davanti al feretro dello zio, dirigendogli questa commovente e poetica allocuzione, che a mio parere gareggia di bellezza coi cantici in prosa di Lamennais:

« Sire, tu ritorni nella tua metropoli, e il popolo affollato saluta il tuo ritorno; ma io dal fondo del mio carcere non posso che scorgere un raggio del sole sfavillante sulle tue esequie.

Non dolerti colla tua famiglia, che non sia là pronta a riceverti; il tuo esilio e i tuoi mali cessarono colla vita; ma i nostri durano ancora!

Tu sei morto sur uno scoglio, lontano dalla patria e da' tuoi cari: la mano d'un figlio non ha potuto chiudere i tuoi occhi!

Anche oggi nessun tuo parente presiederà al tuo funebre corteggio!

Montholon, il prediletto tra'tuoi fidi compagni, ebbe per te le cure d'un figlio; ei rimase fedele al tuo pensiero, a' tuoi ultimi voleri; mi riferì le tue estreme parole: ed ora è meco in prigione!

Un vascello francese, guidato da un nobile giovane, andò a reclamar le tue ceneri; ma invano cercavi sul ponte di quel vascello qualcuno de'tuoi: la tua famiglia non v'era!

Approdando sul suolo francese, si fe'sentire un'elettrica scossa; ti alzasti sul tuo feretro; si riapersero per un istante i tuoi occhi: il vessillo tricolore sventolava sul lido, ma l'aquila tua non c'era!

Il popolo si accalca, come altre volte, sul tuo passaggio; ti saluta cogli *evviva*, come se tu fossi ancor vivo; ma i grandi d'oggidì, mentre ti fanno omaggio, dicono a voce sommessa: — Dio, non ridestarlo! —

Tu hai riveduto finalmente quei Francesi che amavi cotanto; sei ritornato in quella Francia che avevi fatta sì grande; ma lo straniero vi ha lasciato tracce non cancellabili da tutte le pompe del tuo ritorno!

Vedi quel giovine esercito? Sono i figli de' tuoi prodi; essi ti venerano, perchè tu sei la gloria; ma sentono dirsi: — incrociate le braccia! —

Sire, il popolo è la buona stoffa che ricopre il nostro bel paese; ma quegli uomini che tu hai tanto ingrandito, e che éran sì piccoli, oh! Sire, non rimpiangerli!

Essi rinnegarono il tuo vangelo, le tue idee, la tua gloria, il tuo sangue; quando parli loro della tua causa, essi ci dissero: — non la intendiamo! —

Lasciali dire, lasciali fare.

Che importa al carro, che sale, dei granelli di sabbia che cadono sotto alle ruote?

Dicano pure, che tu fosti una meteora la quale non lascia vestigia; neghino pure la tua gloria civile: non te ne spoglieranno.

Sire, il quindici dicembre è un gran giorno per me!
Di mezzo al tuo sontuoso corteggio, disdegnando certi
omaggi, hai rivolto un momento lo sguardo alla mia te-
tra dimora, e rammentandoti le carezze che prodigavi alla
mia fanciullezza, m' hai detto:

— Tu soffri per me, o caro: sono contento della tua
condotta! —

Cittadella di Ham, 15 dicembre 1840. »

E qui notiamo, che il castello ossia forte di Ham è situato a venti leghe da Parigi, ed ha un aspetto tetro al
didentro come al difuori, caratteristico delle fortezze del
medio evo. È pur da notarsi che, oltre al generale Montholon ed al dottore Conneau, ottennero il permesso di
venire a dimorare nella fortezza Carlo Thélin, cameriere
fidato del principe, e la contessa di Montholon, moglie
del generale: tuttavia il principe ebbe a sottostare a molte
vessazioni; ed in una lettera, diretta da lui il 13 gennajo 1841 alla signora Blessington di cui già frequen-
tava la conversazione, durante il suo soggiorno in Londra,
ci fa indovinare i patimenti segreti ch'ei dovette durare nei
primi mesi della sua prigionia. Eccola qui appunto tradotta.

« Miledy,

Ricevo solamente quest'oggi la vostra lettera del 1.º gennajo; perocchè, essendo scritta in inglese, fu d'uopo spe-
dirla al ministero a Parigi affinchè vi fosse letta. Vi sono
gratissimo della vostra cortese memoria, e mi cruccia il
pensiero, che le vostre lettere non mi siano mai giunte
prima d'ora.

Non ho ricevuto da Gon-House che una lettera del conte
d'Orsay (altro amico del principe), al quale mi affrettai di
rispondere, mentre stavo alla Conciergerie (una delle prigioni di Parigi); mi duole vivamente che l'abbiano in-
tercettata: poichè gli attestavo tutta la mia riconoscenza
della premura che mi dimostrava nelle mie sventure.

Non vi farò il racconto di tutto ciò che ho sofferto. La vostra anima poetica e il nobile vostro cuore hanno indovinato tutto quanto ha di crudele una condizione in cui la difesa ha confini insuperabili, e la giustificazione un'obbligata riserbatezza.

In tal caso il solo conforto contro tutte le calunnie e contro i rigori della sorte si è di sentire in fondo al proprio cuore una voce che ne assolve; si è di ricevere attestati di simpatia da parte di quegli esseri eccezionali che, come voi, o signora, si separano dalla folla per elevatezza di sentimenti e per indipendenza di carattere, nè fanno dipendere i propri affetti e giudizi dai capricci della fortuna e dalla fatalità della sorte.

Io me ne sto da tre mesi al forte di Ham insieme al generale Montholon ed al dottor Conneau; ma ogni comunicazione col difuori è vietata: niuno ha potuto ottenere fin qui di venirmi a trovare. Vi manderò fra poco la veduta della cittadella ch'io trassi da una piccola litografia; giacchè ben vi figurerete, ch'io non conosco il forte nel prospetto esteriore.

Il mio pensiero vola sovente ai luoghi da voi abitati, e ricordo con piacere le ore da me passate nella vostra amabile società, che il conte d'Orsay vieppiù abbelliva colla sua disinvolta e schietta allegria.

Tuttavia non desidero uscire dal luogo ov'io sto; perchè qui sono al mio posto: col nome che porto, mi abbisogna o l'ombra di un carcere o lo splendore d'un trono.

Se vi degnerete, o signora, di scrivermi qualche volta, e di darmi ragguagli sulla società di Londra e intorno ad un paese in cui mi trovai tanto bene che non posso non amarlo, mi farete il massimo dei piaceri, ecc.

                    NAPOLEONE LUIGI BONAPARTE. »

Il dottor Conneau ed il generale Montholon non cessavano, all'insaputa del principe, di protestare altamente

contro le vergognose angherie, usate verso di lui; e il com·
missario speciale, incaricato della sua custodia, d'accordo con
loro, mandava frequenti relazioni al ministro dell'interno,
pregandolo a temperare i rigori a cui sottoponevasi il prigioniero di Stato. Finalmente, dopo nove mesi di prove,
Luigi Napoleone pensò, che la sua condizione principesca
e il suo nome esigevano da lui qualche riguardo; perchè
non si dicesse, ch'egli autorizzava col suo silenzio quegl'intollerabili soprusi: fece dunque pervenire al governo
la seguente protesta, che il ministero di Luigi Filippo si
guardò bene dal pubblicare,

« Protesta.
### Cittadella di Ham, 22 maggio 1841.

Nel corso di nove mesi, che passai in balìa del governo
francese, mi sono pazientemente sottomesso ad indegni trat-
tamenti d'ogni genere; non voglio però serbare un più
lungo silenzio, che parrebbe un'adesione alle angherie
di cui son fatto bersaglio.

La mia condizione dev'essere considerata sotto due
aspetti: l'uno morale, e l'altro legale.

In quanto al primo, il governo, che riconobbe la legittimità del capo di mia famiglia, è costretto a riconoscermi
come principe, ed a trattarmi come tale.

La politica ha diritti, ch'io non pretendo di contenderle:
che il governo si diporti a mio riguardo, come verso un
nemico, che mi privi dei mezzi di nuocergli, io non avrò
a lagnarmene; ma nel medesimo tempo la sua condotta
sarebbe irragionevole, qualora trattasse a guisa di un prigioniero ordinario me, figlio d'un re, nipote d'un imperatore e imparentato con tutti i sovrani d'Europa.

Nel rammentare che fo i parentadi stranieri, so bene
ch'essi mai non protessero il vinto, e che la sventura
spezza tutti i nodi; ma il governo francese dovrebbe

riconoscere il principio che mi fece quel ch'io sono; perocchè sussiste anch'esso per questo principio.

La sovranità del popolo fece imperatore mio zio, fece re mio padre, e me principe francese per ragioni di nascita.

Non ho io dunque diritto al rispetto ed ai riguardi di tutti coloro, per cui la voce di un gran popolo, la gloria e l'infortunio hanno qualche valore?

Se, per la prima volta in mia vita, mi prevalgo della sorte che presiedette al mio nascimento, questo io fo perchè l'alterezza s'addice alla mia condizione attuale, e perchè comperai gli antichi favori della sorte al prezzo di ventisett' anni di patimenti e d'affanni.

Per quel che concerne la mia condizione legale, la Corte dei Pari inventò per me una pena eccezionale.

Condannandomi ad una prigionia perpetua, non si fece che autenticare il decreto del destino, il quale volle ch'io fossi prigioniero di guerra.

Si tentò di temperar la politica colla umanità, infliggendomi il castigo men duro pel più lungo tempo possibile.

Ma nell'applicazione il governo oltrepassò le intenzioni che mi piace d'attribuire a'miei giudici.

Avvezzo sin dalla mia giovinezza ad una vita semplice, non mi lagno della sconveniente mediocrità in cui mi mettono; ma ben mi lagno d'esser la vittima di vessazioni, nulla affatto richieste dalla cura della mia sorveglianza.

Nei primi mesi della mia prigionia, ogni specie di comunicazione col difuori mi era vietata; e al didentro ero costretto al più doloroso isolamento.

Dacchè fu permesso a più persone di venirmi a trovare, queste restrizioni interne non possono aver più alcuno scopo; e tuttavia si studiano di aumentarne il rigore, quando oramai diventarono inutili.

. Tutto quanto serve al mio uso personale viene ogni giorno sottoposto alle indagini più minuziose.

· Lo zelo dell'unico mio e fedele servitore, che venne autorizzato a seguirmi, è inceppato da ogni fatta di ostacoli

Nella guarnigione e tra gl'impiegati del castello si adottò un tal sistema di terrore, che niuno osa alzar gli occhi su di me; e ci vuol qui un bel coraggio, per chi non voglia appena esser meco screanzato.

È come potrebb'essere altrimenti, quando un'occhiata si considera come un delitto, e quando chi vorrebbe render meno aspra la mia condizione, senza mancare al proprio dovere, viene denunziato all'autorità e minacciato di perdere il posto?

In mezzo a questa Francia, che il capo della mia famiglia rese sì grande, mi trattano come si trattava uno scomunicato nel secolo decimoterzo. Tutti fuggono al mio avvicinarmi, e par che si tema il mio contatto, quasichè lo stesso mio alito fosse contagioso.

· Questa oltraggiosa inquisizione, che mi perseguita persino nella mia camera, che si attacca a' miei passi quando vo a respirare un po' d'aria in un cantuccio appartato del forte, non s'arresta alla mia persona, ma vuole penetrare eziandio ne' miei pensieri. Le effusioni del mio cuore, nelle lettere che dirigo alla mia famiglia, van sottoposte al più severo esame; e se v'ha chi mi scriva in termini troppo simpatici, la lettera vien sequestratta e il suo autore denunziato al governo.

· Con una quantità di mezzi, che sarebbe troppo lungo enumerare, par che si abbia cura di farmi sentire la mia prigionia, ad ogni minuto del giorno, e di farmi risuonare all'orecchio continuamente quel funebre grido: — Guai a' vinti! —

' Si noti, che niuno dei mezzi, di cui parlo, fu praticato coi ministri di Carlo X, dei quali ora occupo il tristo quartiere

Eppure quei ministri non erano nati sui gradini del
trono; non erano stati condannati ad una semplice in-
carcerazione; la loro suprema sentenza parea dovesse de-
stinarli ad una sorte più rigorosa della mia: e infine non
rappresentavano una causa, cui la Francia circondi d'una
memoria veneranda.

Il trattamento ché sopporto è dunque insieme ingiusto,
illegale ed inumano.

Se credono di riuscire così a domarmi, s'ingannano:
perocchè, non già l'oltraggio, sibbene la benevolenza sog-
gioga i cuori di quelli che sanno soffrire.

LUIGI NAPOLEONE BONAPARTE. »

Non rispose il governo a tale protesta, ma fece le
viste di disapprovare i rigori de' suoi agenti, ed ebbe più
riguardo alla propria dignità, trasmettendo ingiunzioni più
miti al commissario di polizia di Ham ed al comandante
del forte, che molto ne furono lieti.

Del resto, in quanto alla sua vita da prigioniero di
Stato, ce ne informa il principe stesso, in una lettera
diretta a Ferdinando Barrot in data del 12 gennaio 1842:
« Io mi occupo, ei dice, in maniera, da scordarmi della
mia prigione e da ridermi delle umane pastoje. Il bene
sta più nell'immaginazione, che nella realtà; e siccome
io porto meco il mio mondo immaginario, composto di
memorie e di speranze, mi sento tanto forte nella solitudine, come nella folla. »

Insomma, come accenna il suo biografo Lacroix, la storia
di questa lunga e penosa prigionia non si trova, per così
dire, che nelle molte opere da lui concepite, preparate, eseguite nell'ombra del carcere. Queste opere, di vario genere,
hanno tutte l'impronta della generosa sua indole; vi si
scopre qua e là il riflesso dei sentimenti che lo animavano;
vi si vedono comparire le idee che si alternavano nell'animo

suo; ma non vi trapela mai la pittura delle sue materiali privazioni, de' suoi dolori segreti. Il prigioniero di Stato, dignitosamente rassegnato al suo destino, si cela sempre sotto il filosofo, l'economista, il guerriero ed il legislatore. La vita uniforme ch' egli menava nel forte di Ham, ed a cui s'era assuefatto, pare non sia stata per lui che un tempo di volontario ritiro, dedicato alla lettura, alla meditazione, allo studio.

Riprendiamo adunque il filo della vita intellettuale e morale del principe prigioniero, la quale fu tutt' altro che monotona, come fu invece la sua prigionia; e per non tirar troppo in lungo questa esposizione cronologica ed analitica, passerò sotto silenzio, o toccherò appena di volo certi lavori che hanno meno importanza per la maggior parte dei lettori, per riserbarmi a parlar più in esteso ed a trascrivere (che nel mio caso è lo stesso) più lunghi tratti di quelle opere, la cui conoscenza più importa anche a noi Italiani, in questi tempi di risorgimento nazionale e di ricostruzione politica e sociale.

Sotto il semplice titolo di *Frammenti storici*, 1688-1830, egli fa il parallelo di due rivoluzioni politiche, le quali non ebbero alcuna somiglianza tra loro, e che pur tuttavia scrittori pregiudicati o interessati si studiarono di paragonar l'una all'altra. In questo libro, che fu pubblicato a Parigi e che girò liberamente, l'autore si era proposto di provare coi fatti, che la rivoluzione d'Inghilterra nel 1688 e quella di Francia nel 1830 differiscono essenzialmente fra loro, sia nelle cause come negli effetti. Questo non era in apparenza che un lavoro da storico; ma disotto al velo de' fatti storici del 1688 traluce una severa censura del regno di Luigi Filippo, affatto diverso da quello di Guglielmo III.

La prefazione, in data del 12 maggio 1841, è una nobile e dignitosa protesta contro le calunnie di cui fu bersaglio l'autore, e che lo perseguitavano anche durante la sua prigionia.

« Non ignoro, che conviene alla sventura il silenzio: vana cosa è pel vinto di rifare alla fortuna il processo a cui lo sottoposero gli uomini: tuttavia, quando i vincitori abusano della propria vittoria a segno di vendicarsene come di una sconfitta, ricorrendo alla calunnia ed alla menzogna, armi della debolezza e della paura; la resistenza diventa un dovere, e il tacersi sarebbe viltà.

Lungi da me il pensiero di ricominciare una polemica, in cui le passioni lottano sempre con più fortuna che non la ragione; a rivendicare il mio onore basta di provare, che, se mi sono imbarcato audacemente su di un mar tempestoso, questo non feci senz'aver meditato dapprima profondamente su le cause e gli effetti delle rivoluzioni, sugli scogli della riuscita, come sugli abissi del naufragio.

Mentre a Parigi si fa l'apoteosi delle reliquie mortali dell'Imperatore, io, suo nipote, vengo sepolto vivo in un angusto recinto; ma io mi rido dell'irragionevolezza degli uomini, e ringrazio il Cielo, che m'abbia dato come a rifugio, dopo tante dure prove, una prigione sul suolo francese.

Sostenuto da una fede ardente e da una coscienza pura, io m'adagio rassegnato nella mia sventura, e mi consolo del presente, mirando l'avvenire de' miei nemici scritto a caratteri indelebili nella storia di tutti i popoli. »

Quest'opera infatti può considerarsi oggidì come una predizione avverata; e i giudizi dello storico vennero sanzionati dal tribunale inesorabile dell'opinione pubblica; le sentenze dell'autore sono ormai fatti compiuti.

Egli avea voluto mostrare nei *Frammenti storici*, che Guglielmo d'Orange diede per fondamento al suo governo una base di granito, mettendosi alla testa delle idee del suo secolo e del suo paese; quando invece

Luigi Filippo, non badando per nulla ai bisogni popolari ed alle simpatie nazionali , non potea che fabbricar sull'arena. L'autore si propone, sul principio dell'opera, questo problema:

« L'anno 1830 sarà riconosciuto dalle generazioni future, al pari del 1688, come primordio d'una nuova èra di gloria e di libertà? »

Per rispondere a questo quesito, si guarda bene dall' affrontarlo direttamente; ma invece narra con lucidezza e profondità le diverse fasi della rivoluzione inglese, additando le cause, che l'aveano resa necessaria , e le fortunate conseguenze, che Guglielmo III ne seppe trarre da questo racconto, a cui s'inframmettono precetti politici a guisa d'illustrazione, risulta, che la rivoluzione del 1830 è affatto priva di que' principii rigeneratori che consolidarono la rivoluzione del 1688, e che l'opera di Luigi Filippo non potrebbe durar come quella di Guglielmo III.

« Non è il caso, dic'egli, che governi le sorti delle nazioni; non è un impreveduto accidente quel che rovescia o che mantiene i troni: avvi una causa generale, che regge gli avvenimenti, e che li fa dipendere logicamente gli uni dagli altri.

Un governo può violare impunemente la legalità, e persino la libertà. ( Qui viene a taglio di rammentare, a conferma di questa sentenza , il colpo di Stato del 2 dicembre 1851 in Francia e la dittatura, sulla fine dell'aprile di quest'anno 1859 , accordata dalle Camere Piemontesi al lealissimo e veramente cavalleresco Vittorio Emmanuele II. ) Ma s'egli non si mette francamente alla testa de' grandi interessi della civiltà, non ha che un'effimera durata : e questa semplice ragione filosofica, che è la causa della sua morte, vien chiamata *fatalità*, quando non se ne vogliono veder le cagioni. Attribuire ad avvenimenti secondarii la caduta degl'imperi, è uno scambiar colla causa del pericolo ciò che servì soltanto a dichiararlo. »

Il principe (segue a dire il suo biografo (1), che per lo più mi serve di guida), il quale cerca nella storia del passato qualche conforto a' suoi mali e qualche speranza all'avvenire della sua patria, incontra ad ogni passo certe analogie che hanno attinenze colla sua condizione personale: così, per esempio, dopo aver rammentato la sfortunata spedizione del duca di Montmouth, che fidando nel proprio coraggio e nella bontà della sua causa sbarca a Lione, seguito soltanto da ottantadue persone, per impedire a Giacomo II (degli Stuardi) di compiere i suoi disegni liberticidi, soggiunge:

« Giacomo II, spaventato dal pericolo di una spedizione, che fu ad un punto di ribellargli tutto il paese, non pago di colpire i vivi con tutta la severità delle leggi, volle eziandio vendicarsi, propalando intorno allo sventurato duca le dicerie più oltraggiose alla sua fama.

Per altro, era troppo il rapirgli insieme e la vita e l'onore: ma, nulla più irrita un governo impopolare, di quanto il vedere che un nemico vinto riesca ancora pericoloso.....

Il dono più funesto, che la Provvidenza possa fare ad un governo in lotta contro lo spirito nazionale, si è quello di concedergli facili vittorie: perocchè il suo trionfo lo inebbria, e scambia per sintomo di forza ciò che non è se non favor passaggero della fortuna.... »

Ecco in qual modo lo storico si rammenta della sua impresa di Boulogne, laddove addita i motivi dello sbarco di Guglielmo in Inghilterra.

(1) M'intendo dire Paolo Lacroix (il bibliofilo Jacob), la cui Storia politica, aneddotica e popolare di Napoleone III imperatore de' Francesi, e della dinastia napoleonica, pubblicata a Parigi nel 1853, non giunge che al Colpo di Stato del 2 dicembre 1851, e si compone di quattro volumi in 4.°, di circa 1000 pagine in complesso.

« I fatti, che succedevànsi tutt' i giorni sotto i suoi occhi, gli dicevano altamente qual fosse il suo dovere e che cosa si ripromettesse da lui l'Inghilterra. Tocco da quella profonda persuasione, che sola inspira le grandi imprese, risolvette di fare uno sbarco in quel paese, e di liberarlo dal giogo che l'opprimeva.

Quali furono, in congiunture sì gravi, le ragioni che lo determinarono a tentare un'impresa, tanto rischiosa per la sua gloria, se non fosse bene riuscita?

— L'ambizione personale ! — risponderanno coloro che vogliono sempre avvilire i grandi propositi, non supponendo negli uomini, che sentimenti volgari e sordide passioni.

No, più alti pensieri presiedono alle grandi azioni.

Guglielmo avrà detto tra sè: — Io rappresento, sul continente, la causa protestante, la quale s'appoggia sulla libertà; questa causa ha favorevole la maggioranza della nazione inglese: oppressa com'è, andrò a difenderla. Alla testa di alcune schiere passerò lo stretto, in onta alle flotte di Luigi decimoquarto, e mi presenterò all'Inghilterra come liberatore. La rivoluzione che susciterò col mezzo del mio esercito avrà questo vantaggio che, senza pericolo per la tranquillità del paese, la volontà nazionale potrà manifestarsi liberamente; perchè avrò la forza di tenere in freno le malvage passioni che insorgono sempre tra le convulsioni politiche. Rovescerò un governo, serbando intatto il prestigio dell'autorità; stabilirò la libertà senza disordine, e il potere senza violenza. Per giustificare la mia iniziativa e il mio personale intervento in una lotta sì grave, farò valere per gli uni il mio diritto ereditario, per gli altri, i miei principii; per tutti, gl'interessi comuni del protestantismo e il bisogno di opporsi all'ingrandimento della Francia: ma non accetterò nulla se non dal voto libero della nazione; perchè non s'impone mai ad un gran popolo la propria volontà, nè la propria persona! —

Tali furono le idee che guidarono Guglielmo: tutte le azioni
della sua vita furono l'applicazione di questi principii. »

E così possiam dire anche noi di Napoleone III, che
nella persona di Guglielmo III dipingeva sè stesso.

Trascrivo qui altri brani di questo suo lavoro, in cui, sotto
il colore storico, mentre par che rivolga la mente al passato, dipinge lo stato politico del tempo in cui stava scrivendo tali cose sotto il governo di Luigi Filippo, e spinge
lo sguardo divinatore nell' avvenire.

« I governi (dice il principe, parlando degli Stuardi, ma
alludendo col pensiero a Luigi Filippo) i governi che non
sono nè abbastanza popolari da reggere in concordia i cittadini, nè forti abbastanza da mantenerli tutti sotto un'oppressione comune, non possono sostenersi che alimentando
la discordia nei partiti.

Non si viola mai impunemente la logica popolare.

Mantener la pace, ridestando simboli di guerra, proteggere i perseguitati, facendo causa comune coi persecutori,
aggravare di balzelli il popolo, perchè l'esercito e le flotte
assistano a vergognosi trattati; serbare in continua ten-
sione le molle del governo, senza pur guarentire la pubblica quiete: ecco le inconseguenze, di cui il popolo, presto
o tardi, dovea chiedere ad essi ragione.....

Le società non si adattano ai mutamenti che mettono
spesso a repentaglio la loro esistenza, solo per cambiar di
capo; ma si scuotono per cambiar sistema, per guarire dai
lor patimenti; esse reclamano imperiosamente il prezzo dei
proprii sforzi, nè si calmano che quando l'hanno ottenuto. »

Soprattutto la conclusione dei *Frammenti storici* deve colpire il lettore che pensi alla rivoluzione francese del 1848,
la quale sbalzò dal trono Luigi Filippo; giacchè si scorge
l'avvedimento politico dell'autore, che sette anni prima
previde le peripezie del regno di Luigi Filippo. Eccola,
senz'altri preamboli:

« Guglielmo III soddisfece ai bisogni del suo tempo e ristabilì la tranquillità pubblica; ma se si fosse attenuto alla politica degli Stuardi, sarebbe stato abbattuto, e i nemici della nazione inglese, vedendo ancora nuovi bisogni di mutamenti, avrebbero incolpato il popolo d'incoerenza e di volubilità, invece di accusare i governanti come perfidi e ciechi; avrebbero detto che l'Inghilterra era una nazione *ingovernabile;* l'avrebbero detta, come la chiamò nelle sue Memorie Giacomo II, una *nazione avvelenata.*

Ma, ad onta di queste accuse, la causa nazionale, presto o tardi, avrebbe trionfato; perchè Dio e la ragione sarebbero stati con lei.

Qui sulla fine diciamo, che dallo studio dei tempi che abbiam rammentati scaturiscono principii chiari, precisi ed applicabili a tutti i paesi.

L' esempio degli Stuardi dimostra, che l'appoggio straniero è sempre impotente a salvar que' governi che la nazione non accetta.

E la storia d'Inghilterra dice altamente ai re:

METTETEVI ALLA TESTA DELLE IDEE DEL VOSTRO SECOLO; ED ESSE VI SEGUIRANNO E VI SOSTERRANNO.

METTETEVI ALLA CODA DI ESSE; E VI STRASCINERANNO.

METTETEVI CONTRO DI LORO; E VI ROVESCERANNO. »

# CAPITOLO XII.

*Analisi della questione degli zuccheri.* — Dichiarazioni patriotiche del principe. — Spaccio di questo opuscolo: sua importanza; lodato dal Béranger. — *La Tratta dei Negri, i Filantropi, il Diritto di visita.* — *L'unione fa la forza.* — I disertori non portano mai seco la propria bandiera. — Parolaj dell'Opposizione parlamentare in Francia. — Sistema militare vagheggiato dal principe. — Suo parere sulle colonie francesi. — *La Pace o la Guerra.* — Filippica contro il governo Orleanista, nè carne, nè pesce. — Qual vantaggio abbia tratto la Francia dalle sue rivoluzioni. — Chi fonda l'autorità sull'egoismo è uno stolto che fabbrica sull'arena. — Opinione del principe intorno alla tribuna parlamentare. — *Le specialità.* — Deplorabili vizi di qualche governo costituzionale, in cui l'opinione politica è tutto, nè si bada all'intrinseco valore delle persone chiamate a qualche pubblico officio. — *Il Clero e lo Stato.* — In che modo l'Università non sarà più atea, e il Clero non sarà più retrogrado in Francia. — *Vecchia storia sempre nuova.* — Politica inetta di Luigi Filippo. — *La Pace.* — La pace ad ogni costo è più funesta della guerra. — Qual sia la guerra giusta. — *I Nobili.* — *De' governi e dei loro sostegni.* — Il principe predice la caduta del sistema politico di Luigi Filippo e difende l'imperatore suo zio dalle accuse di Lamartine. — Rimprovero dignitoso e gentile di Luigi Napoleone a Lamartine. — Memoria scientifica del principe sulla pila voltiana, lodata da Arago.

Il principe, dopo essersi rivolto co' suoi scritti ora al popolo, ora all'esercito, ora agli statisti, ai letterati ed ai dotti, volle indirizzarsi anche all'industria ed al commercio. Ferveva allora la gran quistione su lo zucchero coloniale e l'indigeno; e si trattava di sapere se lo Stato dovesse favoreggiare o ristringere la produzione dello zucchero di barbabietole, se aumentare o diminuire le gabelle sullo zucchero di canna. Si sa che lo zucchero di barbabietole era un'industria incoraggiata da Napoleone I, per ovviare alla penuria di questa derrata, durante il blocco continentale contro l'Inghilterra. Luigi Napoleone si addentrò nella quistione, e in un opuscolo che aveva per titolo: *Analisi della questione degli zuccheri*, in cui tratta questo problema colla franchezza di un chimico, di un fabbricatore, di un economista, provò che non voleva rimanere straniero a nessuno degl'interessi materiali e morali della Francia.

« Credo di essere stato imparziale, dic'egli nella sua prefazione in data del mese d'agosto 1842: la prosperità delle colonie non mi sta meno a cuore dello incremento dell'industria nostrale; e se per una parte la fabbricazione dello zucchero ha diritto a tutte le mie simpatie come creazione imperiale, per l'altra non posso scordarmi che l'imperatrice Giuseppina, mia avola, nacque appunto in quelle isole dove risuonano ora i lamenti contro la concorrenza dei prodotti della metropoli.

D'altra parte, per quanto glorioso io creda il difendere le istituzioni imperiali; la venerazione pel capo della mia famiglia non andrebbe tant'oltre da farmi encomiare ciò che la mia ragione disapprovasse come dannoso all'interesse generale della mia patria.

S'io credessi che l'invenzione di Achard fosse contraria al bene dei più, la combatterei, malgrado la sua origine imperiale; perocchè son cittadino prima di essere Bonaparte. »

La fine di questa prefazione, che or qui soggiungo, non è un lamento d'un prigioniero che sospiri la libertà, sibbene il grido di gioja d'un esule che rivide la sua patria e che bacia con trasporto d'affetto il sacro terreno dove vuol morire.

« Per quanto imperfetto sia questo scritto, dic'egli, se mai giovasse a rischiarar la questione, e a guadagnar qualche voto alla causa d'un'industria ch'io riguardo come una sorgente feconda di prosperità per la Francia, ringrazierò il Cielo che m'abbia concesso, sia pure nella prigione, d'esser utile al mio paese, come ogni dì lo ringrazio che mi lasci sul suolo francese, oggetto di tutto il mio amore, e che a nessun costo voglio abbandonare, neppure per la libertà! »

Questo opuscolo, ristampato due volte a Parigi a migliaja di esemplari, ebbe un immenso spaccio nelle provincie francesi del Nord, dove prosperava l'industria dello zucchero indigeno; e i Consigli generali di quei dipartimenti trascrissero quasi alla lettera le pagine del principe nelle osservazioni che presentarono alle due Camere legislative per difendere uno dei loro più ricchi prodotti. Del resto il pensiero dell'autore si rivela in questa bella allocuzione dell'industria indigena, ch'egli, personificandola, introduce a difendere da sè stessa la propria causa.

« Rispettatemi, ella dice, perchè arrichisco il suolo, rendo fertili molti terreni che senza di me resterebbero incolti, occupo molte braccia che senza di me rimarrebbero oziose; finalmente risolvo uno dei più grandi problemi delle società moderne, perocchè infondo l'ordine e la moralità nel lavoro. »

Il principe, che avea fatto distribuire questo, come anche gli altri suoi lavori, a molti uomini illustri che onoravano la patria col senno e cogli scritti, n'ebbe, tra gli altri, gli encomii, certo non prezzolati nè adulatorii, di Béranger, cioè del poeta consolatore dei disastri di Waterloo, del cantor popolare della gloria nazionale francese.

Ora importa di passare in rassegna i principali articoli, che Luigi Napoleone fece inserire, durante l'anno 1843, nel giornale intitolato *Progresso del Passo di Calais*, del quale si fece anonimo collaboratore; perocchè in questi articoli egli pose, quasi altrettanti germi fecondi, una gran quantità d'idee utili e pratiche, le quali messe poi alla prova dovevano sortire una felice riuscita; ed è singolare per noi il vedere l'applicazione di teoriche governative, le quali, se risaliamo a que' tempi in cui vennero scritte, si consideravano mere utopie.

In un articolo intitolato *La tratta dei Negri*, i *Filantropi* e il *Diritto di visita* (4 febbrajo 1843) dimostra, che, se l'Europa era mossa da un sentimento vero ed onorevole a condannare la schiavitù e il traffico dei Negri, i così detti *filosofi*, prevalendosi di quel sentimento, avevano aggravato quel male che voleano guarire.

« Se, dic'egli con potente dialettica, il gran problema dell'abolizione fosse stato trattato da governi e da uomini che volessero sinceramente il bene dell'umanità, vale a dire la prosperità della razza bianca e della nera, avrebbero dapprima abituato gli schiavi, sottoponendoli ad un tirocinio graduale, a passare insensibilmente dal lavoro forzato al libero lavoro....

Distrutta che fosse la schiavitù, la *tratta* veniva naturalmente annullata col medesimo colpo, e i voti dell'umanità erano paghi....

Se la filantropia, che vede giusto e bene, è una delle più belle virtù umane, la falsa filantropia è il peggiore di tutti i capricci. »

In un articolo intitolato: *L'unione fa la forza*, (10 marzo) l'autore dei *Frammenti storici* ritorna a condannare la politica di Giacomo II Stuardo, sotto al cui velo allude a Luigi Filippo.

« I governi, egli dice, sono impotenti, quando si mettono in contrasto col sentimento generale del paese.

Possono, sì, momentaneamente reprimere l'insurrezione, soffocare i lamenti, corrompere gl'individui; ma quel che prendono da un lato, è forza che restituiscano dall'altro:

tutto ciò ch'essi levano colla forza dalla vita dei fatti, andrà germogliando e svolgendosi nel dominio delle menti. »

I confronti e le analogie in questo scritto schizzano da ogni periodo, come per esempio da questo:

« Il re poteva ben vantarsi d'essere circondato da uomini che aveano servito mano mano la repubblica, Cromwello e Carlo II; ma questi uomini non rappresentavano verun partito, verun interesse; perocchè i disertori non portano mai seco la propria bandiera. »

Ecco pure una massima politica, che è, e sarà sempre vera:

« I partiti, come gl'individui, s'accordano più per un'antipatia comune, che per mutua simpatia. »

Luigi Napoleone, in un articolo del 22 marzo, non fa che rimettere in luce l'opinione dell'Imperatore sulle attinenze della Francia co' potentati europei, per avere un pretesto di protestare contro il governo di Luigi Filippo, che nel 1830 avea legato il proprio avvenire (ben diverso in ciò da Napoleone III) per ottenere l'alleanza dell'Inghilterra. e abbandonare stoltamente a pro d'un interesse dinastico i grandi interessi del paese: egli rampogna poi l'Opposizione (1 aprile), e le dichiara, ch'ella non occuperà mai un gran posto nell'opinione pubblica, finattanto che non avrà una passione, un sistema, uno scopo.

« Non vi sono nella Camera, che individui.

Chiedete loro, come intendano le relazioni internazionali della Francia colle altre potenze; e vi risponderanno con parole equivoche.

Chiedete loro, come concepiscano la diminuzione delle imposte, il miglioramento dell'agricoltura, l'ordinamento dell'industria, l'incremento del nostro commercio; e vi risponderanno con frasi generiche.

Chiedete loro, come intendano l'organamento militare della Francia e che cosa reclamino imperiosamente le classi operaje; e vi risponderanno un bel nulla! »

Molti articoli, concernenti il progetto di legge pel reclutamento dell'esercito (29 aprile, 5 e 7 maggio, 14 giugno), ci fanno conoscere minutamente il sistema militare di Luigi Napoleone: si tratterebbe, secondo lui, di organizzare militarmente la Francia, e di metterla al riparo da ogni invasione. Oltre un esercito permanente ed assoldato, basterebbe di aver, come in Prussia, tre categorie di riserva o guardia nazionale mobile. Questa istituzione sì forte e insieme sì semplice permetterebbe al governo di valersi, in un bisogno, d'un milione e cinquecento mila uomini, che non gli costerebbero se non duecento quaranta milioni annui.

« Il problema da risolvere, egli dice, si è questo : — Per resistere ad una coalizione occorre alla Francia un esercito immenso, composto di persone addestrate; di più fa d'uopo, che questo esercito possa rifarsi ancora con uomini ammaestrati, nel caso di un primo rovescio. —

Ora, siccome nessuno Stato del mondo potrebbe, senza esaurirsi, mantenere costantemente sotto l'armi centinaja di migliaja d'uomini, è forza di ricorrere ad un sistemá che offra i maggiori vantaggi possibili in tempo di guerra, senza cagionare aggravi troppo pesanti in tempo di pace. »

Il 6 giugno si occupa delle colonie francesi nell'Oceano Pacifico, e biasima fortemente il governo, che cerca di estendere que'possedimenti coloniali, sì lontani e meschini, invece di colonizzare sul serio l'Algeria, e la Gujana francese « le quali sono (dic'egli) i soli ed unici possedimenti oltremarini che possano realmente recare un gran profitto alla Francia ». Indi soggiunge: « Si perde l'Algeria per una guerra senza scopo, si perde la Gujana per inerzia. »

Nell'articolo intitolato *La Pace o la Guerra* (26 giugno 1843) è un'eloquente ed audace protesta contro il deplorabile sistema della *pace ad ogni costo*, che nulla ha fondato e lascia sospesa ogni cosa; e mostrando quale sarebbe stata la politica grande e generosa, censura di sbieco la politica di Luigi Filippo.

« Sarebbe stato (egli dice) un provvidissimo intento avvezzar la nazione alla vera libertà col creare un'amministrazione leale, onesta ed equa, che respingesse lungi da sè gli sbagli de'governi passati, i quali credevano di non poter contrabbilanciare le istituzioni liberali, se non dominando le masse col terrore e cattivandosi i capi per mezzo della corruzione.

Sarebbe stato un provvidissimo intento disciplinare la democrazia ed affrettarne il pacifico regno, additando a ciascuno il suo posto, fissandogli i doveri e dandogli diritti; in maniera che gli procacciasse un interesse nel Comune e la proprietà nello Stato.

Sarebbe stato provvidissimo intento assicurare la tranquillità del focolare domestico e ritemprare i caratteri, coll'elargir guarentigie che proteggessero la libertà personale, col riunir gli uomini per mezzo dell'associazione, coll'insegnare ad essi, che la loro vera indipendenza sta nel sottoporsi ad una legge approvata da tutti.

Sarebbe stato un provvidissimo intento il cercare, per tutte le vie, di estirpare la mendicità, di scemare i balzelli gravosi pel lavorante, di ridestare per ogni dove l'operosità benefica dei cittadini, ricompensando il merito e la virtù, ributtando e castigando il vizio.

Sarebbe stato finalmente un provvidissimo intento il rendere impossibile ogni nuova rivoluzione appagando i generali interessi, aver riguardo ai mezzi del paese, organizzar le sue forze (veggasi il maggio 1859) in maniera, che ne' giorni del pericolo la Francia potesse mostrare al mondo l'imponente spettacolo d'una indomabile nazione, per la concordia de' suoi figli, l'accumulazione delle sue ricchezze, il vigore delle sue istituzioni!

Invece di tutto questo, non abbiamo, da tredici anni in qua, nè pace nè guerra; vale a dire che abbiamo tutte le mortificazioni di una pace vergognosa e tutti i pesi d'una guerra sfortunata...

Sicchè la nostra nazione, testè sì gloriosa e rispettata, diventò il ludibrio dell'Europa.

—E che? gridano i popoli stranieri: i Francesi, malgrado tutte le loro rivoluzioni, non riuscirono ancora a fondare in casa loro nè la libertà, nè l'ordine, nè la prosperità; i privilegi e gli abusi non fecero che cambiare di mani! non hanno il diritto di nominare i loro deputati, perchè vi sono dugentomila elettori su trentacinque milioni di anime! non sono padroni della propria persona, perchè l'infimo agente del governo ha diritto di gettarli in un carcere e di lasciarveli per più mesi in una prigionia preventiva; sono sottratti a' loro giudici naturali; non possono riunirsi in più di venti persone, per ragionare de' loro proprii interessi; la miseria fa in Francia vie maggiori progressi ogni giorno; cresce continuamente il numero dei delitti, ed in nessun grande paese son sì cattive le strade, nè in sì piccol numero le vie ferrate e i canali. Che cosa han guadagnato adunque i Francesi con le loro rivoluzioni? —

Noi ci guadagnammo una sola cosa, che è l'esperienza! » (Come noi Italiani, io soggiungo, la guadagnammo nelle rivoluzioni del ventuno, del trentuno, e del quarantotto).

Il 6 luglio, il principe prende la difesa di Espartero (il noto dittatore liberale spagnuolo) contro coloro che si davano il nome di *conservatori*, perchè gelosi dei loro posti, dei loro titoli vani senza funzioni, degli onori senza oneri, e dice tra le altre cose:

« Chiunque fondò la propria autorità sull'egoismo e su malvage passioni fabbricò sull'arena. È inutile il cospirare per abbatter costui; chè le sue proprie armi, le azioni sue si rivolgono contro di lui. »

Il 15 settembre tratta dei miglioramenti da introdursi nelle usanze dei Francesi e nelle loro abitudini parlamentari; e tra questi miglioramenti ne propone molti, che vennero poi applicati da lui stesso nell'istituire le Camere legislative; e specialmente l'abolizione della tribuna.

« Con una tribuna, egli dice, una Camera somiglia troppo ad un teatro dove solo i grandi attori possono ben riuscire.

Invece, senza tribuna, le Camere assumono il carattere di una radunanza d'uomini gravi che discutono sui loro interessi senz'enfasi e senza pompa. Con una tribuna gli avvocati soli riportano generalmente tutti i trionfi: quando invece, senza tribuna, ogni uomo di buon senso può esercitar l'influenza ch'egli acquista su' suoi simili esprimendo un sentimento vero, un'idea pura, spogliata d'ogni ostentazione e d'ogni sfoggio di parole. »

Sotto il titolo ( che è un francesismo ) *Le specialità* (17 novembre) addita uno tra' vizi più notevoli del governo parlamentare, che mette gli uomini politici alla testa di speciali amministrazioni, senza esigere da essi verun noviziato.

« Sotto l'antico regime, dic'egli, bastava far parte della classe dirigente, vale a dire, esser nobile, per esser idoneo a tutti gl'impieghi; ma oggidì, sebbene non ci siano più caste, pure basta appartenere al colore politico di che va tinta la pluralità della Camera, per essere stimato capace di esercitare ogni magistratura.

Ecco un gran vizio del nostro organamento costituzionale: l'opinione politica dell'uomo è tutto; il suo valore intrinseco, le sue cognizioni speciali non valgono nulla. »

Luigi Napoleone, per ovviare a questo ridicolo abuso, avrebbe voluto che il governo si componesse degli uomini più insigni, che avessero alla testa un capo politico responsabile in faccia alle Camere, come poi fece egli stesso.

Un articolo importantissimo, sebbene assai breve, che ha per titolo: *Il Clero e lo Stato* (13 dicembre 1843), contiene tutto il pensiero del principe sull'insegnamento :

« Il clero, egli dice, riclama, sotto il nome di libertà d'insegnamento, il diritto d'ammaestrare la gioventù. Lo Stato, dal canto suo, riclama pel suo proprio interesse il diritto di dirigere da solo la pubblica istruzione.

Questa lotta necessariamente proviene da una divergenza di opinioni, d'idee, di sentimenti tra il governo e la Chiesa. Ciascuno vorrebbe a suo proprio vantaggio, ma in senso contrario, esercitare influenza sulle generazioni nascenti.

La mira dell'uomo di Stato, aggiugne, dev' essere di abbattere, per quanto si può, lo spirito di casta, e di unir tutti i cittadini in uno stesso pensiero e in un medesimo interesse.

Per togliere i fomiti della discordia, che vanno oggidì aumentando tra il poter temporale e lo spirituale, due cose abbisognano: che l'università cessi d'esser *atea*, e il clero cessi d'essere *oltramontano* (cioè pseudo-papista).

L'università non sarà più atea dal giorno in cui il governo avrà il coraggio d'esser qualche cosa, e in cui, dando impulso alla vera filosofia, sceglierà per presiedere all'insegnamento gli uomini più capaci e più virtuosi, senza cercar tutt'insieme di piacere ai discepoli di Lojola e ai discepoli di Voltaire.

Il clero cesserà d'essere oltramontano, quando sarà costretto a sublimarsi, come già tempo, nelle scienze, e a confondersi col popolo, traendo la propria educazione dalle medesime fonti da cui la traggono generalmente i cittadini. »

L'articolo intitolato *Vecchia storia sempre nuova* (3 agosto 1844) è una critica acerba di tutte le spedizioni militari intraprese dal trenta in poi, le quali non furono fatte, dic'egli, che per ingannare l'opinione pubblica, per arricchire qualche appaltatore, per soddisfar qualche ambizioso, infine per dare agli stranieri prove sempre più solenni della sommissione del governo francese alle esigenze dei governi stranieri e della sua tema per le loro minacce.

« Quando la vostra politica inetta, esclama il principe, accese qualche fuoco sur un punto del globo, v'ha una sola cosa che bruci: l'onor della Francia! e di tutte le vostre spedizioni, sì pomposamente annunziate e sì miseramente finite, non rimane al paese che fumo, ed a voi restano ceneri che andate vendendo a peso! »

Nel 1844 cedette il principe alle preghiere dell'estensore in capo, inviandogli due articoli: *La Pace ed i Nobili*. Nel primo di questi articoli censura di nuovo il sistema della *pace ad ogni costo*, nè va esitando nel dire, che una tal pace è più funesta della guerra, di una guerra di principii e di punto d'onore. Ecco come definisce la pace onorevole e vantaggiosa:

« È, dic'egli, l'accordo che risulta da difficoltà appianate, da interessi opposti appagati; è la più compiuta sicurezza regnante nella società. »

Ecco su quali basi egli vuole assodata la pace:

« Per consolidare la pace davvero, dic'egli, fa d'uopo aver un sistema equo ed elevato, osare di confessarlo francamente, e difenderlo con vigore; fa d'uopo dare allo straniero una grande idea della buona fede e della forza della Francia, provando insieme coi fatti, ch'ella non ha veruna velleità di conquiste. »

E lo scrittore di questo articolo, sempre consentaneo a sè stesso, sia nelle parole, sia negli atti, va ora mostrando all'Europa la propria lealtà, la dignità e la forza.

In quanto alla guerra, egli non la giustifica che pel suo scopo e per la sua necessità.

« Se l'umanità, egli dice, permette che si arrischi la vita di migliaja d'uomini sui campi di battaglia per difendere la propria nazionalità e indipendenza, essa biasima e condanna quelle guerre immorali, che' fanno ammazzare uomini al solo fine d'influenzare l'opinione pubblica e di sostenere con qualche ripiego un governo sempre nell'imbarazzo. »

L'articolo sui *Nobili* (23 dicembre 1844) riconosce i vantaggi dell'antica nobiltà, e addita i difetti della nuova che non ha più privilegi, e che è ridotta a titoli senza prestigio e senza valore.

« In fatto di politica, ei dice, non comprendiamo che i sistemi chiari e netti.

Se il governo vuol ricostruir l'edificio, per abbattere il quale i re ed il popolo occuparono cinquecento anni, adoperi i mezzi più atti per riuscirci; dia a tutti questi nobili, in primo luogo, il battesimo della gloria, perchè senza prestigio non v'ha nobiltà; dia loro vasti possedimenti territoriali, perchè senza ricchezza non v'ha nobiltà; ristabilisca il diritto di primogenitura, e il solo primogenito, come in Inghilterra, erediti il titolo; perchè, senza questa disposizione che isola il capo di famiglia e confonde i suoi fratelli col resto del popolo, l'influenza si divide e la nobiltà si allontana troppo dai plebei. »

L'unico articolo ch'egli pubblicò sul giornale del Passo di Calais, colla sua firma, per cui poco mancò che l'estensore in capo incorresse in un processo di stampa, avea per titolo: *De' governi e dei loro sostegni*; ed era nientemeno che una dichiarazione di principii politici e sociali, una provocazione ad una piena riforma di governo.

« Far dei ponti da fabbrica, dice il principe, non è un fabbricare.

Suscitare le passioni volgari della folla non è un governare.

Non si edifica solidamente che sulla roccia.

Ora, edificar sulla roccia vale quanto stabilire il governo sopra un'organizzazione democratica.

Diremò dunque, soggiunge, che un governo deve oggidì trar la sua forza morale da un principio, e la sua forza fisica da un' organizzazione.

Allora il nuovo regime avrà una base tanto solida quanto l'antico; perocchè l'accettazione d'un principio riconosciuto da tutti gli cattiverà l'opinione pubblica, e lo stabilimento d'una vasta organizzazione gli procaccerà il sostegno di tutte le braccia.

Supponiamo, per esempio, che un governo accetti francamente il principio della sovranità del popolo, vale a dire, dell'elezione: egli avrà per sè tutti gli animi; perocchè qual è l'individuo, la casta, il partito, che oserebbe combattere un diritto, il quale fosse il prodotto legale della volontà del popolo ?

Supponiamo inoltre ch'egli organizzi la nazione dando a ciascuno doveri e diritti fissi, vale a dire un posto nella comunità, un gradino sulla scala sociale : egli avrà ordinato in ischiere tutto il popolo, e assicurato quell'ordine vero, che ha per base l'eguaglianza dei diritti, e per norma la gerarchia del merito. »

Luigi Napoleone, salito al potere, seguì appuntino codesto suo disegno.

« Date al proletario più anarchico diritti certi, un posto legale nella società, ei diceva : e voi ne fate subito un uomo dell'ordine, amante del pubblico bene; perchè gli date interessi da difendere ».

La conclusione di questo scritto predice la caduta del sistema politico di Luigi Filippo, mascherato di liberalismo; e il giudice severo di quel fiacco governo diceva su questo proposito :

« La Francia non è punto organizzata secondo i suoi costumi, interessi e bisogni; nè la libertà, nè il potere hanno saldezza.

Tranne quel piccol numero d' uomini, che compongono ciò che si chiama il *paese legale*, noi non vediamo che grani di sabbia, secondo l'espressione del Primo Console: — « grani di sabbia che riuniti formerebbero una roccia inconcussa, e che dispersi non fanno altro che polvere! » —

Il principe, assorto in lavori più serii e meno effimeri, lasciò in disparte questa polemica, la quale non oltrepassava gli angusti confini della pubblicità che tocca ordinariamente ai giornali di provincia: ma ebbe però a difendere la memoria di Napoleone dalle acri censure, con che lo assaliva Lamartine in una lettera pubblicata da quel gran poeta e prosatore (ma debole uomo di Stato, come si vide nel 1848) nella *Rivista Indipendente*: il nipote dell' Imperatore credette suo dovere di rispondervi, e lo fece in maniera da mettere in vera luce i fatti, svisati in tutto o in parte dal suo eloquente avversario.

« Io non difendo il principio della rivoluzione del 18 brumajo, dice il principe, nè il modo riciso con cui si operò. Un'insurrezione contro un governo costituito può essere necessità; ma non mai un esempio che si possa convertire in principio.....

La questione che importa di risolvere è di sapere, se il 18 brumajo salvasse sì o no la Repubblica. » (Ed ecco, dico anch'io, come si deve ormai giudicare il colpo di Stato del 2 dicembre 1851.)

E prova ad evidenza, dipingendo la situazione della Francia in quel periodo di tempo; prova, dico, che la Francia era perduta, se il Primo Console non avesse trovato nella propria coscienza il coraggio d'infrangere la Costituzione dell'anno III, e di farsi dittatore.

Vedremo poi come il nipote sapesse imitare lo zio nel colpo di Stato del 2 dicembre 1851. Del resto il panegirista di Napoleone prosiegue a dire in questo scritto:

« Tra tutti i governi che precedettero o successero al Consolato e all'Impero, nessuno fece, anche in tempo di pace, per la prosperità della Francia, la millesima parte di quanto l'Imperatore creò durante la guerra. »

Il principe termina questa nobile difesa, dolendosi che un uomo, il quale accetta la splendida missione di avvocato degl'interessi democratici, rimanga insensibile ai prodigi, nati dalla lotta di tutte le aristocrazie europee contro il Rappresentante della Rivoluzione, e che sia inesorabile per i suoi errori, senza pietà per le sue sventure quel desso, la cui voce armoniosa ha sempre accenti per compiangere le disgrazie, per iscusare le colpe dei Borboni.

« E che? dolorosamente esclama: il signor Lamartine trova rimpianti e lagrime per le violenze del ministero Polignac; ed ha la pupilla asciutta, amara la parola, allo spettacolo delle nostre aquile soccombenti a Waterloo, e del nostro Imperatore plebeo morente a S. Elena? »

Poco prima di questa specie di giostra, in cui combattè per l'onore del vessillo francese, il prigioniero di Ham avea spedito all'Accademia delle scienze di Parigi (nel maggio 1843) una memoria relativa ad una nuova teorica sulla Pila Voltiana: l'analisi di questa memoria, fatta dal celebre Arago, segretario perpetuo dell'Accademia, ottenne l'onore d'essere inserita nei processi verbali delle sessioni; e il relatore, rendendo piena giustizia all'importanza delle scoperte illustrate dall'autore della memoria, non dimenticò di accennar mestamente, che molti sperimenti del nobile fisico di Ham erano stati impediti dalle inferriate di cui erano guernite le finestre della sua prigione. Il principe, divenuto poi imperatore, propose un lauto premio a chi avesse fatto nuove scoperte per mezzo della Pila Voltiana, favorevoli all'incremento dell'industria.

# CAPITOLO XIII.

.Proposte di amnistia. — Lettera del principe prigioniero ad un amico su questo proposito. — Suo rifiuto d'un'amnistia condizionata. — Altra sua lettera su tal soggetto in risposta all'estensore di un giornale francese. — Opuscolo del principe sull'*abolizione della mendicità*, od estinzione del pauperismo. — Da che dipenda la ricchezza d'un paese. — Guaj dell'agricoltura. — Bisogni dell'industria. — Condizione del commercio interno e dell'esterno. — Come debbano regolarsi le imposte. — Sul buono e cattivo uso delle rendite dello Stato. — Sulla poca utilità delle Casse di Risparmio per gli operaj. — Rimedi proposti dal principe alla miseria della classe operaja. — Proposta di una legge, di capitali, e di un organamento confacenti all'uopo. — Scelta ed ufficio de'probi-viri. — Utilità ed importanza di tale istituzione. — Come si possa governar bene il così detto popolo minuto. — Benefici effetti pronosticati a codesto sistema proposto dal principe. — La massa degli operaj paragonata ad un fiume. — Vero eden degli operaj vagheggiato da Luigi Napoleone. — Calcoli statistici sugl'immensi vantaggi del sistema proposto dall'autore dell'opuscolo sulla *estinzione del pauperismo*. — Vantaggi che ne ridonderebbero specialmente al governo. — Sapiente conclusione dell'opuscolo sul *pauperismo*. — Elogi fatti a quel libro. — Lettera responsiva del principe ad un indirizzo fattogli da molti operaj.

La prigionia di Luigi Napoleone era come una propaganda Bonapartista che diffondevasi nei dintorni della cittadella di Ham e penetrava insensibilmente nell'esercito e nel popolo; sicchè Luigi Filippo avrebbe desiderato di graziarlo, a condizione però che il prigioniero chiedesse spontaneamente un'amnistia o acconsentisse almeno a rifare la via dell'esiglio, rinunziando ad ogni tentativo per rientrare in Francia; si tentò di persuaderlo a questo; ma invano: anzi in tale occasione, per rispondere pubblicamente a chi gli si offeriva intercessore di codesta amnistia, e prevenire oltracciò nuove calunnie contro il suo proprio onore, nel caso che fosse messo in libertà, suo malgrado, scrisse a M.... L.... la lettera seguente, inserita nel *Progresso del Passo di Calais*, e ripubblicata da molti altri giornali.

« Forte di Ham, 18 aprile 1843.

Voi mi dite che si parla molto, a Parigi, d'un'amnistia, e mi chiedete quale impressione produca in me questa nuova: rispondo francamente alla domanda.

Se dimani mi aprissero le porte della mia prigione, dicendomi: — Voi siete libero: venite con noi a sedervi come cittadino al focolare nazionale; la Francia non ripudia più alcuno de' suoi figli — ah! certo allora l'animo mio esulterebbe di gioja.

Ma se per lo contrario venissero a propormi di mutare la mia condizione attuale coll'esiglio, rifiuterei una tal proposta, perocchè questa sarebbe a' miei occhi un aumento di pena.

Io preferisco la prigionia sul suolo francese alla libertà in terra straniera.

D'altra parte so quanto valga un'amnistia che venga dal governo attuale.

Sette anni sono, dopo l'affare di Strasburgo, vennero una notte a togliermi dai giudici del paese, e senza badare alle mie proteste, senza pur darmi il tempo di prender meco gli abiti necessari, mi strascinarono lontano duemila leghe dall'Europa. Dopo avermi ritenuto prigioniero sin nella

rada di Rio Janeiro, mi condussero finalmente negli Stati
Uniti.

Avendo avuto notizia a Nuova York della grave malattia di mia madre, ritornai in Inghilterra. Al mio arrivo colà, qual fu la mia sorpresa in vedere, che tutte le porte del continente mi erano chiuse per opera del governo francese! E qual fu la mia indegnazione al sapere, che per impedirmi di andare a chiudere gli occhi alla moribonda mia madre, si era sparsa, durante la mia assenza, codesta calunnia (tante volte riprodotta e smentita), che avevo promesso di non ritornar più in Europa!

Ingannando le polizie degli Stati tedeschi, giunsi in Isvizzera, dove assistetti allo spettacolo più straziante pel cuore di un figlio!

Non appena il cadavere di mia madre fu deposto nel feretro, che il governo francese volle cacciarmi dal suolo ospitale dov' ero diventato possessore e cittadino.

Il popolo svizzero sostenne i suoi diritti e mi trattenne; ma volendo evitare innumerevoli complicazioni, e fors'anco un conflitto, abbandonai spontaneamente, ma non senza vivo rammarico, que' luoghi dove mia madre già da vent'anni avea trasportato i suoi penati francesi, dov' ero cresciuto, infine dove avevo tal numero d'amici, da farmi credere talvolta ch' io fossi nel mio paese.

Ecco quali furono per me gli effetti della violenta amnistia del governo. Vi pare ch' io possa desiderarne un'altra?

Bandito da venticinque anni, tradito due volte dalla fortuna, di questa vita io conosco tutte le vicissitudini e tutti i dolori; e riavutomi dalle illusioni giovanili, trovo nell'aria nativa che respiro, nello studio, nel riposo della mia prigione un incanto che non provai, quando partecipavo ai sollazzi de' popoli stranieri, e, vinto, bevevo alla medesima tazza del vincitore di Waterloo.

In una parola, qualora se ne offra l'occasione, ripeterò quel che dissi alla Corte dei Pari: — Non voglio generosità, perchè so quanto costi! —

Aggradite, ecc.

NAPOLEONE LUIGI BONAPARTE. »

Il Consiglio generale della Corsica, in quello stesso anno, ad unanimi voti manifestò solennemente il desiderio, che la famiglia Bonaparte fosse richiamata dall'esiglio, e il prigioniero di Ham rimesso in libertà e nel pieno possesso de' suoi diritti di cittadino francese. In quella congiuntura il *Giornale del Loiret*, indirizzandosi al prigioniero di Ham, gli chiese a che patto rientrerebbe nella sua patria, se mai gli si riaprissero le porte del carcere e vedesse richiamata in Francia la propria famiglia; a cui il principe diede questa risposta:

« Forte di Ham, 27 ottobre 1842.

Signore,

Rispondo senza titubanza alla domanda che mi fate nel vostro numero del 18 corrente.

Non ho mai creduto, nè mai crederò che la Francia debba assegnarsi in retaggio d'un uomo o d'una famiglia; non ho mai invocato altri diritti da quelli di cittadino francese, e non avrò mai altro desiderio, che di veder tutto il popolo, legalmente convocato, scegliere liberamente la forma di governo che più gli garba.

Nato da una famiglia che dovette il suo innalzamento al suffragio nazionale, mentirei alla mia origine, alla mia natura e, quel che è più, al senso comune, se non ammettessi la sovranità del popolo come base fondamentale di ogni organamento politico: le mie azioni e le mie parole anteriori vanno d'accordo con questa opinione.

Se non sono stato compreso, gli è che non si spiegano le sconfitte, ma si condannano.

Riclamai, è vero, un primo posto, ma sulla breccia: avevo una grande ambizione, ma potevo altamente confessarla quest'ambizione di rannodare intorno al mio nome plebeo chiunque vòlesse la gloria e la libertà.

Se mi sono ingannato, toccava forse all'opinione democratica il prendersela meco? ed alla Francia il punirmene?

Credetemi, o signore, che, qualunque sia la sorte riserbatami in avvenire, non si dirà mai di me, che durante l'esilio e la prigionia *nulla appresi e nulla obbliai!*

Assicuratevi della mia stima e simpatia.

NAPOLEONE LUIGI BONAPARTE. »

Non si parlò più allora di grazia nè d'amnistia; e il principe si rimise di lena a'suoi studi storici, tecnici, politici e sociali, e pubblicò nel maggio del 1844 un opuscolo sull'*abolizione della mendicità,* od *estinzione del pauperismo,* il quale, per la sua intrinseca bontà ed applicabilità generale, merita che qui se ne dia una più estesa analisi, e se ne facciano più lunghi estratti.

« Proporre, dice l'autore nel proemio del suo progetto, un mezzo capace d'iniziare le masse a tutt'i benefizi della civiltà, è come un turar le fonti dell'ignoranza, del vizio, della miseria....

Affido le mie riflessioni al pubblico, nella speranza, che svolte e messe in atto, possano giovare al sollievo dell'umanità.

È cosa naturale nella sventura il pensare a coloro che soffrono! »

Il primo capitolo del libro ne spiega lo scopo, e ci fa toccare con mano le piaghe della società, i vizi dell'amministrazione, la vera questione della mendicità; ed io nel riportarne che fo molti brani, lascio nello stesso ordine di periodetti ricisi questa mia versione, come tutte le altre che feci più sopra, per conservar più che posso, anche nella nostra lingua, l'impronta particolare dello stile di Napoleone III.

« La ricchezza di un paese (egli dice) dipende dalla prosperità dell'agricoltura e dell'industria, dall'incremento del commercio interno ed esterno, dalla giusta ed equa ripartizione delle rendite pubbliche.

Non havvi un solo di questi diversi elementi di materiale benessere, che non sia corroso in Francia da un vizio organico; tutti gl'ingegni indipendenti lo riconoscono, ne sono persuasi, e dissentono soltanto intorno ai mezzi di porvi riparo.

*Agricoltura.* È cosa di fatto, che l'eccessivo sminuzzamento dei possessi tira in rovina l'agricoltura, e tuttavia non è più possibile di risuscitar la legge di primogenitura che manteneva i latifondi e favoriva la coltura in grande; anzi bisogna rallegrarsi che le cose stiano così, riguardandole dal lato politico.

*Industria.* L'industria, questa fonte di ricchezza, non ha oggidì nè regola, nè organamento, nè scopo.

È una macchina che gira senza regolatore, e poco le importa della forza motrice che adopera, triturando egualmente ne' suoi congegni di ruote sì gli uomini come la materia; ella diserta le campagne, accumula il popolo in luoghi non arieggiati, affievolisce l'anima e il corpo, e abbandona su di una strada, quando non sa più che farne, uomini che per arricchirla sacrificarono forza, gioventù e vita.

Vero Saturno del lavoro, l'industria divora i suoi figli e non vive che della loro morte.

Si dovrà dunque, per ovviare a' suoi difetti, metterla sotto un giogo di ferro, toglierle quella libertà che è la sola sua vita, ucciderla insomma, perchè essa uccide, senza saperle grado de' suoi immensi benefizi?

Noi crediamo che basti medicarne i feriti, e prevenirne i colpi.

Ma il farlo è cosa urgente; perchè la società non è un essere fittizio, sibbene un corpo in carne ed ossa, che non può prosperare, se non quando tutte le parti che la compongono si trovano perfettamente sane.

Fa di mestieri un rimedio efficace ai mali dell'industria; il bene generale del paese, la voce dell'umanità, perfino lo stesso interesse dei governi, tutti imperiosamente lo esigono.

*Commercio interno.* Il commercio interno soffre, perchè l'industria producendo troppo in confronto della tenue mercede ch'ella dà al lavoro, e l'agricoltura non producendo abbastanza, la nazione si trova composta di produttori che non possono vendere, e di consumatori affamati che non possono comperare: e lo squilibrio di questa situazione costringe il governo, tanto qui come in Inghilterra, di andar cercando nella China alcune migliaja di consumatori, mentre han sotto gli occhi milioni di Francesi e d'Inglesi sforniti di tutto, i quali, se potessero comprare di che nutrirsi e vestirsi convenevolmente, darebbero al commercio un impulso assai più considerevole, che non gli venga dai più vantaggiosi trattati.

*Commercio esterno.* Le cause che angustiano le nostre esportazioni fuori di Francia hanno troppa attinenza colla politica; onde non vogliam qui parlarne.

Ci basti il dire, che la quantità di merci che un paese esporta è sempre in ragione diretta del numero di palle da cannone che può lanciare a' suoi nemici, quando il suo onore e la sua dignità lo comandino. I fatti accaduti di fresco nella China ci fan prova di questa verità.

Parliamo ora delle imposte.

*Imposte.* La Francia è tra i paesi d'Europa il più aggravato d'imposte. Ella sarebbe forse il paese più ricco, se la fortuna pubblica fosse distribuita nel modo più equo.

La riscossione delle imposte può paragonarsi all'azione del sole, che assorbe i vapori della terra per poi distribuirli sotto forma di pioggia in tutti i luoghi che abbisognano d'acqua per essere fecondati e per fruttare. Quando questa restituzione succede regolarmente, ne siegue la fertilità : ma quando il cielo nella sua collera scarica parzialmente in turbini, bufere e burrasche gli assorbiti vapori, i germi dei prodotti vanno distrutti, e ne risulta la sterilità, dando agli uni molto più del bisogno, e agli altri men del necessario.

Per altro, qualunque sia l'azione benefica dell'atmosfera, alla fine dell'anno è quasi sempre la medesima quantità d'acqua che si assorbe e si restituisce; la sola distribuzione dunque ne fa la differenza: equa e regolare, crea l'abbondanza; prodiga e parziale, porta la carestia.

Dicasi lo stesso degli effetti di una buona o cattiva amministrazione.

Se le somme riscosse ogni anno sulla generalità degli abitanti sono adoperate ad usi improduttivi, come per esempio ad erigere inutili fortezze, a rizzare sterili monumenti, a mantenere in mezzo ad una pace profonda un esercito più dispendioso di quello che vinse ad Austerlitz, l'imposta in questo caso diventa un peso opprimente, che rifinisce il paese, perchè piglia senza dare; ma se invece questi mezzi si adoperano a crear nuovi elementi di produzione, a ristabilir l'equilibrio delle ricchezze, a distruggere la miseria promovendo e organizzando il lavoro, infine a guarire i mali che la nostra civiltà trae seco; allora certamente le imposte diventano pei cittadini, come disse già un ministro dalla tribuna, *la migliore investitura del danaro*.

Si dee dunque trovar nel bilancio il primo punto d'appoggio di ogni sistema che mira al sollievo della classe operaja.

Cercarlo altrove è una chimera.

Le Casse di risparmio son utili senza dubbio alla classe agiata degli operaj, siccome quelle che le offrono il mezzo di fare un uso vantaggioso delle proprie economie e del proprio superfluo; ma per la classe più numerosa, che non ha verun superfluo, e per conseguenza niun mezzo di fare economia, questo sistema è al tutto insufficiente.

Infatti, voler alleviare la miseria di persone le quali non han di che vivere, proponendo loro di mettere in serbo ogni anno qualche cosa, ch' esse non hanno, è una derisione od un'assurdità. »

Dopo aver fatto questa viva pittura, e sgraziatamente pur troppo vera, delle cause organiche le quali inceppano la prosperità dell'industria, dell'agricoltura e del commercio in Francia (e molto più in Italia), l'autore si affretta a proporre il necessario rimedio a sì grave condizione di cose.

« Che si ha dunque a fare? dice l'autore. Ecco, soggiunge:

La nostra legge d'eguaglianza nella divisione delle proprietà rovina l'agricoltura? Ebbene si rimedii a quest'inconveniente per mezzo di un'associazione che impiegando tutte le braccia disoccupate torni a creare i latifondi e la coltura in grandi proporzioni, senza che ne abbiano a scapitare i nostri principii politici.

L'industria chiama ogni giorno gli uomini nelle città, e gli snerva? Ebbene, si richiamino nelle campagne coloro che nelle città son di soverchio, per ristorarne all'aria aperta l'animo e il corpo.

La classe operaja non possiede nulla? Ebbene, è mestieri renderla proprietaria.

Non ha altra ricchezza che le sue braccia? Ebbene, bisogna dare a queste braccia un'occupazione giovevole a tutti.

È come un popolo d'Iloti in mezzo ad un popolo di Sibariti? Ebbene, bisogna darle un posto nella società e legare i suoi interessi a quelli del suolo.

Finalmente, è senza ordinamento e senza legami, senza diritti e senz'avvenire? Ebbene, bisogna darle diritti ed un avvenire, e rialzarla a' suoi propri occhi, mercè l'associazione, l'educazione, la disciplina. »

Luigi Napoleone per compiere un progetto sì degno dello spirito dei tempi, e sì utile alla quiete della società, dimanda tre cose: 1.º una legge; 2.º un primo versamento di fondi presi dalle rendite dello Stato; 3.º un organizzamento.

Ci vorrebbe una legge che desse all'associazione per gli operaj que'nove milioni e cento novanta mila ettari di terre incolte, che sono in Francia possedute dal governo, dai comuni e da'privati, salvo a pagare annualmente ai proprietari il prodotto di queste terre, come verrebbe fissato nel momento in cui l'associazione prendesse possesso del suolo.

Ci vorrebbe un primo versamento di capitali, circa trecento milioni, forniti dallo Stato in quattro anni, per fondar le colonie agricole, che darebbero, in capo a dieci anni, un'imposta agraria di otto milioni, senza contare l'organamento delle imposte indirette.

Infine ci vorrebbe un organamento, che consistesse nel creare una classe di periti scelti tra gli operaj od i braccianti, che servissero d'intermediari tra essi e l'autorità: questi periti formerebbero così una specie d'aristocrazia del lavoro, gli uni addetti all'industria privata, gli altri impiegati negli stabilimenti agricoli.

« Noi vorremmo, dice l'autore, che annualmente tutti gli operaj o proletari si radunassero nelle comuni, per procedervi all'elezione de' propri rappresentanti o probi-viri, in ragione di un probo-viro per ogni dieci operaj. La buona condotta dovrebb' essere la sola condizione di eligibilità.

Ogni capo di fabbrica o di masseria, ogni appaltatore dovrebb' essere obbligato per legge, quando impiegasse più di dieci operaj, ad avere un probo-viro per dirigerli, e a dargli un salario doppio di quello de' semplici operaj.

Questi probi-viri avrebbero, nella classe degli operaj, il medesimo uffizio dei sott'ufficiali nell'esercito; farebbero il primo grado della gerarchia sociale, stimolando la lodevole ambizione di tutti, e mostrando a tutti una ricompensa facile ad ottenersi.

Nobilitati ai loro propri occhi dagli stessi doveri che avrebbero a compiere, sarebbero costretti a dare esempio di buona condotta: con questo mezzo ogni decina di operaj conterrebbe in sè il germe di perfezionamento.

Ciò che fa migliori gli uomini si è di metter loro sempre sotto gli occhi una meta da raggiungere, che sia onorevole ed onorata.

In quanto all'impulso da dare alla massa del popolo per illuminarlo, parlargli, farlo operare, la questione si trova semplificata nel rapporto di uno a dieci: supponendo che vi siano venticinque milioni d'uomini, i quali vivano dì per dì del proprio lavoro, si avranno due milioni e mezzo d'intermediari a cui potersi rivolgere con tanto maggior fiducia, in quanto che essi partecipano e agl'interessi di quelli che obbediscono, e alle idee di quelli che comandano. »

Le mire del principe sulla necessità di organizzare le masse non si mutarono poi: sicchè può dirsi, ch'egli tracciava nel 1844 la via di governare, a cui restò sempre fedele come presidente della repubblica e come imperatore.

« Le masse non organizzate, diceva egli, son nulla; disciplinate, son tutto.

Non organizzate, nè possono parlare nè farsi capire; possono nemmeno ascoltare, nè ricevere un impulso comune.

Da un lato, la voce di venti milioni d'uomini sparpagliati su di un vasto territorio si perde senza eco; e dall'altro, non vi è parola abbastanza forte e persuasiva per portare da un punto centrale, in venti milioni di coscienze, senza riconosciuti intermediari, le dottrine sempre severe del governo.

Al dì d'oggi il regno delle caste è finito: non si può governare che con le masse; bisogna dunque organizzarle, affinchè possano formolare le proprie volontà, e disciplinarle, affinchè possano esser dirette e illuminate sui loro propri interessi.

Governare non è già un dominare i popoli colla forza e colla violenza, sibbene un condurli verso un miglior avvenire, facendo appello alla loro ragione ed al loro cuore. »

Sublime teoria di governo, dice il Lacroix, che il suo autore ebbe la fortuna di mettere in pratica!

Luigi Napoleone suppone per un momento, che i tre mezzi da lui proposti, cioè la legge, il versamento di denaro e l'organamento siano fatti compiuti: venti milioni di proletari hanno rappresentanti sortiti liberamente dall'elezione, e un quarto del territorio francese è posseduto da loro: dovunque vi siano terreni incolti, vediamo fondarsi colonie agricole che offrono pane, istruzione, religione, lavoro a chiunque ne manca.

« Queste caritatevoli istituzioni, dic'egli, in mezzo ad un mondo egoista, ligio alla feudalità del danaro, devono produrre lo stesso benefico effetto di quei cenobi, che nel medio evo vennero a seminare tra le foreste, tra gli uomini d'arme ed i servi, germi di scienza, di pace e di civiltà.

Le colonie agricole avrebbono due fini da raggiungere; 1.º di nutrire un gran numero di famiglie povere, facendo loro coltivare la terra, curare il bestiame, ecc.; 2.º di offrire un momentaneo rifugio a quella massa fluttuante di operaj, a cui la prosperità dell'industria dà un'operosità febbrile, e cui l'arrenamento degli affari o l'invenzione di nuove macchine fa piombare nella più profonda miseria.

Tutti i poveri, tutti quanti gl'individui senza lavoro troverebbero, in que' luoghi, il modo di trar profitto dalla propria forza ed intelligenza, a pro eziandio di tutta la comunità.

Quando l'industria privata avrà bisogno di braccia, verrà a chiederne a questi depositi centrali, che col fatto manterranno sempre i salari ad una tariffa adeguata; perocchè è cosa chiara che l'operajo, certo di trovare nelle colonie agricole una sussistenza sicura, non accetterà lavoro nell'industria privata, se non in quanto questa gli offrirà mercedi superiori allo stretto necessario, il quale gli verria sempre somministrato dall'associazione generale.

Per eccitare l'emulazione dei lavoranti, si leverà dai guadagni di ogni stabilimento una somma destinata ad istituire per ogni operajo un personale peculio.

Questo capitale diventerà una vera cassa di risparmio, in maniera che l'operajo laborioso potrà per mezzo di questo individuale peculio accumulare, in capo a qualche anno, una somma capace di assicurare la propria sussistenza pel resto di sua vita, anche fuori della colonia.

Per meglio definire il nostro sistema, ricorreremo ad un paragone.

Quando in mezzo ad un paese scorre un largo fiume, questo fiume è una causa generale di prosperità; ma qualche volta la soverchia abbondanza delle acque o la loro eccessiva penuria reca l'innondazione o la siccità. Che cosa si fa per rimediare a questi due flagelli? Si scavano (il Nilo ne fornisce l'esempio) vasti bacini, in cui il fiume scarica il soverchio delle sue acque, quando ne ha troppe, e ne riprende invece, quando non ne ha abbastanza; e in questa maniera si assicura alle acque una costante uguaglianza di livello, da cui nasce l'abbondanza.

Orbene, ecco quel che proponiamo per la classe operaja, altro fiume, che può essere sorgente di rovina o di fertilità, secondo la maniera con cui se ne dirige il corso.

Noi dimandiamo, per la massa mobile degli operaj, vasti ricoveri in cui si applichi a svolgere le forze e l'ingegno, ricoveri che, quando si rallenti l'attività generale del paese, conserveranno il di più delle forze non impiegate, per restituirle poi mano mano al movimento generale.

In somma noi dimandiamo veri *scaricatoj* della popolazione, utili *serbatoj* del lavoro, che mantengano sempre alla medesima altezza quell'altro livello della giustizia divina, la quale vuol che il sudore del povero riceva la sua giusta mercede. »

L' autore ci rappresenta poi le colonie e i villaggi agricoli, in cui case sane e ridenti sottentrano ben presto alle trabacche del campo primitivo; in cui la scuola e lo spedale s' innalzano di fianco alla chiesa; in cui i probi-viri sotto gli ordini dei direttori sorvegliano la vita comune, in quegli asili che non sono fatti per nutrir fannulloni, ma per nobilitar l' uomo con un' educazione morale, con un lavoro sano e adeguato. Una severa disciplina regnerà tra queste agglomerazioni di famiglie e d' individui isolati; ma il principio d' associazione non ne sarà che più benefico e più fruttuoso.

· « Ordinariamente, dice l' autore del progetto, le rendite del suolo sono divise in tre parti, senza contar quella del fisco: la prima fa vivere i contadini che lavorano la terra; la seconda è l' assegnamento del fittajuolo; la terza arricchisce il proprietario.

Nei nostri fondi-modelli la classe operaja avrà per sè sola questi tre prodotti; ella sarà tutt' insieme lavorante, fittajuola e proprietaria; i suoi utili saranno dunque immensi; tanto più, in quantochè le spese in un'associazione bene stabilita sono sempre minori che non nei poderi privati.

La prima parte farà vivere in modesta agiatezza un gran numero di famiglie povere ; la seconda parte servirà a formare i peculi individuali ; la terza parte fornirà i mezzi, non solo di fabbricar case di beneficenza, sibbene anche di aumentare continuamente il capitale della società, comperando nuovi terreni. »

In fatti si può prevedere un tempo, in cui l'associazione operaja per mezzo di queste compre si troverà sola proprietaria di que' terreni che aveva prima presi in affitto, mediante un annuo livello. Oltre l'abolizione della mendicità, il progetto del principe doveva avere due immensi risultati, che la scienza economica si sforza in vano di ottenere; mentre l'industria attrae continuamente il popolo nelle città, l'associazione agricola lo richiamerebbe nelle campagne, ricostruendo i lati-fondi e la coltura a vaste proporzioni.

Luigi Napoleone ( dice il bibliofilo Jacob ) non si limita ad esporre così sommariamente i vantaggi generali del suo progetto ; ma ne adduce le prove, accenna i mezzi di esecuzione, e tratta con tutta la logica delle cifre il capitolo delle spese e delle rendite.

Egli dimostra in modo decisivo, che non occorrerebbono se non mille settecent'ottant'uno operaj per dissodare tutti i terreni incolti della Francia, nello spazio di vent' anni ; che ogni èttaro di terreno dissodato e coltivato produrrebbe sessantacinque franchi nel primo anno, centotrenta franchi negli anni successivi ; che l'organamento di questo sistema non costerebbe più che la paga annuale dell'esercito, e in capo a vent'anni la società avrebbe fruttato mille milioni allo Stato, ottocento milioni alla classe operaja e trentasette milioni al fisco.

« Purchè il governo, dice il principe sulla fine di queste memorie, mandi ad effetto la nostra idea, modificandola in tuttociò che l'esperienza degli uomini esperti in queste materie complicate può fornirgli di notizie utili e di nuovi schiarimenti; purchè abbia a cuore tutti i grandi interessi nazionali, e stabilisca il buon essere delle masse su basi inconcusse: sarà inconcusso egli stesso.

La povertà non sarà più sediziosa, quando l'opulenza non sarà più oppressiva; le opposizioni spariranno, e le vecchie pretese, che si attribuiscono, a torto od a ragione, a taluni, svaniranno, a guisa delle *fatue brezze* che increspano la superficie delle acque sotto l'equatore, e che svaniscono al comparire del *vento reale* che viene a gonfiare le vele e spingere avanti la nave.

È una grande e santa missione, ben degna di eccitare l'ambizione degli uomini, quella che consiste nel placare i rancori, nel guarire le piaghe, nel calmare i patimenti dell'umanità, riunendo i cittadini di uno stesso paese in un interesse comune, e affrettando un avvenire che la civiltà dee recar presto o tardi.

Nel penultimo secolo La-Fontaine esprimeva questa sentenza, troppo spesso vera eppure sì triste, sì distruttiva d'ogni società, d'ogni ordine, d'ogni gerarchìa:

« Ve 'l dico in buon francese :
  Nostro nemico è chi ci fa le spese! »
(Che si potrebbe volgarizzare anche così :
  Ve la vo' spiattellare in buon toscano :
  Nostro nemico si è 'l nostro sovrano! )

Oggidì lo scopo d'ogni accorto governo dev'essere di studiarsi in ogni modo acciocchè possa dirsi ben presto :

Il trionfo del Cristianesimo ha distrutto la schiavitu';

Il trionfo della Rivoluzione Francese ha distrutto la servitu';

Il trionfo delle idee democratiche ha distrutto la mendicita'. »

Il governo di Luigi Filippo sdegnò di accettare il parere d'un prigioniero di Stato; ma quest'opuscolo fece una profonda impressione sugli animi *dei pensatori o ben pensanti*; e tra gli altri il Béranger e la signora Dudevant, notissima sotto il pseudonimo di Giorgio Sand, gliene fecero bellissimi elogi in iscritto: ma quel che piacque maggiormente al principe fu un indirizzo di ringraziamento e d'ossequio fattogli da molti operaj stampatori; a cui egli credette suo debito di rispondere con questa letterina, da lui diretta al tipografo Castille, che figura in capo ai soscrittori di quell'indirizzo.

« Forte di Ham, 14 ottobre 1844.

Signore,

Molto mi commosse la lettera che mi dirigeste a nome di molte persone della classe operaja, e mi rallegra il pensiero, che taluni de' miei concittadini facciano giustizia al patriotismo delle mie intenzioni.

Un attestato di simpatia dalla parte di popolani mi par cento volte più prezioso di quelle adulazioni officiali, prodigate ai potenti dai sostegni di tutti i governi; onde mi studierò sempre di meritare gli elogi e di lavorare per gl'interessi di quella immensa pluralità del popolo francese, che ora non ha nè diritti politici, nè un sicuro buon essere, quantunque sia la sorgente riconosciuta d'ogni diritto e di ogni ricchezza.

Compagno agl'infelici sergenti di La-Rochelle, voi intenderete facilmente quali siano le mie opinioni ed i miei sentimenti, giacchè avete sofferto per la medesima causa per cui io soffro: perciò con piacere vi prego di farvi presso i sottoscrittori della lettera, che mi dirigeste, interprete della mia riconoscenza.

NAPOLEONE LUIGI. »

Il governo trattenne (dice Lacroix), un gran numero di lettere, spedite al principe col mezzo postale, lettere di gratitudine e di ossequio, che la lettura della Memoria sul pauperismo aveva eccitato, e che arrivavano ad Ham da ogni parte della Francia e dall'estero.

# CAPITOLO XIV.

Mentre il principe riceveva queste molteplici testimonianze di stima e di simpatia pel suo lavoro sull'*abolizione della mendicità*, venne colpito da una dolorosa disgrazia che toccò alla sua famiglia, cioè dalla morte dell'ex-re di Spagna, Giuseppe Napoleone, il quale soccombeva ad una lunga malattia il 28 luglio 1844 in Firenze, dove si era trasferito dall'Inghilterra per motivi di salute. Il principe scrisse allora e fece pubblicare sui giornali *Alcune parole su Giuseppe Napoleone Bonaparte*, in risposta ad un articolo del *Nazionale* che ne censurava alquanto la condotta politica; e si fa così a spiegare la parzialità degli storici riguardo ai fratelli dell'Imperatore:

« La gloria dell'Impero fu sì grande, che ecclissò la fama di tutti gli attori secondari, e di questo dramma non rimasero nella mente dei più, che queste due immense figure: il grand'uomo ed il gran popolo. Ma interniamoci in tutti i fatti parziali, e vedremo che anche i fratelli dell'Imperatore possono rivendicarsi una parte di gloria, e la loro condotta può ancora spiccare, quando si confronti a quella degli uomini insigni che in ogni tempo illustrarono il proprio paese. »

Sulla fine di questa biografia dello zio, il prigioniero di Stato, alludendo alla propria trista condizione, si fa a dire:

« In un tempo, in cui si condannano come un delitto tutti i sentimenti patriotici, in un tempo in cui la nostra bandiera per ogni dove si ritira in faccia alle pretese straniere; in cui, per non accennare che un fatto, si dà la Gran-Croce della Legion d'onore al duca di Baylen, a colui che fece passare le nostre truppe sotto le Forche Caudine, e che mandò ventimila Francesi a morire sulle chiatte inglesi; in cotal tempo, io dico, è cosa naturale anzi logica, che i congiunti di Napoleone languiscano nelle prigioni o muojano nell'esilio. »

Intanto il principe si occupava con lena perseverante nella sua grande storia dell'artiglieria. Il testo del primo volume era compiuto; i disegni, eseguiti sotto la sua direzione dal dottor Conneau con molta destrezza, erano già in mano agl'incisori, quando si cominciava a stampare a Parigi quest'opera, che dovea comporsi di molti volumi in quarto, e portare il titolo di *Studi sul passato e sull'avvenire dell'artiglieria*.

Nella prefazione, ch'egli scrisse colla data dal forte di Ham, 10 maggio 1845, offre sommariamente il piano che si era proposto; cioè di trattare:

« Qual è la serie dei progressi attuati sino a' nostri giorni nell'arte di lanciare projettili col metodo della polvere;

Quale influsso esercitarono questi progressi sull'arte della guerra e sulla stessa società;

Con quali mezzi si sono ottenuti;

Finalmente, quali sono i progressi sperabili in un prossimo avvenire. »

Ora poi è cosa nota a tutti, quanto esperto si mostrò in quest'arte l'imperatore Napoleone III: ne sono prova le barche cannoniere ed i cannoni rigati, sua recente invenzione.

Di qui si vede ch'egli preparava non solo una storia descrittiva e teorica, sibbene una storia considerata sotto il doppio aspetto, filosofico e politico.

« Non si possono descrivere le diverse fasi di un'arte, egli dice, senza fare in certo qual modo la storia della civiltà; perocchè ogni cosa si collega nello scibile umano, e ciascheduna delle sue conquiste ha bisogno del concorso di tutte le altre.

Per dare all'artiglieria una costruzione conforme alle leggi della meccanica, della fisica, della chimica, della metallurgia, della balistica, bisognava avere scoperto i principii di queste scienze; per giungere ad introdurre in questo gran corredo di macchine l'uniformità, la semplicità, la regolarità, il complesso necessario, bisognava che anche i governi avessero acquistato e fondato l'unità, causa principale e feconda del progresso.

Le invenzioni troppo superiori al loro tempo rimangono inutili fino al momento, in cui il livello delle cognizioni generali arrivi fino a loro..... V' ha dunque una mutua dipendenza che obbliga le nostre invenzioni ad appoggiarsi le une alle altre, e per conseguenza ad aspettarsi in certo qual modo. Sorge un' idea? Ella resta sotto la forma di problema per più anni, anche per secoli, infino a tanto che modificazioni successive le permettano di entrare nel campo della pratica.

Ciò mostra che la civiltà non s'avanza balzelloni; ma fa un cammino più o meno pronto, sempre però regolare ed a gradi. Si dà una figliazione così nelle idee come negli uomini; e gli umani progressi hanno una genealogia, di cui si possono seguire le tracce attraverso i secoli, in quella guisa che si risale verso la sorgente dimenticata dei grandi fiumi. »

Il nobile prigioniero, sulla fine di questa introduzione alla sua grand'opera, allude alla propria condizione d'allora, dicendo: « Per dar mano ad un lavoro di sì lunga lena ci voleva uno sprone gagliardo; questo impulso è l'amore dello studio e della verità storica; io indirizzo quest'opera a tutti coloro che amano le scienze e la storia, guide nella prosperità, consolatrici nella trista fortuna. »

La storia dell'artiglieria non era la sola opera importante, a cui il principe dedicasse le proprie meditazioni nel corso dell'anno 1845; chè si era proposto di scrivere anche una storia di Carlo Magno, volendo fare il parallelo tra lui e l'imperatore Napoleone, alla foggia delle vite parallele di Plutarco: e n'ebbe incoraggiamenti dall'illustre storico ginevrino Sismondi, a cui il principe si era rivolto perchè gl'indicasse le fonti originali da consultare su questo proposito; ma i suoi lavori preparatorii rimasero per allora incompiuti, distrattone da studi puramente geografici e scientifici; perocchè vagheggiava un progetto del taglio dell'istmo di Panama che congiunge le due Americhe: progetto, ch' egli certamente favorisce anche oggidì, mentre Lesseps già da tanto tempo generosamente si sforza di ottenere col denaro e coll' influenza della colta Europa il taglio dell' istmo di Suez.

Frattanto le repubbliche dell' America centrale avevano incaricato il loro ministro plenipotenziario, Castellan, di sollecitare dal governo di Francia la liberazione del principe, ch' esse invitavano a fissar la sua residenza colà, cioè negli Stati di Guatimala, San Salvador e Honduras: ma le istanze presso il governo di Luigi Filippo furono vane; e solo a stento il Castellan, pochi giorni prima del suo ritorno in America, ottenne il permesso di abboccarsi col principe: il quale, ringraziatolo de' suoi buoni uffizi, lo pregò di non fare più alcun tentativo in suo favore presso il governo francese. Nel lungo colloquio, che il Castellan ebbe col principe, fu meravigliato al vedere quanto si fosse approfondito nella questione del taglio dell'istmo di Panama; e in una Memoria che il principe stese, a richiesta del ministro americano, su quel soggetto, dimostrò per mezzo di calcoli incontrastabili la possibilità di aprire, giovandosi dei laghi di Leon e di Nicaragua, in mezzo a fertilissimi paesi, un canale di comunicazione fra l' Atlantico e l' Oceano Pacifico, con eccellenti porti alle sue foci e vasti bacini favorevoli al commercio interno.

Tanto il Castellan, come il Montenegro, ministro degli affari esteri, ed altre persone a Guatimala si adoprarono con tutto l'ardore per ottenere che il principe efficacemente potesse giovare all' impresa del taglio di quell'istmo, dandogli facoltà di organizzare una compagnia in Europa per eseguire la congiunzione dei due Oceani; la qual congiunzione, secondo un decreto del governo di Guatimala, dovea portare il nome di *Canale di Napoleone di Nicaragua*: ma quando il principe ricevette questo onorevole incarico, non poteva più dedicarsi a tale impresa, che richiedeva tanti studi e tanti sforzi; perocchè, avendo ricevuto tristissime nuove sulla salute del padre, non bramava di ricuperare la sua libertà, che per andare a Firenze a compiervi un dovere figliale e assistere al letto del padre morente.

Il prigioniero, che avea sopportato sin qui con inalterabile pazienza quella dura prigionia, dopo aver costantemente rifiutato di tentare una fuga propostagli ripetutamente dal suo fidissimo dottor Conneau, ora sentendo lo stato deplorabile di salute in cui si trovava il padre, si lasciò piegare, assecondando le istanze e i tentativi che facea la sua famiglia per trarlo in qualche modo dal forte di Ham. I tentativi fatti per intercessione di molte illustri persone ad istanza dell'ex-re Girolamo, della principessa Matilde, allora già sposa del principe Demidoff, e dello stesso Luigi ex-re d'Olanda, che avea spedito appositamente a Parigi il suo amicissimo Silvestro Poggioli, riuscirono vani: allora il povero vecchio, che si sentiva morire, scrisse al figlio, supplicandolo a fare anch'esso dal canto suo un passo che, per quanto costasse alla sua alterezza, gli sarebbe perdonato dal cuore. Luigi Napoleone accondiscese al desiderio ed alle preghiere del padre, e trasmise al Poggioli questa lettera, diretta al ministro degli affari interni :

« Dal Forte di Ham, 25 dicembre 1845.

Signore,

Mio padre, la cui vecchiezza e la infermità riclamano le mie cure, chiese al governo di autorizzarmi a recargliele: le sue istanze non vennero esaudite.

Da quel che sento dire, si esigono da me formali malleverie.

In tal circostanza, l'animo mio non può titubare, e son pronto a far tutto quanto è compatibile col mio onore, per poter dare a mio padre quelle consolazioni, che può pretendere a buon diritto da me.

Vi dichiaro adunque, o signore, che se il governo francese acconsente a permettermi il viaggio di Firenze per compiervi questo sacro dovere, prometto, sulla mia parola d'onore, di far ritorno in Francia e mettermi di nuovo a sua disposizione, non appena me ne significhi il desiderio.

Ricevete, o signore, l'assicurazione della mia alta stima.

NAPOLEONE LUIGI BONAPARTE. »

Il Poggioli fece consegnare la lettera al ministro, il quale lo avvertì che il governo di Luigi Filippo esigeva dal prigioniero, se non un'ammenda onorevole del passato, almeno una malleveria per l'avvenire. Frattanto il comandante della cittadella di Ham ricevette dallo stesso ministro dell'interno, conte Duchâtel, questo dispaccio del 15 gennajo 1846.

« Abbiate la gentilezza d'informare il principe, da parte mia, che ho sottoposto la sua istanza al Consiglio dei Ministri, e che il Consiglio non si è creduto competente ad esaudirla.

Codesta liberazione provvisoria sarebbe una grazia travestita; e, qualunque sia il grado dei condannati, niuna grazia può emanarsi se non dalla regale clemenza. »

Questo dispaccio fu comunicato al principe, che non rispose nulla. Di lì a pochi giorni il Poggioli, che aveva ottenuto il permesso di vederlo, non gli tenne nascosti i passi infruttuosi che già da quattro mesi s'eran tentati all'uopo, e gli consegnò nuove lettere del padre, il quale lo sollecitava a togliere tutti gli ostacoli che s'attraversavano alla loro riunione, e gli diceva, come se il principe fosse già libero: « ti aspetto. »

Il principe prese tempo un giorno per riflettere e risolversi; e la dimane, quando il Poggioli andò a sentir la risposta, gli consegnò una lettera suggellata coll'indirizzo al re, la quale diceva:

« Sire,

Non senza una viva commozione vengo a chiedere a Vostra Maestà, come un benefizio, il permesso di allontanarmi, anche momentaneamente, dalla Francia, io che trovo, da cinque anni in qua, nell'aria della mia patria un ampio compenso ai tormenti della prigionia.

Ma ora mio padre, gravemente ammalato, riclama le mie cure; egli si diresse, per ottenere la mia libertà, a persone note pel loro ossequio a Vostra Maestà: è mio dovere di fare dal canto mio tutto quanto dipende da me per andare da lui.

Non avendo creduto il Consiglio de' Ministri, che fosse di sua competenza accettar la dimanda che avevo fatta di andare a Firenze, obbligandomi a ricostituirmi prigioniero, tosto che il governo me ne significasse il desiderio; vengo, o Sire, con fiducia ad appellarmi ai sentimenti di umanità della Maestà Vostra e a rinnovare la mia inchiesta, sottomettendola, o Sire, al vostro alto e generoso intervento.

Vostra Maestà, ne sono convinto, apprezzerà, come lo merita, un passo che obbliga anticipatamente la mia riconoscenza; e commossa dall'isolamento, su terra straniera, di un uomo che meritò sul trono la stima dell'Europa, esaudirà i voti di mio padre ed i miei.

Prego, o Sire, Vostra Maestà di ricevere l'espressione del mio profondo rispetto.

NAPOLEONE LUIGI BONAPARTE.

Dal forte di Ham, 14 gennajo 1846. »

Ma anche l'immenso sagrifizio, che dovette costargli questa lettera, riuscì vano; come si scorge da questa nuova lettera del principe, consegnata da lui al Poggioli, e diretta ad Odilon Barrot (che s'era molto adoperato in favore del principe), la quale era destinata a protestare pubblicamente contro la violenza morale, di cui si voleva far vittima.

« Dal forte di Ham, 2 febbrajo 1846.

Signore,

Prima di rispondere alla lettera che vi compiaceste di scrivermi, permettetemi ch'io vi ringrazi, insieme ai vostri amici politici, della premura che mi avete dimostrato, e dei passi spontanei che credeste bene di fare per alleviar la gravezza del mio infortunio. Assicuratevi della mia perenne riconoscenza verso quei generosi, che in circostanze sì ardue mi stesero amichevolmente la mano.

Ora vi debbo dire il perchè non mi credo in dovere di firmar quella lettera, di cui mi mandaste il modello.

Chi ha cuore e si trova solo a fronte dell'avversità, solo in faccia a nemici bramosi di avvilirlo, deve schivare ogni sotterfugio, ogni equivoco, e dar prova della più gran chiarezza ne' suoi andamenti; fa d'uopo che, come la moglie di Cesare, egli non possa dar motivo nemmeno a sospetti.

S'io sottoscrivessi la lettera che voi e molti deputati mi sollecitano a firmare, chiederei realmente grazia, senza osare di confessarlo; mi celerei dietro l'inchiesta di mio padre, a guisa di un vile che si ripara dietro un albero per evitare la cannonata: ed io stimo questa condotta poco degna di me.

S'io credessi cosa onorevole e conveniente invocare puramente e semplicemente la regale clemenza, scriverei al re: — Sire, io chiedo grazia! —

Ma tale non è la mia intenzione.

Sono già quasi sei anni, ch'io sopporto, senza lagnarmene, una prigionia che è una delle conseguenze naturali de' miei attentati contro il governo: la sopporterò per altri dieci anni, se bisogna, senza accusare nè la fortuna nè gli uomini.

Soffro, è vero; ma tutti i giorni dico tra me: — Sono in Francia, e serbo intatto l'onor mio; vivo senza gioje, ma eziandio senza rimorsi, ed ogni sera mi addormento tranquillo. —

Nulla dal canto mio sarebbe venuto a turbar questa calma della mia coscienza, questo silenzio della mia vita, se mio padre non mi avesse manifestato la brama di riavermi vicino negli ultimi giorni della sua vita.

Il mio dovere figliale venne a togliermi dalla mia rassegnazione, e mi risolvetti ad un passo, di cui pesai tutta la gravezza, ma che recava in sè stesso l'impronta di quella franchezza e lealtà che desidero si vegga in ogni mia azione.

Scrissi al capo dello Stato, a colui che solo aveva il diritto legale di cambiare la mia posizione, chiedendogli di recarmi presso mio padre; gli parlai di benefizio, di umanità, di riconoscenza, perchè non temo di chiamar le cose col vero nome.

Il re parve soddisfatto della mia lettera, dicendo al degno figlio del maresciallo Ney, il quale di buon grado si era incaricato di consegnargliela, essere sufficiente la guarentigia che offrivo; ma non fece ancora conoscere la sua risoluzione.

Invece i ministri, deliberando sur una copia della mia lettera al re, che per deferenza avevo loro spedita, ed abusando sì della mia come della loro condizione, mi fecero avere una risposta, che mostra un gran disprezzo per la sventura.

Sotto il colpo d'un tale rifiuto, nè conoscendo ancora la decisione del re, credo mio debito di non tentare altro passo, e soprattutto di non firmare una domanda di grazia, sotto la maschera di pietà figliale.

Mantengo tutto quanto io dissi nella mia lettera al re; perchè i sentimenti che vi manifestai erano profondamente sentiti, e mi parevano convenienti: ma non mi inoltrerò di una sola linea. La via dell'onore è stretta ed instabile: nè vi ha che un palmo tra la terra ferma e l'abisso.

D'altra parte, credetelo pure, o signore, s'io firmassi la lettera di cui si tratta, crescerebbero le loro pretese.

Il 25 dicembre scrissi una lettera piuttosto asciutta al ministro dell'interno, chiedendogli di lasciarmi andare presso mio padre; mi si risponde pulitamente.

Il 14 gennajo, mi risolvo ad un passo gravissimo per parte mia; scrivo al re una lettera, in cui non risparmio veruna di quelle espressioni ch'io credo convenevoli al buon esito della mia domanda: e mi si risponde con una impertinenza.

La mia posizione è semplice e chiara: son prigioniero, ma mi conforto, respirando l'aria della mia patria. Un sacro dovere mi chiama presso il padre, e dico al governo: — una circostanza imperiosa mi sforza a chiedervi, come un favore, di uscir dalla Francia: se voi esaudite la mia dimanda, fate assegnamento sulla mia gratitudine, tanto più, che la vostra decisione avrà l'impronta della generosità; perocchè non si può far capitale sulla gratitudine di coloro che acconsentissero ad una umiliazione per trarne profitto —.

Insomma, aspetto tranquillo la decisione del re, di quest'uomo che al pari di me passò trent'anni nella sventura.

Confido nell'appoggio e nella simpatia degli uomini generosi e indipendenti come voi siete.

Del resto mi rimetto al destino, e mi adagio sin d'ora in una tranquilla rassegnazione.

Aggradite, ecc.

NAPOLEONE LUIGI BONAPARTE. »

E quind'innanzi non ne volle più sapere, in quanto ai tentativi, fatti di nuovo in suo favore da Odilon Barrot e da altri; perchè gli si facevano da parte del governo proposte, inaccettabili dall'onor suo.

Il principe si era dato di nuovo a' suoi lavori con una cert'aria di noncuranza, la quale però non ingannava il dottor Conneau, suo solo confidente d'allora, e che indovinava coll'affetto persino i crucci segreti dell'illustre suo compagno di sventura. Luigi Napoleone pareva rassegnato alla propria sorte, come ne'primordi della sua prigionia; frattanto andava rivedendo le prove di stampa del primo volume della sua grand'opera sull'artiglieria, e ordinando i materiali del secondo; ma un'idea fissa lo preoccupava di notte e di giorno; sentiva il bisogno di riabbracciare il padre morente; non discendeva più nel suo giardinetto, e s'era fatto indifferente a'suoi fiori, che prima coltivava con tanto amore; parlava ancor meno del solito, durante il pranzo; la sera, con qualche pretesto, si chiudeva soletto in camera. Finalmente un giorno (14 maggio 1846), essendo nella propria camera col solo dottor Conneau che stava disegnando, gli disse ad un tratto, fissandolo in viso:
— Conneau, son risoluto di uscire di qui. —

Il principe adunque concertò insieme al dottor Conneau ed al suo cameriere Carlo Thélin sul modo della fuga; e dopo avere esaminati, un per uno, i molteplici progetti, che questi due suoi fedelissimi seguaci aveano maturato tra loro, decisero tutti e tre, che il prigioniero si varrebbe di un travestimento per uscire dalla cittadella, in pieno giorno, sotto gli occhi de'suoi custodi: da quel momento si occuparono i due complici d'accordo ad allestirne gli opportuni apparecchi. E qui convien notare, che il dottor Conneau in quel tempo era già libero, essendo stato compreso in un'amnistia, pochi mesi prima ch'egli finisse i cinque anni della sua pena; ed aveva ottenuto dal governo il permesso di rimaner presso il principe, come suo medico: sicchè risiedeva liberamente nella stessa prigione, dalla quale poteva uscir quando si sia, come il Thélin, sorvegliato però sempre dagl' impiegati governativi della cittadella di Ham. Questa nuova condizione. del dottor Conneau era più favorevole all' uopo.

Il caso venne subito, in loro ajuto; giacchè, mentre appunto pensavano ad inventare un pretesto per introdurre nella prigione operaj dal difuori, il comandante del forte gli avvertì di essere autorizzato dal ministro dell' interno a far delle riparazioni istantanee sulla scala e sul corridojo che conduoevano al quartiere del principe. All'indomani stesso vennero al castello diversi operaj, che si misero immantinente al lavoro nell' interno della prigione : vi erano muratori, magnani ossia chiavajuoli, falegnami e pittori da squadra; giacchè il comandante, per dar il menomo incomodo possibile al principe, aveva ordinato che i lavori venissero lestamente eseguiti.

Nei dieci giorni dacchè questi operaj lavoravano simultaneamente nella prigione, il dottor Conneau e Thélin ne andavano attentamente osservando le usanze, affine di prevalersene per la meditata fuga del principe; e videro che gli operaj arrivavano quasi tutti insieme, verso le sei del mattino; venivano allora sottoposti ad una specie di rassegna sommaria, tra due ale di soldati che gli esaminavano l' un dopo l' altro; indi si facevano entrar tutti insieme nel quartiere dove alloggiavano i prigionieri, nè uscivano dalla cittadella, durante la giornata, che per andar l' uno o l' altro da solo a cercare in città qualche materiale od arnese, che riportavano nel forte, senza esser sottoposti ad una nuova visita.

Questi lavori erano fatti sotto la direzione di una guardia del Genio e di un appaltatore civile; alla sorveglianza interna della prigione stavano tre custodi, che non abbandonavano mai il loro posto, al fondo della scala, che si andava tutta rinnovando.

Il comandante del forte, che non si alzava prima delle otto, molestato com'era allora dagli abituali suoi reumi, si recava ogni mattina alla prigione per aver nuove del principe, e vi ritornava di tanto in tanto fra il giorno per visitare i lavori e sollecitarli per quanto era possibile. Di sera non mancava mai di assistere alla partenza degli operaj e di passarli in rassegna egli stesso con molta circospezione; dopo di che rientrava in casa per pranzare e dar ordini concernenti il servizio del forte; nè si coricava senza aver veduto il principe, che spesso lo invitava a rimaner seco fino alle dieci: quello era il momento in cui infallantemente si ritirava, interrompendo, allo scoccar delle dieci, la più bella partita di *wisht* o la più interessante conversazione. Egli si affrettava allora ad accommiatarsi dal principe, la cui prigione chiudeva a chiave, di propria mano, dopo essersi ben assicurato che i custodi fossero al loro posto preciso; indi portava seco la chiave della prigione, la quale non si riapriva se non la dimane, a sei ore di mattina, e durante la notte non aveva alcuna comunicazione con la cittadella.

Il generale Montholon, che allora era trattenuto in letto da una leggera malattia, non venne messo a parte del progetto di fuga, per non compromatterlo senza bisogno e inutilmente; per altro i preparativi, che il dottor Conneau e Carlo Thélin aveano dovuto fare, erano tanto semplici da non destare il sospetto di alcuno; perocchè si erano provvisti soltanto di un travestimento adatto all'uopo, ed avean preso a nolo un calesse nella città di Ham.

D'altra parte il comandante del forte era in una sicurezza che da cinque anni andava sempre crescendo; perocchè il principe fingeva di sperare in un'amnistia, la quale non avrebbe potuto tardare, dicevasi, oltre il mese di giugno; e il dottor Conneau aveva fatto arrivare da Parigi molte lettere nelle quali si trattava di tale amnistia come di un fatto certo ed irrecusabile: non si doveva dunque supporre che il prigioniero, invece di aspettare da mezzi ordinari la sua liberazione, cercasse di anticiparne il momento, a rischio di comprometterla con un imprudente tentativo di fuga.

Il giorno di sabbato, 23 maggio, era stato fissato per mandar ad effetto quell'ardito disegno; ma bisognò differire ancora ogni cosa al lunedì susseguente; perchè Luigi Napoleone venne avvertito, che al sabbato mattina dovea ricever la visita di molte persone, conosciute da lui famigliarmente in Inghilterra, e che potevano giovargli in tal congiuntura. Codesta visita infatti gli procurò due passaporti inglesi che quadravano discretamente co' suoi connotati e con quelli del suo cameriere. Questi passaporti gli offrivano maggior sicurezza che non i passaporti francesi, di cui s'era già provvisto dapprima.

Sin dalla vigilia Carlo Thélin fece avvertito il comandante, di voler andare a San Quintino il giorno vegnente per cercarvi de' fiori, che un giardiniere di quella città aveva allestito per il principe.

— Perchè far nuove piantagioni? gli disse il comandante: se non avete nemmeno il tempo di vederle germogliare?

— Se non pensassimo che a noi! soggiunse allegramente Carlo Thélin. A che, per esempio, dar mano a quei maledetti lavori, che durano già da dieci giorni e chè sono insopportabili al principe?

— È vero: c'è proprio un guazzabuglio; ma quando ci ho messo gli operaj, non sapevo che il principe doveva essere graziato nel mese di giugno.

— Se ne fossi sicuro, vi pregherei di licenziare i vostri operaj, che fanno un diabolico fracasso e un orrendo polverio.

— Il principe non se ne lagna però.

— No, ma ne è fin malato. Sapete bene, che non si lamenta mai di nulla: è tanto buono!... Ma chi vi ha detto, signor comandante, che ci sarebbe l'amnistia nel mese di giugno?

— Eh! per bacco! il dottor Conneau, e poi, tutti lo dicono —.

# CAPITOLO XV.

Ansietà dell'aspettativa. — Il talismano di sicurezza. — Nuovo
contrattempo. — Travestimento del principe. — Il sorserello mattinale degli operaj. — Affettuoso commiato. — Colloquio di Thélin
coi due custodi per istornarli dal ravvisare il principe travestito
che passa in mezzo a loro. — Il principe passa oltre inosservato. —
A nuovi contrattempi nuovi stratagemmi. — La libertà, e la croce
del cimitero. — Pericolosi incontri. — Nuovo travestimento. —
Ansiosa aspettazione del principe. — Il cagnolino *Ham*, e il
postiglione arrabbiato. — Nuove incertezze e nuovo sgomento.
— Il principe è in salvo. — Prezioso elogio fatto giustamente
dal principe al Conneau. — Arrivo del principe a Londra. —
Sua lettera all'ambasciatore francese residente a Londra. —
Morte di Luigi ex-re d'Olanda, senza che il figlio possa raccoglierne l'estremo sospiro. — Indegnazione del principe contro i
barbari intrighi della diplomazia francese ed austriaca. — Suoi
beni paterni e materni ; sua splendida liberalità. — Ingegnosi trovati di Conneau per tener lungamente celata la fuga del principe. — Suo processo, in cui si cattiva la simpatia persino dei
giudíci.

I minuti particolari della fuga, che qui riferisco, son tratti
dall'opera del Lacroix, che la racconta ancor più diffusamente: e anch'io ho allargato in questa le proporzioni del
racconto, trattandosi di un episodio che nella sua storica
esattezza serba l'amenità di romanzesche avventure.

Il lunedì, 25 maggio 1846, sin dall'alba il dottore e Carlo
Thélin stavano all'erta vicino ad una finestra, aspettando

ansiosamente che si aprissero le porte della fortezza e
arrivassero gli operaj: notarono che, per un fatal contrattempo, il soldato che facea sentinella all'ingresso della
prigione era appunto quel tale, di cui bisognava schivar
maggiormente lo sguardo e i sospetti; perocchè questo
soldato, che avea fatto per lungo tempo il servizio di ordinanza presso il comandante, s'era assuefatto a spingere
la sorveglianza tant'oltre, da passar qualche volta i limiti
degli ordini avuti; giacchè spiava il via va degli operaj,
e gl'interrogava a capriccio.

Mentre Thélin e il dottore si ricambiavano sommessa-
mente parole d'inquietudine sulla malaugurata presenza
di questo soldato, si cambiarono tutte le sentinelle, a sei
ore, ed anche colui fu surrogato da un altro. Il principe
era già pronto a indossare sopra a' suoi abiti il vestito da
operajo, che si era a tal uopo allestito; nè altro aspettava che il segnale da' suoi due fidi. Già da più giorni
tutte le lettere e le carte, che volea conservare, si erano
depositate in luogo sicuro fuori del forte; avea già distrutto, bruciato o stracciato tutto quanto poteva recargli
impaccio o danneggiare in qualche modo i suoi amici
dopo la sua partenza; non recava seco alcun foglio che
potesse scoprirla; ma si ricordò ad un tratto di avere nel
portafogli due lettere, che aveva sempre tenuto sulla propria persona sin dal tempo della spedizione di Strasburgo:
una di sua madre, che lo incoraggiava a non disperare
della sua stella in qualsivoglia accidente; l'altra, di suo
zio, diretta alla regina Ortensia e che conteneva questo
tratto profetico, relativo a lui: « Spero ch'egli crescerà in
modo da rendersi degno della sorte che lo attende. » A-
perse il portafoglio in silenzio e rilesse commosso quelle
due lettere, ch'egli riguardava come un talismano: e stava
in forse di lasciarle in deposito al dottore; il quale lo
esortò con un'occhiata a custodirle egli stesso.

— Avete ragione, dottore, diss'egli rimettendosi in tasca il portafogli : mio zio e mia madre non possono che portarmi fortuna, ed ho bisogno che mi accompagnino come i miei angeli tutelari —.

Verso le sei e mezzo gli operaj si presentarono in frotta alla visita d'ingresso; erano più pochi del consueto, perchè la lunediana ne avea trattenuto alcuni in letto od alla bettola; quasi tutti indossavano ancora il vestito della festa, ed erano perciò più puliti, meglio sbarbati, meglio acconciati che negli altri giorni di lavoro.

Ma si era fatto assegnamento sui falegnami; e quel giorno i falegnami mancavano. Era un funesto contrattempo, perchè il dottore e Carlo Thélin avevano scelto per la fuga un abito da falegname. Non c'erano che muratori e pittori da fabbrica, i quali, passata una rassegna più lieve del solito nel cortile, si misero tosto al lavoro con una certa indolenza e distrazione, spossati com'erano, e preoccupati ancora dei sollazzi domenicali. Era il momento opportuno, nè bisognava perdere un minuto di tempo.

Il principe si mise di sopra al panciotto una grossolana camicia di tela bigia e un camiciotto nuovo, di taglio piuttosto elegante; si annodò al collo una cravatta a colori e nascose i suoi pantaloni grigi sotto rozzi pantaloni larghi di cotonina azzurra, logori e sbiancati dal bucato; poi di sopra al primo camiciotto se ne mise un altro che si era spiegazzato, sporcato e macchiato a bella posta; il collo di questo camiciotto, rilevato al di dietro, faceva apparire come s'egli avesse il collo affondato tra le spalle; un vecchio grembiale di tela cilestra e un berretto di lontra compivano quel travestimento.

Il principe calzava stivali fini e lucidi, ostinato a tenerli in piedi; e benchè gli operaj non portassero galosce quel giorno, rese inutili dal bel tempo, sostenne che voleva uscire colle galosce sopra gli stivali; chè lo ingrandivano di tre pollici e davano alla sua andatura, abitualmente sì nobile e sì grave, un fare goffo e triviale.

La metamorfosi era veramente stupenda; quand'ebbe abbruniti viso e mani, miniate le guance con rosso vegetale, e tinte le sopracciglia, si mise in capo una parrucca nera dai capegli lunghi, e in fine si tagliò i mustacchi. Questo fu l'ultimo sacrifizio che s'impose il prigioniero: e il dottore sentì uno stringimento di cuore, vedendo cader sotto il rasojo i mustacchi del principe; perchè s'immaginava bene, che, se la fuga si ritardasse di un sol giorno, il comandante non sarebbe sì cieco da non accorgersi di questa trama.

Il principe aspettava che Carlo Thélin gli desse l'avviso di uscire: teneva in bocca una pipa di terra abbronzata con cura dall'uso, e portava sulla spalla una lunga asse, destinata a nascondergli il viso, almeno da una parte; e pareva calmo e serio come al solito.

— Olà! amici, gridò Thélin sulla scala, non si viene dunque a bere il sorserello del mattino? — Era questa un'usanza che credette bene di adottare, sin da quando gli operaj si misero a lavorare nella prigione: li faceva bere tutte le mattine alla salute del principe; e tutti beveano sempre allegramente. Disse al servo di apparecchiare i bicchieri e le bottiglie sulla tavola della sala da pranzo, dove gli operaj andavano tutti in una volta; l'imbandigione non durò che qualche minuto: erano le sette ore, meno un quarto.

— Principe, è tempo! — disse con voce commossa Carlo Thélin, aprendo alquanto l'uscio della camera dove il principe aspettava in silenzio, con una mano in quelle tremanti del dottor Conneau.

— Addio, miei cari! — sussurrò il principe, mentre Thélin teneva la porta semichiusa, asciugandosi gli occhi pieni di lagrime.

— Ah! mio principe, il Cielo vi guidi! — disse sospirando il buon dottore, mentre baciava con effusione di tenerezza la mano del principe che teneva ancora tra le sue. Indi Carlo Thélin, accorgendosi che un operajo, occupato a ristaurare la branca della scala, non s'era ancor mosso alla chiamata, si avanzò in fretta sul pianerottolo e lo sgridò amorevolmente per la sua lentezza, mentre il dottor Conneau andava trattenendo gli altri nella sala da pranzo, col farne riempire di nuovo i bicchieri.

Thélin, che aveva annunciato la sua partenza per San Quintino, si mise un soprabito sul braccio, si tirò dietro col guinzaglio il cane favorito del suo padrone e discese innanzi al finto falegname, che facea le viste di portare la sua asse in equilibrio con molta cautela. Le due guardie, che stavano in fondo alla scala, si scostarono alquanto per lasciar passare l'asse e chi lo portava, senza aver tempo di ravvisarlo.

— Ecco l'ora in cui parte la diligenza —, disse Thélin, collocandosi ad arte tra il finto operajo e quel custode che avrebbe potuto riconoscere il principe. — Se posso arrivare in tempo! Buon giorno, signori!

— Buon viaggio, signor Thélin, risposero ad una voce i due custodi: ci rivedremo stassera; non è vero?

— Certamente, perchè il principe passò una cattiva notte —.

Quel custode si affrettò a tirarsi indietro un passo, per iscansare d'essere colpito da un capo dell'asse portata dal principe.

— Balordo! — borbottò il custode, mentre l'attenzione del suo compagno era stornata da Thélin che gli parlava all'orecchio.

Il principe era passato senza essere riconosciuto, e stava per entrare in corte; quando un chiavajuolo, che lo seguiva davvicino, fece per parlargli: Thélin accorse in tempo a fermar questo operajo pel braccio, dicendogli: — Fatemi il piacere di avvertire da parte mia il dottor Conneau, che meno via con me il cane del principe —.

Mentre il principe arrivava davanti alla prima sentinella, gli cadde di bocca la pipa senza rompersi: e' si abbassò lentamente per ricoglierla; il soldato guardò che cosa faceva, indi continuò la sua passeggiata. Alla porta della cantina, l'officiale di guardia stava leggendo una lettera, e non alzò neppur gli occhi; più oltre, la guardia del Genio e l'appaltatore dei lavori stavano discorrendo tra loro intorno ad un disegno, che si facevano passar tra le mani l'un l'altro; e non volsero nemmeno il capo: sicchè il principe passò vicino a loro senza esser notato: Più oltre, i soldati del posto stavano riscaldandosi al sole, seduti o sdrajati davanti al corpo di guardia: guardarono macchinalmente il finto operajo, il tamburino gli diede un'occhiata beffarda, ma la sentinella non gli badò.

Thélin avea raggiunto il principe, e per distornar l'attenzione dei soldati, si mise a giocare col cagnolino *Ham*, che tutti nel castello e in città conoscevano per nome. Il portinajo, che stava sulla porta del suo casotto, salutò Thélin, e gli disse: — Uscite di buon mattino quest'oggi: menate a spasso *Ham?*

— Vado a San Quintino, rispose, Thélin; ed ecco il mio compagno di viaggio, soggiunse, mostrandogli il cane che voleva slanciarsi verso il suo padrone da lui raffigurato. Questa povera bestia ha tanta smania di prendere un po' d'aria! —

Stava sull'ingresso del transito un sergente, che rivolse vivamente gli occhi verso il finto operajo, il quale diresse subito contro di lui l'estremità dell'asse, in maniera da costringerlo a tirarsi in tutta fretta da un canto, mentre apriva la porta. Il principe oltrepassò la soglia e Thélin lo seguì lesto lesto. Finalmente il prigioniero respirava fuori del suo carcere!

Tra i due ponti levatoj, videsi venire incontro due falegnami, che, osservandolo alla lontana ed esaminandolo curiosamente, si stupivano di non riconoscerlo: allora il principe, a sottrarsi da queste ricerche, fece passare l'asse dalla spalla dritta alla manca, e così celò intieramente il viso, mentre quegli operaj gli si erano fatti vicini coll'intenzione di parlargli, e raddoppiò il passo per isfuggirne le indagini. Ma già questi operaj credevano di averlo riconosciuto per uno dei loro; perocchè sentì dietro a sè questa esclamazione per lui tranquillante: — Ah! è Berthoud! — Come se ne va altiero! replicò l'altro · ma dove diavolo si porta con quell'asse? Non ha ancora smaltito il suo vino di jeri —.

Thélin era entrato in città; e Luigi Napoleone, senza lasciare quell'asse, che gli aveva reso tanti servizi, prese la strada di circonvallazione lungo gli spalti. Egli doveva recarsi sullo stradone di San Quintino ad aspettarvi il suo cameriere; ed avendo già studiato sur una carta il suo itinerario, non gli fu difficile il prendere la strada giusta. Non era ancor salvo, ma sentiva con gioja l'aria della libertà inondargli i polmoni. Tutto a un tratto la vista d'una croce nera, al di sopra di una porta in rovina, gli rammentò che la divina Provvidenza lo proteggeva ancora; era il cimitero del villaggio di San Sulpizio: gli parve allora di vedere in quella croce il pegno della sua liberazione, e inginocchiatosi, col cuore pieno di speranza, chiese a Dio la grazia di rivedere il padre per l'ultima volta. Per buona sorte la vista del cimitero non gli fece in quel momento pensare, che poteva non giungere in tempo di riabbracciar vivo il diletto suo padre, accasciato dagli anni, dalla malattia e molto più dagli affanni di non vedere esaudita l'ardentissima brama, con che sospirava il ritorno dell' unico figlio superstite a tante sventure. Indi trovandosi sulla strada di San Quintino, nascose l'asse in un campo di biade, e raddoppiò il passo allontanandosi dalla città di Ham. Thélin non arrivava ancora; inquieto il principe si guardò indietro per assicurarsi che non venisse inseguito e per giudicare se mai la sua fuga fosse stata scoperta; ma tutto era calma e silenzio nella città e nel castello come nella campagna; il bel sole di primavera, che indorava il tetto delle case e la cima delle torri parea che invitasse il prigioniero a rallegrarsi di esser libero e a scacciare le tristi memorie della sua prigionia.

Sentiva dietro di sè lo scorrere d'una carrozza; ma il rumore di un' altra che veniva da San Quintino lo trattenne dal camminare innanzi al calesse cui doveva condurgli il Thélin, e per non dar sospetto decise di sedersi sull' orlo della strada, facendo le viste di caricare la pipa. I due calessi passarono rapidamente l'uno di fianco all'altro.

— Ah, è il signor Carlo! disse una voce che non era nuova a costui: come sta Sua Altezza? — Era il curato di Ham, che ritornava espressamente dai dintorni, per andare a celebrar la messa alle otto nella cappella del castello, com' era solito di fare ogni quindici giorni alla stess'ora pel principe. E qui bisogna notare, che il dottor Conneau d'accordo col principe, tra gli altri ingegnosi stratagemmi predisposti per tener celata più lungamente che si poteva la fuga del principe, avea già preparata ed a suo tempo fatta spedire una lettera d'avviso al curato, per dirgli che, essendo indisposto il principe, non si direbbe messa in quel giorno alla chiesa del castello per lui. Ma Thélin era sì agitato e commosso, che non aveva osato alzar gli occhi per vedere chi fosse in quel calesse, e nemmeno riconobbe la voce di quel buon prete, il quale per fortuna non fermò il suo cavallo.

Quando il curato fu alquanto più discosto, il principe, gettando il camiciotto, gli zoccoli e la pipa in un fosso, si slanciò nel calesse, ove prese dalle mani di Thélin la frusta e le redini per darsi l'aspetto d'un cocchiere; e facendo galoppare il cavallo, in meno d'un'ora e mezzo percorsero le cinque leghe postali che rimanevano per arrivare a San Quintino.

Uscendo dal villaggio di San Sulpizio, avea scorto in lontananza due gendarmi, i quali parea dovessero fare la stessa strada; ma invece svoltarono per prendere la via di Peronne, prima che il calesse fosse loro vicino. Thélin prese il partito di coprirsi la faccia col fazzoletto ad ogni incontro; il principe invece non cercava più di nascondersi, avendo già messo alla prova il suo travestimento: tuttavia, prima di entrare in San Quintino, smontò dal calesse per far da solo il giro delle mura e andare ad aspettar Thélin sulla strada di Cambrai. Frattanto s'era sbarazzato dal sudicio camiciotto, dalla cravatta turchina e dai vecchi pantaloni che gli coprivano il camiciotto nuovo e i pantaloni bigi; avea conservato soltanto la parrucca, sostituendo al berretto di pelo di lontra un altro di stoffa ad orli gallonati; e si orientò alla meglio, mentre il suo cameriere si recava alla posta dei cavalli, tenuta da un suo conoscente. Questi non si trovava in casa; ma sua moglie si diede tutta la premura di far allestire un legno di posta con due buoni cavalli, e voleva assolutamente trattenere Thélin a colezione: dalla quale si schermì scusandosi col dire, ch'era aspettato a Cambrai e che non aveva un minuto da perdere: tuttavia, pensando al principe ch'era digiuno, accettò di portar seco una fetta di pasticcio e qualche altro cibo, che quella buona donna involse con cura in un tovagliolo, mentre il postiglione attaccava i cavalli.

In quel mentre il principe aveva fatto il giro esterno della città; ma essendosi più volte smarrito nei sentieri ch'egli seguiva alla ventura per arrivar sulla strada di Cambrai, quando ci fu, temette che Thélin l'avesse già oltrepassato: affrettò dunque il passo nella speranza di raggiungere il legno di posta ch'ei non vedeva: ma giunto a una certa distanza dalla città, rallentò il cammino, e di lì a poco si fermò indeciso, non sapendo che pensare di questo ritardo del suo fedel cameriere.

Vedendo venire verso lui una carrozza privata, che andava a San Quintino, si accostò allo sportello per chiedere in tuono franco ad un signore che vi era dentro da solo, occupato a leggere delle carte, se mai avesse incontrato sulla strada un legno di posta che venisse da San Quintino. Il viaggiatore alzò un momento gli occhi, guardò d'alto in basso il pedone che così gli parlava e non si degnò di rispondergli, rimettendosi a leggere: era questi il regio procuratore di San Quintino; ma il cocchiere s'affrettò a rispondere invece del padrone che non vi era legno di posta sulla strada. Il principe si decise dunque di sedersi su di una pietra; e dovette aspettare più di mezz'ora, perchè Thélin, dal canto suo, non supponendo che il principe fosse andato tanto avanti, moderava ad ogni colpo di frusta il trotto dei cavalli e l'ardore del postiglione.

Finalmente il principe sentì con gioja l'abbajare di *Ham* che correva scodinzolando verso di lui e che precorrendo tutt'a un tratto la carrozza avea dissipato le inquietudini di Thélin: il principe saltò in legno, e subito i due viaggiatori eccitarono a gara lo zelo del postiglione con tanta impazienza e tanto impeto, che costui, disperando di poterli accontentare, rallentò tutt'a un tratto il galoppo dei suoi cavalli, rispondendo alle loro replicate istanze in atto di collera: — Ma voi mi fate andare in bestia! — Il principe, invece di offendersi di questa insolenza, si mise a riderne di cuore, e promise al postiglione doppia mancia.

Questa cortesia riuscì meglio che non avrebbero fatto minacce e preghiere : il postiglione si pentì del suo accesso
di stizza e per ripararvi non risparmiò nè speroni nè frusta. Thélin lo regalò sì lautamente al cambio di posta,
che colui consigliò spontaneamente a' suoi camerati a di-
vorar la strada ; onde la carrozza andò con tanta celerità,
che arrivarono a Valenciennes verso un'ora e tre quarti.

In questa città i due viaggiatori dovettero presentare
per la prima volta i loro passaporti ; e quelli che il principe si era fatto dare da' suoi amici inglesi andarono a
meraviglia : non si fece altro che spiegarli e restituirli sul
momento, senza registro e senza esame. Ma bisognava
aspettar sino alle quattro, che passasse il treno della strada
di ferro, diretto a Brusselles ; e in questo lungo intervallo
di due ore potevano nascere dei tristi accidenti, che man-
dassero a vuoto la fortunata fuga del prigioniero di Ham :
bastava un avviso telegrafico, per impedirgli di passar la
frontiera.

Il principe ebbe per un istante il pensiero di continuare
il viaggio col mezzo postale ; ma questa foggia di viag-
giare era così fuor del consueto, dacchè c'era la strada
ferrata del Nord, che avrebbe messo in sospetto: d'altra
parte, il non aver bagagli avrebbe certamente attirato l'attenzione sui due viaggiatori, che si dicevano inglesi, mentre il Thélin non sapeva parlar questa lingua. Risolvettero
adunque, benchè a malincuore, di aspettare il convoglio
delle quattro, alla stazione di Valenciennes.

Thélin stava all'erta, cogli occhi rivolti verso la porta,
sulla quale da un momento all'altro poteva apparire un
gendarme ; il principe intanto si era ritirato in un canto
della sala di aspettazione : quand'ecco che Thélin si sente
chiamare per nome ; volge il capo con ispavento, e raffi-
gura un gendarme che avea conosciuto ad Ham. Questo
gendarme era vestito da borghese ; Thélin tuttavia si

contenne, e non lasciò trapelare la sua commozione, chiedendogli qual buon vento lo avesse portato colà, e perchè fosse vestito da borghese.

— Oh! io resto qui a Valenciennes, risponde il gendarme; ho lasciato il servizio, e ora sono impiegato alla strada di ferro.

— Ne godo, riprese Thélin, respirando: noi potremo forse giovarvi, e lo faremmo ben volentieri... —

Ma il fischio della locomotiva si fece sentire, sopravvenne ben tosto il convoglio, e i due viaggiatori salirono in un vagone, e via pel Belgio. Presentarono ancora i loro passaporti inglesi ai confini. Da Brusselles, dove il principe si fermò appena qualche ora in una locanda per cambiar vestimenti e scriver più lettere, partì per recarsi ad Ostenda, e di là s'imbarcò sul primo piroscafo che partiva per l'Inghilterra. Solo quando fu a bordo del battello e sotto la protezione della bandiera inglese si sentì veramente libero e si abbandonò con gioja alla speranza di rivedere ben presto il padre, a cui scrisse: « Son libero senza esser venuto ad alcuna concessione indegna di me: ancor qualche giorno, e poi sarò da voi. » Avea scritto anche al suo avvocato Ferdinando Barrot per pregarlo di assumere le difese del dottor Conneau, nel caso che questo generoso amico venisse molestato e perseguitato per la fuga da lui favorita.

« Dove sarà il mio caro dottore? diceva il principe in quella lettera. Che cosa faranno di questo fedele compagno, di questo mio fratello di prigionia? Conneau è una di quelle anime rare e inestimabili, modellate sulle più grandi dei tempi antichi; egli è insieme pien di coraggio nei pericoli, e pien di costanza nelle prove; il suo disinteresse è senza limiti; e corona tutte queste belle doti con la più nobile di tutte, la fedeltà nella sventura. »

Luigi Napoleone, arrivato che fu in Inghilterra, seppe il rischio che avea corso attraversando il Belgio, e quanto gli fosse giovato colà il conservarsi incognito; perocchè il suo nome figurava nel numero di quei fuggiaschi che il governo Belga, in forza di trattati secreti colla Francia, avrebbe dovuto riconsegnare a quel governo, senza attenderne la richiesta. Ora ch'egli era sicurissimo a Londra, dubitava che le diplomazie straniere andassero d'accordo tra loro per impedirgli di approdare in Italia; e standogli moltissimo a cuore di continuare il viaggio senza indugi e senza ostacoli, scrisse subito all'ambasciatore, conte di Sain-Aulaire, ch'era stato amico di sua madre, la seguente lettera.

« Londra, 28 maggio 1846.

Signore,

Vengo a dichiarar francamente a chi fu amico di mia madre, che fuggendo dalla mia prigione non ebbi di mira alcun disegno di rinnovare contro il governo francese tentativi che mi riuscirono sì funesti: mio solo pensiero fu quello di rivedere il mio vecchio padre.

Prima di decidermi a questo estremo partito della fuga, esaurii tutti i mezzi e le istanze per ottenere il permesso di recarmi a Firenze, offrendo tutte le guarentigie compatibili coll'onor mio; ma essendo stata delusa la mia fiducia, feci quanto operarono i duchi di Guisa e di Nemours sotto il regno di Enrico IV, in circostanze consimili.

Vi prego, o signore, ad informare il governo francese sulle mie intenzioni pacifiche, e spero che questa dichiarazione affatto spontanea possa servire ad accorciar la prigionia de' miei amici che rimangono in carcere.

Aggradite ecc.              NAPOLEONE LUIGI BONAPARTE. »

Il principe, impaziente di recarsi a Firenze per assistere l'infermo suo padre, chiede con istanza i passaporti occorrenti; ma la diplomazia glieli rifiuta: anche la famiglia dei Bonaparte fa ogni tentativo, per mezzo di persone illustri, presso la corte di Francia, a questo intento, ma invano: sicchè il principe rimane, per così dire, prigioniero della diplomazia a Londra; intanto gli muore il padre, che durante la lunga sua malattia, aggravata dall'affanno, fu sopraggiunto da un colpo apopletico, e malgrado i soccorsi dell'arte medica dovette soccombere, dopo tre giorni di lotta colla morte, il 25 luglio 1846 all'età di sessantanove anni: egli stava aspettando ancora il figlio, e morì col suo nome sulle labbra.

Il principe fu colpito dalla più dolorosa sorpresa all'annunzio di questa morte; perchè, sebbene già la prevedesse, non la credea però così prossima. — Mi pare, diss'egli allora ad un amico, d'aver riacquistato la facoltà delle lacrime! —

Ne fu trafitto nel profondo dell'anima, nè potea perdonare al governo francese, che si fosse opposto con tanta caparbietà al legittimo desiderio di un figlio desolato, il quale, tranne l'onore, avrebbe sacrificato ogni cosa alla pietà filiale. E il granduca di Toscana avea manifestato il più vivo rammarico d'essere costretto ad impedire la venuta del principe a Firenze, stante l'intimazione imperiosa, che gliene fecero di concerto il governo Francese e l'Austriaco.

L'ex-re d'Olanda, nel suo testamento, dopo aver assegnati vistosi legati a diversi suoi parenti ed amici, lasciava erede di tutti i suoi beni il figlio: questa sostanza però, che si valutava circa sei milioni, non venne ad accrescer di molto i beni che Luigi Napoleone aveva ereditati dalla madre, i quali pure si eran già di molto scemati; perocchè questi beni ereditari, oltre all'essere aggravati di debiti considerevoli, non servirono che a moltiplicar le pensioni, i compensi, i soccorsi d'ogni specie, che questo principe, liberale del proprio, concedeva a coloro che aveano sofferto per la sua causa o che s'indirizzavano a lui come ad una provvidenza.

D'altra parte la spedizione di Boulogne aveva inghiottito
una gran parte del suo patrimonio, e le sue rendite, am-
ministrate da procuratori malaccorti durante la sua prigionia, subirono gravi diffalchi; tuttavia continuò a pa-
gar regolarmente tutte le pensioni vitalizie che la regina
Ortensia avea lasciate a suo carico; nè volle che alcuno
tra gli antichi servitori di casa potesse accorgersi, che le
sue liberalità lo avessero impoverito.

Or ritorniamo per poco al dottor Conneau, che possiam
ben figurarci con quale ansietà pensasse ai pericoli di
quella fuga del principe. Egli dunque giunse, con sempre
nuovi stratagemmi, adducendo che il principe era ammalato, e che or riposava, ora soffriva, nè poteva ammetter
visite, e scansando anche le inchieste del galeotto che
faceva i bassi servizi nella prigione del principe, giunse,
dico, a tenerne celata la fuga per ben sedici ore; tempo
bastevole a far sì che il principe fosse fuori degli occhi
della polizia francese. Finalmente però dovette dire la
verità al comandante del forte, il quale ne fu dolentissimo per la grande responsabilità che gli gravitava sul
capo. In quanto al generale Montholon, che, come abbiam
detto più sopra, da qualche dì non usciva di camera, perchè ammalato, il principe avea lasciato al dottore una
lettera da consegnargli, in cui si scusava con lui di non
averlo abbracciato alla sua partenza, affinchè tutti e due
non avessero per avventura a tradire colla commozione
il geloso secreto.

All'annunzio della fuga del principe, il governo di Luigi
Filippo ne fu indispettito ed inquieto d'assai; mise in
moto la polizia, ma inutilmente; e fece arrestare il dottor
Conneau e il comandante del forte, che furono tradotti a
Péronne, e sottoposti ad un processo, ne' cui dibattimenti
il dottor Conneau per la sua candida confessione e generosa condotta si acquistò la simpatia e l'indulgenza

persino dei giudici, e una ben degna popolarità; il comandante venne assolto, perchè potè mostrare la fedeltà al suo dovere; e il dottor Conneau, insieme a Carlo Thélin (questo però in contumacia, siccome quello ch'era già fuor degli artigli della polizia francese) fu condannato a soli tre mesi di prigionia, spirati i quali, si affrettò a raggiungere il principe a Londra.

Luigi Napoleone riprese dunque la sua vita di esule a Londra, dove se ne stava ritirato col suo fido Conneau, tutto assorto in istudi e meditazioni sull'avvenire che già veniva maturando in Francia; ma avendo lo storico Capefigue, in una sua opera, dettata sotto l'ispirazione del governo di Luigi Filippo, rinnovato la vecchia calunnia, che Luigi Napoleone cioè si fosse impegnato per lettere ad esiliarsi in America dopo l'affare di Strasburgo, dando la sua parola d'onore di non più ritornare in Europa, e che perciò avesse mancato alla sua promessa: il principe, geloso dell'onor suo, scrisse una lettera al Capefigue, che venne pubblicata sui giornali, e nella quale confuta trionfalmente codesta accusa, che l'avrebbe fatto passare come spergiuro in faccia alla storia; e dopo le più autentiche e formali smentite, conchiude:

« Vi sia permesso, o signore, di biasimar la mia condotta politica, di stravolgere il senso de' miei atti e di svisare le mie intenzioni; io non me ne lagnerò; chè voi usate del vostro diritto di giudice: ma non permetterò mai ad alcuno di offendere la mia lealtà, che seppi, grazie a Dio, serbare intemerata frammezzo a tante durissime prove. »

# CAPITOLO XVI.

Proclamazione della repubblica in Francia: arrivo del principe a Parigi. — Sua lettera al governo provvisorio. — Gli viene ingiunto di lasciar nuovamente la Francia. — Altra sua lettera al governo provvisorio. — Carattere del conte Persigny. Suo entusiasmo per la causa Napoleonica. — Comitato Napoleonico, di cui Persigny è principal promotore. — Il principe viene eletto rappresentante del popolo in quattro dipartimenti. — Sua lettera all'Assemblea costituente, in cui nobilmente giustifica la sua condotta politica antica e recente. — Lettera di accettazione e di ringraziamento a' suoi elettori. — Altre due lettere al presidente dell'Assemblea, nelle quali per isventare ingiuriosi sospetti ed evitare tumulti rinunzia provvisoriamente al posto di Rappresentante nell'Assemblea. — Altra sua lettera di rinunzia, perchè la sua nomina non sia pretesto a novelli disordini, dopo le tremende giornate del giugno 1848. — Lettera al generale Piat, in cui, dopo aver giustificato i suoi replicati rifiuti, accetta una nuova candidatura, accennando i suoi principii politici. — Il principe viene rieletto da cinque dipartimenti rappresentante del popolo. — Suo discorso all'Assemblea. — Dovendo scegliere tra le sue cinque elezioni, dà la preferenza a quella di Parigi, perchè vi nacque. — Dibattimenti nell'Assemblea sulla nomina del presidente della repubblica. — Nobile e franco discorso del principe su questo soggetto. — Ovazione popolare fatta al principe. — Emilio Girardin nel suo giornale La Presse propone la candidatura di Luigi Napoleone a presidente della repubblica. — Parole dette dal principe ad una deputazione di giornalisti. — Accuse contraddittorie. — Bella risposta del principe ad una lettera scrittagli in nome di

260

ottomila operaj. — Qual sia la sua grande ambizione. — Pubblicazione delle *Opere complete* del principe. — Cavaignac valentuomo e galantuomo. — Programma politico di *Luigi Bonaparte a' suoi concittadini.* — Lo stile è l'uomo. — Qual sia il governo desiderabile in Francia. — Quali fossero, secondo il principe, le riforme più urgenti tra le possibili in Francia. — Come si mantenga illesa la dignità di una grande nazione. — Intrighi elettorali dell'Assemblea per cattivare il favor del clero alla candidatura di Cavaignac. — Il principe si astiene dal voto concernente la spedizione di tre fregate a Civitavecchia in soccorso del papa fuggiasco. — Sua lettera su questo proposito all'estensore del *Costituzionale.* — Altra sua lettera dichiarativa al Nunzio Pontificio. — Brano d'una lettera scritta dal principe a Chateaubriand nel 1832. — Ritratto morale e politico di Luigi Napoleone, scritto da un repubblicano sfegatato, ma galantuomo.

Non erano ancora scorsi due anni dacchè Luigi Napoleone si era sottratto colla fuga alla sua prigionia, quando la rivoluzione del febbrajo sbalzò dal trono Luigi Filippo e fu proclamata la Repubblica, come tutti sanno; e il principe, non appena informato di questi avvenimenti, si affrettò a lasciar Londra per ritornare sul suolo natale, dove giunse alla sera del 27 febbrajo, e dove finalmente, libero con liberi, potè riabbracciare i suoi amici, superstiti alla lunga prigionia: tuttavia credette opportuno di far sapere ai membri del governo provvisorio il proprio arrivo con questa lettera, che fece consegnar nelle mani di Lamartine:

« Signori,
Avendo il popolo di Parigi, col suo eroismo, distrutte le ultime vestigia dell'invasione straniera, accorro dall'esiglio per ischierarmi sotto lo stendardo della Repubblica, testè proclamata.
Senz'altra ambizione che quella di servire il mio paese, vengo con questa mia ad informare del mio arrivo i

membri del Governo provvisorio e ad assicurarli del mio
ossequio alla causa ch'essi rappresentano, come della mia
simpatia per le loro persone.

  Aggradite ecc.

    Luigi Napoleone Bonaparte. »

 Ma con sua dolorosa sorpresa gli venne ingiunto di lasciar la Francia dentro ventiquattr'ore; anzi ci fu taluno della Commissione Governativa, che proponeva di richiuderlo nel forte di Ham e di ritenervelo prigione, sino a tanto che la repubblica fosse consolidata a tal segno, da non più temere un tentativo di contro-rivoluzione militare e Bonapartista: ma Lamartine si oppose efficacemente ad un atto sì odioso.

 Il principe adunque si rassegnò a partire di nuovo per l'Inghilterra, e annunziò al governo provvisorio la sua partenza in questi termini:

  « Signori,

Dopo trentatrè anni d'esilio e di persecuzione credevo d'aver acquistato il diritto di ritrovare un tetto sul patrio suolo.

 Ma voi credete che la mia presenza a Parigi sia 'ora motivo d'imbarazzi; perciò momentaneamente me ne allontano: vedrete da questo sagrificio la purezza delle mie intenzioni e del mio patriotismo.

 Ricevete, o signori, la protesta della mia alta stima e simpatia.

    L. N. Bonaparte. »

 Luigi Napoleone non ebbe bisogno (dice il Lacroix) di lasciar lunghe istruzioni ai suoi fidi che doveano rappresentarlo, durante la sua assenza: il conte Persigny ebbe l'incarico di organizzare in Francia il partito Napoleonico in seno alla repubblica. Persigny era dotato di quella tenacità e perseveranza,che sono indispensabili per condurre a buon termine gli affari di un partito in tempi di rivoluzione; sapeva l'arte di collegare uomini della stessa opinione coi vincoli di mutua simpatia e d'interesse; trovava nel fervore delle sue convinzioni politiche una forza irresistibile di fàscino e di persuasione; celava sotto un aspetto impassibile e maniere freddamente gentili un ardore, una energia, una risolutezza, un coraggio, ch'egli adoperava esclusivamente in servizio di quella causa a cui si era dedicato già da sedici anni; accoppiava in sè stesso audacia e prudenza, accorgimento e franchezza, disinteresse e liberalità; in fine, ciò che faceva la sua maggior forza era la sua fiducia assoluta nei destini del principe Luigi Napoleone.

Persigny si mise dunque alla testa del partito Bonapartista, e di conserva cogli amici del principe, e coi compagni più intelligenti tra quelli che parteciparono ai tentativi di Strasburgo e di Boulogne, fondò segretamente un comitato Napoleonico, che aveva il suo centro a Parigi, di dove partivano continuamente fidi commessi, che se ne andavano a preparar le provincie al ritorno della famiglia imperiale ed al risorgimento dell'Idea Napoleonica.

Lo scopo di questo comitato centrale non era già d'insorgere contro la repubblica, sibbene di riunire, accrescere e coordinare le forze dell'opinione Bonapartista in Francia. I Bonapartisti allora non volevano far da cospiratori, siccome quelli che speravano raggiunger la meta per vie legali; nè volevano manifestarsi, che col suffragio universale, quando appunto tutto quanto il paese era invitato ad eleggere i suoi rappresentanti all'assemblea nazionale.

Il principe non accettò allora la candidatura che gli era offerta dagli elettori di Corsica, risoluto di rimanere estraneo alla vita politica, finchè la Francia non avesse lacerato solennemente i decreti di proscrizione che colpivano

la sua famiglia: invece vi furono eletti a unanimità di
voti i suoi cugini Pietro e Napoleone Bonaparte, figli del-
l'ex-re Gerolamo, che aveano già ottenuto il permesso di
rimanere in Francia, non credendosi la loro presenza colà
pericolosa come quella di Luigi Napoleone, il quale era
tuttavia in sospetto di *pretendente* al trono imperiale.

Ma ben presto vennero offerte altre candidature al
principe, il quale, malgrado il suo rifiuto di rientrare
in Francia, se non si toglieva il pretesto delle inquietudini del governo, venne eletto, il tre giugno, rappresentante del popolo a Parigi e in altri tre dipartimenti.

Ad onta del malvolere ossia dei sospetti della Commissione esecutiva del governo, sulle intenzioni di Luigi Napoleone, questa elezione del nuovo rappresentante venne
approvata dall'Assemblea; e a dissipare i dubbi di molti
valse la lettura, fatta in piena assemblea, di due lettere
scritte dal principe, l'una confidenziale al signor Vieillard
(che, come abbiam detto altra volta, fu ajo al fratello maggiore del principe), l'altra destinata alla pubblicità, e diretta da lui al presidente dell'Assemblea nazionale; riportiamo qui l'ultima, siccome la più importante:

« Cittadini rappresentanti,
Veggo, dai giornali, che negli uffici dell'Assemblea si
propose di mantener contro me solo la legge d'esiglio che
dal 1816 in poi colpisce la mia famiglia; ora io vengo a
chiedere ai rappresentanti del popolo, per quali ragioni me-
riterei una tal pena.

Forse perchè sempre dichiarai pubblicamente, non esser
la Francia, a mio parere, il retaggio nè d'un uomo, nè
di una famiglia, nè d'una fazione?

Forse perchè, desiderando di far trionfare senza anarchia o licenza il principio della sovranità nazionale, che
solo poteva metter termine alle nostre dissensioni, per due

volte fui vittima della mia ostilità contro quel governo che voi avete abbattuto?

Forse perchè accondiscesi, per deferenza verso il governo provvisorio, a ritornare in paese straniero, dopo essere accorso a Parigi, al primo annunzio di una rivoluzione?

Forse pel mio disinteresse nel rifiutare le candidature all'Assemblea che mi venivano proposte, risoluto com'ero di non ritornare in Francia se non quando la nuova costituzione fosse stabilita e la repubblica consolidata?.

Le stesse ragioni, che mi fecero prender le armi contro il governo di Luigi Filippo, m'indurrebbero, qualora si chiedessero i miei servigi, a darmi tutto all'Assemblea, fondata dal suffragio universale.

In faccia ad un re eletto da dugento deputati, potevo rammentare ch'io era l'erede di un impero fondato da quattro milioni di Francesi:

Ma in faccia alla sovranità nazionale non posso e non voglio rivendicare che i miei diritti di cittadino francese; ma questi io li riclamerò sempre, con quell'energia che un cuore onesto trae dal sentimento di non aver mai demeritato della patria.

Aggradite, o signori, l'attestato dell'alta mia stima.

NAPOLEONE LUIGI BONAPARTE. »

I giornali del 14 giugno pubblicarono la lettera di ringraziamento e di adesione, che il principe avea diretta da Londra agli elettori dei dipartimenti della Senna, dell'Yonne, della Sarthe e della Charente inferiore, che gli avevano dato il loro voto.

Questa lettera, che qui riferiamo, venne affissa anche sulle cantonate di Parigi: eccola.

« Cittadini,

I vostri suffragi mi commovono alla più viva riconoscenza; questo segno di simpatia, tanto più lusinghiero in quanto che non l'avevo in niun modo sollecitato, mi giunse appunto mentre io mi doleva di restarmene inerte, or che alla patria abbisogna il concorso di tutti i suoi figli per uscire dalle difficili circostanze in cui si trova.

La vostra fiducia m'impone doveri che saprò adempiere; noi abbiamo comuni gl'interessi, i sentimenti, le brame. Figlio di Parigi, ed oggidì rappresentante del popolo, unirò i miei sforzi a quelli de' miei colleghi, per ristabilir l'ordine, il credito, il lavoro, per assicurare la pace esterna, consolidare le istituzioni democratiche e conciliare interessi che ora sembrano in guerra tra loro, siccome quelli che si sospettano a vicenda e s'incalzano, invece di camminar di conserva verso una sola meta, ch'è la prosperità e la grandezza del paese.

Dopo il 24 febbrajo il popolo è libero, e può tutto ottenere, senza ricorrere alla forza brutale.

Riuniamoci adunque intorno all'altare della patria, sotto il vessillo della Repubblica, e diamo al mondo questo grande spettacolo di un popolo che si rigenera senza violenza, senza guerre intestine, e senz'anarchia.

Assicuratevi, miei cari concittadini, del mio ossequio e delle mie simpatie.    NAPOLEONE LUIGI BONAPARTE.
     Londra, 11 giugno 1848. »

Ma essendosi sparsi nuovi sospetti sulle intenzioni del principe, egli fece avere al presidente dell'Assemblea nazionale quest'altra lettera, che fu letta nella seduta dello stesso 14 giugno:

     « Signor Presidente,
Io era in procinto di partire per recarmi al mio posto, quando sento che la mia elezione serve di pretesto a deplorabili disordini ed errori: io non cercai l'onore di esser rappresentante del popolo, perchè sapevo di quali ingiuriosi sospetti fossi bersaglio: ricercherei ancor meno il

potere; ma se il popolo m'imponesse doveri, saprei
adempirli.

Disapprovo perciò tutti quelli che mi attribuiscono intenzioni ambiziose, ch'io non ho. Il mio nome è simbolo
d'ordine, di nazionalità, di gloria; e vedrei col più vivo
dolore, che servisse ad aumentare le sedizioni e gli strazi
della patria: ad evitare una tale sciagura, resterei piuttosto in esilio.

Io son pronto a tutti i sacrifizi per la felicità della Francia.

Abbiate la bontà, signor presidente, di far nota questa
mia lettera all'Assemblea. Vi mando una copia de' miei
ringraziamenti agli elettori.

     Ricevete ecc.

               LUIGI NAPOLEONE BONAPARTE. »

Ma continuando il Potere esecutivo ad opporsi, apertamente o di soppiatto, a Luigi Napoleone per contrastarne
l'accettazione all'Assemblea, il principe diresse al presidente dell'Assemblea quest'altra lettera in data di Londra,
15 giugno 1848:

   « Signor Presidente,

Andavo superbo d'essere stato eletto rappresentante a
Parigi e in altri tre dipartimenti; questa era per me
un'ampia riparazione a trent'anni d'esilio e sei di prigionia;
ma gl'ingiuriosi sospetti che fece nascere la mia elezione,
le turbolenze di cui fu pretesto, e l'ostilità del Potere esecutivo m'impongono il dovere di rifiutar un onore, che
si crede ottenuto per via d'intrighi.

Io desidero l'ordine e la conservazione di una repubblica saggia, grande, intelligente; e giacchè involontariamente io favorisco il disordine, depongo, non senza vivo
rammarico, la mia dimissione tra le vostre mani.

Ben presto, io spero, ritornerà la calma, che mi permetterà di rientrare in Francia, come il più semplice dei cittadini, e come uno dei più premurosi per la quiete e la prosperità del proprio paese.

Aggradite ecc.

Luigi Napoleone Bonaparte. »

Intanto successe la tremenda sommossa del giugno, che costò ben diecimila vittime e durò tre dì e tre notti; il generale Cavaignac venne nominato dittatore della repubblica, e il nome di Luigi Napoleone rimase immacolato, nè diede alcun pretesto di nuovi sospetti a' suoi avversari politici: tuttavia egli diede di nuovo la sua dimissione dal posto di rappresentante, a cui era nominato in Corsica, con quest'altra lettera al nuovo presidente dell'Assemblea nazionale:

« Signor Presidente,

Vengo a sapere che gli elettori della Corsica m'han nominato loro rappresentante all'Assemblea nazionale, malgrado la dimissione che avevo deposto nelle mani del vostro predecessore.

_ Sento la più viva gratitudine per questo attestato di stima e fiducia; ma le ragioni, che mi costrinsero a rifiutare il mandato della Senna, dell'Yonne e della Charente inferiore sussistono ancora e m'impongono un altro sacrifizio.

Senza rinunziare all'onore d'essere un giorno rappresentante del popolo, credo di dovere, per rientrare in seno alla mia patria, aspettare che la mia presenza non possa in verun modo servir di prétesto ai nemici della Repubblica: voglio che il mio disinteresse provi la sincerità del mio amor patrio; voglio che coloro, i quali mi accusano di ambizione, siano convinti di errore.

Compiacetevi, signor Presidente, di far aggradire all'Assemblea nazionale la mia dimissione, il mio rammarico di non poter ancora partecipare a' suoi lavori, e i miei voti ardenti per la felicità della Repubblica.

    Ricevete ecc.

Luigi Napoleone Bonaparte. »

Il principe non dovette aspettar molto, perchè le circostanze gli permettessero di ritirare la sua dimissione accettando una nuova candidatura; giacchè il governo del general Cavaignac avea messo un freno alla rivoluzione, secondato efficacemente dall'Assemblea nazionale. Nuove elezioni dovean farsi il 17 settembre, e gli amici del principe gli chiesero, se mai questa volta avrebbe accettato: allora egli scrisse al generale Piat, suo partigiano a Parigi, questa lettera, che venne pubblicata come una professione di fede politica per norma de' suoi elettori:

   « Generale,

   Voi mi chiedete, se accetterei il mandato di rappresentante del popolo, nel caso ch'io fossi rieletto; vi rispondo di sì, senza esitare.

   Oramai che fu dimostrato ad evidenza, che la mia elezione in quattro dipartimenti (non compresa la Corsica) non si deve a brogli, e ch'io rimasi estraneo ad ogni briga politica, crederei di mancare al mio debito, se non rispondessi all'appello de' miei concittadini.

   Il mio nome non può più essere pretesto a disordini; mi tarda dunque di rientrare in Francia e sedermi tra i rappresentanti del popolo che vogliono organizzar la repubblica su larghe e solide basi. Per rendere impossibile il ritorno de' governi passati, non avvi che un mezzo: far meglio di loro; perchè, voi ben lo sapete, o generale; non si distrugge realmente se non ciò a cui si sostituisce altra cosa.

   Aggradite ecc.

Luigi Napoleone Bonaparte. »

Malgrado i maneggi adoperati dagli avversari politici
del principe a contrastarne l'elezione, fu eletto di nuovo
a Parigi con quasi cento undici mila suffragi; nel dipartimento dell'Yonne con più di quarantadue mila voti su
cinquanta mila votanti, e anche nei dipartimenti della
Mosella, della Charente inferiore e della Corsica ad una
maggioranza sovrabbondante di voti: egli dunque si risolvette di rientrare in Francia, prima ancora che la sua
elezione venisse approvata dall'Assemblea: e finalmente
nella seduta del 26 settembre il nipote dell'Imperatore
comparve per la prima volta all'Assemblea nazionale, e
andò a sedersi sui banchi della sinistra: a tal vista una
viva agitazione si manifestò nella sala e nelle gallerie
aperte al pubblico. Avendo il relatore reso conto delle
elezioni del principe fatte nei cinque dipartimenti so-
vraccennati, il presidente dopo aver consultata l'Assemblea,
che approvò senza contrasto il rapporto sulla validità di
codeste elezioni, proclamò Luigi Napoleone come rappresentante del popolo. Allora il principe si alza dal suo
posto e va alla tribuna con un foglio tra le mani; e con
voce chiara e sonora legge la seguente dichiarazione:

« Cittadini rappresentanti, non mi è permesso di star-
mene in silenzio, dopo le calunnie di che fui segno.

Sento il bisogno di esprimere qui altamente, sin dal
primo giorno in cui mi è dato di sedere tra voi, i veri
sentimenti che mi guidano e che mi guidarono sempre.

Dopo trent'anni di proscrizione e d'esilio, ricupero finalmente la mia patria e tutti i miei diritti di cittadino.

Di una tal fortuna vo debitore alla Repubblica; la Repubblica adunque riceva la mia professione di riconoscenza e d'ossequio: e i generosi compatrioti che mi
portarono in questo recinto siano sicuri, che mi studierò di
far giustizia ai loro suffragi adoperandomi con voi a mantenere la tranquillità, primo bisogno del paese, ed

a svolgere le istituzioni democratiche, cui il popolo può richiamare a buon dritto.

Per lungo tempo non potei consacrare alla Francia che le meditazioni dell'esiglio e del carcere; ma ora mi è aperta la lizza che voi percorrete: ricevetemi nelle vostre file, miei cari colleghi, col medesimo sentimento d'affettuosa confidenza ch'io vi porto.

La mia condotta, sempre inspirata dal dovere, sempre animata dal rispetto alla legge, la mia condotta, di fronte alle passioni che tentarono di denigrarmi per nuovamente proscrivermi, proverà che qui nessuno è più di me risoluto di dedicarsi alla difesa dell'ordine ed al consolidamento della Repubblica. »

Queste parole, spesso interrotte da numerosi segni di approvazione, fecero conoscere i veri sentimenti del principe; il quale in un'altra seduta del 5 ottobre, con una lettera diretta al presidente dell'Assemblea, manifestò la preferenza che dava a Parigi, perchè vi era nato, tra i cinque dipartimenti che l'avevano eletto. In quella stessa seduta si disputò intorno alla presidenza della repubblica, e malgrado gli sforzi di taluni perchè il presidente della repubblica fosse eletto dall'Assemblea, e non dal suffragio universale, vinse il secondo partito, grazie ad un'eloquente arringa di Lamartine, il quale manifestò la sua opinione, che la nomina di Luigi Napoleone alla presidenza era impossibile, come quella di tale o tal altro candidato appartenente alle dinastie decadute dei Borboni.

Ma le notizie, che arrivavano da ogni parte al Potere esecutivo, mostravano invece, che Luigi Napoleone era già il candidato delle provincie, e sì poteva ritener quasi sicura la sua elezione; allora ci fu chi propose nell'Assemblea una modificazione alla legge che risguardava l'elezione del presidente, con queste parole: « Niun membro delle famiglie che regnarono in Francia potrà essere eletto presidente o vice-presidente della repubblica ». Successero a questa proposta violente e prolungate discussioni tra i partigiani del principe e i suoi avversari: ed egli, che d'ordinario o non compariva alle sedute, o vi assisteva in silenzio, credette opportuno di uscire un giorno da questo riserbo; laonde, chiesta la licenza di parlare, si fece a dire:

« Cittadini rappresentanti, lo spiacevole incidente, che jeri si venne suscitando sul conto mio, non mi permette di serbare il silenzio. Mi duole profondamente di essere ancor obbligato a parlare di me; perchè mi ripugna il veder sempre trattare in codesta Assemblea questioni personali, mentre non abbiamo un momento da perdere per occuparci nei gravi interessi della patria.

Non parlerò, nè de'miei sentimenti, nè delle mie opinioni; perocchè ve li ho già manifestati, nè alcuno potè mai dubitare delle mie parole.

In quanto poi alla mia condotta parlamentaria, nella stessa maniera che io non mi farò mai lecito di chieder conto, ad alcuno de'miei colleghi, di quella a cui crederà di attenersi, così non riconosco in alcuno di loro il diritto d'interpellarmi sulla mia; questo rendiconto nol devo che a' miei committenti.

Di che cosa vengo accusato? di accettare dal sentimento popolare una candidatura che non ho ricercato!

Ebbene, sì, l'accetto questa candidatura, che mi fa onore; l'accetto, perchè tre elezioni successive, non che il decreto unanime dell'Assemblea nazionale contro la proscrizione della mia famiglia (che venne fatto nella seduta dell'11 ottobre, quindici giorni prima di questo discorso), mi dà motivo di credere che la Francia considera il nome ch'io porto siccome quello che può servire a consolidare la società scossa sin dalle fondamenta, alla stabilità e prosperità della repubblica. »

Qui il discorso venne interrotto da esclamazioni pro e contro; e quando si fece di nuovo silenzio, il principe, rimasto alla tribuna in mezzo a quel frastuono, continuò tranquillamente la lettura del suo discorso.

« Coloro che m'incolpano d'ambizione, diss'egli mestamente, conoscono ben poco il mio cuore! Se qui non mi trattenesse un imperioso dovere, se la simpatia de' miei concittadini non mi compensasse dell'animosità di certi assalti, come anche dell'impeto di certe difese, già da lungo tempo avrei rimpianto l'esiglio.

Mi fan rimprovero del mio silenzio! ma qui non è dato che a pochi di proferire una parola eloquente in servizio di giuste e sane idee.

Non vi è dunque che un sol mezzo di servire il proprio paese; egli ha bisogno soprattutto di fatti; ha bisogno di un governo fermo, intelligente e saggio, che pensi a guarire i mali della società, ben più che a vendicarli; di un governo che si metta francamente alla testa delle idee vere, per respingere così, mille volte meglio che colla bajonetta, le teorie che non sono fondate sulla esperienza e sulla ragione.

So bene che si vorrebbe seminarmi la via di triboli e d'agguati; ma non mi ci corranno: seguirò sempre, com'io l'intendo, la strada che mi sono tracciata, senza inquietarmi e senza arrestarmi; nulla mi toglierà la mia calma, nulla mi farà immemore de'miei doveri. Io non ho che una mira, di meritarmi cioè la stima dell'Assemblea, e con essa quella di tutti gli uomini dabbene non che la fiducia di quel popolo magnanimo che jeri fu trattato con tanta leggerezza.

Dichiaro adunque a coloro che volessero organizzare contro di me un sistema di provocazione, che quindinnanzi non risponderò ad alcuna interpellanza, a qualsiasi specie d'assalto; no, non risponderò mai a coloro che vorrebbero farmi parlare, quando voglio tacere.

Io me ne starò irremovibile ad ogni assalto, impassibile ad ogni calunnia. »

Questo discorso venne subito diffuso in quello stesso dì dai giornali della sera: e il principe, raffigurato dalla folla, alla stazione della strada ferrata di San Germano, durò fatica per sottrarsi all'ovazione spontanea che gli venne fatta dal popolare entusiasmo.

Nella seduta del 26 ottobre l'Assemblea decretò, che l'elezione del presidente della repubblica si farebbe irrevocabilmente il giorno 10 dicembre 1848.

Il famoso pubblicista Emilio Girardin nel suo giornale *La Presse* (La Stampa), diffusissimo allora, propose schiettamente la candidatura di Luigi Napoleone alla Presidenza, in un suo appello al popolo ch'ebbe un eco immenso, ripetuto a gara da quasi tutti i giornali di Parigi. Fra i competitori del principe non si poteva contare sul serio che il general Cavaignac, il quale avea per sè il favore dell'Assemblea, come capo di un governo dittatoriale da lei trascelto, ma contro di sè quasi tutti gli altri partiti; perocchè gli Orleanisti ed i Legittimisti aderirono alla candidatura di Luigi Napoleone, non potendo scegliere uno dei loro. Luigi Napoleone rimaneva estraneo ad ogni intrigo elettorale; ma non potè non accogliere i delegati dei giornalisti di provincia, che desideravano un abboccamento con lui: il principe espose loro francamente i principii, secondo i quali era risoluto di regolare la sua condotta in ogni stato di cose. — Mi fanno, diceva loro, i rimproveri più strani e più contradditorii: ora mi accusano come s'io fossi comunista e volessi sconvolgere l'ordine sociale, io, nipote di Napoleone che conta fra' suoi più bei titoli di gloria quello di aver ristabilita la società sulle sue basi; ora mi accusano come s'io volessi rinnovare il dispotismo imperiale, sognando guerre interminabili ed invasioni territoriali: queste due calunnie si distruggono a vicenda. Io sto col mio tempo e col mio paese; la guerra non è più un bisogno della società moderna, e l'ordine sociale dev'essere gagliardamente mantenuto e rassodato. Io volevo restarmene in disparte; ma, onorato dai suffragi di cinque dipartimenti, non credetti dover rifiutare più a lungo la missione che mi era affidata. Oramai che il voto popolare mi vuol conferir un onore assai più grande, mi studierò di rendermene degno, nè cercherò altri sostegni, fuorchè tra le persone amanti dell'ordine e di una savia libertà —.

Così al vice-presidente di un comitato provinciale, che gli aveva scritta una lettera, a nome di ottomila operaj, in attestato di ossequio e di riconoscenza al filantropo autore dell'*abolizione della mendicità*, egli mandò questa bella risposta:

« Cittadini,
Fra tutti gli attestati di simpatia che mi giungono, niuno mi commosse più vivamente del vostro: perocchè mi ha mostrato, che voi ben comprendeste i motivi che mi spinsero a venire su questa gloriosa terra di Francia. Voi coll'accennarmi la malevolenza, che briga contro di me nelle provincie, non me ne fate stupire; io non vi oppongo che la rettitudine della mia coscienza, e mi sento forte abbastanza coi soli sostegni che invoco: il buon senso del popolo e il retaggio del mio nome.

A chi vi parla della mia ambizione rispondete, che infatti ne ho una assai grande, quella cioè di strappare la Francia dal caos e dall'anarchia, e di ristabilirla nella sua grandezza morale, come pure nella sua libertà.

Gli operaj di Troyes, di cui siete gl'interpreti, sappiano che nell'esiglio e nel carcere meditai su quei gran problemi intorno al lavoro, che preoccupano le società moderne; e siano persuasi, che tali studi lasciarono nell'animo mio incancellabili impronte, e che interessi così serii mi staran sempre a cuore.

Dite a tutti, che li ringrazio della loro fiducia: il mio cuore mi assicura che ne sono degno, e l'avvenire proverà che seppi meritarla. Aggradite ecc.

16 novembre 1848.    LUIGI NAPOLEONE BONAPARTE. »

Si pubblicarono allora le *Opere complete* di Luigi Napoleone, che giovarono a rendere ancor più popolare il suo nome, ad onta dei mezzi sleali, anzi talvolta iniqui con cui le autorità governative si sforzavano di spargere lo scherno sulla candidatura del principe, e di sostenere quella del general Cavaignac: il quale a coloro che abusavano del suo nome, da galantuomo qual era, fece questa rampogna: — Signori, se non sono eletto presidente della repubblica, lasciatemi almeno il conforto di godere la stima delle persone dabbene —.

S'avvicinava il giorno destinato alla scelta del presidente; e il principe dovette cedere finalmente alle preghiere de' suoi amici politici che gli chiedevano una dichiarazione formale, in risposta alle atroci calunnie ed alle ridicole fole che si erano sparse sul conto suo. Il principe dunque si arrese a queste premurose istanze, stendendo il suo programma, atteso con eguale impazienza da amici e nemici, e dando così un nuovo e splendido saggio di quello stile, limpido insieme e robusto, in cui parmi accoppiata la franca breviloquenza di Cesare colla popolare schiettezza Manzoniana; sicchè gli si può bene applicare quel detto di Buffon: « Lo stile è l'uomo. » Ecco senz'altri preamboli il suo programma:

« LUIGI NAPOLEONE BONAPARTE A' SUOI CONCITTADINI.

Per richiamarmi dall'esiglio voi mi avete nominato rappresentante del popolo.

Quasi nel punto di eleggere il primo magistrato della Repubblica, il mio nome si presenta a voi come simbolo d'ordine e di sicurezza.

Queste prove di una sì onorevole fiducia si dirigono, lo so bene, assai più a questo nome che a me stesso, che nulla ancor feci pel mio paese: ma quanto più la memoria dell'Imperatore mi protegge, ed inspira i vostri suffragi; tanto più mi sento obbligato a farvi conoscere i miei sentimenti e i miei principii.

Non ci devon esser equivoci tra voi e me.

Io non sono un ambizioso che vagheggi ora l'Impero e la guerra, ora l'applicazione di teorie sovversive.

Cresciuto in paesi liberi alla scuola della sventura, resterò sempre fedele ai doveri che mi verranno imposti dai vostri suffragi e dai voleri dell'Assemblea.

S'io fossi nominato presidente, non mi ritrarrei da verun pericolo, da verun sacrifizio per difendere la società sì audacemente assalita; mi dedicherei tutto quanto, senza secondi fini, a rassodare una Repubblica, sapiente di leggi, onesta d'intenzioni, grande e forte di opere.

Porrei il mio onore nel lasciare in capo a quattr'anni al mio successore il potere rassodato, la libertà intatta, un progresso reale compiuto. (Egli poi fu costretto, come vedremo, dagli avvenimenti a farsi riconfermare nel governo, ma sempre appellandosi alla sovranità nazionale).

Qualunque sia l'esito della elezione, io mi chinerò davanti al volere del popolo; e il mio concorso è già sicuro sin d'ora in favore d'ogni governo giusto e fermo, che ristabilisca l'ordine, sia negli animi, sia nelle cose; che protegga efficacemente la religione, la famiglia, la proprietà, perpetua base d'ogni stato sociale; che promova le riforme possibili; calmi i rancori, riconcilii le fazioni, e permetta così alla patria inquieta di fare assegnamento sulla dimane.

Ristabilir l'ordine vale ricondur la fiducia, provvedere col credito alla insufficienza temporanea dei mezzi, ristaurar le finanze.

Proteggere la religione e la famiglia è un assicurar la libertà dei culti e quella dell'istruzione.

Proteggere la proprietà è mantenere inviolabili i frutti d'ogni lavoro; è guarentire l'indipendenza e la sicurezza del possesso: fondamenti indispensabili della libertà civile.

In quanto alle riforme possibili, ecco quali mi pajano più urgenti: ammettere tutte le economie, che senza turbar l'ordine del pubblico servizio permettano la diminuzione delle imposte più onerose al popolo;

Incoraggiar quelle imprese, che accrescendo le ricchezze dell'agricoltura possano in Francia e nell'Algeria dar lavoro alle braccia disoccupate;

Provvedere alla vecchiaja dei lavoranti con istituti di previdenza;

Introdurre nelle nostre leggi industriali que' miglioramenti che tendono, non già a rovinare il ricco a profitto del povero, sibbene a fondare il bene di ciascuno sulla prosperità di tutti;

Ristringere dentro giusti confini gl'impieghi che dipendono dal governo e che spesso fanno di un popolo libero un popolo di aspiranti;

Schivare quella funesta propensione che spinge lo Stato a far ciò che i privati possono fare altrettanto bene, anzi meglio di lui: l'accentrazione degl'interessi e degli affari si confà al dispotismo; la Repubblica invece abborre dal monopolio.

Finalmente preservare la libertà della stampa dai due eccessi che le son sempre dannosi: l'arbitrio (*del governo s'intende*), e la sfrenatezza sua propria.

Con la guerra, niun sollievo a' nostri mali: la pace sarebbe adunque il più caro de' miei desiderii.

La Francia, durante la prima rivoluzione, fu bellicosa, perchè ci venne costretta; all'invasione essa rispose colla conquista: ma oggidì, che non è provocata, può spendere le sue dovizie nei miglioramenti pacifici, senza però rinunziare ad una politica leale e risoluta.

Una grande nazione deve o tacersi, o non parlar mai invano.

Pensare alla dignità nazionale si è pensare all'esercito, il cui amor patrio, sì nobile e disinteressato, venne spesso franteso.

Fa d'uopo, mentre pur si mantengono le leggi fondamentali che sono la forza del nostro organamento militare, alleggerire, e non aggravare, il peso della coscrizione.

Fa d'uopo provvedere al presente ed all'avvenire, non solo degli ufficiali, sì ancora dei sottufficiali e dei soldati, e preparare a chiunque servì lungamente sotto le bandiere una sussistenza sicura.

La Repubblica dev'essere generosa ed aver fede nel proprio avvenire; ed io, che conobbi per prova l'esiglio e la prigionia, sospiro ardentemente il giorno in cui la patria potrà, senza pericoli, metter termine a tutte le proscrizioni e scancellare le ultime tracce delle nostre intestine discordie.

Son queste, o miei cari concittadini, le idee, a cui mi atterrei nell'esercizio del governo, se voi mi aveste a nominar presidente della Repubblica.

Ardua è l'opera, immensa la missione, lo so; ma non dispererei di compirla, chiamando in mio soccorso, senza riguardo a partiti, gli uomini più rispettati dalla pubblica opinione per onestà e per sapienza.

Del resto, quando si ha l'onore d'esser alla testa del popolo francese, c'è un mezzo infallibile di fare il bene: basta il volerlo.

27 novembre 1848. »

Questo programma, sì notevole sotto tutti gli aspetti, venne accolto dalla Francia come un pronostico di più lieto avvenire.

Ma nell'Assemblea continuavasi a brigare con tutti gli sforzi in favore di Cavaignac e contro Luigi Napoleone.

Frattanto successe a Roma il funesto assassinio del ministro Pellegrino Rossi, cui tenne dietro l'insurrezione repubblicana, la fuga del papa e la proclamazione della Repubblica Romana: il general Cavaignac allora, assecondando i voti del suo partito parlamentare, che voleva accarezzare il clero francese per averlo favorevole nella imminente elezione del Presidente, si fa protettore di Pio IX e spedisce tre fregate al porto di Civitavecchia, coll'intento di accogliervi il papa fuggiasco, a cui il governo offre un ricovero in Francia. Nella seduta dell'Assemblea, in cui si approvò la proposta del generale Cavaignac, il principe, che vide in questo un intrigo elettorale, credette opportuno di astenersi dal voto, e diede ragione di questo suo procedere nella lettera seguente diretta al *Costituzionale*:

« Signor estensore, sapendo io, che fu notato il mio rifiuto di dare il voto concernente la spedizione di Civitavecchia, credo mio debito dichiarare, che, quantunque io sia risoluto ad approvar tutti i mezzi atti a guarentire efficacemente la libertà e l'autorità del Sommo Pontefice, non potei favorir col mio voto una dimostrazione soldatesca, la quale mi sembra pericolosa, anche per i sacri interessi che si vorrebbero proteggere, e tale da compromettere la pace europea.

Aggradite ecc.

Luigi Napoleone Bonaparte. »

Seguitandosi però a calunniare le intenzioni di Luigi Napoleone, egli per troncare quelle sleali dicerie scrisse in questi termini al Nunzio Pontificio a Parigi:

« Monsignore ,

Non voglio lasciar che abbian credito presso di voi le voci, che mi vorrebbero far complice della condotta che tiene a Roma il principe di Canino.

Già da lungo tempo non ho veruna attinenza col primogenito di Luciano Bonaparte, e mi duole assaissimo, ch'egli non siasi accorto, come il mantenimento della sovranità temporale del Capo venerabile della Chiesa intimamente si accordi collo splendore del cattolicismo, non meno che colla libertà e indipendenza dell'Italia.

Aggradite, Monsignore, ecc.

LUIGI NAPOLEONE BONAPARTE. »

Qui voglio notare un passo importante di una lettera scritta dal principe sin dal 20 settembre 1832 a Chateaubriand, dal quale insigne scrittore sebbene legittimista egli avea ricevuto giudizi favorevoli intorno a vari suoi scritti. La pubblicazione di questa lettera dispose in favore del principe molte persone che appartenevano al partito borbonico. Premesso questo schiarimento, eccovi il tratto accennato:

« Una volta i popoli eran macchine, mosse dai re a loro talento; ma ora i popoli sono i soli motori; e gl'individui non servono che da congegni, più o men necessari, i quali adopransi come forze motrici o come insegne, secondo gl'interessi delle masse. »

Persino alcuni repubblicani non si peritarono di raccomandare agli elettori del proprio partito la candidatura di Luigi Napoleone; ed eccone per prova un ritratto morale del principe, che si leggeva per le contrade di Parigi, sottoscritto da un repubblicano sfegatato, qual era il *cittadino* Saint-Amand, scelto a comandante del palazzo delle Tuilerie dal Governo provvisorio :

« È un uomo, dic'egli, franco e riflessivo; studiò molto le questioni tanto importanti a' nostri tempi; i suoi

discorsi son sempre serii; sa ascoltare, e parla poco; ha
sovrabbondanza di idee, ma le esprime in poche parole;
la sua frase è concisa, il suo ragionare serrato e concludente. Le opere pubblicate sotto il suo nome son sue davvero, checchè ne dica la calunnia. Luigi Napoleone non
si lascia strascinàre da teorie seducenti, ma va sempre indagando il lato pratico, ed è fornito di molta perspicacia.
Egli scrivea, son già ott' anni: *Il popolo ha sempre il sentimento di ciò che gli conviene;* motto da filosofo, che avrà,
spero, la sua giusta applicazione. Se lo squittinio ce lo dà
per presidente, questa è per noi la sola speranza di salvezza ed un favore affatto provvidenziale per la nostra repubblica sì miserabilmente traviata dall'amore di parte. »

# PARTE TERZA

DALLA ELEZIONE DEL PRINCIPE A PRESIDENTE DELLA REPUBBLICA
SINO ALLA GUERRA DA LUI MOSSA ALL'AUSTRIA
PER LA CAUSA DELL'INDIPENDENZA ITALIANA.
(1848-1859)

## CAPITOLO XVII.

Ragguaglio ufficiale dato solennemente all'Assemblea sulla nomina definitiva di Luigi Bonaparte a Presidente della Repubblica francese. — Numero dei votanti e nome dei candidati alla presidenza della repubblica. — Parole di congedo del generale Cavaignac. — Il presidente dell'Assemblea invita il presidente della Repubblica a giurar fedeltà alla Costituzione repubblicana. — Discorso tenuto all'Assemblea dal presidente della repubblica. — Il principe si stanzia nel palazzo dell'Eliseo. — Avvertimento ai lettori. — Spirito conciliativo del principe presidente, e opposizione dell'Assemblea. — Liberalità smisurata del principe. — Sua lettera al generale Oudinot. — Breve riflesso intorno alla spedizione francese a Roma. — Primo Messaggio del presidente della repubblica. — A che si obbligava il principe qual presidente della repubblica. — In che modo possa il governo cattivarsi la fiducia del paese. — Prospetto delle condizioni interne della Francia dopo la nomina del presidente della repubblica. — Sguardo generale alla politica esterna della Francia. — Simpatie di Luigi Napoleone per l'Italia. — Dichiarazione dell'autore di questo libro. — Riepilogo del Messaggio. — Sublimi avvedimenti politici del principe. — Proposta sommaria di molte leggi che intende di sottoporre all'approvazione dell'Assemblea. — Nobilissima conclusione del Messaggio. — Proclama del principe, nell'occasione di una sommossa a Parigi.

Finalmente arrivò il giorno solenne, in cui circa sette milioni e mezzo di cittadini francesi diedero il voto per la nomina del presidente: una commissione di trenta rappresentanti del popolo ebbe poi l'incarico di passare in rassegna le liste dei voti; e nel giorno 20 novembre 1848 il relatore della Commissione ne rese conto all'Assemblea in mezzo alla generale commozione.

— L'Assemblea, diss'egli, chiese al popolo di trascegliere il cittadino che dev'essere sostegno dell'edifizio repubblicano. La nazione radunatasi mise nell'urna elettorale la testimonianza della sua coscienza; e voi dovete investire l'uomo, da lei designato, dei diritti attinenti alla dignità veramente popolare di Presidente della Repubblica. La voce del popolo parlò in nome di tutto quanto il paese: questa è la sanzione della sua inviolabile potenza. —

Qui si vede entrare nella sala pel corridojo a destra del presidente dell'Assemblea il principe Luigi Napoleone, in abito nero, col nastro di Rappresentante all'occhiello, e la piastra di Gran-Croce della Legion d'onore sul petto, e va a sedersi sui banchi della destra, al posto occupato per l'ordinario da Odilon Barrot.

Il relatore, che aveva interrotta per un momento la lettura del suo rapporto, la continua così:

— Guardiamoci dal sostituire alla manifestazione del volere di tutti le brame di taluni e i rammarichi di altri: fa d'uopo che cessino queste doglianze, che si mettano i

dispareri in oblio, e che lo zelo di tutti i buoni cittadini
sostenga e protegga colui che è l' eletto dalla nazione.

La totalità dei suffragi dati per la nomina del Presidente della repubblica, è di 7,327,245.

Luigi Napoleone ottenne . . . . 5,434,226 suffragi
Il generale Cavaignac . . . . . 1,444,107
Ledru-Rollin . . . . . . . . . 370,119
Raspail . . . . . . . . . . . 36,920
Lamartine . . . . . . . . . 17,219
Il generale Changarnier . . . . 4,690

Pel numero dei suffragi ottenuti, il cittadino Luigi Bonaparte è dunque l' eletto dal popolo francese; il potere
esecutivo dev'essergli quindi ceduto da voi, senza agitazioni, con dignitosa calma, come s'addice ad una grande
nazione.

Cittadini rappresentanti, così conclude il relatore, ormai
stanno per compiere nove mesi dacchè la Repubblica, proclamata sulla soglia di questo recinto, sorgeva dai tumulti
popolari del 24 febbrajo; ed oggi apponete all' opera vostra il suggello della pubblica consecrazione. —

In mezzo all' agitazione che succede a questo Rapporto,
il generale Cavaignac lascia il suo banco, sale alla tribuna, e con nobile semplicità si fa a dire:

— Cittadini rappresentanti, ho l' onore d' informar l'Assemblea, che i signori ministri m' han dato in questo
punto la loro dimissione collettiva, ed io pure depongo
in mano all'Assemblea i poteri ch'essa credette bene di
affidarmi.

L'Assemblea comprenderà, meglio forse di quanto io
possa esprimerli, i sentimenti di gratitudine che mi lascerà la ricordanza di tutta la bontà ch'ella ebbe per
me. —

Questa brevissima allocuzione venne seguita da quasi
unanimi applausi. Indi il presidente dell' Assemblea, dopo

286

aver sottoposto ai voti le conclusioni della Commissione, grida con voce concitata:

— In nome del popolo francese!

Visto che il cittadino Luigi Bonaparte, nato a Parigi, ha tutte le condizioni di eligibilità volute dall' articolo 14 della Costituzione;

Visto che nello scrutinio, apertosi in tutto quanto il territorio della repubblica, riunì l'assoluta maggioranza; in forza degli articoli 47 e 48 della Costituzione, l'Assemblea lo proclama Presidente della Repubblica da quest'oggi fino alla seconda domenica di maggio 1852.

A tenore del decreto, invito il signor presidente della repubblica a salir la tribuna per prestare il giuramento. —

Luigi Napoleone lascia il suo posto, e salito sulla tribuna si volge verso il presidente dell'Assemblea, che legge ad alta voce la formola del giuramento:

— Alla presenza di Dio e davanti al popolo francese giuro di restar fedele alla repubblica democratica e di difendere la Costituzione. —

Il principe, stendendo la mano, disse con forza: — Io giuro —. Il presidente dell'Assemblea gridò allora con accento solenne: — Chiamo Dio e gli uomini in testimonio del giuramento che fu ora prestato: esso verrà inserito nel processo verbale, nel *Monitore*, e pubblicato secondo le forme prescritte pei pubblici atti —. Queste parole, dalle quali traspirava un sentimento di una diffidenza quasi oltraggiosa, provocarono sussurri e bisbigli; ma il principe, senza darsene per inteso, trasse di tasca un foglio, e lesse con voce franca il seguente discorso, il quale non venne interrotto che da frequenti segni d'approvazione e d'assenso.

« Cittadini rappresentanti,

I suffragi della nazione e il giuramento che ora ho prestato mi prescrivono la mia futura condotta: il mio dovere è già segnato, ed io l'adempirò da uomo d'onore.

Io riterrò come nemici della patria tutti coloro che tentassero di cambiare, con mezzi illegali, ciò che la Francia intera ha stabilito.

Fra voi e me, o cittadini rappresentanti, non dovrebbon esserci vere dissensioni: i voleri e i desiderii ci sono comuni.

Io voglio, come voi, rassodare la società sulle sue basi, confermare le istituzioni democratiche, e ricercar tutti i mezzi opportuni ad alleviare i mali di questo popolo generoso ed assennato, che or ora mi diede una sì splendida prova di fiducia.

La maggioranza, che ottenni, non solo mi commove a riconoscenza, ma darà al nuovo governo quella forza morale, senza la quale non v'è autorità.

Con la pace e coll'ordine il nostro paese può ristorarsi, guarir le sue piaghe, ricondurre gli uomini sviati e calmar le passioni.

Animato da questo spirito di conciliazione, chiamai presso di me uomini onesti, saggi ed amanti del paese; ben sicuro, che, malgrado le differenze di opinione politica, vanno d'accordo per concorrere con voi all'applicazione della Costituzione, al perfezionamento delle leggi, alla gloria della Repubblica.

Il nuovo ministero, mettendosi in officio, deve ringraziare quello, che lo ha preceduto, degli sforzi fatti per trasmettere intatto il potere, per mantenere la pubblica quiete.

La condotta dell'onorevole generale Cavaignac fu degna della lealtà del suo carattere e di quel sentimento del dovere, ch'è la prima qualità del capo di uno Stato.

Cittadini rappresentanti, noi abbiamo una grande missione da compiere, quella cioè di fondare una repubblica nell'interesse di tutti, ed un governo giusto, fermo, animato da sincero amor del progresso, senz'essere nè reazionario nè utopista.

Siamo gli uomini del paese, e non gli uomini di un partito! e coll'ajuto di Dio faremo almeno il bene, se non possiamo far grandi cose. »

Il principe, discendendo dalla tribuna, si reca verso il centro alla sinistra e va a stringere affettuosamente la mano al generale Cavaignac: questa pubblica dimostrazione di stima, data nobilmente al suo rivale, eccita lunghi applausi in una gran parte dell'Assemblea; indi il principe, dopo aver annunciato al presidente dell'Assemblea, che Odilon Barrot è già incaricato di comporre il nuovo gabinetto, viene accompagnato da una guardia d'onore al palazzo dell'Eliseo, destinatogli a residenza; a quello stesso palazzo, in cui, trentatrè anni prima, l'imperatore Napoleone I avea sottoscritto la sua abdicazione in favore dell'unico suo figlio Napoleone II.

Or che siam giunti a quel punto, in cui Luigi Napoleone non è più un esule, un prigioniero, un privato, od un semplice rappresentante del popolo e membro d'un'assemblea, sibbene il primo magistrato del suo paese; non essendo nostro intento di delinear largamente la sua vita politica, ci limiteremo ad accennare di volo i fatti capitali che ne segnano, per così dire, i passi verso il potere imperiale, a cui giunse appoggiato dal favore del popolo francese, e a cui può ben dirsi che gli spianarono la via con guerra ora sorda or aperta i suoi stessi avversari politici. Raccoglieremo invece, volgarizzandoli con amorosa diligenza, i suoi principali discorsi, tenuti in occasioni solenni, e soprattutto i così detti Messaggi, ossiano allocuzioni al Corpo legislativo, siccome quelli che compendiano e rischiarano la sua condotta nel governare il paese. Del resto basti il dire una volta per sempre, ch'ei dovette lottare continuamente con poderosi ostacoli dentro e fuori di Francia, e che colla sua longanime perseveranza e con rara accortezza seppe alla fine trionfare di tutti; nè potremmo dar qui ragione sufficiente del suo operare, perchè molti problemi da lui messi in campo aspettano ancora la loro soluzione in un avvenire più o meno lontano: possiam dire però con franchezza, che colle sue parole s'accordarono i sentimenti e le idee; ed alle sue promesse, presto o tardi, ma sempre, corrisposero i fatti.

Così, per esempio, il principe presidente mantenne la promessa già fatta di chiamare a sè persone idonee, senza veruna distinzione di partiti; perciò fin dalle prime nomine ch'egli fece nel ministero e nelle magistrature diede prova di questo spirito di fusione e di conciliazione: tuttavia tanto nell'Assemblea costituente, come nell'Assemblea legislativa che le successe, dominavano vari partiti che si facean guerra l'un l'altro, ma che quasi sempre si univano per inceppare il presidente della repubblica, e punirlo in certo qual modo della sua elezione, accaduta malgrado i loro sforzi per impedirla.

In quanto alla sua generosità e splendidezza domestica ci basti il tradur qui una pagina del suo biografo Lacroix, che ce ne dà il preciso ragguaglio.

« Il principe, benchè la spilorceria repubblicana ne avesse ristretta la generosità nei limiti angusti d'un tenue assegno, disdicevole al rappresentante di una grande nazione, si lasciò andare a quella liberalità, la quale bada più al desiderio di accontentar tutti, che non ai mezzi di farlo....

— Monsignore, (tale è il titolo onorifico che in Francia si dà non solo ai prelati, sibbene anche ai principi) gli disse il suo tesoriere, forse spaventato da queste generose prodigalità: avete voi calcolato di aver cinquanta mila franchi al giorno di rendita? Anche il tesoro dell'Imperatore vostro zio non vi basterebbe. Fate di avvezzarvi, ve ne supplico, a rifiutar qualche volta, e a non regalar, come solete, a chius'occhi, —

— Principe che dona sì arricchisce, rispose Luigi Napoleone; la più bella prerogativa del capo dello Stato si è che tutti si dirigano a lui come ad un padre: io regalerò dunque finchè ne avrò, e quando non avrò più nulla, chiederò alla Francia che m'ajuti a soccorrere gli sventurati, ch'ella mise sotto la mia protezione e che han fiducia in me. —

Il presidente della repubblica infatti continuò a dissipare gli avanzi dei beni privati di Luigi Napoleone: veterani dell'Impero, vedove d'antichi ufficiali, sindachi di villaggi, parrochi e fabbricieri, capi di confraternite e di società private, operaj infermi e senza lavoro, poveri d'ogni condizione, d'ogni grado e d'ogni età sollecitavano soccorsi, compensi e limosine; e nessuna dimanda veniva respinta.

Si assicura, che nei primi tre mesi della sua residenza all'Eliseo il principe spese in tal modo più di due milioni, e che fu costretto di ricorrere a prestiti gravosi per sovvenire ai bisogni rovinosi della sua beneficenza.

In quanto alle sue spese personali, egli si prescriveva tali economie, che doveano, secondo lui, tornare a profitto degl'infelici; il solo suo lusso consisteva in cavalli e in equipaggi. »

Ora saltando a piè pari tutti quegli atti particolari che concernono più specialmente il governo francese, riporterò qui una lettera che il principe presidente indirizzava al generale Oudinot, capo della spedizione militare a Roma:

« Mio caro generale,

La notizia telegrafica, che annunzia la resistenza impreveduta che incontraste sotto le mura di Roma, profondamente mi afflisse. Speravo, ben lo sapete, che gli abitanti di Roma, aprendo gli occhi all'evidenza, avessero ad accogliere premurosamente un esercito, che andava a compiere presso di loro una missione benevola e disinteressata.

La cosa andò altrimenti; i nostri soldati furono trattati come nemici. Ne va del nostro onor militare; nè soffrirò che ne riceva onta: i rinforzi non vi mancheranno. Dite ai vostri soldati, che ne apprezzo il valore, ne divido le pene, e che possono far sempre assegnamento sul mio appoggio e sulla mia riconoscenza.

Ricevete, mio caro generale, l'assicurazione dell' alta mia stima.

LUIGI NAPOLEONE BONAPARTE. »

Ormai dopo dieci anni, sedate le passioni, (dico anche le generose, che fan velo più volte alla ragione) saranno meglio interpretate, io credo, dalla maggior parte dei patrioti italiani le intenzioni di Napoleone III sugli affari di Roma; le quali del resto son rischiarate da un altro documento originale del principe, che riporteremo più avanti, e verranno ad avere prossimamente per comento più autentico il suggello dei fatti. Napoleone III aspettava e preparava col tempo l'opportunità di far valere le sue generose intenzioni sulla indipendenza dell'Italia; nè bisogna giudicarlo coll'impazienza del sentimento patriotico, sibbene coll'assennata ponderazione di un uomo di Stato.

Ora vediamo nel suo primo Messaggio (che fu letto all'Assemblea legislativa il 7 giugno 1849, e di cui riproduciam qui un'analisi accurata, non che i tratti più importanti), com'egli passi schiettamente in rassegna le condizioni del paese dacchè venne stabilito il Potere esecutivo: anche questo discorso ha l'impronta di quella calma e patriotica fermezza, che si scorge in tutti gli scritti politici di Luigi Napoleone. Il Messaggio incomincia così:

« Signori Rappresentanti,

La Costituzione prescrive al Presidente della Repubblica di presentarvi ogni anno l'esposizione dello stato generale degli affari del paese.

Io mi conformo a quest'obbligo che mi permette, mentre vi espongo il vero con tutta la sua schiettezza ed i fatti in ciò che han d'istruttivo, di parlarvi altresì della mia condotta passata e delle mie intenzioni per l'avvenire.

La mia elezione alla prima magistratura della Repubblica aveva suscitato speranze, che fin qui non poterono tutte avverarsi.

Fino al giorno in cui vi siete riuniti entro questo recinto, il Potere esecutivo non godeva la pienezza delle sue prerogative costituzionali: in una tal condizione gli era difficile di camminar francamente.

Nondimeno io rimasi fedele al mio Programma.

Infatti, a che mi son io obbligato, accettando i suffragi della nazione?

A difendere la società, audacemente assalita;

A consolidare una Repubblica saggia, grande, onesta;

A proteggere la religione, la famiglia, la proprietà;

A promovere tutti i miglioramenti e le economie possibili;

A proteggere la stampa contro gli arbitrii e la sfrenatezza;

A scemare gli abusi del concentramento;

A scancellare le tracce delle nostre discordie civili;

Finalmente ad usare negli affari esterni una politica nè arrogante nè fiacca.

Il tempo e le circostanze non mi permisero di compiere tutti questi doveri; tuttavia, grandi passi vennero fatti su questa via.

Primo dovere del Governo era quello di consacrare tutti i suoi sforzi al ristabilimento della fiducia, che non poteva esser piena se non sotto un governo definitivo. Il difetto di sicurezza nel presente, di fede nell'avvenire, distrugge il credito, ferma il lavoro, diminuisce le rendite pubbliche e private, rende impossibili i prestiti, e inaridisce le fonti della ricchezza.

Prima di aver fatta risorgere la fiducia, per quanto si ricorresse a qualunque sistema di credito, come anche agli spedienti più rivoluzionari, non si farebbe rinascere l'abbondanza laddove il timore e la sfiducia della dimane produssero la sterilità.

Anchè la nostra politica esterna non poteva essere adeguata alla nostra potenza di prima, se non in quanto avessimo ricostituito nell'interno ciò che fa la forza delle nazioni, vale a dire l'unione dei cittadini e la prosperità delle nostre finanze.

Per ottener tale intento, il Governo non ebbe che a prendere un tono fermo e risoluto, mostrando a tutti, che senza uscire dalla legalità farebbe uso dei mezzi più gagliardi per rassicurare la società.

Perciò si sforzò di ristabilir per ogni dove il prestigio dell'autorità, mettendo tutta la cura nel chiamare ai pubblici uffizi gli uomini ch'egli giudicava più onesti e più idonei, senza badare alla loro antecedente politica.

Appunto per non inquietare gli animi, dovette il Governo procrastinare il disegno di rendere la libertà alle vittime delle nostre discordie intestine; perocchè alla sola parola d'amnistia l'opinione pubblica si agitò in diversi sensi, e si temette di ritornare a nuovi tumulti: nondimeno usai indulgenza dovunque non era dannosa.

Le prigioni si sono già aperte a mille cinquecento settanta confinati del giugno; e ben presto gli altri saran messi in libertà, senza che la società abbia nulla a temerne. In quanto a coloro, che in forza di sentenze dei Consigli di guerra scontano la loro pena negli ergastoli, alcuni di essi, dovendo essere pareggiati ai condannati politici, saran collocati in case di detenzione.

L'andamento preso aveva ristabilito in poco tempo la fiducia; gli affari avevano ripigliato un notevole impulso; le casse di risparmio si riempivano. Dalla fine di gennajo a quest'oggi il prodotto delle contribuzioni indirette e delle dogane non cessò di aumentare, e si era avvicinato, nell'aprile, ai tempi più prosperi. Il tesoro avea ritrovato il credito di cui abbisogna, e la città di Parigi avea potuto contrarre un imprestito, il cui valore si approssima al pari: traffico che rammenta i tempi della più salda fiducia.

Le istanze per l'approvazione di società anonime si andavano moltiplicando; il numero delle patenti di privilegio aumentava di giorno in giorno; il prezzo dei servizi, l'interesse di tutti i valori, che avevano sofferto un ribasso sì grande, si andavano gradatamente rialzando.

Finalmente, in tutte le città manifatturiere si erano ricominciati i lavori, e gli stranieri accorreano di nuovo a Parigi.

Questo fortunato movimento, arrestato per poco dall'agitazione elettorale, ripiglierà il suo corso, mercè il sostegno che voi darete al Governo. »

Il Presidente della Repubblica espone poi con meravigliosa lucidezza lo stato delle finanze, della guardia nazionale, dell'esercito, della marineria, dell'agricoltura, dell'industria, del commercio, dei pubblici lavori, dell'istruzione pubblica e degli affari esterni; a proposito dei quali egli fa precedere ad una succinta e fedele pittura dei fatti alcune riflessioni generali del sistema di politica nazionale ch'egli seguì e seguirà riguardo agli altri Stati, dicendo:

« È nei destini della Francia di scuotere il mondo, quand'ella si agita, di calmarlo, quand'ella si modera; perciò l'Europa ci rende mallevadori del suo riposo o della sua agitazione: questa responsabilità c'impone gravi doveri e domina la nostra situazione.

Dopo il febbrajo (del 1848) il contraccolpo della nostra rivoluzione si fece sentire dal Baltico sino al Mediterraneo; e coloro che mi precedettero alla testa degli affari non vollero lanciare la Francia in una guerra, di cui non si poteva prevedere la fine: ed ebbero ragione.

La condizione della civiltà europea non ci permette di abbandonare il nostro paese ai pericoli d'un conflitto generale, se non in quanto se ne ha in un modo evidente il diritto o il bisogno: un interesse secondario, una ragione più o meno speciosa d'influenza politica non bastano; fa d'uopo che una nazione come la nostra, qualora s'impegni in una lotta colossale, possa giustificare in faccia al mondo o la grandezza de' suoi trionfi, ó la gravezza delle sue sconfitte.

Quando io giunsi al potere, gravi questioni si agitavano in diverse parti dell'Europa; al di là del Reno come al di là delle Alpi, dalla Danimarca sino alla Sicilia c'era per noi un interesse da difendere, un'influenza da esercitare: ma questo interesse e questa influenza meritavano forse davvero, per essere gagliardamente sostenuti, che si corressero i rischi d'una conflagrazione europea? Ecco la questione: proposta in tal modo, diventa facile a risolversi.

Sotto questo aspetto, in tutti quegli affari esterni, i quali furono soggetto di trattative che siam per passare in rassegna, la Francia ha fatto quanto era fattibile per l'interesse de' suoi alleati, senza però venire alle armi, ultima ragione dei Governi. »

Il principe presidente espone in appresso con chiarezza e lealtà l'andamento delle cose in Sicilia, in Piemonte, a Firenze, a Roma, in Germania, e dovunque la Francia ebbe interessi da difendere ed un ufficio morale da sostenere; egli si diffonde di più, ma con dignità e prudenza,

sulle sventure dell'Italia, e lascia indovinare le sue simpatie personali per questo nobile paese, « di cui nessun
dolore, egli dice, può trovarci indifferenti »; narra i preliminari della spedizione di Roma, e ne addita lo scopo pacifico e protettore; ma dolendosi che il sangue francese,
sparso nella trista giornata del 30 aprile, abbia rese inef-
ficaci quelle intenzioni benefiche, e fatti cadere a vuoto
gli sforzi delle trattative, si ristringe a dichiarare, che non
si muterà lo scopo dell'impresa. E qui credo bene di notare che, malgrado l'ammirazione nutrita da me verso le
idee politiche di Napoleone III, l'amore dell'indipendenza
d'Italia me ne farebbe accettare con docile riverenza le
idee, con gratitudine somma e indelebile riconoscenza i
soccorsi, ma non il personale governo; il che dico, non
perchè io dubiti menomamente delle sue generose e sapienti intenzioni, (che sarebbe un fargli il massimo torto)
sibbene pe' miei compatrioti, se mai per avventura avessero
a frantendere la mira che mi son prefisso nel compendiar
questa vita del più famoso politico de' tempi nostri.

Il riepilogo del Messaggio è tale, che merita non se
ne tolga verbo; e ci pare impossibile alla lettura di queste
e delle altre pagine di Luigi Napoleone, come i suoi avversari politici avessero tanta baldanza da farlo passare
per un imbecille od un pazzo; e che ci fossero persone
oneste, tanto accecate dalle passioni (anche le più generose), da credere sulla parola di que' dottoroni, a guisa
delle pecore, che, al dire del nostro sommo Alighieri, « come
una fa, e l'altre fanno ». Eccolo dunque letteralmente
tradotto:

« Tale, o signori, è il ragguaglio sullo stato attuale
degli affari della Repubblica. Voi vedete che le nostre
preoccupazioni son gravi, grandi le nostre difficoltà, e che
ci restano oggidì, sì dentro come fuori del paese, molti
importanti problemi da risolvere. Nondimeno, forte pel

vostro sostegno e per quello della nazione, spero di sollevarmi all'altezza del mio còmpito, tenendo una via chiara e precisa.

Questa via consiste, da un lato, nel prendere arditamente l'iniziativa di tutti i miglioramenti, di tutte le riforme che possono favorire il bene comune, e dall'altro, nel reprimere con la severità delle leggi divenute necessarie i tentativi di disordine e d'anarchia che prolungano il generale disagio.

Io non cullerò il popolo con illusioni ed utopie, le quali non vanno sovreccitando l'immaginazione, che per riuscire al disinganno ed alla miseria.

Dovunque io scorga un'idea feconda di risultati pratici, la farò studiare, e quando sia applicabile, vi proporrò di applicarla.

La principale missione del Governo repubblicano è soprattutto d'illuminare il popolo colla manifestazione della verità e di sperdere l'ingannevole bagliore, che l'interesse peculiare dei partiti fa balenare a' suoi occhi.

Ad ogni pagina della storia si rinviene questo fatto deplorabile; cioè, che quanto più i mali della società son reali e patenti, tanto più una cieca minoranza si abbandona al misticismo delle teorie.

Sul principio del secolo decimosettimo il popolo inglese lottò, per quarant'anni, non pel trionfo delle idee insensate di alcuni fanatici che prendevano la Bibbia per testo ed a scusa delle loro follie, sibbene per la supremazia della sua religione e pel trionfo della sua libertà.

Così dopo l'ottantanove la società fu sconvolta, non già per le idee di Babeuf o di qualsiasi altro settario, sì per l'abolizione dei privilegi, per la divisione dei possessi, per l'eguaglianza in faccia alla legge, per l'ammissione di tutti agl'impieghi.

Ebbene, anche oggidì la rivoluzione si è compiuta, non già per l'applicazione di teorie inapplicabili o di vantaggi immaginari, bensì per avere un governo che, sorto dal volere di tutti, mostri più intelligenza dei bisogni del popolo, e possa reggere, senza mire dinastiche, le sorti del paese.

Nostro debito è dunque di ben discernere dalle idee false le vere, che scaturiscono da una rivoluzione; fatta poi questa separazione, bisogna mettersi alla testa delle une e combattere coraggiosamente le altre. Si troverà il vero, rivolgendosi a tutte le persone assennate, non rifiutando alcuna cosa, prima di averla ben maturata, accettando tutto quanto fosse stato sottoposto all'esame di uomini competenti e che reggesse alla prova della discussione.

Secondo quello che testè vi esponevo, due specie di leggi saranno presentate alla vostra approvazione; le une per rassicurare la società e reprimer gli eccessi; le altre, per introdur dappertutto miglioramenti reali: e tra queste vi accennerò le seguenti:

Leggi sulle istituzioni di soccorso e di previdenza, affine d'assicurare alle classi laboriose un rifugio contro le conseguenze dello sciopro, delle malattie e della vecchiaja;

Legge sulla riforma del regolamento sulle ipoteche; perocchè fa mestieri che una nuova istituzione venga a fecondar l'agricoltura, apportandole utili spedienti e facilitando i suoi prestiti: questa legge sarà un preludio alla formazione di stabilimenti di credito, sul fare di quelli che si trovano nei diversi Stati dell'Europa;

Legge sull'abolizione delle prestazioni in natura;

Legge sulla sovvenzione in favore delle società operaje e dei comizi agricoli;

Legge sulla difesa giudiziaria degl'indigenti, che non è bastantemente sicura nella nostra legislazione; perocchè la giustizia, che è un debito dello Stato e che per conseguenza è gratuita, si trova circondata di formalità gravose, le quali ne rendono l'accesso difficile ai cittadini poveri ed ignoranti, i cui diritti ed interessi non sono abbastanza protetti: laonde sotto l'impero della nostra Costituzione democratica dee scomparire quest'anomalia.

Finalmente è preparata una legge che mira a migliorar la pensione di riposo dei sett'ufficiali e dei soldati, e ad introdur nella legge sul reclutamento dell'esercito quelle modificazioni, che l'esperienza dimostrò vantaggiose.

Prescindendo da questi progetti, voi avete ad occuparvi di quelle organiche leggi, che l'ultima assemblea non ebbe tempo di elaborare, e che pur sono il necessario complemento della Costituzione.

Quel che ho detto basterà, spero, o signori, a provarvi che le mie intenzioni sono conformi alle vostre; perciocchè voi volete, al pari di me, adoperarvi al bene di questo popolo che ci ha eletti alla gloria ed alla prosperità della patria; al par di me voi pensate, che i mezzi migliori per riuscirvi non sono la violenza e l'astuzia, sibbene la fermezza e la giustizia.

La Francia confida nel patriotismo dei membri dell'Assemblea, e spera che la verità, svelata francamente dalla tribuna, abbia a confondere la menzogna e a disarmare l'errore. Dal canto suo, il Potere esecutivo farà il proprio dovere. Io chiamo sotto lo stendardo della Repubblica e sul terreno della Costituzione tutti gli uomini cui sta a cuore la salvezza del paese: faccio assegnamento sul loro concorso e sulla loro perspicacia per illuminarmi, sulla mia coscienza per dirigere, sulla protezione di Dio per compiere la mia missione. »

In quanto alla sommossa del 13 giugno (1849), la quale fu repressa ben più felicemente che non quella del giugno 1848; perocchè questa fu, si può dire, incruenta, e in quella furono sacrificate ben diecimila vittime, credo opportuno di riportar qui un bel proclama, indirizzato dal presidente della Repubblica al popolo francese, in cui gli annunziava la inevitabile sconfitta dei sediziosi: eccolo tal quale.

« Alcuni faziosi osarono ancora innalzare le insegne della rivolta contro un Governo legittimo, siccome quello che nacque dal suffragio universale: essi mi accusano di aver violato la Costituzione, accusano me che sopporto già da sei mesi, senza smuovermi, le loro ingiurie, calunnie e provocazioni! La maggioranza dell'Assemblea è la mira dei loro oltraggi. L'accusa che mi fanno non è che un pretesto; prova ne sia, che i miei avversari mi perseguitavano già con lo stesso odio, colla stessa ingiustizia, quando il popolo di Parigi mi nominava suo Rappresentante, e il popolo della Francia, Presidente della Repubblica.

Questo sistema di agitazione mantiene il paese nell'inquietudine e nella diffidenza, che producono la miseria, è forza che cessi. È ormai tempo che i buoni si rassicurino, e tremino i malvagi: la Repubblica non ha nemici più implacabili di costoro, che perpetuando il disordine vanno tentando di mutare la Francia in un vasto campo di battaglia, e i nostri progetti di miglioramenti e di progresso in apparecchi di lotta e di difesa.

Eletto, com'io sono, dalla nazione, la causa ch'io difendo è la vostra, è quella delle vostre famiglie come delle vostre proprietà, quella del povero come del ricco, quella di tutta quanta la civiltà. Io non indietreggerò di fronte a checchessia per farla trionfare.

Luigi Napoleone Bonaparte. »

# CAPITOLO XVIII.

Cura paterna che il principe avea de' soldati e del popolo. — Esercito, popolo e clero a lui favorevoli. — Discorso del presidente
della Repubblica tenuto ad Angers. — Qual sia la libertà vera
e la savia politica. — Discorso proferito dal principe a Roano. — Vaniloquio di certe utopie. — Il buon senso è la norma
de' tempi nostri. — Il colonnello Edgardo Ney, inviato speciale
del principe a Roma. — Riprovevole ed improvvida condotta
della Commissione Pontificia, dopo l'espugnazione di Roma. —
Famosa lettera di Luigi Napoleone al colonnello Edgardo Ney sugli
affari di Roma, in cui biasima severamente il Governo Pontificio
d'allora. — Generose parole del generale Cavaignac in sostegno
di questa lettera del principe. — Dolorosa confessione dell'autore in quanto a Vittor Hugo. — Nuovo Messaggio del presidente della Repubblica letto all'Assemblea. — Ragioni per le
quali il principe cambiò il suo ministero. — Suoi intenti politici. — Suo discorso per la inaugurazione della magistratura
giudiziaria ricostituita. — Importanza sociale delle autorità
giudiziarie. Loro diritti e doveri. — Altro discorso del principe, tenuto nella solenne distribuzione dei premi all'industria
francese. — Donde si riconosca il grado di civiltà d'un paese. —
Cure speciali confacenti al governo. — Bel paragone tra la ricchezza d'un paese e le acque d'un fiume. — Falsa opinione, ra-
dicata in gran parte del popolo, riguardo al governo. — Amo-
revoli e sagge esortazioni del principe ai rappresentanti dell'industria francese. — Suo sistema di economia politica trattato,
a torto, siccome infetto di socialismo. — Suo discorso alle autorità
municipali di Parigi. — Qual fosse quella causa, alla cui difesa

doveano cospirar di conserva i *grandi poteri* dello Stato in Francia, e quale la meta a cui tendere. — Fiducia del principe nel
senno e nel cuore de' veri patrioti francesi. — Sua generosità
singolare.

Il principe, sempre osteggiato o non curato da gran
parte dei rappresentanti nell'Assemblea legislativa, avea
fortunatamente fuori di quel recinto una forza, cui non
poteano nè scuotere, nè umiliare le turbolente gelosie di
quelli. Questa forza ei la fondava nel cuore del popolo,
col quale perciò e coll'esercito si metteva sempreppiù a
contatto, senza darsi briga dei vani cicalecci che ne facevano i suoi avversari: a tal fine si valse d'ogni occasione
per far rassegne, e distribuir croci d'onore a soldati ed
ufficiali veterani; visitava le caserme e gli ospitali; s'in-
formava minutamente di tutte quante le particolarità del-
l'intendenza militare; volea che la truppa fosse ben nutrita e ben vestita: onde avea dato ordini così severi in
quanto alle forniture dell'esercito, che le dilapidazioni e
gli abusi, sì frequenti sotto il regno di Luigi Filippo, cessarono quasi del tutto, senza il bisogno di venire a processi scandalosi e a punizioni solenni.

Colla medesima sollecitudine egli pensava al bene delle
classi popolari, visitando apertamente od incognito le diverse
officine della capitale, e promovendo, per quanto gli era possibile, i miglioramenti già da lui proposti all'Assemblea.

L'inaugurazione di varie strade ferrate, ch'erano state
eseguite simultaneamente per rannodare la capitale ai dipartimenti, forniva al presidente numerose occasioni di parlar solennemente al popolo delle provincie con allocuzioni
che racchiudevano il segreto della sua politica e le promesse
del suo governo: ed è qui da notarsi, che quasi tutto il clero
di Francia si andava sempre più affezionando al governo
del Dieci dicembre; sicchè il principe, appoggiandosi sulla

triplice forza del clero, dell' esercito e del popolo, si fab-
bricava una base inconcussa contro le insidie e gli assalti
delle fazioni.

Di questi discorsi, quasi tutti tratti dalle viscere del
soggetto, ed acconci alle condizioni proprie delle città da
lui visitate, daremo per ora due saggi.

L'uno fu recitato ad Angers, in risposta al brindisi fattogli dal podestà e dai maggiorenti di quella città in un
banchetto :

« Signori, egli disse, percorrendo la vostra città in
mezzo alle acclamazioni del popolo, chiedevo a me stesso,
che cosa avessi fatto per meritarmi un'accoglienza sì lusinghiera e sì entusiasta.

Voi m'accogliete con tanta benevolenza, non solo perchè sono il nipote di quell'Uomo che fe' cessare tutte le
nostre dissensioni civili ; giacchè non posso fare per voi
quanto operò l'Imperatore, non avendo io nè il suo genio, nè la sua potenza : ma le vostre acclamazioni addi-
tano ch'io rappresento quel sistema di moderazione e di
conciliazione, che venne inaugurato dalla repubblica, quel
sistema cioè che consiste nel rassodare in Francia, non
una libertà selvaggia che permetta a ciascuno di far quel
che vuole, sibbene la libertà dei popoli civili, la quale
permette a ciascuno di fare tutto quanto non possa nuo-
cere al bene comune.

Sotto tutti i governi vi saranno, lo so bene, oppressori
ed oppressi ; ma sinattantochè io sarò presidente della repubblica, non vi avrà partito oppresso. Nessuna città, io
credo, comprende meglio di Angers questa savia condotta
politica, od ha più amore a quella sana e santa politica
che noi tutti quanti vogliam far trionfare. — Bevo alla
salute della città di Angers ! »

L'altro discorso fu proferito dal principe ad un banchetto
datogli dalla città di Roano, al quale assisteva l'insigne

storico Thiers, rappresentante di quel dipartimento della
Senna inferiore :

« Signori, disse il principe, quanto più visito le principali città della Francia, tanto più si rassoda la mia
persuasione, che questo paese ha in sè tutti quanti gli
elementi della pubblica prosperità.

Chi è dunque che impedisce oggidì alla nostra prosperità di svilupparsi e di portare i suoi frutti? Lasciate ch'io
ve lo dica : gli è che par proprio 'de' nostri tempi il la-
sciarci sedur da chimere, invece di appigliarci alla realtà.

Signori, già dissi nel mio Messaggio: « Quanto più i
mali della società son patenti, tanto più certi animi sono
inclinati a gettarsi nel misticismo delle teorie. »

Ma in realtà, di che si tratta ? Non si tratta di dire :
— Adorate quel che avete abbruciato, ed abbruciate quel
che avete adorato per tanti secoli —; si tratta di dare alla
società una maggior tranquillità e fermezza ; e come già
disse un uomo stimato dalla Francia, e qui amato da voi
tutti, vo' dire il signor Thiers, — il vero genio dell' epoca
nostra consiste nel semplice buon senso. —

Principalmente in questa bella città di Rouen regna il
buon senso, ed a questo io vo debitore degli unanimi suffragi del dieci dicembre ; perocchè voi, o signori, ben mi
giudicaste pensando, che il nipote di quell'Uomo che fece
tanto per istabilire la società sulle sue basi naturali non
poteva aver il pensiero di gettarla nell' incertezza delle
teorie.

Per questo, o signori, godo di potervi ringraziare dei
centottantamila voti che m'avete dato ; godo di trovarmi
nel cuore di questa bella città di Rouen che in sè racchiude i germi di tante ricchezze ; ed ho ammirato queste colline, abbellite dai tesori dell'agricoltura, ho ammirato questo fiume che porta lontano i frutti della nostra
industria.

Finalmente, non fui meno colpito al vedere la statua del gran Corneille: sapete che cosa essa 'mi provi? Che non vi stanno solo a cuore i grandi interessi del commercio, ma che ammirate altresì tutto quanto avvi di nobile nelle scienze, lettere ed arti.

. Signori, fo un brindisi alla città di Rouen, e sono riconoscentissimo dell'accoglienza che oggi mi faceste. ›

· Ora veniamo alla famosa lettera, diretta da Luigi Napoleone a Edgardo Ney, qualche tempo dopo l'espugnazione di Roma, fatta dai Francesi sotto gli ordini del generale Oudinot; ma credo bene di farvi un opportuno schiarimento, citando qui prima una pagina del Lacroix, che dice su questo proposito:

« Egli ( il presidente della repubblica ) avea spedito a Roma il signor Edgardo Ney, uno de' suoi ufficiali d'ordinanza, incaricato apparentemente di portare al generale dell' esercito di occupazione un ordine di richiamo, e in pari tempo un attestato di alta soddisfazione da parte del presidente della repubblica : ma lo scopo reale della missione del colonnello Ney era quello di studiare sul luogo il vero stato delle cose, e di darne conto direttamente al principe.

Infatti il generale Oudinot avea pienamente falsato il proprio mandato abbandonando con troppo cieca fiducia i pieni poteri, di cui era rivestito, in balìa di una Commissione governativa, composta dei cardinali Casoni, Altieri e Della-Genga. Questa Commissione, animata dai sentimenti più reazionari e diretta dalle idee più funeste, avea cominciato a ristaurare l'antico Governo papale con tutti i suoi abusi, con tutti i suoi vizi, con tutte le sue abitudini, in faccia all'esercito francese, il quale pareva così non fosse stato che uno strumento d'oppressione e d'ingiustizia.

· Quei tre cardinali aveano creato una specie di Tribunale d'Inquisizione sotto il titolo di *Consiglio di Censura*,

che avea destituito i funzionari pubblici, nominati dal 16
novembre 1848 in poi, e svilita la carta monetata della Repubblica Romana. Il generale Rostolan, a cui era stato af-
fidato il comando, in sostituzione del generale Oudinot,
indirizzò rimostranze alla Commissione Pontificia, e si
fece presso di lei l' eco severo delle lagnanze del popolo;
ripigliò in mano l' amministrazione interna della città e
mantenne in nome della Francia il diritto di piena occupazione in Roma. In quel frattempo Edgardo Ney trasmise il risultato delle sue informazioni al presidente della
repubblica, e lo avvertì, che la Corte di Roma, dominata
da influenze contrarie al proprio interesse nonchè all'onore
della Francia, comprometteva imprudentemente le utili
conseguenze della spedizione francese. Luigi Napoleone
credette allora suo debito di ristabilire il vero spirito di
quella spedizione, in una lettera diretta al colonnello Ney,
destinata ad essere comunicata officiosamente agli agenti
superiori del Governo Pontificio. Ecco la lettera:

« Mio caro Ney,
La Repubblica Francese non ha inviato un esercito a
Roma per soffocarvi la libertà italiana; ma anzi per re-
golarla, preservandola contro gli eccessi suoi proprii, e per
darle una solida base ricollocando sul trono pontificio
quel principe che s'era messo arditamente alla testa delle
utili riforme.

Sento con dolore, che le benevole intenzioni del Santo
Padre, come anche l'opera nostra, rimangono infeconde,
di fronte a passioni ed influenze ostili. Si vorrebbe dunque mettere come fondamento al ritorno del Papa la proscrizione e la tirannia? Dite da parte mia al generale
Rostolan, ch'egli non dee permettere, che all'ombra del
vessillo tricolore si commetta alcun atto, il quale possa
svisare il carattere del nostro intervento.

Io riepilogo così la ristaurazione del potere del Papa: *Amnistia generale, secolarizzazione del ministero, Codice Napoleone e governo liberale.*

Io mi sento personalmente offeso, leggendo il proclama dei tre cardinali, al vedere che non si fece neppur menzione della Francia, nè dei patimenti de' nostri valorosi soldati.

Ogni insulto alla nostra bandiera od alle nostre divise mi penetra nell'intimo del cuore: e vi prego a dichiarar francamente, che, se la Francia non vende i suoi servigi, esige almeno che le si sappia grado de' suoi sagtifizi e della sua annegazione.

Quando i nostri eserciti fecero il giro d'Europa, lasciarono dappertutto, come traccia del loro passaggio, la distruzione degli abusi feudali, e germi di libertà: non sia mai vero, che nel 1849 un esercito francese abbia potuto operare in altro senso, e produrre altri frutti.

Dite al generale, che ringrazi in mio nome l'esercito per la sua nobile condotta. Mi dolse il sentire, che anche fisicamente non fu trattato come si doveva. Nulla si dee trascurare, perchè le nostre truppe sieno convenevolmente trattate.

Ricevete, mio caro Ney, la protesta della mia schietta amicizia.

LUIGI NAPOLEONE BONAPARTE. »

Nella clamorosa discussione, che si tenne all'Assemblea legislativa sul proposito di questa lettera, il generale Cavaignac (cosa che fa onore a lui come al suo più fortunato rivale) diede una splendida testimonianza di simpatia al presidente della Repubblica, dicendo con militare franchezza:

— Spero, che un anno di riserbo mi avrà dato il diritto di esprimermi schiettamente, senza che alcuno possa

sospettare de' miei sentimenti. Orbene, dichiaro che trovai
nella lettera del signor presidente della Repubblica l'espressione dei sentimenti più patriotici e più degni, non dirò solo
del nome che firmò quella lettera, ma anche della grande
nazione che lo scelse a suo primo magistrato : io dunque
rendo un omaggio pieno e rispettoso al pensiero che in-
spirò quella lettera. —

Invece è doloroso il rammentare, che l'illustre scrittore
Vittor Hugo, il quale aveva dapprima favorito il governo
presidenziale di Luigi Napoleone, se non come un principio, almeno come una speranza, è doloroso, dico, il rammentare, che da quel giorno in poi osteggiasse accanita-
mente il Presidente della Repubblica: sicchè questo grande
poeta, che nel trionfo della Ristaurazione Borbonica avea
cantato le glorie dell'Impero, non cessò quind'innanzi di
censurare acremente sì gli atti come i disegni di Luigi
Napoleone; onde dipinse poi a colori sì neri il *Colpo di
Stato* in quel suo famoso libello, intitolato *Napoleone il
piccolo,* dalle cui pagine traspira tale amarezza ed esage-
razione, che molti buoni patrioti italiani (lo confesso), anche in que' tempi in cui l'opinione pubblica non era sì
favorevole al principe, politicamente ancora mal noto, non
ne poterono continuar la lettura che a stento, nè durarla
sino alla fine del libro: speriamo che ormai quel poeta, il
quale cantò le glorie francesi, abbia già modificata la sua
opinione intorno a Napoleone III, che si può dire l'eletto
del popolo per eccellenza.

Il principe, avendo ricomposto il suo gabinetto con nuovi
ministri, per non essere continuamente intralciato o franteso anche da quelli che gli cooperavano, mandò un nuovo
Messaggio al Presidente dell'Assemblea, che verso la fine
della seduta del 31 ottobre 1849 ne fece lettura, turbata
soltanto dal sordo mormorio che si alzava dai banchi del-
estrema sinistra.

« Signor Presidente, ei diceva, nelle gravi circostanze in cui ci troviamo, l'accordo che deve regnare tra i diversi poteri dello Stato non può mantenersi se non in quanto, animati da una mutua fiducia, si spieghino francamente l'uno in faccia all'altro. Per dar l'esempio di questa schiettezza, vengo a far conoscere all'Assemblea quali sono le ragioni che mi determinarono a cambiare il ministero e a separarmi da uomini, di cui amo proclamare gli eminenti servigi, ed ai quali promisi amicizia e riconoscenza.

Per assodare la Repubblica minacciata in tanti lati dall'anarchia, per assicurar l'ordine più efficacemente che non si facesse sin qui, per mantenere all'estero il nome francese a livello della sua fama, occorrono uomini che animati dall'amore di patria comprendano la necessità di una direzione unica e ferma, e di una politica dichiarata precisamente; che non compromettano il Governo con veruna titubanza; che abbiano cura della mia propria responsabilità come della loro, e dell'opera come della parola.

Ormai è quasi un anno ch'io do prove di annegazione tali, da non lasciar luogo a frantendere le mie vere intenzioni. Senza rancore contro verun individuo o partito, lasciai che venissero agli affari ministeriali uomini dalle opinioni più diverse, ma senza conseguire il buon esito, che mi ripromettevo da questo ravvicinamento; invece di operare una fusione di partiti non ottenni che una collisione di forze. L'unità di mire e d'intenzioni venne inceppata, lo spirito di conciliazione si scambiò per debolezza; non appena erano passati i pericoli nelle contrade, che si videro i partiti rialzare il loro stendardo, ridestare le proprie rivalità e impaurire il paese diffondendovi l'agitazione.

In mezzo a codesta confusione la Francia, inquieta perchè non ci scorge una direzione, va cercando la mano, la volontà, la bandiera dell'Eletto del Dieci dicembre. Ora questa volontà non può esser sentita, se non v'è comunanza piena d'idee, di mire, di convinzioni tra il Presidente e i suoi ministri, e se la stessa Assemblea non si associa al pensiero nazionale, che si manifestò nell'elezione del Potere esecutivo.

Nel dieci dicembre trionfò tutto quanto un sistema; perocchè anche il nome solo di Napoleone è un intiero programma; esso vuol dire: al didentro, ordine, autorità, religione, agiatezza del popolo: al difuori, dignità nazionale. Ora io voglio appunto far trionfare questa politica col sostegno dell'Assemblea e con quello del popolo.

Io voglio meritar la fiducia della nazione, mantenendo la Costituzione che ho giurata; voglio inspirare al paese con la mia lealtà, perseveranza e fermezza una tale fiducia, che possano animarsi gli affari e si abbia fede nell'avvenire.

Il testo di una Costituzione ha senza dubbio un grande ascendente sulle sorti d'un paese; ma il modo con che viene eseguita esercita forse un influsso anche più forte. La maggiore o minor durata del Potere ha certo una grande efficacia sulla stabilità delle cose; ma la società si rassicura altresì, mercè i principii e le idee che il Governo sa far prevalere.

Rinforziamo dunque l'autorità senza molestare la libertà vera; calmiamo i timori, domando arditamente le malvage passioni e dirigendo utilmente tutti i nobili istinti; rassodiamo il principio religioso, senza abbandonare nessuna delle conquiste fatte dalla rivoluzione: e salveremo il paese, malgrado i partiti, le ambizioni ed anche le imperfezioni che le nostre istituzioni potessero avere.

LUIGI NAPOLEONE BONAPARTE. »

Si poteva sin d'allora, misurando i due Poteri che si guardavano in faccia, pronosticare qual dei due presto avrebbe il sopravvento, se il capo dello Stato, oppur l'Assemblea. E qui non posso distogliermi dal riportare tradotti altri discorsi (sempre nel mio scopo di far conoscere dalle sue proprie manifestazioni quella vasta e profonda mente politica di Napoleone III), fatti dal presidente della repubblica in congiunture solenni. Trasceglierò quelli che hanno un'importanza più che francese. Ecco, per esempio, quello ch'ei tenne, quando s'inaugurò la ricostituzione della magistratura giudiziaria.

    « Signori,
Sono lietissimo di trovarmi quest'oggi in mezzo a voi e di presiedere ad una cerimonia solenne, in cui ricostituendosi la magistratura si ristabilisce un principio, cui solo un momentaneo traviamento potea disconoscere.

Ne' tempi agitati, quando par che si smarriscano le nozioni del giusto e dell'ingiusto, giova rialzare il prestigio delle grandi istituzioni e provare, che certi principii hanno in sè una forza indistruttibile. È dolce il poter dire: Le leggi fondamentali del paese furono innovate, tutti i poteri dello Stato passarono in altre mani; eppure in mezzo a tali sconvolgimenti e naufragi il principio dell'inamovibilità della magistratura rimase in piedi.

Infatti le società non si trasformano a capriccio delle umane ambizioni: le forme cambiano; la cosa resta. Malgrado le burrasche politiche sopravvenute dal 1815 in poi, noi non viviamo ancora che mercè le larghe istituzioni fondate dal Consolato e dall'Impero; le dinastie e le Carte costituzionali passarono via: ma ciò che sopravvisse e ci salva si è la religione, l'organizzamento della giustizia, dell'esercito e del ministero.

Onoriamo dunque ciò che è immutabile, ma onoriamo altresì quanto può esservi di buono nei mutamenti introdotti.

312

Oggi, per esempio, che, accorsi da tutti i punti della Francia, voi venite davanti al primo magistrato della repubblica a prestare un giuramento, giurate fedeltà, non ad un uomo, sibbene alla Legge: venite qua alla presenza di Dio e dei grandi Poteri dello Stato a giurare di compiere religiosamente un mandato, nel rigido adempimento del quale sempre si segnalò la magistratura francese.

È consolante il pensiero, che al difuori delle passioni politiche e delle agitazioni sociali siavi una società di persone, non aventi altra guida che la propria coscienza, altra passione che il bene, altra mira che di far regnare la giustizia.

Voi, o signori, siete per ritornare nei vostri dipartimenti: riportatevi la persuasione, che noi siamo usciti dall'èra delle rivoluzioni ed entrati nell'èra di quei miglioramenti che prevengono le catastrofi: applicate con fermezza, ma eziandio colla più grande imparzialità, le disposizioni tutelari dei codici nostri; e fate che non vi siano giammai colpevoli impuniti, nè innocenti perseguitati.

È ormai tempo, come ho detto poc'anzi, che si rassicurino coloro che vogliono il bene, e si rassegnino quegli altri che tentano di sostituire le proprie opinioni alla volontà nazionale.

Esercitando la giustizia nel senso più nobile e più largo di questa gran parola, voi gioverete di molto al rassodamento della repubblica; perocchè avrete corroborato nel paese quel rispetto alla Legge, che è il primo dovere e la prima dote di un popolo libero. »

Ecco ora un altro discorso, tenuto dal presidente della repubblica, otto giorni dopo, cioè l'undici novembre, nello stesso luogo, per la solenne distribuzione dei premi agli espositori dell'industria francese. Luigi Napoleone non si lasciò sfuggire questa nuova occasione di parlare alla

Francia per inspirarle fiducia nelle grandi cose ch'ei meditava per la di lei prosperità materiale: ecco le sue parole, indirizzate ad un uditorio in cui si riuniva il fiore dell'industria francese:

« Signori, vedendovi ricevere il giusto guiderdone di quelle fatiche, le quali mantengono la riputazione dell'industria francese all'altezza che le è dovuta, dicevo tra me: — Non ha perduto il sentimento di onore quella nazione, in cui una semplice distinzione diventa per tutti i meriti un'ampia ricompensa; non è tralignata quella nazione che, malgrado i suoi sconvolgimenti, quando appunto si credevano deserti gli opifizi ed arrenato il lavoro, fece risplendere a' nostri sguardi, come un conforto ed una speranza, le meraviglie de' suoi prodotti! —

Il grado di civiltà di un paese si riconosce dal progresso dell'industria, come da quello delle scienze ed arti. Dell'ultima Esposizione possiamo andar superbi; perocchè addita lo stato delle nostre conoscenze, e insieme quello della nostra società. Quanto più ci avanziamo, quanto più, come diceva l'Imperatore, i mestieri si trasmutano in arti; tanto più lo stesso lusso diventa oggetto di utilità, condizione prima della nostra vita; ma questo lusso, che colle attrattive di gradevoli prodotti tira a sè il superfluo del ricco per rimunerare il lavoro del povero, non può prosperare, se non quando l'agricoltura, svolgendosi nelle medesime proporzioni, aumenti le ricchezze primitive del paese, e moltiplichi i consumatori.

Perciò, principal cura di un governo illuminato, ed inteso soprattutto agl'interessi generali, dev'essere quella di scemare, per quanto è possibile, i balzelli che pesano sui terreni.

Malgrado i sofismi diffusi tuttodì per traviare il popolo, avvi un principio incontrastabile, il quale sortì le più vantaggiose conseguenze in Isvizzera, in Inghilterra e in America; e si è quello di dar franchigia alla produzione, e di non tassare che la consumazione. La ricchezza di un paese è come un fiume: se si prendono le acque alla sua sorgente, inaridisce; se in vece si prendono dove il fiume è ingrossato, se ne può sviare una larga massa, senza alterare il suo corso.

Spetta al Governo di stabilire e propagare i buoni principii di economia politica, incoraggiare, proteggere, onorare il lavoro nazionale. Egli dev'essere il promotore di tutto ciò che mira a nobilitare la condizione d'un uomo: ma il più gran beneficio che possa fare, quello da cui scaturiscono tutti gli altri, si è di stabilire una buona amministrazione che partorisca la fiducia ed assicuri l'avvenire.

Il più gran pericolo forse dei tempi moderni proviene da quella falsa opinione, fitta nella mente di tanti, che un Governo, cioè, possa tutto, e che sia essenziale ad un sistema qualunque, di rispondere a tutte le pretese, rimediare a tutti i mali. I miglioramenti non s'improvvisano; ma nascono da quelli che li precedettero: a guisa della specie umana, essi hanno una figliazione, che ci permette di misurar l'estensione del progresso possibile e di separarlo delle utopie.

Non facciamo dunque nascere vane speranze, ma studiamoci di appagar tutte quelle che la ragione ci dice di accettare; manifestiamo coi nostri atti una costante sollecitudine per gl'interessi del popolo; adempiamo a pro di chi lavora quel voto filantropico di assegnargli una parte migliore nei frutti ed un avvenire più sicuro.

Quando, ritornati nei vostri dipartimenti, sarete in mezzo ai vostri operaj, confermateli in questi buoni sentimenti, in queste sane massime; e colla pratica di quella giustizia, che ricompensa ciascuno secondo le sue opere, mitigate i loro patimenti, migliorate la lor condizione! Dite loro che il Governo è animato da due passioni ugualmente vive : l'amore del bene, e la volontà di combatter l'errore e la menzogna.

Mentre voi così farete il vostro dovere di cittadini, io, non ne dubitate, farò il mio dovere di primo magistrato della repubblica: impassibile in faccia alle calunnie come alle seduzioni, senza debolezza e senza jattanza, veglierò sui vostri interessi che sono i miei, manterrò i miei diritti che sono i vostri. »

Unanimi applausi accolsero questo discorso, in cui Luigi Napoleone espose in certo qual modo il suo sistema di economia politica, presso a poco come l'avea svolto nelle opere scritte durante la prigionia : i maligni pretesero e gli sciocchi andarono ripetendo, che il presidente della repubblica in questo discorso si facea conoscere per socialista. Egli continuava però nel suo sistema di conciliazione, di giustizia e d'imparzialità, mentre si vedeva esposto alle diffidenze ed alle congiure dell'Assemblea legislativa. In questo senso egli parlò al banchetto imbanditogli dal Municipio di Parigi nell'anniversario della sua elezione, rispondendo al brindisi che gli fece il prefetto della Senna :

« Ringrazio, o signori, il Corpo municipale, che m'abbia invitato nel suo palazzo e che facesse distribuire oggi stesso numerosi soccorsi agl'indigenti ; perocchè alleviar la sventura è, secondo me, il miglior modo di celebrare il Dieci dicembre.

Non voglio qui ricapitolare quanto abbiam fatto in un anno : ma la sola cosa di cui vo superbo è di aver mantenuto, grazie agli uomini che mi circondarono e che ancor mi circondano, intatta la legalità, e la tranquillità senza conflitto. L'anno che incomincia sarà, io spero, più fecondo di fortunati successi; soprattutto se, come diceva il signor prefetto della Senna, tutti i grandi Poteri staranno intimamente uniti.

Chiamo *grandi Poteri* quelli eletti dal popolo, cioè l'Assemblea ed il Presidente. Sì, ho fede nella loro unione feconda; noi ci avanzeremo, invece di starcene immobili: perocchè ciò che dà una forza irresistibile, anche al mortale più abbietto, è di avere davanti a sè una gran meta da raggiungere, e dietro a sè una gran causa da difendere.

Per noi questa causa è quella della civiltà tutta quanta;

È la causa di quella saggia e santa libertà, che ogni giorno si trova sempre più minacciata dagli eccessi che la van profanando;

È la causa delle classi laboriose, il cui buon essere è sempre compromesso da quelle teorie insensate, le quali sollevando le passioni più brutali e i timori più giusti, farebbero odiare perfino il pensiero dei miglioramenti;

È la causa del Governo rappresentativo, che perde il suo salutare prestigio coll'acrimonia del linguaggio e colla lentezza usata nell'accettare le utili proposte;

È la causa della grandezza e dell'indipendenza della Francia: perocchè, se le idee che ci combattono potessero trionfare, distruggerebbero le nostre finanze, il nostro esercito, il nostro credito, la nostra preponderanza, mentre ci sforzerebbono a dichiarar la guerra a tutta Europa.

Non vi fu dunque mai causa più giusta, più patriotica, più sacra della nostra.

In quanto allo scopo che dobbiamo ottenere, esso è tanto nobile quanto la causa; non si tratta di rifare la copia meschina d'un passato qualunque, sibbene d'invitar tutti gli uomini di cuore e d'ingegno a consolidare qualche cosa di più grande che una Carta costituzionale, di più durevole che una dinastia: cioè gli eterni principii di religione e di morale, e con essi le regole nuove di una sana politica.

La città di Parigi, tanto assennata, e che non vuol rammentarsi delle agitazioni rivoluzionarie se non per impedirne il ritorno, comprenderà un andamento, il quale, mentre siegue lo stretto sentiero tracciato dalla Costituzione, permette di contemplare un ampio orizzonte di speranza e di sicurezza. Fu spesso ripetuto, che quando si parla di onore, si trova eco in Francia : speriamo che, quando si parlerà di ragione, si trovi un' egual corrispondenza, sia nelle menti, sia nei cuori di quelli, che amano soprattutto il proprio paese.

Faccio un brindisi alla città di Parigi ed al Corpo municipale ! »

Mentre il principe si prendea tanto a cuore il bene dello Stato e dimostrava una straordinaria prespicacia nello svolgere i grandi principii dell'economia politica, non risparmiava mai la sua borsa, quando si trattasse di soccorrere infelici o di ricompensare servigi prestati; di maniera che, in capo ad un anno, avea speso del suo peculio privato più di due milioni, oltre un milione e dugentomila franchi ch'erano il suo assegno presidenziale; e il dispendio di queste somme si era trovato ancora insufficiente : sicchè bisognò contrar debiti, i quali da un giorno all' altro potevano diventare gravosi. Malgrado però tutte le osservazioni che osavano rispettosamente indirizzargli i suoi famigliari, continuò a spendere più di quarantamila franchi al mese in opere di carità e di beneficenza : e potrei citare a questo proposito molti aneddoti commoventi, che, per amore di brevità, son costretto ad omettere.

# CAPITOLO XIX.

Giornale ebdomadario, intitolato *Il Napoleone*. — Primo articolo del *Napoleone*. — Quali fossero gli avversarii e quali i partigiani di Luigi Bonaparte. — Quale doveva essere e qual fu in tale stato di cose la condotta politica del presidente della repubblica. — Molteplici ed importantissimi affari a cui attese il principe nel primo anno della sua Presidenza. — Nobile e franca esposizione di quello che intende di fare, col popolo e pel popolo, malgrado ogni sorta di ostacoli. — Savie ammonizioni agl'istigatori della pluralità dell'Assemblea, le quali potrebbero servire di eccellente lezione anche a noi Italiani. — Il socialismo è lo spauracchio dei pusillanimi, non formidabile ai forti d'ingegno e di cuore. — Chimere contraddittorie dei socialisti. — Ingratitudine astiosa dei giornalisti così detti moderati verso *il Napoleone*. — Nuova sommossa dei socialisti. — Una repressione pronta e gagliarda è talvolta umanità ben intesa. — Discorso tenuto dal principe presidente a San Quintino. — Suo desiderio ardente di frammischiarsi al popolo, e suo rimpianto d'essere malnoto alla Francia. — In che consista l'ordine sociale. — Breve allocuzione del principe al podestà di Digione. — Còmpito ingrato che hanno i governi succeduti alle rivoluzioni. — Insidie tese da emissarii parigini al principe lungo il suo viaggio nelle provincie. — Discorso da lui recitato a Lione, in risposta al brindisi fattogli dal podestà. — Il principe svolge nel suo discorso questa proposizione: « debbo dirvi con franchezza quel che sono e quel che voglio ». — Altro discorso letto dal principe in Lione alla Società di mutuo soccorso. — Vantaggi sociali di così fatte istituzioni. — Allocuzione del principe alla Camera di commercio in Lione. — Prevalenza ed influenza degl'interessi morali sui materiali. — La Commissione permanente dell'Assemblea va preparando contro il principe un colpo di Stato. — Colloquio di Molé con Luigi Napoleone su questo proposito. — Secondo Messaggio del presidente della repubblica all' Assemblea. — Stato degli animi in Francia a que' tempi. — Nobile e franca apologia, fatta dal principe, della propria condotta politica qual capo dello Stato. — Saggi consigli dati da lui all'Assemblea legislativa. — Sua provvidissima divinazione dell' avvenire. — Questo Messaggio viene franteso.

Per diriger l'opinione pubblica tra le insidie, che si tramavano continuamente dalle fazioni, affine d'indebolire il Governo, s'incominciò nella domenica del 6 gennajo 1850 a pubblicare un giornale settimanale intitolato *Il Napoleone*, chè si annunciava come l'organo ufficiale della politica dell'Eliseo, e i cui articoli anonimi erano scritti dagl'intimi amici del principe, sotto la direzione di un segretario di Luigi Napoleone e la responsabilità di un impiegato negli uffici presidenziali. Del primo numero di questo giornale si erano spacciati cinquantamila esemplari, ad onta dei dispettosi avversarii di questa pubblicazione.

A costo di sentirmi dire, che codesto mio lavoro non sia che un'antologia Napoleonica, anzi appunto per questa ragione (chè non ho alcuna pretesa letteraria nè smania di sdottorare in politica), voglio qui riprodurre alcuni brani di quegli articoli che si suppongono composti dallo stesso principe, e ch'io credo sian tali davvero; tanto bene vi si riconosce il tocco vigoroso, la frase nitida e concisa, e l'incalzante dialettica propria di lui: e tanto più lo credo, in quanto che non parla mai che indirettamente della sua persona, e modestamente degli atti governativi da lui iniziati o compiuti.

Ecco, per esempio, il primo articolo del *Napoleone*:

« Nel 10 dicembre non trionfò un partito, sibbene una causa: essa avea per sè tutto il popolo, contro di sè tutti i partiti. Alcuni di questi alla fine vi si rannodarono, trascinati dalla corrente popolare; ma la prima volta, che il nome di Luigi Napoleone risuonò nell'urna elettorale dopo la rivoluzione, venne assalito non solo dalle fazioni repubblicana, orleanista e legittimista, sì ancora da tutta la stampa e da tutte le autorità governative: ciò non ostante Luigi Napoleone fu eletto rappresentante a Parigi e in più dipartimenti. Che cosa prova questo fatto, se non che nè la stampa, nè gl'impiegati del governo, nè gli antichi partiti rappresentavano la causa del popolo? Solo l'erede dell'Imperatore poteva esser l'emblema della Rivoluzione dell'ottantanove, purgata de' suoi eccessi e de' suoi errori; egli solo aveva insieme per nemici gl'ideologi, e i partigiani degli abusi del vecchio e dell'ultimo regno: egli solo avea per amici il contadino, il soldato e l'artigiano: la causa Napoleonica era nel 1848 quel che fu nel 1802.

Oggidì, come nel 1802, si tratta di riformare e di creare: reprimere tutto ciò che v'è di falso e di cattivo, creare tutto ciò che v'è di utile e di buono. La repressione, ben si vede, è difficile, perchè la Costituzione legò le mani al Governo; e la fondazione trova un ostacolo quasi invincibile nella libertà della stampa, che demolisce la dimane una parte di ciò che il Governo edificava quest'oggi. Luigi Napoleone, ciò non ostante, andò avanti; e s'avanzerà sempre.

Chiamato al potere dalla forza popolare, Luigi Napoleone aveva in suo favore la simpatia delle masse; ma la borghesia e le classi distinte nutrivano per lui diffidenza ed anche antipatia. Tutta la superficie del paese era stata in certo qual modo satollata delle tante calunnie sparse contro di lui. Ora, se il popolo è il vero punto d'appoggio di un governo forte, le classi colte ne sono la leva necessaria:

bisognava adunque che il presidente si procacciasse la loro stima, s'impadronisse della loro fiducia, ne calmasse i timori e provasse che, s'egli era un uomo del popolo, era in pari tempo l'uomo dell'autorità e dell'ordine. Sconosciuto a' suoi compatrioti e conoscendoli poco, egli dev'esser modesto e circospetto; se avesse voluto governare da sè fin dai primi giorni, l'avrebbero gridato un pazzo: perciò avendo chiamato alla tèsta degli affari gli uomini parlamentari più eminenti, ma meno compromessi pel loro passato, lasciò ad essi una grande libertà d'azione; e benchè si facesse nulla senza la sua approvazione, non si può dire che l'andamento del governo ricevesse dal presidente il principale impulso: questo stato di cose durò sino al momento in cui s'accorse, che col troppo rinunciare alla sua personale influenza metteva a repentaglio l'avvenire del paese.

Quanto più il governo si fu rassodato, tanto più si mostrò clemente e si occupò di pratici miglioramenti. Duemila e cinquecento novantasette detenuti vennero messi in libertà, e furono o studiate o già presentate sotto la forma di progetto di legge le questioni seguenti: cioè, tra le altre, quelle che concernono le casse di pensione, le casse di mutuo soccorso, la riforma ipotecaria, il credito agrario, i bagni e lavatoj per il popolo, l'abolizione dei passaporti, la gratuita difesa dei poveri negli affari civili, l'alleggerimento delle prestazioni in natura, la formazione di una riserva per l'esercito, i mezzi di migliorare la pensione di riposo dei sott'ufficiali e soldati. Si era nominata una Commissione per le colonie agricole; che se fin qui non riusciva all'uopo, ciò avvenne perchè s'abbattè in troppi ed ardui problemi da risolvere: si cominciò ad erigere il primo stabilimento sociale per gli operaj, ma non ottenne fin ora il suo pieno svolgimento; una circolare, diretta ai prefetti, gl'invita a far indagini sulla condizione dei veterani, per divisare i mezzi di migliorarne la sorte.

Ecco che cosa fece o di che si occupò il presidente in quest'anno.

È poco, se si vuole; ma è almeno qualche cosa, in mezzo a difficoltà che sorgono da ogni parte. Ben presto, noi lo speriamo, farà ancor di meglio; vincerà tutti gli ostacoli, perocchè l'origine sua è la causa continua della sua forza: perciò, dovess'egli avere ancora contro di sè, come al tempo della sua elezione, tutti i partiti vecchi e nuovi, tutti i giornali e tutti i funzionarii governativi, salverà la società, ristabilirà l'ordine e la prosperità: in una parola, compirà la sua missione, perchè avrà sempre con sè la massa del popolo, e perchè si sente dotato di quella fede che inspira, di quella volontà che eseguisce »

In altra congiuntura il giornale dell'Eliseo, inspirato dal presidente della repubblica, diresse queste savie ammonizioni agl'istigatori della pluralità dell'Assemblea.

« Molti si dicono e si credono nelle file dell'ordine, che non ci si dovrebbero contare, siccome quelli che proteggono, incoraggiano ed ajutano il disordine con gli atti e le parole, se non co' desiderii.

Costoro, quando la sommossa è imminente, sono tra i primi a rannodarsi al Governo; non vi è zelo o premura bastante sulle loro labbra, non entusiasmo che basti nel cuore, per eccitare la mano che dirige e che può salvarli con la società pericolante in questi casi estremi: si vedono venire i più rigidi e i più spietati a far buon mercato delle proprie dottrine, a predicare la forza e l'unione, purchè ritorni la calma. Ma quando la calma ritorna e si vedono sicuri, fate di cercarli pel compimento dell'opera loro! E sono altrove, e spesso in mezzo ai nemici.

E perchè? Ovvia è la risposta: ed è, ch'essi non combattevano per la società, sibbene per i loro meschini interessi.

Davvero, che, se non si trattasse della salvezza della società, saremmo tentati di lasciarli alla prese colla

repùbblica rossa, la quale mostrerebbe loro ben presto a qual
abisso gli strascinano le proprie passioni. »

Dio voglia che questi rimproveri non siano mai più
meritati da verun Italiano!

E appunto del socialismo discorre egregiamente un
articolo del *Napoleone* nel quarto numero di quel giornale
(27 gennajo).

« Nulla è atto a conquistare, nulla è invincibile quanto
un'idea, purchè sia vera. Voi potete bene opporle la forza
brutale; ella vincerà tutte le resistenze che vengono
dalla plebe o dal Governo: ma se l'idea è falsa, per quanto
fosse sostenuta dal dispotismo, o momentaneamente al
servizio delle masse e delle loro passioni, riuscirà sempre ad esser vinta e soggiogata: ecco perchè non bisogna spaventarsi oltremodo nè del socialismo, nè del co-
munismo; la loro riuscita è impossibile, perchè sono nel
falso....

Ora, che cosa vogliono i socialisti?... La religione? ma
se l'assalgono! La morale? ma se la perturbano! Il lavoro? ma lo distruggerebbero, se le loro fatali utopie potessero trionfare; perocchè il lavoro non vive che di libertà, di operosità individuale, di emulazione, della cer-
tezza di trasmetterne i frutti.

Ora non vogliono saper di governo; ora ne vanno sognando uno somigliante a quello del bascià d'Egitto, che
incetti e soggioghi costumi, passioni, interessi ad una or-
ganazione di ferro. Della famiglia, primo elemento di civiltà, osano negare i vantaggi; invece di estendere la sfera
degl'interessi, la ristringono nelle proporzioni d'un *falansterio*; invece di togliere le barriere che separano i popoli e le classi della società, ne vanno immaginando di
più assurde e moleste. La ricchezza pubblica è loro nemica, e, ben lungi dal nobilitare e sublimare ogni cosa, e'
si sforzano di abbassar tutto al loro livello.

Non riusciranno; perocchè assalire la nostra religione, i nostri codici, i nostri costumi, le nostre più nobili passioni è un voler distruggere tutto ciò che da mille ottocent'anni è la causa perenne dei progressi dell'umanità, è un disconoscere la legge di Dio.

Se il socialismo poggiasse sur un'idea vera, questa idea sarebbe una, e non molteplice; i socialisti s'intenderebbero tra loro nel distruggere e nel sostituire: ma gli uni vogliono la *triade* di Pietro Leroux, altri il falansterio di Fourier; questi l'utopia di Babeuf, quelli l'anarchia di Proudhon; altri finalmente non sanno ciò che si vogliano, o vogliono insieme tutte queste cose.

Bisognerebbe proprio disperare de' nostri tempi, se la maggioranza della nazione potesse lasciarsi strascinare da tali follie! Fortunatamente il buon senso delle masse è inalterabile; come l'oceano che conserva la sua limpidezza, malgrado di tutti i fiumi che gli versano in seno le limacciose lor acque. »

In tal modo il presidente della repubblica, frammezzo alle vane ciarle della stampa così detta moderata, si studiava di far sentir la sua voce ai cittadini dabbene ed ai veri amici dell'ordine; eppure, quando *il Napoleone* pubblicava articoli siffatti, che avevano l'impronta d'una maschia eloquenza, i giornali più sodi, immersi in miserabili intrighi di parte, dicevano in tono sprezzante:

« Il *Napoleone* non contiene più nulla che meriti di esser notato. »

Il 4 febbrajo 1850 era il giorno destinato ad una sommossa, preparata di lunga mano in secreto dai socialisti: e scoppiò infatti; ma Luigi Napoleone, di concerto con Carlier, allora prefetto di Parigi, l'aveva già prevenuta; e una gran mostra di forze militari bastò a soffocarla nel suo nascere, senza il bisogno di venire ad intimazioni, e tanto meno all'armi, per dissipare gli attruppamenti dei ribelli : nè di questa effimera agitazione altro rimase, fuorchè un gran numero d'arresti, che fecero ricader nelle mani della giustizia parecchi deportati del giugno, di fresco graziati per decreto del presidente della repubblica.

A proposito di questa sommossa il prefetto di polizia Carlier aveva detto al principe: — Noi siamo per avere *una giornata*; ma io verrò a capo di questo ammutinamento, senza che Vostra Altezza si dia la pena di salire a cavallo.

— Signor prefetto, rispose il principe, una repressione vigorosa e pronta è umanità ben intesa. La sommossa è una gangrena: fa d'uopo assalire il male nel suo principio, per non avere ad arrestarne i progressi col ferro e col fuoco —.

Savia politica, quando il governo sia popolare davvero!

Il presidente della repubblica riprese i suoi viaggi nelle provincie per conoscere viemmeglio i bisogni del popolo e recarvi soccorso, per quanto era da lui, rendendosi così sempreppiù popolare, a dispetto delle fazioni parlamentari; ed io, secondo il consueto mio intento, ne riproduco in questo mio lavoro i principali. Ecco, per esempio, il discorso ch'egli tenne ad un banchetto imbanditogli dal Municipio di San Quintino, città non molto discosta dal forte di Ham, dove il principe, come abbiam già narrato, fu prigioniero sei anni: con questo discorso egli rispondeva ad un'allocuzione ed al brindisi fattogli dal podestà.

« Signori, se avessi la libertà di far quel che bramo, verrei tra voi senza fasto, senza cerimonie; verrei da incognito a frammischiarmi a' vostri lavori ed alle vostre feste, per meglio giudicar, da me stesso, dei vostri desiderii e sentimenti; ma par che la sorte frapponga continuamente una barriera tra voi e me, e sento il rammarico di non aver mai potuto essere un semplice cittadino del mio paese. Passai, ben lo sapete, sei anni non lungi che qualche lega da questa città; ma mura e fosse mi separavano da voi. Anche oggidì me ne allontanano i doveri di una posizione ufficiale; perciò è molto, se voi mi conoscete; e continuamente si cerca di sfigurare a' vostri occhi i miei atti ed i miei sentimenti.

Per buona ventura, il nome che porto mi rassicura, e voi sapete da quali alti insegnamenti io trassi le mie convinzioni: della missione che oggidì ho da compiere si conosce l'origine e lo scopo.

Quando, quarantotto anni sono, il Primo Console venne in questi luoghi ad inaugurare il canale di San Quintino, come oggi io vengo ad inaugurare la strada ferrata, veniva a dirvi: — Tranquillatevi, le burrasche sono passate. Le grandi verità della nostra rivoluzione, io le farò trionfare; ma reprimerò con ugual forza i nuovi errori e i vecchi pregiudizi. Riconducendo la sicurezza, incoraggiando tutte le utili imprese, farò sorgere nuove industrie. Voglio arricchire i vostri campi, migliorare la sorte del popolo —. Non c'è che da guardarci intorno per vedere se mantenne la parola.

Ebbene, anche al dì d'oggi, uguale è il mio còmpito, sebbene più facile.

Della Rivoluzione bisogna prendere i buoni istinti, e combattere arditamente i cattivi: bisogna arricchire il popolo con tutte le istituzioni di previdenza e d'assistenza che siano approvate dalla ragione, e farlo ben persuaso, che l'ordine è la prima fonte di ogni prosperità.

Ma l'ordine, secondo me, non è una parola vuota di senso, che ciascuno interpreti alla propria maniera.

Secondo me, l'ordine consiste nel mantenere ciò che venne liberamente scelto e acconsentito dal popolo; l'ordine è la volontà nazionale, trionfante di tutte le fazioni.

Coraggio, adunque, o abitanti di San Quintino! Continuate a far onore alla nostra nazione coi frutti della vostra industria: credete a' miei sforzi ed a quelli del Governo per proteggere le vostre imprese e migliorar la sorte dei lavoranti. »

Non appena questo discorso, ascoltato ed applaudito da duemila persone, venne conosciuto a Parigi, che la malevolenza lo afferrò per frugarvi sotto le parole e in fondo alle idee una dichiarazióne di guerra, diretta all'Assemblea Legislativa.

Ad un pranzo che il principe diede ai magistrati della città di Digione, il 14 agosto di quell'anno 1850, al brindisi che gli fece il podestà come interprete dei sentimenti del popolo Digionese, rispose in tal modo:

« Ringrazio il signor Podestà di Digione per le sue parole, e per la benevola accoglienza con che fui ricevuto. Le acclamazioni a me fatte mi provano, che il fiume rivoluzionario tende a rientrar nel suo letto, e che la popolazione di questo paese, testè sì agitata, apprezza i comuni nostri sforzi per ristabilir l'ordine.

I Governi che succedono a rivoluzioni hanno un còmpito ingrato, quello cioè di reprimere, per migliorare più tardi; quello di far cadere fantasmi ingannevoli, e di sostituire il linguaggio della fredda ragione agli accenti disordinati delle passioni. Perciò molti Governi scapitarono della propria popolarità in questa grande e difficile impresa; e quando vedo il mio nome conservare ancora la sua influenza sulle masse, influenza dovuta al glorioso capo della mia famiglia, ne godo, non per me, ma per voi, per la Francia, per l'Europa. »

Il presidente si arrischiò di andare anche a Lione, poco prima teatro di gravi sommosse suscitate dai socialisti; dove, malgrado le combriccole di molti emissari venuti dalla capitale sulle tracce del principe affine di tendergli insidie per ogni dove e d'aizzare contro di lui il malcontento degli operaj non ancor bene riavutisi da quelle

funeste illusioni, malgrado tutto questo, ripeto, lasciò di sè
grata memoria nei cittadini, e cambiò, per così dire, l'o-
pinione pubblica sul conto suo, mercè specialmente i suoi
franchi e sapienti discorsi ivi tenuti, e che qui riporto fedelmente tradotti.

Il primo fu recitato al magnifico banchetto, in cui dugento commensali lo circondavano, in risposta al brindisi
fattogli dal podestà di Lione; e venne sovente interrotto
dai *bravo* e dagli applausi dell'uditorio.

« Signor Podestà, ei diceva, la città di Lione, di cui
siete il degno interprete, riceva l'espressione sincera della
mia gratitudine per l'accoglienza simpatica ch'ella mi fece;
ma, credetelo, non son venuto in questi paesi, dove mio
zio lasciò tracce sì profonde, solo per raccogliere ovazioni
e far rassegne.

Lo scopo del mio viaggio è quello d'incoraggiare colla
mia presenza i buoni, di rassicurare gli animi smarriti,
di giudicar da me stesso dei sentimenti e dei bisogni del
paese. Quest'opera esige il vostro concorso, e perch'io l'ottenga pieno, debbo dirvi con franchezza quel ch'io sono e
quel che voglio.

Io sono, non il rappresentante d'un partito, ma il rappresentante di due grandi manifestazioni nazionali, che
nel 1804, come nel 1848, vollero salvare per mezzo del-
l'ordine i grandi principii della Rivoluzione francese. Altiero dunque della mia origine e della mia bandiera, ri-
marrò loro fedele, e mi dedicherò tutto quanto al paese,
qualunque cosa egli esiga da me, annegazione o persevere-
ranza. Le dicerie di colpi di Stato son forse giunte fino al
vostro orecchio, o signori; ma non le avete credute, e ve
ne ringrazio. Le sorprese e le usurpazioni possono essere
il sogno di partiti che non hanno appoggio nelle nazioni;
ma l'eletto da sei milioni di suffragi eseguisce i voleri
del popolo, non li tradisce. Il patriotismo, ripeto, può

consistere sì nell'annegazione, come nella perseveranza; di fronte ad un pericolo generale, ogni personale ambizione deve sparire. In tal caso si riconosce il patriotismo, come si conobbe la maternità in un celebre processo. Vi ricorderete di quelle due donne che riclamavano uno stesso bambino; ebbene, a qual segno si riconobbero le viscere della vera madre? Alla rinunzia de' suoi diritti, strappatale dal pericolo di un capo diletto. I partiti che aman la Francia non dovrebbero scordarsi di questa sublime lezione!

All'uopo me ne ricorderò io stesso: ma d'altra parte, qualora si rianimassero colpevoli pretese e minacciassero di compromettere la quiete della Francia, saprei ridurle all'impotenza, invocando di nuovo la sovranità del popolo: perocchè io non riconosco in veruno il diritto di dirsi suo rappresentante più di me. Questi sentimenti, voi dovete comprenderli, perchè tutto quanto è nobile, generoso, sincero, trova eco fra i Lionesi: la vostra storia ne offre esempi immortali: considerate dunque la mia parola come una prova di fiducia e di stima.

Lasciate ch'io faccia un brindisi alla città di Lione! »

Il discorso che segue venne letto da lui alla Società di mutuo soccorso, dopo la distribuzione della medaglia ch'egli stesso avea fatto coniare in memoria della di lei fondazione:

« Signori,

L'istituzione che m'invitaste ad inaugurare è una di quelle, che devono sortire la più salutare efficacia sulla sorte delle classi laboriose; perocchè non posso credere, che vi sian uomini tanto perversi da predicare il male con cognizione di causa: ma quando gli animi sono eccitati da sconvolgimenti sociali, s'inculcano al popolo idee perniciose che fruttano la miseria. Cagione di queste utopie sì è l'ignoranza: infatti i sistemi più seducenti nelle

apparenze sono troppo spesso inapplicabili; la forza della
ragione non basta a distruggere le false dottrine; queste
si combattono più efficacemente coll' applicazione di pratici miglioramenti. Le Società di mutuo soccorso, com'io
le intendo, hanno il prezioso vantaggio di riunire le diverse classi della società, di far cessare le gelosie che
possono darsi fra loro, di togliere in gran parte le conseguenze della miseria, facendo concorrere il ricco volontariamente col superfluo de' suoi beni ad una istituzione, in
cui l' operajo laborioso trovi sempre consiglio e sostegno.
Si dà in tal modo alle diverse comunità uno stimolo
di emulazione, si riconciliano le classi, e si rendono morali le industrie.
È dunque mio fermo proposito di fare ogni sforzo per
diffondere Società di mutuo soccorso in tutto il territorio
francese; perocchè, a mio parere, codeste instituzioni, stabilite che siano per ogni dove, sarebbero il mezzo migliore,
non già di risolvere problemi insolubili, ma di soccorrere
veri patimenti, stimolando egualmente e la probità nel lavoro e la carità nell' opulenza. Godo assaissimo d'inco-
minciare da quella di Lione, dove le idee filantropiche
son tanto proclamate. Auguro alla società vostra la prosperità di cui è degna, e ringrazio i suoi fondatori, che
sì bene meritarono dei proprii concittadini. »
In quello stesso giorno, al banchetto offerto dalla Camera di commercio a Luigi Napoleone, il presidente di
essa espose al principe i voti dell' industria Lionese, e lo
ringraziò dei servigi che le avea prestati mantenendo l'ordine pubblico e conservando la pace al di fuori; e il principe rispose in questi termini:
« Ringrazio il Commercio e l' Industria di Lione, per
le congratulazioni che mi fanno, e mi unisco di tutto cuore
ai loro voti; ristabilir l'ordine e la fiducia, mantenere la
pace, terminare al più presto possibile le nostre grandi

linee di strade ferrate, proteggere la nostra industria e dar
incremento allo scambio dei nostri prodotti con un sistema
commerciale, progressivamente liberale: tal fu e sarà la
meta costante de' miei sforzi.

Se non si ottennero risultati più decisivi, la colpa, voi
ben lo sapete, non è del mio governo; ma speriamo, o signori, che, quanto più presto il nostro paese rientrerà
nelle vie regolari, la sua prosperità risorgerà tanto più sicura; perocchè, è bene il ripeterlo, gl'interessi materiali
non vanno ingrandendosi che con una buona direzione
degl'interessi morali: è l'animo che guida il corpo; quindi
s'ingannerebbe a partito, quel governo, che fondasse la
sua politica su l'avarizia, l'egoismo e la paura.

Col proteggere liberalmente i diversi rami della pubblica ricchezza, col difendere arditamente all'estero i nostri alleati, col portar alto il vessillo della Francia, si
procacceranno al paese agricola, commerciale, industriale
i maggiori benefizi: giacchè questo sistema avrà per base
l'onore; e l'onore è sempre la miglior guida. »

Luigi Napoleone sapeva di avere contro di sè congiurati a' suoi danni i legittimisti, gli orleanisti ed i socialisti, dei quali ultimi più volte si sottrasse agli agguati
con rara accortezza ed affrontò le minacce colla sua solita intrepidezza; sapeva che la Commissione permanente,
costituitasi durante le vacanze dell'Assemblea, cospirava
contro di lui, e faceva assegnamento sul generale Changarnier, il quale, come comandante in capo delle truppe
residenti a Parigi, avrebbe potuto valersene in favore
della sediziosa Assemblea che mirava ad un colpo di Stato
parlamentario: e quel generale, senza propendere in apparenza più all'uno che all'altro partito, già disgustatosi
col presidente della repubblica e col ministero per gelosia
di potere, e fors'anco per ambizioni personali, mostravasi
disposto a favorir l'Assemblea nell'osteggiare velatamente

o in palese il capo della repubblica. E già si discorreva di venire ai fatti : quando, all'uscire da una conferenza della Commissione permanente , Molé, già ministro sotto Luigi Filippo, e allora membro di quella Commissione, il quale era stato scandagliato e stimolato da molti suoi colleghi a far parte di quella congiura, corre al palazzo dell'Eliseo e chiede un' udienza immediata dal presidente della repubblica per affari di Stato.

Luigi Napoleone ritornava in quel momento da una passeggiata che avea fatto a piedi e soletto nei Campi Elisi ; e gli si fa incontro con una ciera sorridente. Il signor Molé gli si accosta colla faccia stravolta, e — Principe, gli dice, la Commissione di permanenza vuol farvi arrestare ; se né fece anche a me la proposta, ch'io rigettai con isdegno, annunciando nel ritirarmi che ve ne avrei avvertito.

— Ve ne ringrazio, signor conte, risponde il principe; non mi attendevo di meno da un antico servitore di mio zio; ma ne ero già prima informato, e mi davo sì poco pensiero di questi progetti da pazzo, che feci or ora una bellissima passeggiata pedestre sino all'Arco di Trionfo. Se ci fosse davvero la cattiva idea di commettere un attentato contro la mia persona, l'occasione era propizia, e intendo di offrirne ancora più volte il destro a' miei nemici.

— Ma, Principe, rispose Molé sbalordito e costernato , vi sono persone capacissime di eseguire quanto mulinarono contro di voi, in nome dell'Assemblea.

—Se mi assalgono in nome dell'Assemblea, disse con alterezza il principe, non devono ignorare, ch'io mi difenderò in nome della Francia —.

Questo progetto cadde a vuoto, perchè, riconvocatasi l'assemblea il giorno undici novembre, la Commissione di permanenza dovette cedere da quel punto il proprio mandato, affidatole dal Potere legislativo; a cui il presidente della repubblica diresse il suo secondo Messaggio annuale, che venne letto dal ministro Baroche.

« Il mio primo Messaggio, diceva egli ai rappresentanti del popolo, coincideva colla prima riunione dell' Assemblea legislativa : i medesimi elettori, che mi aveano poco prima nominato alla magistratura suprema del paese, coi loro suffragi chiamarono voi stessi a sedere in questo luogo. La Francia vi vide arrivare con gioja, perchè il medesimo pensiero presiedette alle nostre due elezioni; ella c'imponeva il medesimo mandato e faceva sperare, che la nostra concordia ristabilisse l' ordine e mantenesse la pace coll' estero.

Nel mese di giugno del 1849 si operò un sensibile miglioramento.

Quando voi arrivaste, il paese era ancora agitato dagli estremi momenti della Costituente ; molti voti imprudenti aveano suscitato gravi imbarazzi al Governo: le esorbitanze della tribuna si erano, come sempre, mutate in agitazioni da piazza, e il tredici giugno vide spuntare un nuovo tentativo d' insurrezione ; il quale, sebbene agevolmente represso, fece sentire assai più l'imperioso bisogno di riunire i nostri sforzi contro le perverse passioni: e per vincerle bisognava dapprima provare alla nazione, che il miglior accordo regnava tra l' Assemblea ed il Potere esecutivo, dare al Governo una direzione ferma ed unica, combattere risolutamente le cause di disordini, rianimare gli elementi di prosperità. »

Dopo questo esordio, in cui l'accordo dei Poteri si scorge come il pensiero predominante di tutto il Messaggio, Luigi Napoleone passa in rassegna colla solita sua lucidezza e concisione i lavori compiuti, i progetti studiati e le speranze del suo governo, trattando mano mano e mettendo a disamina ogni ramo dell' amministrazione ministeriale:

il che tutto ometto, essendo di un interesse speciale per la Francia, e non per noi; vengo invece a dar qui la conclusione di questo Messaggio, siccome quella che ha un'importanza più generale:

« Malgrado la difficoltà delle circostanze, la legge e l'autorità ricuperarono la loro forza a tal segno, che niuno ormai può credere alla riuscita della violenza; ma pure, quanto più svaniscono le paure dell'oggi, tanto più gli animi si gettano con ardore nelle preoccupazioni dell'avvenire. Tuttavia la Francia vuolé soprattutto la quiete: ancor trepidante dei pericoli corsi dalla società, ella rimane estranea alle querele personali e di partito, sì meschine a fronte dei grandi interessi che sono in pericolo.

Ogniqualvolta mi si offerse il destro di esprimere pubblicamente il mio pensiero, dichiarai ch'io considerava come grandi colpevoli coloro, i quali per ambizione personale compromettevano quella poca stabilità che ci vien guarentita dalla Costituzione: questa è la mia profonda persuasione, che non si è mai smossa; solo i nemici della pubblica quiete han potuto sviare i più semplici andamenti che provengono dalla mia posizione.

Come primo magistrato della repubblica, ero obbligato a mettermi in relazione col clero, con la magistratura, cogli agricoltori, cogl'industriali, colle autorità amministrative, coll'esercito, e mi diedi tutta la premura di cogliere ogni occasione per professare loro la mia simpatia e riconoscenza per l'ajuto che mi prestano; e soprattutto se il mio nome e i miei sforzi concorsero a rassodar lo spirito dell'esercito, il quale dipende da me solo, a tenore della Costituzione; è questo un servigio, oso dirlo, ch'io credo d'aver fatto al paese: perocchè ho sempre rivolto a vantaggio dell'ordine la mia personale influenza.

La regola invariabile della mia vita politica sarà, in ogni congiuntura, di fare il mio dovere, null'altro che il mio dovere.

Al presente è permesso a tutti, fuori che a me, di accelerare la revisione della nostra legge fondamentale. Se la Costituzione ha in sè parti viziose e pericolose, a voi è libero di farle spiccare agli occhi del paese: io solo, legato dal mio giuramento, mi racchiudo negli stretti confini segnatimi da essa.

I Consigli generali hanno, in gran numero, votata la revisione della Costituzione; questo voto non è diretto che al Potere legislativo; in quanto a me, come eletto dal popolo, non dipendendo che da lui, mi conformerò sempre a' suoi voleri legalmente manifestati.

L'incertezza dell'avvenire fa nascere, lo so bene, molte apprensioni, ridestando molte speranze. Deh! sappiam tutti fare alla patria il sagrifizio di quelle speranze, nè occupiamoci che de' suoi interessi. Se in questa sessione voi votate la revisione della Costituzione, verrà una Costituente a rifar le nostre leggi fondamentali e a regolare le sorti del Potere esecutivo. Se voi non la votate, il popolo, nel 1852, manifesterà solennemente i suoi nuovi voleri. Ma quali siansi le soluzioni dell'avvenire, intendiamoci, affinchè non sia mai la passione, la sorpresa o la violenza a decidere delle sorti di una grande nazione; inspiriamo al popolo l'amor della quiete, mettendoci con calma alle nostre operazioni; inspiriamogli la religione del diritto, col non allontanarcene mai noi stessi: e allora, credetelo pure, il progresso della vita politica compenserà il pericolo di istituzioni create in giorni d'incertezze e diffidenze.

Quel che mi preoccupa soprattutto, siatene persuasi, non è di sapere chi governerà la Francia nel 1852; sibbene d'impiegare il tempo, di che posso disporre, in maniera che la transizione, qualunque ella sia, si faccia senz'agitazione e senza tumulti.

La meta più nobile e più degna di una mente elevata non è già di ricercare, quando si è al potere, con quali spedienti vi si possa durare, bensì di provvedere continuamente ai mezzi di consolidare, a pro di tutti, i principii d'autorità e di morale, che sfidano le passioni e l'instabilità delle leggi.

Io v'ho lealmente aperto il mio cuore: voi corrisponderete alla mia franchezza colla vostra fiducia, alle mie buone intenzioni col vostro concorso; e Dio farà il resto!»

Questo Messaggio del presidente della repubblica, che offriva un prospetto compiuto dello stato politico, morale e materiale del paese, venne franteso, di buona o mala fede, anche dagli uomini serii; tanto guasto avean fatto nelle classi colte l'egoismo e l'amore di parte!

# CAPITOLO XX.

Accondiscendenza e insieme fermezza del principe. — Vendetta parlamentaria, che torna in aumento della popolarità del principe presidente. — Accorta e generosa economia del principe. — Severo giudizio di un giornale inglese sulla ostilità dell'Assemblea francese contro Luigi Napoleone. — Nuovo discorso tenuto dal principe a Digione. — Parole di giusta condanna delle fazioni avverse all'eletto dal popolo. — Raro esempio di vero coraggio civile nel principe. — Altro suo discorso tenuto a Poitiers. — Eloquentissimo lamento del principe sul contrasto fra i beni e i mali della società politica francese. — Succinta e succosa allocuzione del principe al podestà di Chatellerault, nella quale dichiara qual sia il suo motore e lo scopo. — Altro suo discorso tenuto a Beauvais per l'inaugurazione della statua di Giovanna Hachette. — Spesso la Provvidenza riserba ad un solo di essere lo strumento della comune salvezza. — Giovanna d'Arco e Giovanna Hachette proposte a modelli di patrio valore. — Il presidente della repubblica, per salvare la Francia dalla guerra civile fomentata dalle fazioni parlamentarie, fa assegnamento sull'amore del popolo e sulla fedeltà dell'esercito. — Breve ed energica allocuzione del principe agli uffiziali dello stato maggiore stanziati di presidio a Parigi. — Il presidente della repubblica prepara il suo colpo di Stato a salvezza della Francia. — Discorso tenuto dal principe nella solenne distribuzione delle medaglie ottenute dall'industria francese all'Esposizione universale di Londra. — Lodi speciali dell'industria francese. — Danni recati alla repubblica francese dalle idee demagogiche e dalle allucinazioni monarchiche. —

Distinzione assennata fra le istituzioni che presto invecchiano ed altre che ringiovaniscono sempre. — Franca allusione del principe all'imminente colpo di Stato. — Opportuno schiarimento al lettore.

Il presidente della repubblica alla guerra accanita che gli facevano, solo d'accordo in questo, i diversi partiti che sbizzarrivano nell'Assemblea, rispose con un atto di accondiscendenza ed uno di fermezza, accettando la dimissione del suo ministero, fatto bersaglio all'acrimonia ed alla sfiducia dell'Assemblea, ma togliendo insieme il comando delle truppe stanziate in Parigi al generale Changarnier, cui le fazioni dell'Assemblea riconoscevano come lo strumento fidato ed efficace per ispodestare il presidente della repubblica, se mai occorressero all'uopo armi ed armati.

Pur tuttavia l'Assemblea diede un'altra prova della sua malevolenza verso il principe, negandogli un assegno di supplemento, propostole dal nuovo ministero per sopperire alle ingenti spese occorrenti per la rappresentanza presidenziale; ma Luigi Napoleone seppe volgere accortamente a vantaggio della propria popolarità questo atto di vendetta parlamentaria: perocchè da una parte ricusò di accettare un'offerta nazionale che già gli si faceva per volontarie soscrizioni; d'altra parte dichiarò che si conformerebbe ai desiderii dell'Assemblea, diminuendo le spese di rappresentanza presidenziale.

Nello stesso tempo fece sospendere per tutto l'inverno quei balli che doveano farsi all'Eliseo, tolse dal prospetto delle sue spese i pranzi e i ricevimenti di gala, ordinò la vendita di una parte de' suoi equipaggi e cavalli, ristrinse il numero de' suoi domestici e quello de' suoi impiegati: ma questi sagrifizi, che s'imponeva senza farne vanto, non aveano altra mira se non di continuare nelle proprie beneficenze, per poter soccorrere ancora i molti infelici che s'erano avvezzati a fare assegnamento su di lui.

Volle intanto lasciare all'Assemblea il tempo di sgomentarsi ella stessa delle conseguenze di una coalizione, ch'ei prevedeva non avrebbe potuto sostenersi di fronte al Governo; ed i giornali stranieri giudicavano questa coalizione con una severità ch'ebbe un eco di buon augurio nello stesso giornalismo francese; sicchè gli uomini saggi ed imparziali abbracciarono questa opinione, così espressa da un giornale inglese :

« Col far, di presente, un' opposizione accanita a Luigi Napoleone, gli uomini più ragguardevoli dell'Assemblea si fanno colpevoli di aver innalzato un presidente, pel loro momentaneo e personale interesse, siccome quelli che aveano fin d'allora l'intenzione di combatterlo e di licenziarlo più tardi; con questa politica essi diffusero per ogni dove i semi della guerra civile; poc'anzi sacrificarono al loro orgoglio personale Luigi Filippo e la sua dinastia, ed ora vorrebbero sacrificare nella stessa guisa Luigi Napoleone e la repubblica: costoro sono agli occhi nostri gli uomini più colpevoli e più insensati di tutta la storia: perocchè han messo Luigi Napoleone in una situazione che non ha altra uscita, fuorchè di abbattere l'Assemblea o di essere da quella abbattuto. »

Il principe fece una franca allusione a questo deplorabile stato di cose in tre notabili discorsi, recitati da lui in occasioni solenni; dei quali il primo che qui riproduco diede nuovi pretesti a' suoi avversari per rinfocolarsi nei loro personali rancori o nel conflitto di principii politici; venne esso tenuto il primo di giugno a Digione, dove si era recato per inaugurarvi un tronco di strada ferrata : eccolo tal quale fu recitato dal principe; giacchè convien notare, che per accondiscendenza alle preghiere fattegli da' suoi ministri ad evitare maggiori esacerbazioni, permise

venissero soppressi due paragrafi, che segnerò tra due li-
neette, per intelligenza del lettore.

« Signori, diss' egli, vorrei che coloro, i quali dubitano
dell'avvenire, mi avessero accompagnato attraverso le popolazioni dell' Yonne e della Costa d' Oro: si sarebbero
tranquillati, giudicando da sè stessi della vera disposizione
degli animi; avrebbero veduto, che nè gl'intrighi, nè
gli assalti, nè le appassionate discussioni dei partiti vanno
d'accordo coi sentimenti e collo stato del paese.

La Francia non vuole nè il ritorno dell'antico regime,
qualunque sia la forma che lo mascheri, nè il cimento
delle utopie funeste ed impraticabili; ed ha riposto la sua
fiducia in me, perchè appunto sono avverso ad una cosa
ed all'altra: se così non fosse, come spiegare quella commovente simpatia del popolo verso di me, che resiste alla
politica più dissolvente e mi scolpa de' suoi patimenti?

Infatti, se il mio governo non ha potuto attuare tutti
i miglioramenti che avea di mira, bisogna prendersela coi
raggiri delle fazioni, che intralciano il buon volere delle
Assemblee, come anche le intenzioni dei Governi che han
più cura del pubblico bene. — In questi tre anni si è
potuto notare, ch'io fui sempre assecondato ogniqualvolta
si trattò di combattere il disordine con mezzi repressivi;
ma quando volli fare il bene, stabilire il credito fon-
diario, mettermi all' opera per migliorare la sorte delle
popolazioni, non incontrai che indolenza —. E appunto
perchè voi così la intendete, ho trovato nella patriotica
Borgogna un'accoglienza, che è per me un'approvazione
ed un incoraggiamento.

Mi prevalgo adunque di questo banchetto, come d'una
tribuna, per aprire a' miei concittadini l' intimo del mio
cuore: ora incomincia una fase novella della nostra vita
politica; da un capo all'altro della Francia si firmano petizioni per chiedere la revisione della Costituzione; io

341

aspetto con fiducia la manifestazione del paese e le decisioni dell'Assemblea, le quali saranno ispirate dal solo pensiero del pubblico bene. — Qualora la Francia riconosca, che non vi fu diritto a disporre di lei, senza di lei, la Francia non ha che a dirlo: il mio coraggio e la mia energia non le mancheranno —.

Dacchè sono al potere, ho mostrato com'io facessi astrazione, in faccia ai gravi interessi della società, da tutto ciò che mi riguarda; gli assalti più ingiusti e più violenti non mi fecero uscire dalla mia calma; e quali si sieno i doveri che il paese m'impone, mi troverà risoluto a seguire la sua volontà; e, credetelo pure, o signori, la Francia non perirà nelle mie mani. »

Quest'altro discorso, che racchiude esso pure importantissime sentenze politiche, venne recitato per una consimile occasione a Poitiers, e vivamente applaudito dagli uditori: ed era la risposta ad un'allocuzione fattagli dal podestà in un banchetto, frammezzo a quattrocento commensali.

« Signor podestà, diss'egli; siatemi interprete presso i vostri concittadini, per ringraziarli della loro accoglienza sì premurosa e cordiale.

Al pari di voi io guardo all'avvenire del paese, senza timori; perocchè la sua salvezza verrà sempre dal volere del popolo, liberamente espresso e religiosamente accettato: perciò invoco di tutto cuore il momento solenne, in cui la voce possente della nazione dominerà tutte le opposizioni e metterà d'accordo tutte le rivalità; giacchè è cosa ben trista il vedere le rivoluzioni scuotere la società, accumular le rovine, e tuttavia lasciar sempre vive le medesime passioni e pretese, i medesimi germi di tumulti.

Quando si percorre la Francia e si bada alla varia ricchezza del suolo, ai mirabili prodotti della sua industria;

quando se ne ammirano i fiumi, le strade, i canali, le
vie ferrate, i porti che si bagnano in due mari; si dimanda a qual grado di prosperità giungerebbe, quando
una durevole tranquillità permettesse a' suoi abitanti di
concorrere con tutti i loro mezzi a questo bene generale,
invece di abbandonarsi ad intestine discordie.

Quando, sotto un altro aspetto, si riflette a quella unità
territoriale, trasmessaci dagli sforzi perseveranti dei Re,
a quella unità politica, giudiziaria, amministrativa e commerciale trasmessaci dalla Rivoluzione; quando si con-
templa questo popolo intelligente e laborioso, animato pressochè tutto dalla stessa credenza e parlante lo stesso linguaggio, questo clero venerando che insegna la morale e
la virtù, questa intemerata magistratura che fa rispettar
la giustizia, questo esercito prode e disciplinato, il quale
non conosce che l'onore e il dovere; infine, quando si
giunge ad apprezzare quello stuolo di uomini eminenti,
capaci di guidare il Governo e di segnalarsi nelle Assemblee così bene, come nelle scienze e nelle arti, si ricerca
ansiosamente quali siano le cause, che impediscono a
questa nazione, già sì grande, di essere ancora più grande;
e fa meraviglia che una società, la quale ha in sè tanti
elementi di forza e di prosperità, corra tante volte sul-
l'orlo della propria rovina.

Sarebbe mai vero, come già disse l'Imperatore, che il
vecchio mondo si trovi agli estremi e che il nuovo non
sia ancora ben fermo? Senza sapere qual debba essere,
facciam ora il nostro dovere, preparandogli salde fondamenta.

Mi piace d'indirizzare a voi queste parole, in una provincia famosa in ogni tempo pel suo amor patrio. Non
dimentichiamo che la vostra città fu sotto Carlo VII l'anima d'un'eroica resistenza, e che fu per quattordici anni il
rifugio della nazionalità durante l'invasione della Francia;

speriamo ch' ella sia ancora una delle prime a dar l'esempio della sua tenerezza verso la civiltà e la patria.

Faccio un brindisi alla città di Poitiers. »

Qui per seguire anche un certo ordine cronologico mi cade in acconcio, prima di passare ad altro discorso, di riportare un'assai breve ma altrettanto eloquente risposta, che il principe diede alle espressioni di riconoscenza e d'ammirazione, direttegli dal podestà della piccola città di Chatellerault.

« Signori, egli disse, ringraziando il signor podestà per le parole affettuose da lui direttemi, non posso attribuire a me solo i fortunati risultamenti che gli piacque di accennare. La mia condotta di questi tre anni può compendiarsi in poche parole. Io mi sono messo risolutamente alla testa degli uomini d'ordine di tutti i partiti, ed ho trovato in loro un soccorso efficace e disinteressato: se vi sia stata qualche defezione, non so; perchè io vado avanti, senza guardarmi dietro le spalle. Per avanzarsi in tempi come i nostri, bisogna avere effettivamente un motore ed uno scopo; mio motore è l'amor del paese, mio scopo il far sì, che la religione e la ragione prevalgano alle utopie, e la buona causa non tremi di fronte all'errore: questo intento sarà conseguito, se in tutta la Francia s'imiterà l'esempio di Chatellerault, e se allestiremo armi, non per la ribellione e la guerra civile, sì per accrescere la forza, la grandezza e l'indipendenza della nazione.

Un brindisi alla città di Chatellerault. »

Ora ecco il terzo discorso summenzionato di Luigi Napoleone, fatto al banchetto imbanditogli a Beauvais, che inaugurava la statua della sua eroina Giovanna Hachette; discorso che reco qui volentieri come un altro bel saggio, non già di retorica facondia, sibbene di maschia eloquenza, e dal quale traspira la fede inconcussa che il principe avea nel proprio destino.

« Signori, l'onorabile podestà di Beauvais mi scuserà, se
mi ristringo ad un semplice ringraziamento per le affettuose parole che mi ha rivolto: perocchè rispondendovi
temerei di alterar l'indole religiosa di questa festa, la
quale nella commemorazione di un fatto glorioso, compiuto nella vostra città, ci offre un alto insegnamento.

Reca conforto il pensare, che nei pericoli estremi spesso
la Provvidenza riserba ad un solo di essere lo strumento
della comune salvezza, e in certe congiunture essa lo scelse
appunto nel sesso più debole, come se volesse colla fra-
gilità dell'involucro provare ancor meglio il predominio
dell'anima sulle umane cose, e far vedere che una causa
non perisce, quando ha per guida una fede ardente, un
amore inspirato, una persuasione profonda.

Così nel secolo decimoquinto, a pochi anni d'intervallo
tra loro, due donne oscure, ma animate dal sacro fuoco,
Giovanna d'Arco e Giovanna Hachette, compajono nel momento più disperato per compiere una santa missione;
l'una ha la gloria prodigiosa di liberare la Francia dal
giogo straniero; l'altra infligge l'infamia d'una ritirata
ad un principe, che malgrado lo splendore e l'ampiezza
del suo potere non era che un ribelle fabbro di guerra
civile. Tuttavia a che si ridusse l'opera loro? Esse non
fecero altro che additare ai Francesi la via dell'onore e
del dovere, e di avanzarsi alla testa di loro!

Simili esempi debbono essere onorati e perenni; perciò mi rallegra il pensiero, che si debba all'imperatore
Napoleone, se nel 1806 si ristabiliva l'antica usanza, da
lungo tempo interrotta, di celebrar la levata dell'assedio
di Beauvais.

Ciò mostra, che per lui la Francia non era un paese
nato da jeri, ristretto nei limiti angusti di un sol tempo
o d'un sol partito; sibbene la grande nazione, tutta intesa, dopo dieci anni di rivoluzione, alla fusione di tutti

quanti gl'interessi antichi e nuovi, e adottante tutte le glorie senza speciali riguardi a tempi e cause.

Noi dunque abbiamo ereditato tai sentimenti, giacchè vedo qui rappresentanti di tutti i partiti, venuti meco a rendere omaggio alla virtù bellicosa di un'epoca, all'eroismo d'una donna.

Facciamo un brindisi alla memoria di Giovanna Hachette! »

Il presidente della repubblica ormai non poteva più ripromettersi dall' Assemblea nè cautele, nè riguardi, nè condiscendenza, nè riconciliazione; e già meditava di salvare la Francia dalla guerra civile e da una rivoluzione tremenda, in cui l'avrebbero piombata i diversi partiti che sbaldanzivano nell'Assemblea; niuno dei quali avrebbe potuto prevalere sugli altri senza immense stragi e rovine: meditava, ripeto, di salvare la Francia con un estremo rimedio, cioè l'appello alla nazione; e per venirne a buon fine faceva assegnamento sull'amore del popolo e sulla fedeltà dell' esercito.

Il principe, dacchè era al potere, avea passato, per così dire, in rassegna tutti i generali che comandavano all'esercito, aveva col suo squisito accorgimento messi a disamina l'indole, l'attitudine e le doti speciali di ciascuno; sapeva già di chi potea fidarsi, di chi diffidare. Tra i generali di brigata e di divisione si trovavano lontani da Parigi parecchi, ch'ei conosceva ligi al suo nome, alla sua persona, alla sua politica, alla sua fortuna; sentendo perciò il bisogno di averli vicini per consultarli e dar loro istruzioni sui grandi fatti imminenti, scrisse loro che chiedessero un permesso al ministro della guerra per trovarsi a Parigi alla metà di settembre.

Egli sapeva, che l'Assemblea stava preparando una legge per avere a sua richiesta il diritto di comandare a parte delle truppe, sotto il pretesto della propria difesa; ma in realtà per servirsene a spodestare il presidente della repubblica, prima che scadesse il termine fissato ai quattro anni che dovea durare la sua Presidenza; sapeva che i Rappresentanti del popolo voleano, a suo dispetto, mantenere una legge restrittiva del suffragio universale, e un articolo della Costituzione che si opponeva alla immediata rielezione di esso alla Presidenza, malgrado l'immenso numero delle petizioni, e il voto quasi unanime dei Consigli generali dei dipartimenti: egli era informato minutamente di tutta questa congiura segreta contro di lui; e ne seguiva passo passo, ora per ora, le trame e i progressi. Perciò credette opportuno di far venire a Parigi molti nuovi reggimenti tra quelli che gli erano più affezionati; richiamò intorno a sè, come un formidabile stato-maggiore, un bel numero di generali che s'erano più segnalati nell'Algeria; e il generale Saint-Arnaud, fatto allor allora ministro della guerra, potea farsi mallevadore della fedeltà de' suoi vecchi commilitoni.

Magnan, allora generalissimo dell'esercito di Parigi, e che, come il ministro della guerra, era a parte dei segreti propositi del principe, dopo aver convocato gli ufficiali generali, residenti a Parigi, per prepararli ai prossimi eventi, li presentò il 9 di novembre a Luigi Napoleone, che tenne loro questa breve ma energica allocuzione:

« Signori, accogliendo qui gli uffiziali dei diversi reggimenti dell'esercito che si alternano nel presidio di Parigi, godo di vederli animati da quello spirito militare che fece la nostra gloria, e che fa ora la nostra sicurezza: io non vi parlerò dunque nè dei vostri doveri nè della disciplina; giacchè, in quanto ai doveri, gli avete onorevolmente compiuti, sia sulla terra africana, sia sul suolo francese; e in quanto alla disciplina, voi l'avete sempre mantenuta intatta attraverso le più ardue prove. Spero che queste prove non si rinnoveranno; ma se la gravità delle circostanze le rinnovasse, e mi costringesse a far appello al vostro affetto, son certo, che non mi fallirebbe; perchè, ben lo sapete, io non vi chiederò nulla che non s'accordi col mio diritto riconosciuto dalla Costituzione, coll'onor militare, cogl'interessi della patria; perchè vi ho messo alla testa uomini, che godono tutta la mia fiducia e son degni della vostra; perchè, se mai venisse il giorno del pericolo, non farei come i Governi che mi precedettero, e non vi direi: *Andate avanti ch'io vi seguo !* ma vi direi: *Io vo avanti; seguitemi.* »

È facile immaginarsi qual impressione dovessero far su quegli animi ardenti cotali parole, giustificate dalla tempesta che si vedea sovrastare alla Francia. Dopo più di quattordici mesi, dacchè il principe si vedea fatto segno ad una congiura permanente da parte dell'Assemblea, mentre egli si era sempre tenuto nei limiti della più stretta legalità; sperando che il suo riserbo, la moderazione e la saggezza venissero imitati dal Potere legislativo; scorgendo oramai cadere a vuoto ogni suo sforzo, vide che il termine della longanime pazienza era trascorso.

Meno sollecito del rischio a cui era esposta la sua libertà e la vita, che non del gravissimo pericolo sovrastante alla Francia per le teorie feroci della repubblica rossa, le quali s'eran diffuse per tutta la Francia, e che per un eccesso di malintelligenza e buona fede nel popolo, soprattutto delle provincie, si accoppiavano al desiderio di veder rieletto Luigi Napoleone; il principe avea già scandagliato e interrogato la propria coscienza, e si era più volte schierati in mente i casi che potevano annullare in faccia al paese il giuramento fatto da lui davanti all'Assemblea nazionale: questi casi non erano più allora sinistre previsioni o foschi presagi, ma stavano per diventare ben presto fatti compiuti, e bisognava affrettarsi a mettervi riparo, prima che strascinassero a irreparabili sciagure.

Il presidente della repubblica avea mantenuto il suo giuramento con religiosa fedeltà; ma l'Assemblea stessa lo svincolava da quel giuramento, spingendolo mano mano in un abisso, dove sarebbe sprofondata con lui la sventurata Francia, che si aggrappava al suo governo come all'ultima tavola di salvezza. Luigi Napoleone non esitò a salvare la patria ed a colpire i congiurati, prima che questi colpissero nella sua inviolabilità lui stesso, e risolvette, quasi costrettovi a forza, di fare appello alla nazione che l'aveva eletto; i suoi disegni erano già fatti, i mezzi d'esecuzione allestiti, i cooperatori già scelti; non mancava che di metterci l'ultima mano e di fissare il giorno e il momento opportuno: il principe decise adunque che il colpo di Stato si farebbe il 2 dicembre, anniversario della battaglia d'Austerlitz.

Pochi giorni prima, nella distribuzione solenne delle medaglie ottenute dall'industria francese all'Esposizione universale di Londra, il principe non temette di rivelare in certo qual modo il colpo di Stato che avea risoluto di fare a suo rischio e pericolo, per salvare la Francia: egli si dirigeva al fiore degl'industriali, dei commercianti e degli artisti che giudicò degni di comprendere il grand'atto di patriotismo e di sacrificio, da cui solo potevan essere sventate le sinistre minacce dell'avvenire. Agli applausi entusiasti de' suoi uditori si persuase di essere stato compreso, e che la Francia attendeva con ansietà una crisi imminente, la quale metterebbe termine a' suoi patimenti, alle sue incertezze ed alle sue prove. Ecco quel nobile e franco discorso, pieno di promesse e di speranze.

« Signori, si danno cerimonie, le quali, pei sentimenti che inspirano e le riflessioni che van suscitando, son tutt'altro che uno spettacolo vano. Io non posso trattenermi da una certa commozione e da un certo orgoglio, come Francese, al vedere intorno a me quegli uomini sì onorevoli, che a prezzo di tanti sforzi e sagrifizi mantennero splendidamente in paese straniero la riputazione dei nostri mestieri, delle nostre arti e delle nostre scienze.

Io già resi un giusto omaggio alla grande idea che presiedette all'Esposizione universale di Londra; ma nel momento di coronare la vostra riuscita con una ricompensa nazionale, posso io dimenticare, che tante meraviglie dell'industria furono cominciate al frastuono dell'insurrezione e compiute in mezzo ad una società continuamente agitata dal timore del presente, come dalle minacce dell'avvenire? E riflettendo agli ostacoli che doveste vincere, dissi tra me Quanto sarebbe grande questa nazione, se la lasciassero respirare liberamente e vivere della sua vita!

Quando il credito cominciava appena a risorgere, quando un'idea infernale spingeva continuamente gli operaj ad esaurire le fonti stesse del lavoro; quando la demenza, ammantandosi di filantropia, andava sviando le menti dalle occupazioni regolari, per lasciarle nelle speculazioni dell'utopia: allora appunto mostraste al mondo tali prodotti, che solo da una calma durevole si sarebbero potuti aspettare.

In faccia ad una di queste insperate riuscite io devo ripeterlo: quanto potrebbe esser grande la Repubblica Francese, quando le fosse dato di attendere a' veri affari e di riformare le proprie istituzioni, invece di andar continuamente turbata, per una parte, dalle idee demagogiche, e per l'altra, dalle allucinazioni monarchiche!

Le idee demagogiche proclamano forse una verità? No; esse diffondono per ogni dove l'errore e la menzogna: l'inquietudine le precede, il disinganno le siegue, e i mezzi impiegati a reprimerle sono altrettante perdite per le migliorie più urgenti e pel sollievo della miseria.

In quanto alle monarchiche allucinazioni, senza predurre gli stessi pericoli, ritardano ugualmente ogni progresso, ogni serio lavoro: invece di camminare, si lotta. Si vedono uomini, già caldi promotori delle prerogative dell'autorità regia, farsi Convenzionali per disarmare il Potere sorto dal popolare suffragio; si vedono coloro, che più soffersero per le rivoluzioni e più ne gemettero, provocarne una nuova; e ciò coll'unica mira di sottrarsi al voto nazionale e d'impedire al moto, che trasforma le società, di seguire un pacifico corso.

Ma questi sforzi cadranno a vuoto; perocchè tutto quanto è nel bisogno dei tempi dee compiersi: solo quello ch'è inutile non dee rivivere. Questa cerimonia è anch'essa una prova che, se certe istituzioni cadono per sempre, quelle invece che sono conformi ai costumi, alle idee, ai bisogni del secolo, affrontano gli assalti dell'invidia e del pauperismo.

Voi tutti, figli di questa società che distrusse gli antichi privilegi e che proclama come principio fondamentale l'uguaglianza civile e politica, tuttavia provate un giusto orgoglio nell'essere nominati Cavalieri della Legion d'Onore; appunto perchè tale istituzione, come tutte quelle fondate in questi tempi, s'accorda collo spirito del secolo e colle idee del paese; ben lungi dal servire, al pari di altre, a segnare più spiccati confini, essa gli scancella, collocando sulla medesima linea tutti quanti i meriti, a qualunque professione, a qualunque classe sociale appartengano.

Ricevete adunque codeste Croci della Legion d'Onore, le quali, secondo la grande idea del fondatore, son fatte per onorare il lavoro al pari del valore, e il valore al pari della scienza.

Prima di separarci, o signori, permettetemi d'incoraggiarvi a nuovi lavori; mettetevi all'opera senza paura, chè impedirete di scioprar questo inverno: non paventate l'avvenire! qualunque cosa succeda, la quiete sarà

mantenuta: perocchè un Governo che s'appoggia su tutto
quanto il complesso della nazione, che non ha altro motore fuori del pubblico bene, e ch'è animato da quella
fede ardente, la quale ci è guida sicura anche attraverso
uno spazio dove non è traccia di via, questo Governo, io
dico, saprà compiere la propria missione, avendo in sè
quel diritto che viene dal popolo, e quella forza che viene
da Dio. »

Queste ultime parole vennero proferite con un accento
d'ispirazione profetica, la quale traspariva pure dal gesto
e dallo sguardo dell'augusto oratore: e tutti gli astanti,
tutti quelli almeno che aveano l'accorgimento dello stato
politico del loro paese, non dubitarono che il presidente
della repubblica, insultato, minacciato, importunato dai
cospiratori dell'Assemblea, non fosse pronto a tutto tentare, colla sicurezza della riuscita.

E qui, venuto colla mia narrazione al punto del colpo
di Stato, attenendomi a quel che già dissi più volte, cioè
che mio intento si è di mostrare l'uomo politico ne' suoi
concetti espressi in iscritto, più che ne' suoi atti, i quali
del resto furono riprova e comento efficace a'suoi profondi e generosi proposti, senza diffondermi nel minuto
racconto dei fatti, gli accennerò soltanto di volo, riprodu-
cendo invece tradotti con tutta la cura che mi è possibile
i suoi principali discorsi o programmi, che mettono nella
vera luce la sua mente politica in faccia alla storia, inter-
rogata dai lontani e dai posteri per ottenerne imparziali
giudizi.

# CAPITOLO XXI.

La vigilia del colpo di Stato. — Colloquio segreto del principe con Saint-Arnaud e Morny. — Preparativi e preludi del colpo di Stato. — Arresto dei principali avversari politici del principe. — Decreto in cui si annunzia pubblicamente il colpo di Stato. — Proclama di Luigi Napoleone all'esercito, con che giustifica l'opera sua, raccomanda alle truppe disciplina ed onore, e rammemora glorie e sventure comuni. — Altro proclama del principe alla Nazione Francese, nel quale espone francamente le ragioni che lo indussero al colpo di Stato. — La grande missione affidata al principe è quella di chiudere l'êra delle rivoluzioni. — Sue convinzioni, e proposte di politico riordinamento. — *Il 1852 è morto.* — Giornate del 3 e 4 dicembre. — Lettera del principe al ministro della guerra intorno alla libertà del voto popolare. — Ritorna la quiete e la pubblica fiducia a Parigi. — Vera cifra de' morti nella sommossa avvenuta il 3 e 4 dicembre. — Insurrezione socialista nelle province, orrenda, ma breve e ristretta. — Nuovo proclama del principe presidente alla Nazione Francese, col quale annunzia sedato ogni tumulto, e che rispetterà sempre il decreto del popolo, qualunque egli sia. — Primi decreti liberamente promulgati dal principe presidente. — Votazione popolare immensamente favorevole agl'intenti riconosciuti del principe. — Sua risposta alle solenni congratulazioni fattegli in nome della nazione francese. — « L'opera di Dio riuscirà ad ogni costo ».

Nella sera del primo dicembre erano affollate le sale dell'Eliseo, secondo il consueto di tutti i lunedì, riservati ai ricevimenti nella residenza del principe; il quale, dacchè l'Assemblea ebbe rifiutato di pagargli le spese straordinarie

di rappresentanza come Presidente , avea rinunciato a
dar grandi feste e balli, ma non avca però chiuso la porta
alla numerosa e brillante società per cui erano di tanta
attrattiva i serali convegni dell'Eliseo, i quali si conchiu-
devano colle danze o con qualche concerto musicale.

Luigi Napoleone, che presiedeva sempre a queste pia-
cevoli serate colla più squisita urbanità, quella sera si
mostrava più allegro del solito, e più in voglia di parlare;
sicchè avea per tutti qualche benevolo sorriso o qualche
gentile parola. In quella sera le danze finirono per tempo,
e le sale eran deserte prima di mezzanotte; il principe si
era già ritirato verso le dieci e mezzo nelle sue stanze. Di
lì a poco, secondo le fatte intelligenze, vennero introdotti
nel suo gabinetto, dov'egli se ne stava col suo segretario,
il conte Morny, già destinato ministro degli affari interni,
e il generale Saint-Arnaud; coi quali ebbe un lungo abboccamento per provvedere al grande affare della dimane.
Sulla fine di questo colloquio, Luigi Napoleone con una
chiavettina sospesa alla catenella dell'orologio aperse un
cassettino, e ne trasse molti plichi suggellati per distribuirli
agli astanti, ciascuno dei quali portava il nome di quello
cui era diretto, e conteneva gli ordini scritti e firmati, che
doveano eseguirsi per cura di chi li riceveva: ci fu un
momento di tacita commozione, durante il quale le mani
si strinsero e s'intesero i cuori per un patto inviolabile,
sanzionato in certo qual modo dalla stessa presenza del-
l'Imperatore; perocchè tutti gli sguardi si erano spontanea-
mento rivolti ad un ritratto di Napoleone I, su cui river-
berava la viva luce di una lampada, e che sembrava animarsi dentro la propria cornice.

— Signori, disse il generale Saint-Arnaud, ricordiamoci
che dimani è l'anniversario della battaglia d'Austerlitz!

— Rammentiamoci pure, soggiunse Morny, che dimani
è l'anniversario della consacrazione dell'Imperatore! —

Questa doppia coincidenza storica scosse come un presentimento gli astanti; un raggio di entusiasmo sfavillò negli occhi del nipote di Napoleone, e il suo viso, sino allora pallido e immobile, fu rischiarato a un tratto da un lampo di gioja; ma quasi subito il suo sguardo riprese la sua calma freddezza, e le sue fattezze la loro impassibilità consueta. Scambiate poche altre parole, — Ora, o signori, disse Luigi Napoleone, andiamo a prendere un po' di riposo: e Dio salvi la Francia! —

Rimase ancora qualche tempo col suo segretario, e verso la mezzanotte si ritirò in camera, dove tranquillamente si addormentò: così quarantacinque anni prima, alla stess'ora Napoleone s'era addormentato al bivacco di Austerlitz, dopo avere concertata e organizzata la vittoria della dimane.

Un colonnello fidissimo al principe era già stato incaricato di intendersela col direttore della tipografia nazionale per farvi stampare in segreto i proclami alla nazione ed all'esercito, nonchè il decreto con cui si autenticava il colpo di Stato (che daremo qui sotto); e vi era riuscito a meraviglia; fra le tre e quattr'ore, secondo gli ordini avuti dal generale Magnan, le truppe si eran già messe sotto le armi, nei loro quartieri; e senza fare alcuno strepito stavano aspettando il momento che si avesse bisogno di loro: queste cautele si erano prese già prima colla scusa del ritorno di alcuni rifugiati di Londra, e del timore d'una sommossa socialista.

Il nuovo prefetto di polizia, Maupas, convocati in segreto i commissari di polizia di Parigi e dei sobborghi, avea loro annunziato, già la sera prima, il colpo di Stato; ed essi concordemente manifestarono la propria adesione: comunicati poi loro i mandati d'arresto di molti tra i principali avversari politici di Napoleone, o che poteano in qualche modo esser d'ostacolo gagliardo al colpo di Stato (tra i quali si contavano soprattutto Thiers e i generali Changarnier, Cavaignac, Lamoricière, Leflô e Bedeau), Maupas fu così bene assecondato da' suoi impiegati di polizia, che tutti gli arresti si effettuarono insieme, nello spazio di quaranta minuti; cosicchè il prefetto di polizia potè sapere, prima delle otto del mattino, per bocca degli stessi commissari, qualmente i suoi ordini erano stati eseguiti appuntino.

Del resto niuna tra le persone arrestate ebbe a lagnarsi della minima mancanza di riguardo per parte degli agenti dell'autorità; e questi agl'insulti ed alle minacce di qualche furioso non aveano risposto che con silenzio passivo, o con benevole osservazioni. Frattanto il decreto e i proclami del presidente della repubblica erano stati affissi, dapprima nei sobborghi, indi nel centro di Parigi. Si leggeva con istupore il decreto che annunciava e compendiava il grand'atto del due dicembre.:

« In nome del Popolo Francese,

Il Presidente della Repubblica decreta:

Art. 1.º L'Assemblea nazionale è disciolta.

Art. 2.º Il suffragio universale è ristabilito. La legge del 31 maggio è abrogata.

Art. 3.º Il popolo francese è convocato ne' suoi comizi dal 14 al 21 dicembre corrente.

Art. 4.º È decretato lo stato d'assedio nella giurisdizione della prima divisione militare.

Art. 5.º Il Consiglio di Stato è disciolto.

Art. 6.º Il Ministro dell'interno è incaricato dell'esecuzione del presente decreto.

Dal palazzo dell'Eliseo, il due dicembre 1851.

LUIGI NAPOLÉONE BONAPARTE.

Il Ministro dell'interno, MORNY. »

Ecco ora il proclama all'esercito:

« Soldati!

Siate altieri della vostra missione! voi salverete la patria, perchè io faccio assegnamento su di voi, non per violare le leggi, ma per far rispettare la prima legge del paese, cioè la sovranità nazionale, di cui sono il legittimo rappresentante.

Già da lungo tempo voi soffrite al par di me per gli ostacoli che si opposero e al bene, che volevo farvi, e alle dimostrazioni della vostra simpatia in mio favore: ebbene, questi ostacoli ormai sono infranti; l'Assemblea tentò di strapparmi l'autorità che mi venne affidata dalla intera nazione; ed ecco, ha cessato di esistere.

Io faccio un leale appello al popolo ed all'esercito, e dico loro: — O datemi i mezzi di assicurare la prosperità vostra, o scegliete un altro al mio posto —.

Nel 1830 come nel 1848 voi foste trattati da vinti: dopo aver diffamato il vostro eroico disinteresse, sdegnarono di consultare le vostre simpatie e i vostri voti; eppure voi siete il fiore della nazione: ma oggi, in questo momento solenne, io voglio che l'esercito faccia sentir la sua voce.

Date dunque liberamente il voto come cittadini; ma come soldati non dimenticate, che l'obbedienza passiva agli ordini del Capo del Governo è il rigoroso dovere dell'esercito, dal generale fino al soldato. Spetta a me, come responsabile delle mie azioni in faccia al popolo ed alla posterità, il valermi di quei mezzi che credo necessari pel pubblico bene.

In quanto a voi, siate irremovibili nelle regole della disciplina e dell'onore; coll'autorevole vostro contegno ajutate il paese a manifestare la sua volontà nella calma e nella riflessione, e siate pronti a reprimere ogni tentativo contro il libero esercizio della sovranità popolare.

Soldati, io non vi parlo delle memorie che suscita il mio nome, perocchè vi stanno già scolpite nel cuore; noi siamo uniti da legami indissolubili: la vostra storia è la mia; vi è tra noi nel passato comunanza di sventure e di gloria; e vi sarà nell'avvenire comunanza di sentimenti e di propositi per la grandezza della Francia.

Dal palazzo dell'Eliseo, 2 dicembre 1851.

Luigi Napoleone Bonaparte. »

Questo linguaggio era tale da tranquilllare gli animi inquieti e timorosi, che in faccia al fatto compiutosi dal senno e dall'ardire di alcuni per l'interesse di tutti, cioè per la comune salvezza, stessero ansiosamente in forse della futura riuscita. Infine si leggeva il seguente proclama, in cui Luigi Napoleone esponeva francamente le ragioni che lo indussero al colpo di Stato:

« Francesi!

La situazione attuale non può durare più a lungo; ogni giorno, che passa, aggrava i pericoli del paese. L'Assemblea, che doveva essere il più fermo sostegno dell'ordine, si cambiò in un centro di congiure; il patriotismo di trecento suoi membri non potè arrestare le sue tendenze funeste; invece di far leggi pel generale interesse, appresta armi per la guerra civile, assale il potere che mi viene direttamente dal popolo, fomenta ogni malvagia passione, e mette a repentaglio la quiete della Francia: quindi l'ho disciolta, e chiamo tutto il popolo a giudice tra lei e me.

La Costituzione, ben vi è noto, venne fatta colla mira d'indebolire anticipatamente il potere che voi stavate per affidarmi; sei milioni di voti furono una splendida protesta contro di essa: eppure io l'ho fedelmente osservata. Le provocazioni, le calunnie, gli oltraggi mi trovarono sempre impassibile; ma ora che il patto fondamentale non è più rispettato da quegli stessi che continuamente lo invocano; or che coloro, i quali già rovinarono due monarchie, vogliono legarmi le mani per rovesciar la repubblica: è mio dovere di sventarne le perfide mire, di mantener la Repubblica e salvare il paese, invocando il giudizio solenne del popolo, solo sovrano ch'io riconosca in Francia.

Faccio adunque un appello leale a tutta quanta la nazione, e vi dico: — Se volete continuare questo stato di malessere che ruina e compromette il nostro avvenire, scegliete un altro al mio posto; perch'io non accetto più oltre un'autorità che, impotente a fare il bene, mi fa mallevadore di atti ch'io non posso impedire, e m'incatena al timone, mentre vedo il vascello correre verso l'abisso.

Se invece vi fidate ancora di me, datemi i mezzi per compiere la grande missione che voi mi affidaste —.

Questa missione consiste nel chiuder l'èra delle rivoluzioni, appagando i legittimi bisogni del popolo, e proteggendolo contro le passioni sovversive; consiste soprattutto nel fondare istituzioni, che sopravvivano agli uomini e che siano salde fondamenta su cui si possa stabilire alcunchè di durevole.

Persuaso che l'instabilità del Governo e la preponderanza di una sola Assemblea sian cause permanenti di agitazioni e discordie, sottopongo al vostro voto le seguenti basi fondamentali di una Costituzione, che le Assemblee svolgeranno più tardi:

I.º Un Capo responsabile, nominato per dieci anni:

II.º Ministri che dipendano dal solo Potere esecutivo;

III.º Un Consiglio di Stato, composto degli uomini più illustri, il quale prepari le leggi e ne sostenga la discussione davanti al Corpo Legislativo;

IV.º Un Corpo Legislativo che discuta e voti le leggi, nominato dal suffragio universale, senza scrutinio di liste, che falsa l'elezione;

V.º Una seconda Assemblea, composta dei più insigni personaggi del paese, potenza ponderatrice, e custode del patto fondamentale e della pubblica libertà.

Questo sistema, creato dal Primo Console sul principio del secolo, diede già alla Francia la quiete e la prosperità, e potrebbe assicurargliele ancora.

Tale è la mia profonda convinzione; se voi pure così la pensate, dichiaratelo coi vostri suffragi: se invece preferite un governo senza forza, sia monarchico o repubblicano, accattato da non so qual passato o da non so quale avvenire chimerico, rispondete negativamente.

In tal modo per la prima volta, dopo il 1804, voterete con cognizione di causa, sapendo bene per chi e per che cosa. Qualora io non ottenga la maggioranza de' vostri suffragi, provocherò la riunione di una nuova assemblea, per rimetterle il mandato che ricevetti da voi.

Ma se credete che la causa, di cui è simbolo il mio nome, vale a dire la Francia rigenerata dalla rivoluzione dell'ottantanove e organizzata dall'Imperatore, sia tuttora la vostra, proclamatelo col consacrar le potestà che vi domando.

Allora la Francia e l'Europa saranno preservate dall'anarchia, gli ostacoli si spianeranno, le rivalità verran meno; perchè tutti rispetteranno nella sentenza del popolo il decreto della Provvidenza.

Dal palazzo dell'Eliseo, il 2 dicembre 1851.

Luigi Napoleone Bonaparte. »

Il sentimento universale dei cittadini dabbene si espresse allora con questo detto ingegnoso, trovato dal buon senso del popolo: — Il 1852 è morto —; detto che passò subito in proverbio: sicchè, se l'Assemblea si fosse rassegnata a disciogliersi, senza commovere colle estreme sue convulsioni il paese che l'avea condannata a perire, l'atto del 2 dicembre si sarebbe compiuto pacificamente e solennemente in maniera, da sgomentar gl'implacabili nemici dell'ordine e della pubblica quiete: ma sciaguratamente l'Assemblea, tentando di sopravvivere e di lottare contro il presidente della repubblica, mise armi funeste in mano all'anarchia.

Mentre Luigi Napoleone, uscendo dall'Eliseo, era salutato dall'unanime applauso delle truppe schierate, molti rappresentanti dell'Assemblea si riunirono per protestare contro questo, che dicevano, abuso di potere, e provocarono un'insurrezione, spargendo ad arte tra il popolo, che il presidente della repubblica volesse impadronirsi del potere, armata mano, senza consultare il voto della nazione. Vero è che più di cento cinquanta rappresentanti protestarono colla loro presenza all'Eliseo contro gli sforzi impotenti dei lor confratelli: ma questi tuttavia, benchè in gran parte arrestati o dispersi, riuscirono a sollevare il popolo di alcuni quartieri di Parigi, e, pur troppo, nelle giornate del 3 e 4 dicembre si versò ancora sangue francese in una lotta intestina. Mercè l'energia de'comandanti e la fedeltà delle truppe, l'insurrezione fu subito vinta, e il principe, a rassicurare di più gli animi degli stessi soldati sulla libertà del voto, spediva questa lettera al ministro della guerra:

« Mio caro Generale, avevo prescritto che si desse il voto colla firma di ciascun votante, perchè mi parea che questo modo, usato altra volta, assicurasse meglio la sincerità della elezione; ma cedendo a serie opinioni ed a giusti reclami ho fatto or ora, ben lo sapete, un decreto che cambia il modo di votare.

Già quasi tutto l'esercito ha dato il suo voto, e mi rallegra il pensiero, che ce ne saranno ben pochi contro di me; nondimeno, giacchè i militari che diedero un voto negativo potrebbero temerne spiacevoli conseguenze nella loro carriera, mi preme di rassicurarli.

Compiacetevi adunque di far sapere senza indugio all'esercito, che, se il modo con cui diede il voto è diverso da quello con cui lo daranno gli altri cittadini, l'effetto sarà uguale per tutti, vale a dire, ch'io non voglio sapere il nome di chi mi diede il voto contrario.

Perciò, raccolto che sia il numero dei voti e debitamente verificato, ordinate, ve ne prego, che si diano incontanente alle fiamme i registri.

Aggradite ecc.       LUIGI NAPOLEONE BONAPARTE. »

Il presidente della repubblica, compiacendo così con tanta sollecitudine e squisitezza di modi al desiderio espresso dalla pluralità degli elettori, volle dar prova di non aver nulla a temere dalla libertà dei voti; infatti l'insurrezione di que' due giorni aveva insegnato ai buoni cittadini, che, fuori del governo di Luigi Napoleone, tutto minacciava anarchia e rovina: e Parigi, udendo le tristissime nuove di tremende minacce e d'orride carneficine con che la demagogia infestava alcuni dipartimenti, fu in grado di giudicare con maggior calma e giustizia il grand'atto che s'era compiuto il 2 dicembre, e l'immenso servizio fatto da Luigi Napoleone alla civiltà nonchè alla Francia. L'ordine si era già intieramente ristabilito nella capitale; al sei dicembre s'erano già ritirate le truppe, riaperte le botteghe, gli operaj rimessi al lavoro, e rinasceva la fiducia universale, di cui diede segno il progressivo rialzo dei pubblici fondi: sicchè, due giorni dopo la lotta, Parigi respirò dalla guerra intestina, che tuttavia durava nelle provincie meridionali e centrali. La malevolenza non si era fatta carico di esagerare le triste conseguenze di codesta lotta, la quale sarebbe riuscita ben più micidiale, se non fosse stata prontamente e fortemente repressa.

Il vero si è che la cifra esatta dei morti non oltrepassò i dugento diciotto, nè si contarono che dugento settantuno feriti nelle due giornate del 3 e 4 dicembre; l'esercito non avea perduto che ventotto soldati e un colonnello; aveva inoltre ottantasette feriti: secondochè si rilevò dalle minute indagini fattesi negli spedali, nelle ambulanze e nelle case private.

Le autorità ebbero la fortuna di mantener l'ordine in cinquanta dipartimenti, che non furono nemmeno turbati per un solo momento: le grandi città industriali, commerciali o marittime, quali sono Lione, Roano, Strasburgo, Lilla, Marsiglia, Bordeaux, non videro rizzarsi barricate nè farsi ammutinamenti. Ma l'insurrezione scoppiò in ventiquattro dipartimenti, e per più giorni s'impadronì di qualcuno tra questi; e dappertutto il segnale e la parola d'ordine eran venuti da Parigi; dappertutto si radunavano bande armate sotto capi nominati dalle società segrete. Nè si creda che questi capi uscissero dalla feccia del popolo; chè invece, pur troppo, nella massima parte eran medici, patrocinatori, avvocati, proprietari, negozianti, giornalisti, ch'eransi lasciati corrompere dalle teoriche del socialismo. Ma finalmente, grazie all'esercito, all'energia delle autorità civili e militari, all'intervento dei buoni cittadini, lo scempio fatto in alcune provincie dai così detti rossi venne represso. Gli spaventevoli misfatti che si commisero allora in più luoghi, e di cui credo far grazia ai lettori, passandoli sotto silenzio, provarono maggiormente alla Francia il benefizio del colpo di Stato; il quale, assalendo il socialismo all'impensata, non gli avea lasciato il tempo di rannodar tutte quante le sue forze per dar principio alla guerra sociale: si vide allora che il presidente della repubblica non avea solamente posto termine alle agitazioni e congiure parlamentari, sì ancora schiacciata la formidabile cospirazione della demagogia;

e il paese inorridì al sentire gli eccessi d'ogni fatta che segnarono il passaggio dell'insurrezione.

Il presidente della repubblica potè allora a buon dritto indirizzare al popolo francese il seguente proclama:

« Francesi !

I tumulti si sono acquetati. Qualunque sia la decisione del popolo, la società è salva. La prima parte dell'opera mia è compiuta; l'appello alla nazione per terminar le lotte dei partiti non doveva, io n'era sicurissimo, esporre a serio pericolo la pubblica quiete.

Perchè mai il popolo si dovea sollevare contro di me ?

S'io non godo più la vostra fiducia, se le vostre idee si sono mutate, non c'è bisogno di spargere un sangue prezioso: basta deporre nell'urna un voto contrario; chè io rispetterò sempre il decreto del popolo.

Ma finattanto che la nazione non avrà parlato, io non lascerò veruno sforzo, verun sagrifizio, per isventare i conati dei faziosi.

Questo compito, per altro, mi si è reso facile.

Da una parte si è veduto, come fosse cosa insensata il lottare contro un esercito, unito dai vincoli della disciplina, animato dal sentimento dell'onor militare e dall'amore di patria.

Da un'altra parte, il contegno tranquillo degli abitanti di Parigi e il biasimo con che condannarono la rivolta dissero abbastanza a pro di chi si dichiarasse la capitale.

In quei popolosi quartieri, dove, non ha guari, l'insurrezione trovò seguaci tra gli operaj pieghevoli a'suoi allettamenti, l'anarchia questa volta non rinvenne che una ripugnanza profonda pe'suoi detestabili eccitamenti.

Ne sieno grazie all'assennata e patriotica popolazione di Parigi, e sia viemmeglio persuasa, che l'unica mia ambizione si è quella di assicurare la quiete e la prosperità della Francia.

Ella prosiegua a prestare il suo concorso all'autorità, e ben presto il paese potrà compiere nella calma l'atto solenne che deve inaugurare per la repubblica un'èra novella.

Dal palazzo dell'Eliseo, l'otto dicembre.

LUIGI NAPOLEONE BONAPARTE. »

Luigi Napoleone potea finalmente governare secondo le proprie inspirazioni, e la Francia cominciava a gustare i benefizi sortiti dal colpo di Stato del due dicembre; ogni giorno compariva un nuovo decreto che preparava la Francia ad una nuova costituzione e mirava a stabilire l'autorità su basi incrollabili: questi atti concernevano tutt'insieme la pubblica morale, la sicurezza delle persone dabbene, l'agiatezza delle classi laboriose e la prosperità dell'intera nazione; restituì al culto l'antica chiesa di santa Genoveffa, invitò i prefetti dei dipartimenti a far rispettare, per quanto potessero senza intaccare la libertà di coscienza, il salutare riposo della domenica; ordinò molti pubblici lavori, e simili altre cose, che rivelavano la sua perseverante operosità pel pubblico bene.

Finalmente giunse il giorno fissato per dare il voto, che fu il 20 dicembre per tutta la Francia; ed era sorto sotto gli auspizi di maggior fiducia e sicurezza. Il plebiscito, offerto all'accettazione del popolo francese, era espresso in questi termini:

« Il Popolo Francese vuole il mantenimento dell'autorità di Luigi Napoleone Bonaparte, e gli delega i necessari poteri per fare una Costituzione sulle basi proposte nel Proclama del 2 dicembre 1851. »

Indarno i democratici, gli orleanisti e i legittimisti andavano raccomandando di astenersi dal voto; chè il plebiscito fu consacrato da sette milioni quattrocento trentanove mila dugento sedici suffragi ed ebbe contrari solamente seicento quaranta mila settecento trentasette voti.

Nello scrutinio nazionale non si era mai data per lo avanti una tal maggioranza di voti in favor dell'Eletto dal popolo: e questi splendidi risultamenti vennero verificati con tutta la cura e l'esattezza dalla Commissione consultiva che il principe aveva incaricato dell'avveramento dei voti.

Il 31 dicembre, alle otto pomeridiane, quella Commissione recavasi in corpo all'Eliseo per comunicare solennemente al principe l'esito dello scrutinio, e venne ricevuta dal presidente della repubblica circondato da' suoi ministri e da' suoi ajutanti di campo. Il principe così rispose al discorso di congratulazione e d'augurio che gli venne fatto dal presidente della Commissione:

« Signori, la Francia ha risposto all'appello leale ch'io le feci : ella comprese ch'io non era uscito dalla legalità se non per rientrar nel diritto. Oltre a sette milioni di voti mi hanno assolto, giustificando così un atto, il quale non ebbe altro scopo che di risparmiare alla Francia ed all'Europa forse molti anni di turbolenze e di guai.

Vi ringrazio di aver accertato ufficialmente, come questa manifestazione fosse nazionale e spontanea.

S'io mi rallegro di questa immensa adesione, non è per orgoglio, ma perchè mi dà la forza di parlare e di agire come s'addice al capo di una grande nazione qual è la nostra.

Comprendo tutta la grandezza della mia nuova missione, nè punto m'illudo sulle sue gravi difficoltà: ma colla rettitudine del cuore, col concorso di tutti gli uomini onesti, che al pari di voi m'istruiranno col loro senno e mi sosterranno col loro amor patrio; mercè la fedeltà a tutta prova del nostro valoroso esercito; infine, mercè la protezione che dimani invocherò solennemente dal Cielo perchè ancor me la conceda, spero di sempre più meritare la fiducia che il popolo ha in me riposta. Spero di assicurare le sorti della Francia, fondando istituzioni che

366

rispondano insieme e agli istinti democratici della nazione e a quel desiderio espresso universalmente di aver quind'innanzi un governo forte e rispettato: infatti, appagare gli odierni desiderii col creare un sistema, che ricostituisca l'autorità senza ferir l'eguaglianza e senza chiudere alcuna via di miglioramento, val quanto il gittare le vere basi del solo edifizio capace di reggere più tardi una libertà benefica e saggia. »

All'indomani, 1 gennajo 1852, il presidente della repubblica si recò alla cattedrale, dove fu cantato un solenne *Te Deum* in ringraziamento del voto nazionale che l'aveva rieletto. E qui mi piace notare, come nel ricevimento del clero, che il 31 dicembre andò a fare una visita di congratulazione e d'ossequio al presidente rieletto, il curato di San Nicola, anziano del clero parigino, vecchio venerando di ottantasett'anni, si avanzò con passo fermo e risoluto verso Luigi Napoleone (il quale cordialmente lo accolse) e con lo sguardo, l'accento ed il gesto inspirati disse al principe: — Monsignore, mi chiamo felice di ripetere col Profeta: « L'opera di Dio riuscirà ad ogni costo. » —

# CAPITOLO XXII.

Proclamazione della nuova Costituzione fatta dal principe (14 gennajo 1852). — Ragioni delle sue riforme napoleoniche nel governare la Francia. — Indole del vecchio regime, della rivoluzione dell'ottantanove e del governo napoleonico. — Spirito della nuova Costituzione preparata dal presidente della Repubblica subito dopo il colpo di Stato. — Responsabilità del Capo dello Stato. — Ufficio de' suoi ministri e del Consiglio di Stato. — Diritti e doveri della Camera Legislativa. — Attributi proprii del Senato. — Perchè il Senato non debba mai trasformarsi in Corte di giustizia per giudicare i rei di leso Stato. — Sovranità del popolo. — Augurii per la felicità della Francia. — Discorso del presidente della Repubblica all'apertura delle Camere legislative (29 marzo 1852). — Cessazione della dittatura. — Motivi del colpo di Stato. — Perchè un popolo costituito in nazione accetta di buon grado, in dati tempi, opportune varietà di governo. — Condizioni interne ed esterne della Francia d'allora. — Franca esposizione, fatta dal principe, del suo pensiero sulla forma di governo, repubblicana o imperiale. — Consigli e minacce ai faziosi. — Appello alla sovranità popolare. Messaggio del principe presidente (28 giugno 1852). — Motivi della brevità della prima sessione legislativa. — Indole del nuovo Potere legislativo. — Commiato alle Camere legislative. — Pittura del popolo parigino. — Avviamento all'Impero.

Ormai il grand'atto era compiuto; e giustificato od assolto da quasi sette milioni e mezzo di suffragi popolari, Luigi Napoleone potea liberamente espandere la sua poderosa influenza, rigeneratrice dell'ordine che salda la libertà vera; nè ci resta quasi altro còmpito che di registrare, senza comenti o preamboli, i suoi principali discorsi, i quali riassumono e spiegano l'opera immensa della sua politica sino a questi giorni, cioè al maggio 1859.

Ecco il proclama, con cui il Presidente della repubblica accompagna e promulga la nuova Costituzione, tratto dal *Monitore Universale*, 15 gennajo 1852.

« LUIGI NAPOLEONE, presidente della Repubblica, in nome del Popolo Francese.

Francesi!

Allorchè nel mio proclama del 2 dicembre vi espressi lealmente quali erano, a mio parere, le condizioni vitali del Potere in Francia, non avevo la pretesa, sì comune a' nostri giorni, di sostituire una teoria personale all'esperienza dei secoli; cercai invece quali fossero nel passato gli esempi migliori da seguire, quali uomini gli avessero dati, e qual bene ne fosse scaturito.

Sin d'allora io credetti cosa logica il preferire i precetti del genio alle dottrine speciose di uomini dalle idee astratte; e presi a modello quelle istituzioni politiche, le quali già sul principio di questo secolo rassodarono la società stessa e sollevarono la Francia ad un alto grado di prosperità e di grandezza.

Ho preso a modello quelle istituzioni, che invece di sparire al primo soffio delle agitazioni popolari, non furono abbattute che dall'Europa intiera, congiurata contro di noi.

Insomma dissi tra me: — Dappoichè la Francia da cinquant'anni in qua non si avanza se non mercè l'organizzazione amministrativa, militare, giudiziaria, religiosa, finanziaria del Consolato e dell'Impero, perchè non dovremmo adottare eziandio le politiche istituzioni di que' tempi? Sorte dal medesimo pensiero, esse devono portare in sè il medesimo carattere di nazionalità e di utilità pratica. —

Infatti, come rammentai nel mio proclama, ed è importantissimo di menzionare, la nostra società attuale non è altra cosa se non la Francia rigenerata dalla rivoluzione dell'ottantanove e organizzata dall'Imperatore. Non restaño più dell'antico regime che grandi memorie e grandi benefizi; ma tutto quanto era organizzato allora venne distrutto dalla rivoluzione, e tutto ciò che si organizzò dopo la rivoluzione, e che ancora sussiste, è opera di Napoleone.

Noi non abbiamo più nè provincie, nè paesi di Stato, nè Parlamenti, nè Intendenti, nè Fermieri generali, nè costumi diversi, nè diritti feudali, nè classi privilegiate che abbiano l'esclusivo possesso degl'impieghi civili e militari, nè diverse giurisdizioni religiose.

A tante cose con lei incompatibili la Rivoluzione aveva fatto subire una riforma radicale, ma nulla avea fondato di definitivo: solo il Primo Console ristabilì l'unità, la gerarchia e i veri principii del governo, che son tuttodì in vigore.

Così, per esempio, l'amministrazione della Francia affidata a Prefetti, a Vice-Prefetti, a Podestà, che sostituiscono l'unità alle Commissioni direttoriali; la decisione degli affari invece data ai Consigli, dal Comune sino al Dipartimento; così la magistratura assodata dall'inamovibilità dei giudici e dalla gerarchia dei tribunali; la giustizia resa più facile per mezzo della limitazione delle facoltà, dalla Giustizia di Pace sino alla Corte di Cassazione: tutto questo è ancora vigente.

Così pure il nostro ammirabile sistema finanziario, la Banca di Francia, lo stabilimento dei *budget*, la Corte dei conti, i nostri regolamenti militari ebbero principio in quell'epoca.

Già da cinquant'anni il Codice Napoleone regola gl'interessi dei cittadini tra loro, e il Concordato regola i rapporti dello Stato con la Chiesa.

Finalmente la maggior parte delle discipline che concernono il progresso dell'industria, del commercio, delle lettere, delle scienze e delle arti, dai regolamenti del Teatro francese sino a quelli dell'Istituto, dalla istituzione dei Periti sino alla foudazione della Legion d'Onore, vennero fissati da decreti di quel tempo.

Si può dunque affermare, che l'architrave maestro del nostro edifizio sociale è l'opera dell'Imperatore, la quale resistette alla di lui caduta ed a tre rivoluzioni.

Perchè dunque, avendo la medesima origine, le istituzioni politiche non dovrebbero avere la stessa probabilità di durata ?

La mia convinzione era già formata da lungo tempo; e per questo appunto io sottometto al vostro giudizio le basi precipue d'una Costituzione tratta da quella dell'anno VIII : approvate che siano da voi, stanno per diventare il fondamento della nostra Costituzione politica.

Esaminiamo quale ne sia lo spirito :

Nel nostro paese, monarchico da ottocent'anni, il potere centrale andò sempre crescendo; i re distrussero i grandi vassalli : le stesse rivoluzioni dissiparono gli ostacoli che intralciavano l'esercizio rapido ed uniforme dell'autorità. In questo paese, che è la terra classica dell'accentrazione, l'opinione pubblica ha sempre attribuito al capo del governo tanto il bene quanto il male : perciò scrivere in testa ad una Carta costituzionale, che questo capo è irresponsabile, è un mentire al pubblico sentimento, un voler stabilire una finzione, che tre volte svanì al rumore delle rivoluzioni.

L'attuale Costituzione invece proclama, che il capo da voi eletto è responsabile in faccia vostra; ch'egli ha sempre il diritto di far appello al vostro giudizio supremo, affinchè nelle circostanze solenni voi possiate continuargli o ritorgli la vostra fiducia.

Essendo responsabile, fa d'uopo che la sua azione sia libera e senza pastoje : quindi l'obbligo di avere ministri che siano gli onorati e potenti ausiliari del suo pensiero, ma che non formino più un Consiglio responsabile composto di membri solidali, ostacolo giornaliero all'impulso particolare del capo dello Stato, espressione d'una politica emanata dalle Camere, epperciò esposta a spessi mutamenti che impacciano ogni spirito di progressione, ogni applicazione d'un regolare sistema.

Ciò nullameno, quanto più un uomo è in alto locato, quanto più è indipendente, quanto più grande è la fiducia riposta in lui dal popolo, tanto più egli abbisogna d'illuminati e coscienziosi consigli: quindi la creazione d'un Consiglio di Stato, d'ora in poi vero consiglio del Governo, prima ruota maestra della nostra nuova organizzazione, adunanza d'uomini pratici che vanno elaborando progetti di leggi in commissioni speciali, gli dibattono a porte chiuse, senza ostentazione oratoria, in assemblea generale, e li presentano poi all'approvazione del Corpo legislativo.

Così il Governo è libero ne'suoi movimenti, illuminato nel suo procedere.

Quale sarà ora l'ufficio esercitato dalle Assemblee?

Una Camera, che prende il titolo di Corpo legislativo, dà il voto per le leggi e le imposte; essa viene eletta dal suffragio universale, senza squittinio di liste: così il popolo, scegliendo isolatamente ogni candidato, può più facilmente apprezzare il merito di ciascuno di loro.

La Camera non è più composta che di circa dugento sessanta membri: è questa una prima guarentigia della calma nelle deliberazioni: perocchè troppo spesso si videro nelle Assemblee crescere in proporzione del numero la mobilità e l'ardore delle passioni.

Il rendiconto delle sedute, che deve istruir la nazione, non è più lasciato in balìa, come altre volte, allo spirito fazionario di ogni giornale; ne è permessa soltanto una pubblicazione ufficiale, compilata per cura del presidente della Camera.

Il Corpo legislativo discute liberamente le leggi, le accetta o le rifiuta; ma non v'introduce all'improvviso tali emendazioni, che sconcertano sovente tutto quanto l'ordine d'un sistema e il complesso del primitivo progetto: per una ragione più forte egli non ha quella iniziativa parlamentare, ch'era la fonte di sì gravi abusi e che permetteva a ciascun deputato di sostituire, ad ogni poco, sè stesso al Governo, col presentare i meno studiati, i meno ponderati progetti.

Non essendo più la Camera alla presenza dei ministri, ed essendo sostenuti i progetti di legge dagli oratori del Consiglio di Stato, non si perde il tempo in vane interpellanze, in frivole accuse, in lotte appassionate, il cui unico scopo era quello di rovesciare i ministri per surrogarli.

In questa maniera le deliberazioni del Corpo legislativo saranno indipendenti; ma le cause di sterili agitazioni saranno eliminate, ed ogni modificazione di legge verrà fatta con salutare lentezza: i mandatarii della nazione faranno maturamente le cose serie.

Un'altra assemblea prende il nome di Senato; e sarà composta di quegli elementi, che in ogni paese producono influenze legittime; quali sono un nome illustre, i beni di fortuna, l'ingegno, ed i servigi prestati.

Il Senato non è più, come la Camera dei Pari, il pallido riflesso della Camera dei Deputati, che ripeta dopo qualche giorno le medesime discussioni in altro tono; esso è il depositario del patto fondamentale e delle libertà compatibili colla Costituzione: e unicamente in riguardo ai grandi principii, sui quali posa la nostra società, egli esamina tutte le leggi e ne propone delle nuove al Potere esecutivo. Egli interviene sia per isciogliere ogni grave difficoltà che potesse sorgere durante l'assenza del Corpo legislativo, sia per ispiegare il testo della Costituzione, ed assicurare quanto è necessario a farla progredire; egli ha il diritto di annullare ogni atto arbitrario ed illegale : godendo così di quella riverenza che si procaccia un Corpo esclusivamente occupato nell'esame di grandi interessi o nell' applicazione di grandi principii, adempie nello Stato l'ufficio indipendente, salutare e conservatore, degli antichi Parlamenti.

Il Senato non verrà mai, come la Camera dei Pari, trasformato in Corte di Giustizia ; ma conserverà il suo carattere di moderatore supremo; perchè cadono sempre in disgrazia i Corpi politici, quando il santuario dei legislatori diventa un tribunal criminale : l'imparzialità del giudice è troppo sovente messa in dubbio; ed egli scapita di prestigio in faccia all'opinione pubblica, la quale talvolta procede persino ad accusarlo, quasi fosse strumento della passione o dell'odio.

Un'alta Corte di Giustizia, scelta nell'alta magistratura, che tragga i suoi giurati dai membri dei Consigli generali di tutta la Francia, ella sola reprimerà gli attentati contro il capo dello Stato e contro la pubblica sicurezza.

L'Imperatore diceva al Consiglio di Stato: « *Una Costituzione è l'opera del tempo ; non è mai troppo larga la via che dovrebbe lasciarsi ai miglioramenti* ». Perciò la Costituzione presente non ha fissato se non quanto era impossibile di lasciare indefinito; essa non ha chiuso le sorti d'un gran popolo in una insuperabile cerchia; essa lasciò ai mutamenti un adito largo abbastanza, perchè nelle grandi crisi vi siano altri mezzi di salvezza, senza ricorrere al funesto spediente delle rivoluzioni.

Il Senato può, d'accordo col Governo, modificare tutto ciò che non è fondamentale nella Costituzione; ma in quanto alle modificazioni che si volessero fare alle basi primitive, sanzionate dai vostri suffragi, non devono diventar definitive, se non quando abbiano ricevuto la vostra ratificazione.

Così il popolo resta sempre padrone del proprio destino, e nulla di fondamentale si fa senza il suo volere.

Tali sono le idee ed i principii, che mi avete autorizzato a mettere in pratica. Possa questa Costituzione dare alla nostra patria giorni tranquilli e felici! possa ella prevenire il ritorno di quelle lotte intestine in cui la vittoria, per quanto legittima, è sempre a caro prezzo pagata! possa la sanzione, che voi deste a' miei sforzi, essere benedetta dal Cielo! Allora la pace sarà assicurata di dentro e di fuori, saranno paghi i miei voti, e la mia missione compiuta.

Dal palazzo delle Tuilerie, 14 gennajo 1852.

Luigi Napoleone Bonaparte. »

Senza diffondermi nel descrivere le cerimonie d'uso nelle grandi solennità dello Stato, o nel narrare i fatti contemporanei, prosieguo, come ho già detto di sopra, la serie dei documenti.

Al 29 marzo dello stesso anno 1852 il presidente della repubblica recitò il discorso seguente, inaugurando l'apertura delle sedute del Senato e del Corpo legislativo.

« Signori Senatori, signori Deputati,

La dittatura, che il popolo m'aveva affidata, cessa quest'oggi; le cose stan per riprendere il loro corso regolare: e con un sentimento di vera compiacenza vengo qua a proclamare, che si mette in vigore la Costituzione; perocchè mio costante pensiero fu non solo di ristabilir l'ordine, sì anche di renderlo durevole, provvedendo la Francia d'istituzioni acconcie a' suoi bisogni.

Appena qualche mese fa, ve ne ricordate, quanto più mi chiudevo nel cerchio ristretto delle mie attribuzioni, tanto più si tentava di ristringerlo ancora, affine di togliermi il movimento e l'azione. Spesse volte scoraggiato, ve lo confesso, ebbi il pensiero di abbandonar un potere così contrastato: ciò che mi rattenne si fu il vedere, che dopo di me non poteva succedere altra cosa fuorchè l'anarchia: infatti dappertutto bollivano passioni, ardenti a distruggere, incapaci di nulla fondare: non c'era nè un'istituzione, nè un uomo a cui aggrapparsi; non c'era un diritto incontrastato, una organizzazione qualunque, un sistema effettuabile. Perciò quando, mercè il concorso di alcuni uomini coraggiosi, mercè soprattutto l'energico contegno dell'esercito, tutti i pericoli furono sventati in poche ore, mia prima cura fu quella di chiedere istituzioni al popolo. Già da troppo tempo la società somigliava ad una piramide capovolta e che si voleva far poggiare sulla cima: io l'ho ricollocata sulla sua base. Il suffragio universale, unica fonte di diritto in tali congiunture, venne immediatamente ristabilito; l'autorità ricuperò il suo ascendente; infine, essendo accettate dalla Francia le disposizioni principali della Costituzione ch'io le proponeva, mi fu dato di creare Corpi politici, la cui influenza e la stima saranno tanto più grandi, in quanto che le loro attribuzioni saranno state saviamente regolate.

Infatti tra le istituzioni politiche son durevoli quelle sole che fissano il modo, a cui deve circoscriversi ogni potere: non v'è altro mezzo per giungere ad un'applicazione utile e benefica della libertà; e gli esempi non ne sono lontani.

Perchè nel 1814 si vide con soddisfazione, ad onta dei nostri rovesci, inaugurare il regime parlamentare? Perchè l'Imperatore, non temiamo di dirlo, a cagion della guerra era stato strascinato ad un esercizio troppo assoluto del potere.

Perchè invece nel 1851 la Francia applaudiva alla caduta di questo stesso regime parlamentare ? Perchè le Camere avevano abusato dell'influenza loro accordata, e volendo tutto dominare, compromettevano il generale equilibrio.

Infine, perchè la Francia non si è commossa per le restrizioni recate alla libertà di stampa ed alla libertà individuale? Perchè l'una era tralignata in licenza, e l'altra, invece di essere l'esercizio regolato del diritto di ciascuno, avea con odiosa esorbitanza minacciato il diritto di tutti.

Questo estremo pericolo, per le democrazie soprattutto, di veder continuamente istituzioni mal definite sacrificare mano mano il potere o la libertà, venne giudicato benissimo dai nostri padri, mezzo secolo fa, quando all'uscire dalla tempesta rivoluzionaria, e dopo inutili tentativi di ogni specie di governo, proclamarono la Costituzione dell'anno VIII, che servì di modello a questa del 1852. Senza dubbio esse non sanzionano tutte quelle libertà, di cui eravamo abituati anche agli abusi ; ma ne consacrano pure molte reali. Subito dopo alle rivoluzioni, la prima guarentigia per un popolo non consiste nello smoderato uso della tribuna e della stampa, bensì nel diritto di scegliere il governo che gli conviene: orbene, la nazione Francese diede, forse per la prima volta, al mondo lo spettacolo imponente di un gran popolo, che in piena libertà vota la forma del suo governo.

Così il capo dello Stato che vi sta dinnanzi è veramente l'espressione della volontà popolare; e innanzi a me che vedo? Due Camere, l'una eletta in virtù della legge più liberale che esista nel mondo, l'altra nominata da me, è vero, ma anch'essa indipendente, siccome quella che è inamovibile.

Intorno a me voi scorgete persone di un patriotismo
e d'un merito riconosciuto, sempre pronte a sostenermi
coi loro consigli, ad illuminarmi sui bisogni del paese.

Questa Costituzione, che sin da quest'oggi vien messa
in pratica, non è dunque l'opera d'una vana teoria o
del despotismo, sibbene l'opera dell'esperienza e della
ragióne: e voi m'ajuterete, o signori, a consolidarla, ad
estenderla, a migliorarla.

Farò conoscere al Senato ad al Corpo legislativo il prospetto della situazione della repubblica; e vedranno che
dappertutto si ristabilì la fiducia, dappertutto si ripresero
i lavori, e che, per la prima volta dopo un gran mutamento politico, la fortuna pubblica, invece di scemare,
si accrebbe.

In questi quattro mesi potè il mio governo incoraggiar molte utili imprese, ricompensar molti servigi, soccorrere molte miserie, migliorare anche le condizioni della
maggior parte dei principali impiegati; e tutto questo
senza aggravare le imposte o sconcertare le previsioni del
bilancio, che siam lieti di presentarvi in equilibrio.

Simili fatti e il contegno dell'Europa, che accolse con
soddisfazione i mutamenti sopravvenuti, ci danno una
giusta speranza di sicurezza per l'avvenire: perocchè se
la pace è guarentita al didentro, essa lo è ugualmente
al difuori: le Potenze straniere rispettano la nostra indipendenza, e noi abbiamo tutto l'interesse di conservare con loro le più amichevoli relazioni. (1) *Finchè l'o-*
*nor della Francia non sarà impegnato,* il dovere del Governo sarà di evitare con cura ogni causa di turbamento
in Europa, e di rivolgere tutti i nostri sforzi agl'interni

(1) Noterò quindinnanzi con carattere corsivo que'passi, che accennano
più chiaramente le allusioni a quel prossimo avvenire, il quale oggidì
si matura.

miglioramenti, che soli possono procurar l'agiatezza alle
classi laboriose ed assicurare la prosperità del paese.

Ed ora, o signori, nel momento in cui vi associate patrioticamente a' miei lavori, voglio esporvi francamente
quale sarà la mia condotta.

(Notiamo qui una volta per sempre, che Napoleone III,
sia nelle parole, sia negli atti, vinse colla più scaltra finezza
la diplomatica astuzia, e invece si cattivò l'affettuosa riverenza del popolo colla più franca schiettezza, servendosi così
di quelle stesse armi ch'erano usate da' suoi avversari od
amici.)

Vedendomi ristabilire le istituzioni e le memorie dell'Impero, si è ripetuto più volte, ch'io bramava ristabilire
anche lo stesso Impero; ma se tale fosse stato il mio costante pensiero, codesta trasformazione si sarebbe già da
gran tempo compiuta: perocchè non me ne mancarono nè
le occasioni, nè i mezzi.

Così, per esempio, nel 1848, quando sei milioni di voti
mi nominarono, a dispetto della Costituente, non ignoravo,
che il semplice rifiuto di acconsentire alla Costituzione
poteva darmi un trono: ma un innalzamento, che di necessità dovea strascinar seco gravi disordini, non mi sedusse.

Nel 13 giugno 1849 mi era ugualmente facile di cambiare la forma del governo; e no 'l volli.

Finalmente nel 2 dicembre, se personali riguardi fossero
prevalsi ai gravi interessi del paese, avrei chiesto subito al
popolo, che non me l'avrebbe rifiutato, un titolo pomposo; invece io mi sono accontentato di quello che avevo.

S'io traggo dunque esempi dal Consolato e dall'Impero,
si è perchè là soprattutto li trovo coll'impronta di nazionalità e di grandezza. Risoluto, oggidì come in avanti, di
far tutto per la Francia, nulla per me, (1) *non accetterei*

(1) Vedi la nota a pag. 377.

*modificazioni allo stato presente delle cose, se non quando vi fossi costretto da un' evidente necessità.* E d'onde mai può ella sorgere? Unicamente dalla condotta dei partiti; se si rassegnano, nulla sarà mutato; ma se colle loro sorde mene tentassero di scalzare le basi del mio governo, e nella loro cecità negassero la legittimità dell'esito della popolare elezione; se finalmente venissero coi loro continui assalti a mettere a repentaglio l'avvenire del paese: allora, ma solamente allora, potrebb'essere ragionevole di (1) *chiedere al popolo, in nome della quiete della Francia, un nuovo titolo, che fissasse irrevocabilmente sul mio capo il potere di cui m'ha investito.* Ma non preoccupiamoci anticipatamente di tali difficoltà, che nulla sicuramente han di probabile : conserviamo la Repubblica! Essa non minaccia veruno e può rassicurar tutti : sotto la sua bandiera io voglio inaugurare di nuovo un' èra d'obblio e di conciliazione, e chiamo, senza distinzione di sorta, tutti quelli che vogliono francamente concorrer meco al pubblico bene.

La Provvidenza, che finora sì visibilmente benedisse i miei sforzi, (2) *non vorrà lasciar l'opera sua incompiuta;* essa ci animerà colle sue inspirazioni, e ci darà la sapienza e la forza necessaria a consolidare un ordine di cose, il quale assicurerà la felicità della nostra patria e la quiete dell'Europa. »

Il 28 giugno di quell'anno, un così detto Messaggio del presidente della repubblica, chiuse la prima sessione del Corpo legislativo, la quale durò tre soli mesi, pei motivi addotti dal principe nel suo medesimo discorso, di cui diam qui per saggio un brevissimo brano e la fine:

Il principe si congratulava coi deputati, che avessero « saputo resistere a ciò che v'ha di più pericoloso nelle adunanze, cioè il lasciarsi trasportar dallo spirito di corpo,

(1) Vedi la nota a pag. 377.
(2) Vedi la nota suddetta.

avessero smessa ogni soverchia irritabilità, e si fossero occupati nei grandi interessi del paese, persuasi che il tempo dei passionati e sterili discorsi era passato, e giunto in sua vece il tempo degli affari ». Proseguiva dicendo, che l'applicazione di un nuovo sistema incontra sempre qualche difficoltà, che anche il Corpo legislativo se n'era accorto, e che se pareva mancasse il lavoro alle sue prime sedute, avea capito che il desiderio del principe di abbreviare la sua dittatura, e la sua premura nel chiamare i deputati intorno a sè n'erano stata la cagione, privando così il Governo di quel tempo che occorreva a preparare le leggi che doveano sottoporsi all'approvazione del Corpo legislativo: natural conseguenza di questo stato di cose eccezionale era stato l'accumularsi dei lavori sulla fine della sessione.

« Nondimeno, soggiungeva il principe, la prima prova della Costituzione, d'origine al tutto francese, ha dovuto convincermi, che noi possediamo le condizioni d'un governo libero e forte; il potere non è più quell'immobile segno, contro di cui le diverse opposizioni dirizzano impunemente i lor dardi; e' può resistere a' loro assalti e quindinnanzi seguire un sistema, senza ricorrere all'arbitrio od all'astuzia: d'altra parte la facoltà di revisione che risiede nelle Assemblee non è illusoria, perocchè libera è la discussione, e il voto sulle imposte decisivo. In quanto alle imperfezioni che l'esperienza avrà fatto conoscere, il nostro comune amore pel pubblico bene mirerà sempre a scemarne gl'inconvenienti, infino a che il Senato decida.

Nell'intervallo tra questa e la prossima sessione io mi darò tutta la cura per indagare quali siano i bisogni del paese, e preparare progetti che permettano di scemar le gravezze dello Stato, senza far danno a' pubblici servizi: al vostro richiamo vi mostrerò il risultato de' nostri lavori e lo stato generale degli affari, col Messaggio che la

Costituzione mi obbliga d'indirizzarvi ogni anno. Ritornando ora ne' vostri dipartimenti, siate gli echi fedeli del sentimento che qui regna; cioè la fiducia nella conciliazione e la pace: dite a' vostri committenti, che a Parigi, cuor della Francia, in questo centro rivoluzionario che sparse a vicenda pel mondo or la luce or l'incendio, vedeste un popolo immenso, inteso a scancellare le tracce delle rivoluzioni, a darsi tutto lieto al lavoro, tranquillo sul suo avvenire; quel popolo che dianzi nel suo delirio era intollerante d'ogni freno, voi lo vedeste salutar cogli evviva il ritorno delle aquile nostre, (1) *simbolo d'autorità e di gloria.* A questo imponente spettacolo, in cui la religione consacrava colle sue benedizioni una gran festa nazionale, voi notaste il suo rispettoso contegno; vedeste quell'esercito sì fiero, che ha salvato il paese, farsi grande nella pubblica stima, inginocchiandosi con pio raccoglimento davanti all'immagine di Dio presente sopra l'altare: questo vuol dire, che c'è in Francia un Governo animato dalla fede e dall'amore del bene, (2) *che poggia sul popolo, sorgente d'ogni potere; sull'esercito, sorgente d'ogni forza; sulla religione, sorgente di ogni giustizia.*

In questo Messaggio, accolto con pieno favore dal Corpo legislativo, il principe avea fatto allusione ad una gran festa militare, celebrata il 10 maggio, in cui si distribuirono le insegne dell'aquila imperiale all'esercito, e che principiò la serie di quelle dimostrazioni, in mezzo alle quali a poco a poco si andava ricostruendo l'Impero, siccome naturalissima conseguenza del nuovo stato di cose.

(1) Vedi la nota a pag. 377.
(2) Vedi la stessa nota.

# CAPITOLO XXIII.

La Francia non è più tutta concentrata in Parigi. — Discorso
del principe a Lione per l'inaugurazione della statua equestre
di Napoleone I. — Niun sovrano fu più legittimo di Napoleone I. — Concetto Manzoniano. — Scopo della politica del principe presidente. — Discorso da lui tenuto a Bordeaux. — Intento
e rimembranze del suo viaggio. — *L' Impero è la pace.* — Conquiste pacifiche a cui vuol attendere il principe. — Allocuzione
fatta da lui all'Emiro Abdelkader nell'atto di liberarlo dalla
sua prigionia. — La generosità è sempre la miglior consigliera.
— Riconoscenza dell'ex-Emiro. — Messaggio del principe al
Senato (4 novembre 1852). — Di che cosa sia indizio l'Impero
Francese, ristabilito per mezzo del suffragio nazionale. — Formola proposta all'accettazione del popolo francese. — Lo spirito dell'Imperatore Napoleone fa da guida al suo degno nipote. — Risultati del voto universale pro e contro l'Impero. —
Allocuzione del novello imperatore ai grandi Corpi dello Stato.
— Origine legale del nuovo Impero. — Perchè l'imperatore
si chiami Napoleone III. — Ringraziamenti, esortazioni e promesse fatte dall'imperatore alla nazione francese. — Proclamazione dell'Impero. — L'imperatore accondiscende al voto, espresso
dal Senato, che si rassodi la dinastia Napoleonica, e sceglie
in isposa Madamigella Eugenia Montijo, contessa di Teba. —
Sua allocuzione ai Corpi dello Stato su questo soggetto. — Ragioni, che indussero Napoleone III a non ammogliarsi con una
principessa regale. — Motivi che guidarono l'imperatore nella
scelta della sposa. — Delicato e candido elogio della futura
imperatrice. — Nota d'infamia scagliata al vile e sozzo detrattore dell'imperatrice Eugenia. — Celebrazione delle nozze

imperiali (30 gennajo 1853). — Discorso dell'imperatore per l'apertura delle Camere legislative (14 febbrajo 1853). — Prospere condizioni della Francia. — Qual cosa si debba temere da una libertà prematura. — Provvedimenti di buon governo. — Risposta dell' imperatore all'indirizzo presentatogli da una deputazione inglese.

« È un fatto ormai noto alla storia (dice su questo proposito un pubblicista francese), che il governo sorto dal 2 dicembre 1851 si è stabilito con maggior facilità nei dipartimenti che non nella città centrale, in cui tutte quante le opinioni politiche hanno il loro convegno, e in cui la dialettica dei capi-parte esercita più sicuramente il suo dominio: là invece si dà bando alle teorie e si fan pochi ragionamenti: per loro il miglior governo è quello che parla meglio alle immaginazioni, purchè non avversi il libero slancio de' materiali interessi. Adunque nei dipartimenti, immuni anche da quella sorda opposizione, da quelle voci sfavorevoli che naturalmente si rifuggono nelle private adunanze, quando è loro interdetta la stampa; ne' dipartimenti, io dico, il principe Luigi Napoleone era sicuro d'incontrar le più vive simpatie: e appunto al vedere le splendide testimonianze del pubblico favore dovette confermarsi nel pensiero di fare un nuovo passo sulla via intrapresa il 2 dicembre, di coronare cioè quell' atto col ristabilire l'Impero. » E qui possiam dire davvero, che le province rivendicarono in quelle congiunture a sè quell'ascendente sì spesso loro usurpato dalla capitale: onde in questi ultimi dieci anni non si potè più ripetere con piena verità di giudizio quel detto famoso: *Parigi è la Francia.*

Il viaggio che fece in quell'anno il principe presidente nelle provincie meridionali di Francia può dirsi una vera corsa trionfale. A Lione si aspettava il suo arrivo, per riserbargli l'onore, certamente gradito, d'inaugurare con una

cerimonia nazionale la statua equestre dell'Imperatore
suo zio. Il magnifico discorso ch'egli tenne a' Lionesi su
questo soggetto merita, come quell'altro recitato a Bordeaux, e che riporteremo più sotto, merita, dico, un posto anche in codesto mio storico prospetto, siccome quello
che semppreppiù svolge o conferma le idee napoleoniche,
delle quali è mio intento additar la natura.

« Lionesi, disse il principe presidente, la vostra città
si è sempre associata per notevoli congiunture alle diverse
fasi della vita dell'Imperatore: voi lo salutaste Console,
lo salutaste Imperatore onnipossente; e quando l'Europa
lo aveva confinato in un'isola, foste ancora tra i primi,
nel 1815, a risalutarlo Imperatore.

Anche oggidì la vostra città è la prima che gl'innalzi
una statua; questo è un fatto abbastanza espressivo, perocchè non s'innalzano statue equestri, se non ai sovrani
che hanno regnato: perciò i Governi che mi precedettero
rifiutarono sempre questo omaggio ad un Potere, ch'essi
non voleano ammettere siccome legittimo.

Eppure, chi fu più legittimo dell'Imperatore, eletto tre
volte dal popolo, consacrato dal Capo della religione, riconosciuto da tutte le Potenze continentali dell'Europa,
che si unirono a lui coi vincoli della politica e con quelli
del sangue?

L'Imperatore *fu il mediatore tra due secoli nemici* (1):
spense l'antico regime. ristabilendo tutto ciò che quel

(1) Queste parole rammentano quella strofa del Manzoni nel suo *Cinque
Maggio:*

Ei si nomò: due secoli,
 L'un contra l'altro armato,
 Sommessi a lui si volsero
 Come aspettando il fato:
 Ei fe' silenzio, ed arbitro
 S'assise in mezzo a lor.

regime avea di buono; spense lo spirito rivoluzionario facendo triopfare dappertutto i benefizi della rivoluzione: ecco il perchè coloro, che l'hanno abbattuto, ebbero ben presto a deplorare il proprio trionfo. E in quanto a quelli che l'hanno difeso, ho io bisogno di rammentare quanto ne abbiano pianto la caduta?

Perciò, dacchè il popolo si vide libero nella sua scelta, pose gli occhi sull'erede di Napoleone, e per la stessa ragione, da Parigi sino a Lione, su tutti i punti del mio passaggio si alzò l'unanime grido di *Viva l'Imperatore !* Ma questo grido a' miei occhi è assai più una rimembranza che commove il mio cuore, anzichè una speranza che lusinghi il mio orgoglio.

Fedel servitore della patria, io non avrò mai che uno scopo, quello cioè di ricostituire in questo gran paese, sì sconvolto da tante commozioni e da tante utopie, una pace fondata sulla riconciliazione in quanto agli uomini, sulla inflessibilità dei principii d'autorità, di morale, di amore alle classi laboriose e sofferenti, di nazionale dignità.

Noi usciamo appena da que' momenti di crisi, in cui, essendo confuse le nozioni del bene e del male, ne andarono pervertite le menti migliori. La prudenza e l'amor patrio richiedono che in tali momenti la nazione si raccolga prima di fissar le sue sorti; a me riesce ancora difficile di sapere sotto qual nome potrei prestare i più grandi servigi.

Se il titolo modesto di presidente potesse agevolar la missione che mi era affidata, e in faccia alla quale non indietreggiai, certo ch'io non bramerei, per interesse personale, di scambiar questo titolo con quello d'Imperatore.

Deponiamo adunque su questa pietra il nostro omaggio al Grand'Uomo: perocchè in tal modo si onora la gloria della Francia nonchè la generosa riconoscenza del popolo;

come pure si mostra la fedeltà dei Lionesi ad immortali memorie. »

Se questo discorso fatto a Lione fu in certo qual modo il preambolo del viaggio nelle provincie meridionali, il discorso recitato dal principe a Bordeaux ne fu come la chiusa; sotto questo riguardo, il discorso di Bordeaux gareggia d'importanza con quel di Lione: ed eccolo qui fedelmente tradotto.

« Signori, disse il presidente della repubblica, l'invito della Camera e del Tribunal commerciale di Bordeaux, che accettai con premura, mi fornisce l'occasione di ringraziare la vostra grande città per la sua cordiale accoglienza, e per la sua cotanto magnifica ospitalità: e perciò son lieto di comunicarvi, sulla fine del mio viaggio, le impressioni che mi ha lasciate nell'animo. Lo scopo di questo viaggio, ben lo sapete, era di conoscere da me stesso le nostre belle provincie meridionali, e di scandagliarne i bisogni: tuttavia riuscì ad una conseguenza assai più importante.

Infatti, e lo dico con una franchezza scevra così d'orgoglio come di una falsa modestia, nessun popolo mai dimostrò in modo più diretto, più spontaneo, più unanime, la volontà di liberarsi dalle preoccupazioni dell'avvenire, consolidando nella stessa mano un potere che gli è simpatico; perocchè ora conosce le speranze illusorie con che lo cullavano, e i pericoli ond'era minacciato; ei sa che nel 1852 la società correva alla propria rovina, perchè ogni partito si riconfortava anticipatamente del generale naufragio colla speranza di piantare la propria bandiera sui frantumi galleggianti; ei mi sa grado, ch'io abbia salvato il vascello inalberando solamente la bandiera della Francia.

Disingannato delle assurde teorie, il popolo si persuase fermamente, che i pretesi riformatori altro non erano che sognatori; perocchè c'era sempre incoerenza e sproporzione tra i loro mezzi e i risultati promessi.

Oggidì la Francia mi circonda colle sue simpatie, poichè io non sono della famiglia degl'ideologi; per fare il bene del paese non c'è bisogno di applicar nuovi sistemi, bensì d'inspirar soprattutto fiducia nel presente e sicurezza nell'avvenire: ecco perchè la Francia par che voglia ritornare all'Impero.

V'è non di meno un'apprensione che devo dissipare. Per ispirito di diffidenza certuni van dicendo: — L'Impero è la guerra —; io dico invece: — l'Impero è la pace —.

L'Impero è la pace, perchè la Francia lo desidera; e quando la Francia è soddisfatta, il mondo è tranquillo. La gloria si può ben lasciare in eredità, ma non già la guerra. Forse che i principi, i quali si vantavano giustamente d'essere i discendenti di Luigi decimoquarto, ricominciarono la lotta? La guerra non si fa per piacere, sibbene (1) *per necessità*; e in questi tempi di transizione, nei quali, dappertutto, vicino a tanti elementi di prosperità germogliano tante cause di morte, con verità si può dire: (2) *guai a colui che pel primo desse in Europa il segnale di un conflitto, le cui conseguenze sariano incalcolabili.*

Però convengo anch'io in questo, che ho, come l'Imperatore, molte conquiste da fare. Voglio, al par di lui, conquistare alla riconciliazione i dissidenti partiti, e rimenar nella corrente del gran fiume popolare le derivazioni ostili, che vanno a perdersi senza profitto di alcuno.

Voglio conquistare alla religione, alla morale, all'agiatezza quella parte ancora sì numerosa di popolo, che in mezzo ad un paese religioso e credente conosce appena i precetti di Cristo, e che in seno alla più fertile terra del

(1) Vedi la nota a pag. 377.
(2) Vedi la nota medesima.

mondo può a stento fruir dei prodotti più strettamente
necessari.

Noi abbiamo immensi territorii incolti da dissodare,
strade da aprire, porti da scavare, fiumi da ridur naviga-
bili, canali da terminare, e la nostra rete di strade ferrate
da compiere; abbiamo, di fronte a Marsiglia, un vasto
regno (l'Algeria) da assimilare alla Francia; abbiamo tutti
i nostri grandi porti di ponente da avvicinare al continente americano con la rapidità di quelle comunicazioni
che ancora ci mancano; abbiamo infine per ogni dove
falsi numi da abbattere, verità da far trionfare, macerie
da ricostrurre.

Ecco in che modo intenderei l'Impero, quando ei dovesse ristabilirsi: tali son le conquiste ch'io vo meditando;
e voi tutti che mi attorniate, e che volete al par di me
il bene della vostra patria, voi siete i miei soldati. »

L'effetto prodotto da questo discorso fu quello di decidere perentoriamente la pubblica opinione in favor del-
l'Impero. Il principe Luigi Napoleone nel corso di questo
viaggio prese spontaneamente la risoluzione di coronarlo
con un atto di generosità, che parecchi ammirarono, altri
tacciarono d'imprudenza, liberando dalla prigione il famoso emiro Abd-el-Kader; e nel discorso che diresse in
codesta occasione al prigioniero d'Amboise si diede egli
stesso la cura di esporre i motivi, che gli aveano sugge-
rito quest'atto di giustizia.

« Già da lungo tempo, gli disse, voi lo sapete, la vostra prigionia mi facea pena davvero; perchè continuamente mi rammentava, non avere il Governo che mi pre-
cedette mantenuta la parola data ad un nemico sventurato; e a'miei occhi v'è nulla di sì umiliante per il
governo d'una grande nazione, quanto il disconoscere la
sua forza a tal segno, da mancare alla propria promessa.
La generosità è sempre la miglior consigliera, ed io sono

convinto, che il vostro soggiorno in Turchia non nuocerà punto alla tranquillità dei nostri possessi africani: la vostra religione, al pari della nostra, insegna a sottomettersi ai decreti della Provvidenza.

Ora se la Francia è padrona dell'Algeria, Dio lo volle, e la nazione mai non rinunzierà a questa conquista. Voi foste il nemico della Francia; ma non per questo io nego giustizia al vostro coraggio, al vostro carattere, alla rassegnazione vostra nella sventura: perciò stimo debito dell'onor mio di troncare la vostra prigionia, fidente, come sono, nella vostra parola. »

Ebbene, il primo uso che fece Abd-el-Kader della sua libertà fu di recarsi a Parigi colla propria famiglia per ringraziare solennemente il principe presidente; poi di lì a poco, quando il paese fu chiamato a dare il voto sulla questione dell'Impero, l'ex-emiro chiese istantemente il favore di poter deporre il suo voto nell'urna che dovea decidere della nuova forma di governo in Francia.

Nella prima seduta del Senato, successa il 4 novembre 1852, il ministro di Stato lesse un Messaggio del principe presidente, in cui dichiaravasi, che la nazione avea di fresco manifestato altamente la sua volontà di ristabilire l'Impero: qualora il Senato approvasse questo cambiamento, penserebbe senza dubbio, al pari del principe, che dovrebb'essere mantenuta la Costituzione del 1852; e allora le modificazioni, riconosciute siccome indispensabili, non ne intaccherebbero per nulla le basi fondamentali.

« Il cambiamento che si prepara, aggiungeva il Messaggio, cadrà principalmente sulla forma; e tuttavia il riprendere il simbolo imperiale è d'un immenso significato per la Francia. Infatti nel ristabilimento dell'Impero il popolo trova una malleveria pe' suoi interessi ed una soddisfazione al suo giusto orgoglio; questo ristabilimento guarentisce i suoi interessi assicurando l'avvenire, chiudendo l'èra delle rivoluzioni, consacrando ancora gli acquisti dell'ottantanove: appaga il suo giusto orgoglio, perchè rialzando con libertà e con riflessione ciò che, trentasette anni sono, tutta quanta l'Europa avea rovesciato colla forza delle armi in mezzo ai disastri della patria, il popolo vendica nobilmente le sue sconfitte, senza far vittime, (1) *senza minacciare alcuna indipendenza*, senza turbare la pace del mondo. Io però non iscordo, quanto sia tremenda cosa l'accettare oggidì e mettersi sul capo la corona di Napoleone: ma diminuiscono le mie apprensioni al pensiero, che rappresentando io per tante ragioni la causa del popolo e la volontà nazionale, la nazione appunto, innalzandomi al trono, coronerà sè stessa. »

Ecco qual era la formola stabilita dal senato-consulto del 7 novembre per proporre all'accettazione del popolo il governo imperiale: ═ Il popolo vuole il ristabilimento della dignità imperiale nella persona di Luigi Napoleone Bonaparte coll'eredità nella sua discendenza diretta, legittima o adottiva, e gli dà il diritto di regolare l'ordine di successione al trono nella famiglia Bonaparte, come è previsto dal senato-consulto del 7 novembre 1852. ═

Codesto senato-consulto venne approvato a pieni voti, meno uno, e manifestato solennemente al principe, che all'oratore del Senato fece una breve risposta, nella quale, dopo aver reso grazie al Senato per la premura con che aveva assecondato i voti del paese deliberando sul ristabilimento dell'Impero, soggiunse: — Quando, or son quarant'anni, in questo istesso palazzo, in questa medesima sala e in circostanze consimili, il Senato venne ad offrir la corona al Capo della mia famiglia, l'Imperatore rispose con queste parole: — *Il mio spirito non resterebbe più colla mia discendenza dal giorno ch'ella cessasse di meritar l'amore e la fiducia della grande nazione* —. Ebbene, ciò che

(1) Vedi la nota alla pag. 377.

quest'oggi mi tocca più il cuore si è il pensare, che lo spirito dell'Imperatore è con me, che la sua mente mi guida e l'ombra sua mi protegge, dacchè voi con questo passo solenne venite in nome del popolo francese a provarmi, che ho meritato la fiducia del paese. Non ho bisogno di dirvi, che il mio costante pensiero sarà di affaticarmi con voi per la grandezza e prosperità della Francia. »

Queste parole furono accolte col grido di *Viva l'Imperatore!* In quello stesso giorno vennero segnati due decreti, l'uno per invitare il popolo a votare, il 21 e 22 novembre, sul ristabilimento dell'Impero; l'altro per convocare il Corpo legislativo il 25 dello stesso mese, affine di verificare la regolarità dei voti, di farne l'esatto conto e dichiararne l'esito finale: che si trovò essere otto milioni circa di voti favorevoli, e circa dugento cinquantaquattro mila contrarii, computandoli in numeri rotondi. Verso le otto pomeridiane del 1 dicembre i tre grandi Corpi dello Stato, cioè la Camera legislativa, il Senato ed il Consiglio di Stato si recarono al palazzo di Saint-Cloud per annunziare officialmente al principe Luigi Napoleone i risultati del voto, ed acclamarlo pei primi imperatore.

Ciò che il paese più ansiosamente aspettava non erano già i discorsi fatti in nome di questi grandi Corpi dello Stato, del cui ossequio non si potea dubitare; sibbene l'allocuzione del nuovo imperatore, le cui parole doveano essere avidamente ascoltate da tutta l'Europa..

« Il nuovo regno che voi inaugurate quest'oggi, (disse Napoleone III) non deve l'origine, come tanti altri nella storia, alla violenza, alla conquista od all'astuzia; esso è, come voi ora l'avete dichiarato, l'effetto legale della volontà di un popolo intero, il quale consolida in mezzo alla calma quanto avea fondato in seno alle agitazioni. Io sento la più viva riconoscenza per la nazione che tre volte accrebbe la sua pluralità, soltanto per aumentarmi il potere.

Ma quanto più il potere guadagna di estensione e di forza vitale, tanto più ha bisogno d'uomini illuminati come quelli che ogni dì mi circondano, d'uomini indipendenti come quelli a cui ora mi rivolgo, per ajutarmi coi loro consigli, per richiamare l'autorità mia ne' giusti limiti, quando mai se ne scostasse.

Io prendo da quest'oggi colla corona il nome di Napoleone III, perchè la logica del popolo già me lo diede nelle sue acclamazioni, perchè il Senato legalmente lo propose e l'intera nazione lo ha ratificato.

Tuttavia coll'accettar questo titolo, cado io forse nello sbaglio rimproverato a quel principe, che ritornando dall'esiglio dichiarò nullo e come non avvenuto tutto quanto si era fatto, lui assente? Ben lungi da un simile errore, non solo io riconosco i Governi che mi precedettero, ma eredito, in certo qual modo, quanto essi fecero di bene o di male; perocchè i Governi che si succedono l'un l'altro sono, malgrado le diverse origini loro, solidali co' proprii antecessori. Ma quanto più accetto tutto ciò che da cinquant'anni la storia ci tramanda coll'inflessibile autorità sua, tanto meno mi era permesso di passar sotto silenzio il glorioso regno del Capo della mia famiglia, e il titolo regolare, quantunque effimero, del figlio suo, che venne proclamato dalle Camere nell'ultimo slancio del patriotismo vinto. Adunque il titolo di Napoleone III non è una di quelle pretese dinastiche e viete, che pajono un insulto al buon senso ed alla verità; sibbene l'omaggio fatto ad un Governo che fu legittimo, ed a cui andiam debitori delle pagine più belle della nostra storia moderna. Il mio regno non prende la data dal 1815, sì da questo medesimo istante in cui voi mi fate conoscere i suffragi della nazione.

Ricevete adunque i miei ringraziamenti, o signori Deputati, per lo splendore che avete dato alla manifestazione della volontà nazionale, facendola più evidente colla vostra revisione, più autorevole colla vostra dichiarazione. Ringrazio voi pure, signori Senatori, che abbiate voluto essere i primi a farmi le vostre congratulazioni, come foste i primi a formulare il voto popolare.

Ajutatemi tutti a stabilire su questa terra, sconvolta da tante rivoluzioni, un governo durevole, che abbia per basi la religione, la giustizia, la probità, l'amore alle classi sofferenti. Ricevete qui la promessa, che non baderò a sacrifizi per assicurare la prosperità della patria, e che (1) *nel mentre io mantengo la pace, non cederò nulla di quanto concerne l'onore e la dignità della Francia.* »

Al domani, 2 dicembre, l'Impero venne officialmente proclamato davanti alla guardia nazionale ed all'esercito, e Napoleone III fece il solenne ingresso nella reggia delle Tuilerie; e d'allora in poi in testa ai decreti imperiali si fa uso di questa formola: *Napoleone, per la grazia di Dio e per la volontà nazionale, Imperatore dei Francesi.*

Un'altra guarentigia mancava al nuovo Impero; non era ancor pago il voto, espresso dal Senato, di veder rassodata la Napoleonica dinastia con un matrimonio. Vivea nell'alta società di Parigi una giovane spagnuola d'illustre schiatta, e di rara bellezza accoppiata ad un carattere virile senza farne le viste; era costei madamigella Eugenia Montijo, contessa di Teba: e Napoleone III, rinunziando al pensiero di sposare una principessa di sangue reale, avea posto gli occhi su quell'avvenente e virtuosa contessa, e fissò di sposarla.

Il 16 gennajo 1853 si seppe ufficialmente la risoluzione dell'Imperatore; gli uffici del Senato e del Corpo legislativo,

(1) Vedi la nota alla pag. 377.

e tutto quanto il Consiglio di Stato vennero convocati il 29 per ricevere dall'Imperatore una comunicazione relativa al suo matrimonio. Tutti erano ansiosi di sentire con quali termini il Capo dello Stato si sarebbe espresso intorno ad un atto sì grave, che derogava alle consuetudini dei sovrani: ma l'Imperatore colla sua solita ponderata franchezza prese di fronte la difficoltà, e dopo aver detto che acconsentiva al voto tante volte manifestato dal paese, venendo ad annunziare ai grandi Corpi dello Stato il suo matrimonio, aggiunse, le nozze che stava per contrarre non esser d'accordo colle tradizioni della vecchia politica, ma lì appunto trovarsi il suo vantaggio: le parole che svolgono questo pensiero meritano l'attenzione dei lettori. Eccole:

« La Francia, egli disse, colle sue successive rivoluzioni si è sempre risolutamente separata dal resto dell'Europa; ed ogni assennato governo dee cercare di farla rientrare nella cerchia delle vecchie monarchie: ma questo intento si otterrà assai più sicuramente con una retta e franca politica e con la lealtà delle trattative, che non per mezzo di regali parentele che producono una falsa sicurezza, e sostituiscono spesso l'interesse di famiglia all'interesse nazionale.

D'altra parte gli esempi del passato lasciarono nello spirito del popolo superstiziose credenze; ei non ha dimenticato, che da settant'anni in qua le principesse straniere non salirono i gradini del trono, che per vedere la loro schiatta dispersa e proscritta dalla guerra o dalla rivoluzione.

Una sola donna parve recar fortuna e vivere più delle altre nella memoria del popolo; e questa donna, buona e modesta moglie del generale Bonaparte, non era nata di sangue reale.

Tuttavia bisogna riconoscere, che nel 1810 il matrimonio di Napoleone I con Maria Luigia fu un grande

avvenimento:era un pegno per l'avvenire, una vera soddisfazione per l'orgoglio nazionale ; giacchè si vedeva l'antica
ed illustre casa d'Austria, che ci avea sì lungamente guer-
reggiato, far di tutto per imparentarsi col Capo eletto di
un nuovo Impero. Invece sotto l'ultimo regno, non ebbe
forse a soffrirne l'amor proprio del paese, quando l'erede
della corona andava sollecitando indarno per più anni di
entrare in parentela con una casa sovrana, e ottenea finalmente una principessa, eccellente senza dubbio, ma solo
di second'ordine e di un'altra religione?

Quando, in faccia alla vecchia Europa, uno è portato
dalla forza di un nuovo principio all'altezza delle antiche
dinastie, non si fa accettare tentando di antiquare il suo
blasone e d'introdursi ad ogni patto nella famiglia dei re;
sibbene piuttosto rammentandosi sempre della propria origine, conservando il suo proprio carattere e rappresentando
francamente in faccia all'Europa il posto di *uomo nuovo*,
titolo glorioso, quando si ottiene pel libero suffragio di un
gran popolo.

Perciò, obbligato a tenere altra via da quelle seguite si-
nora, il mio matrimonio non diventava più che un affare
privato. Rimaneva solamente la scelta della persona: colei
che divenne l'oggetto della mia preferenza appartiene ad
un'illustre famiglia; francese di cuore, di educazione, e
anche di memorie pel sangue sparso dal padre suo in favore della causa imperiale, essa come spagnuola ha il vantaggio di non avere in Francia famiglia a cui si debbano
concedere onori e dignità; fornita di tutte le belle doti
dell'animo, sarà l'ornamento del trono, come nel giorno
del pericolo ne sarebbe uno de' più coraggiosi sostegni;
cattolica e pia, alzerà meco al Cielo le stesse preghiere
per la felicità della Francia; gentile e buona, farà rivivere
nella medesima posizione, fermamente lo spero, le virtù
dell'imperatrice Giuseppina.

Vengo dunque, o signori, a dire alla Francia: — Io preferisco una donna che amo e rispetto ad una donna sconosciuta, sposando la quale avrei avuto vantaggi misti a sacrifizi; senza mostrare spregio per chicchessia, cedo alla mia inclinazione, ma dopo aver consultato il mio criterio e le mie convinzioni; finalmente collocando l'indipendenza, le doti del cuore, la felicità domestica al disopra dei pregiudizi dinastici e dei calcoli dall'ambizione, non sarò meno forte coll'esser più libero —. Tra poco recandomi alla cattedrale di Nostra Donna, presenterò l'Imperatrice al popolo ed all'esercito; la fiducia che hanno in me, mi assicura della lor simpatia per colei che ho scelto; e voi, o signori, imparando a conoscerla, andrete convinti, che anche questa volta fui ispirato dalla Provvidenza. »

E qui, mentre ritocco queste pagine per allestirne la stampa, non posso trattenermi dallo scagliare sdegnosamente una nota d'infamia contro quel giornalista tedesco, il quale vigliaccamente nascosto sotto il velo dell'anonimo osò farsi sozzo detrattore dell'imperatrice di Francia. Ma era cosa naturalmente da aspettarsi, che colui, il quale si studiò d'infamar con sataniche menzogne la nazione italiana, tentasse pure con isforzi impotenti, a guisa d'un cane idrofobo legato alla catena, d'insudiciar colla lurida e velenosa sua bava l'intemerata fama e l'angelica bontà di quell'augusta donna, che è degna di condividere le gioje domestiche, ed ora anche le gravissime cure di Stato con Napoleone III, da cui fu creata *Reggente*, insino a che dura la guerra da lui mossa all'Austria per ridonare l'indipendenza all'Italia.

Il matrimonio civile dell'Imperatore ebbe luogo il 29 gennajo a nove ore di sera, al palazzo delle Tuilerie: il dì seguente si celebrò il matrimonio religioso, colla più gran pompa, nella chiesa di Nostra Donna.

Il 14 febbrajo dello stesso anno s'inaugurò l'apertura delle Camere legislative con gran solennità nella sala dei marescialli alle Tuilerie, in presenza anche dell'Imperatrice; e l'Imperatore tenne il seguente discorso:

« Signori Senatori e signori Deputati,

Or fa un anno, vi radunavo in questo recinto per inaugurare la Costituzione promulgata in virtù dei poteri che il popolo m'avea conferiti: d'allora in poi la quiete non venne turbata; la legge, riprendendo il suo dominio, permise di restituire a' lor focolari la maggior parte delle persone colpite da un necessario rigore. La ricchezza nazionale s'innalzò a tal punto, che quella parte della fortuna mobile, di cui si può ogni giorno valutare il valore, si accrebbe di circa due mila milioni.

L'operosità nei lavori crebbe in tutte quante le industrie; lo stesso progresso succede nell'Africa, dove il nostro esercito si segnalava con eroiche geste; la forma del governo si è modificata legalmente e senza scosse per mezzo del libero suffragio del popolo; grandi lavori furone intrapresi senza impor balzelli o aggravarci di prestiti; la pace fu mantenuta senza debolezza; tutte le Potenze hanno riconosciuto il nuovo Governo. La Francia ora possiede istituzioni che possono difendersi da sè, e la cui stabilità non dipende dalla vita di un uomo.

Questi effetti non costarono gravi sforzi, avvegnacchè fossero nello spirito e nell'interesse di tutti; e a chi ne sconoscesse la importanza risponderei, che appena quattordici mesi sono, il paese era in preda all'anarchia: a coloro poi che si lagnassero, non essersi aperto più largo campo alla libertà, risponderei: (1) *la libertà non ajuta mai a fondare un durevole edifizio politico; essa lo corona, quando il tempo lo ha rassodato.*

(1) Vedi la nota alla pagina 377.

Oltre a ciò non iscordiamoci, che, se l'immensa pluralità del paese ha fiducia nel presente e fede nell'avvenire, rimangono sempre individui incorreggibili, che im-
memori della loro propria esperienza, dei loro sbagli passati, de'lor disinganni, si ostinano a non fare alcun conto
della volontà nazionale, negano impudentemente la realtà
dei fatti, ed in mezzo ad un mare, che si va di giorno in
giorno calmando, chiamano tempeste che gl'inghiottirebbero
bero pei primi.

Queste occulte mene dei diversi partiti non servono, in
ogni occasione, che a dimostrarne l'impotenza; e il Governo, invece d'inquietarsene, pensa soprattutto a regger
bene la Francia e ad assicurare l'Europa: per questo doppio scopo egli ha la ferma volontà di scemare le spese e
gli armamenti, di consacrare ad utili applicazioni tutte le
risorse del paese, di mantener lealmente i rapporti internazionali, onde provare ai più increduli, che, quando la
Francia esprime l'intenzione formale di starsene in pace,
bisogna crederle; essendo ella forte abbastanza da non temere, e per conseguenza da non ingannar chicchessia.

Vedrete, o signori, dal bilancio che vi sarà presentato,
come la nostra posizione finanziaria da venti anni in qua
non sia mai stata migliore, e che le rendite pubbliche
aumentarono oltre ogni aspettazione.

Nondimeno l'effettivo dell'esercito, già diminuito di
trentamila uomini nell'anno prossimo scorso, sarà immediatamente scemato di altri ventimila.

La maggior parte delle leggi che vi saran presentate
non uscirà dalla sfera dei bisogni comuni; ed è questo il
più favorevole indizio della nostra situazione; perocchè i
popoli sono felici, quando i governi non hanno bisogno di
ricorrere a straordinari spedienti.

Ringraziamo adunque la Provvidenza per la visibile protezione concessa ai nostri sforzi; perseveriamo in questa via

di fermezza e di moderazione, la quale rassicura senza irritare, conduce al bene senza violenza, e così previene
ogni reazione: confidiamo sempre in Dio ed in noi stessi,
come anche nel mutuo sostegno di che l' un l' altro ci siam
debitori, e andiamo altieri di scorgere in sì poco tempo
questo grande paese pacificato, prosperoso al didentro,
onorato al difuori. »

Il ventotto marzo di quell'anno, una deputazione inglese,
presieduta da sir Giacomo Ducke, già lord Maire, presentò all' Imperatore un indirizzo, in cui i più ragguardevoli commercianti di Londra esprimevano i loro voti
pel mantenimento della pace e delle buone relazioni commerciali tra i due paesi: con questo indirizzo, scritto sur
un foglio di pergamena della lunghezza di novantadue
piedi e coperto da molte migliaja di firme, si mirava a distruggere la cattiva impressione che poteva produrre il linguaggio poco misurato del giornalismo inglese. Napoleone III, dopo aver sentito un discorso di sir Giacomo Ducke e la lettura dell' indirizzo, rispose in inglese:

« Sono vivamente commosso da questa dimostrazione, la
quale conferma la fiducia ch' ebbi sempre nel buon senso
della nazione inglese. Durante la mia lunga dimora in Inghilterra ammirai la libertà ch' ella gode, mercè la perfezione delle sue istituzioni: per un momento però l' anno
scorso temetti, che l' opinione pubblica non fosse ingan-
nata intorno al vero stato della Francia e a' suoi sentimenti
verso la Gran-Bretagna; ma non s'inganna lungamente
la buona fede di un gran popolo, e il passo che voi fate
verso di me ne è una splendida prova. Dacchè io sono al
potere, i miei sforzi mirano costantemente ad accrescere la
prosperità della Francia; conosco i suoi interessi, i quali non
sono diversi da quelli di tutte le altre nazioni civili: al pari
di voi io voglio la pace, e per rassicurarla voglio, come
voi, ristringere i legami che uniscono i nostri due paesi. »

# CAPITOLO XXIV.

Campi di esercizi militari stabiliti dall'Imperatore nella previsione di una prossima guerra colla Russia. --- Allocuzione di Napoleone III alle truppe passate in rassegna sul campo di Satory. -- Lettera di Napoleone III a Nicolò imperatore della Russia (29 gennajo 1854). -- Discorso dell'imperatore per l'apertura delle Camere legislative (2 marzo 1854). --- Le due principali questioni che allora misero in pensiero la Francia. --- Caro dei viveri. --- Il principe raccomanda a tutta la Francia il provvido sistema praticato a Parigi colla così detta cassa de' fornaj. --- Novella prova di fiducia data dal popolo francese al capo dello Stato. --- Politica esterna della Francia, non interessata e codarda, ma generosa e franca. --- Importanza della questione d'Oriente riguardo alla Francia. -- Allocuzione dell'Imperatore alle truppe francesi che stanno per imbarcarsi su navi inglesi a Calais (13 luglio 1854). --- Discorso tenuto dall'Imperatore al Corpo legislativo (26 dicembre 1854). Lealtà ed efficacia dell'alleanza anglo-francese nella guerra contro la Russia. --- Accenno all'Austria ed alla Germania. --- Giusto encomio della flotta e dell'esercito francese. --- Stato dell'esercito e della marineria. --- Prospere condizioni interne dell'Impero. --- Discorso di Napoleone III alle Camere convocate ad una straordinaria seduta il 2 luglio 1855. --- Esposizione delle trattative diplomatiche, intavolate nelle Conferenze di Vienna per la pace colla Russia, riuscite vane. -- Moderazione ed equità delle pretese di Francia e d'Inghilterra che miravano al vantaggio di tutta l'Europa. --- Rifiuto delle incongrue proposte di mediazione fatte dall'Austria. --- Patriotismo dell'esercito, della flotta e del popolo francese. --- Intenzioni e predisioni patriotiche di Napoleone III. --- Magnanime tradizioni napoleoniche e francesi. --- Apertura dell' Esposizione universale a Parigi. --- Discorso recitato dall'imperatore nella solenne distribuzione de' premii decretati all'Esposizione universale (15 novembre 1855). --- Magnifica interpretazione dell'opinione pubblica europea, fatta dall' Imperatore Napoleone III. --- Appello ai popoli, con cui l'imperatore conclude stupendamente codesto discorso. --- Eloquente allocuzione dell'imperatore alle truppe che venivano dalla Crimea (29 dicembre 1855). --- Entusiasmo popolare con che vennero accolte le truppe reduci dal campo.

Mentre il paese ignorava ancora le complicazioni imminenti della quistione d' Oriente e le difficoltà, il cui segreto era gelosamente serbato nei gabinetti diplomatici; il Governo prevedeva l' ora, in cui sarebbe strascinato alla guerra; e perciò sin dal mese di maggio furono stabiliti due campi di esercizi militari, l'uno dei quali a Satory; l' Imperatore e l' Imperatrice, che passarono una gran gran parte dell' estate a Saint-Cloud, visitarono spesso il campo di Satory; questo campo, in cui si continuarono per tutta l' estate esercizi e rassegne, non fu levato che al 20 settembre. L' Imperatore assistette a questa solennità e diresse alle truppe l' allocuzione seguente:
« Uffiziali, sott' uffiziali e soldati,
Sul punto di levare il campo di Satory, voglio attestarvi tutta la mia soddisfazione.
Le tre divisioni, sottentrate l' una all' altra, mostrarono quello spirito di disciplina e di fratellanza, e quell' amore del mestiere dell' armi, che mantengono lo spirito militare, sì necessario ad una grande nazione: infatti nei tempi difficili a chi mai dovettero il loro sostegno gl' Imperi, se non a queste riunioni d' uomini armati, tratti dal popolo, avvezzi alla disciplina, animati dal sentimento del dovere, i quali nel cuor della pace, quando generalmente l'egoismo

e l'interesse riescono a tutto snervare, conservano quell'amore alla patria, che si fonda sull'annegazione di sè stesso, quell'amore di gloria, che si fonda sullo spregio delle ricchezze?

Ecco quel che sempre ha fatto degli eserciti il santuario dell'onore: così, finchè dura la pace, esiste una comunela di sentimenti, dirò anche, una specie di spirito di corpo tra noi e gli eserciti stranieri; noi amiamo e stimiamo coloro che nei proprii paesi sentono ed agiscono come noi; e fino a tanto che la politica non li cambi in nemici, siam lieti di accoglierli come camerati e fratelli.

Ricevete, o miei cari, insieme agli elogi per la vostra buona condotta i miei ringraziamenti per le prove di affetto che deste a me ed all'Imperatrice: fate capitale del mio amore per voi, e, credetelo pure, dopo l'onore d'essere stato eletto tre volte da un popolo intiero, nulla può farmi sì altiero, quanto il comandare a uomini pari vostri ».

Queste parole non potevano cadere a vuoto, siccome quelle che penetravano nell'intimo del cuore del soldato.

Nella previsione della rottura colla Russia, l'imperatore Napoleone III credette bene di tentare un passo personale e diretto presso l'imperatore Nicolò; non isperando più nulla dagli sforzi delle cancellerie diplomatiche, scrisse il 29 gennajo 1854 a quel sovrano una lettera, in cui, dopo aver fatto una rapida rassegna dei principali incidenti della questione d'Oriente, e date le ragioni perentorie dell'ingresso delle squadre nel Mar Nero, ricapitolava le condizioni, date le quali la pace era ancora possibile: questa lettera era dunque come un ultimo e supremo sforzo delle Potenze occidentali per mantener la questione sul campo dei negoziati.

« Se Vostra Maestà desidera al pari di me una conclusione pacifica, (diceva l'Imperatore sulla fine di questa lettera) qual cosa di più semplice che il dichiarare qualmente verrà concluso un armistizio, le cose riprenderanno il loro corso diplomatico, cesserà ogni ostilità, e tutte le forze belligeranti si ritireranno da' luoghi ove le chiamarono motivi di guerra? Così le truppe russe abbandonerebbero i Principati Danubiani e le nostre squadre il Mar Nero. Vostra Maestà preferendo di trattare direttamente colla Turchia, potrebbe nominare un plenipotenziario, il quale negoziasse con un plenipotenziario del Sultano una convenzione che venisse sottomessa alla conferenza delle quattro Potenze. Se Vostra Maestà accetta questa proposta, sulla quale la regina d'Inghilterra ed io andiam perfettamente d'accordo, la quiete è ristabilita e soddisfatto il mondo; non v'è nulla davvero, in questo piano, che non sia degno di Vostra Maestà, nulla che possa offenderne l'onore; ma se per un motivo difficile a comprendersi Vostra Maestà opponesse un rifiuto, allora la Francia, come anche l'Inghilterra, sarebbe costretta di affidare alla sorte delle armi ed ai casi della guerra quel che potrebbe ora decidersi con la ragione e la giustizia.

Vostra Maestà non creda, che la minima animosità possa entrar nel mio cuore; esso non trova altri sentimenti che quelli espressi dalla stessa Maestà Vostra nella sua lettera del 17 gennajo 1853, quando mi scriveva: — Le nostre relazioni devono esser sinceramente amichevoli, e fondarsi sulle medesime intenzioni: mantenimento dell'ordine, amor della pace, rispetto ai trattati e reciproca benevolenza —. Questo programma è degno del sovrano che lo tracciò, e, non esito a dirlo, io gli sono rimasto fedele. »

La risposta dell'imperatore Nicolò fu negativa, nè rimase altro partito da prendere, che quel della guerra.

In tale stato di cose si aperse il 2 marzo di quell'anno la sessione del Corpo legislativo, e l'Imperatore pronunciò in quell'occasione il seguente discorso:

« Signori Senatori e signori Deputati,

Dopo l'ultima vostra sessione, due questioni, voi lo sapete, misero in pensiero il paese: l'insufficienza dell'ultima ricolta e le difficoltà esterne; ma queste due quistioni, mi affretto a dirlo, fanno già temere assai meno di sè, perchè, malgrado la loro gravità, se ne può misurare e limitar l'estensione.

L'insufficienza della ricolta venne valutata circa dieci milioni di ettolitri di frumento, che rappresentano il valore di quasi trecento milioni di franchi e il carico di quattro mila bastimenti. Poteva forse il Governo intraprendere la compra di questi dieci milioni di ettolitri su tutti i punti del globo per venderli poi su tutti i mercati di Francia? L'esperienza ed il criterio additavano abbastanza, che questo spediente sarebbe stato pieno d'impacci pressochè insuperabili, d'inconvenienti e di pericoli immensi: il commercio solo possedeva i mezzi finanziari e materiali di una sì grande operazione. Il Governo adunque fece la sola cosa praticabile: incoraggiò la libertà dei contratti, liberando il commercio dei grani da ogni pastoja. Il caro di una derrata sì necessaria al generale nutrimento è senza dubbio una calamità; ma non era nè possibile nè pur desiderabile di sottrarvisi fino a tanto che il *deficit* non fosse saldato; perocchè, se il prezzo del grano fosse stato inferiore in Francia a quello dei paesi circonvicini, i mercati stranieri si sarebbero approvvigionati a spese dei nostri.

Questo stato di cose però dovea produrre un disagio che non si poteva combattere, se non coll'attività del lavoro o colla carità pubblica: il Governo si è dunque sforzato di aprire, fin dal principio dell'anno, crediti che, oltrepassando di qualche milione soltanto le risorse del *budget*, apporteranno, col concorso dei Comuni e delle società, una massa di lavori valutati quattrocento milioni all'incirca, senza contare due milioni assegnati dal ministro degli affari interni agl istituti di beneficenza. Nello stesso tempo i Consigli generali e municipali, non che la carità privata, facevano i più lodevoli sagrifizi per alleviare i patimenti delle classi indigenti.

Raccomando soprattutto alla vostra attenzione il sistema adottato dalla città di Parigi; perocchè, se si diffonde, come spero, per tutta la Francia, preverrà quindinnanzi nel valore delle biade quelle estreme variazioni, che nell'abbondanza fanno languire l'agricoltura col vil prezzo del grano, e nella penuria fanno patire le classi indigenti con la sua eccessiva carezza.

Questo sistema consiste nel fondare in tutti i gran centri di popolazione un istituto di credito, chiamato *cassa de' fornaj*, che, durante una cattiva annata, possa dare il pane ad un prezzo *molto* meno caro che non la mercuriale tariffa, salvo a farlo pagare *un po' più caro* nelle fertili annate: essendo queste generalmente più numerose, si vede bene, che agevolmente si farebbe il compenso. Si otterrebbe così questo immenso vantaggio di fondare cioè società di credito, le quali, invece di guadagnare tanto più, quanto il pane è più caro, sarebbono interessate, al par di tutti, a far sì che si venda a buon mercato; imperciocchè, per l'opposto di quanto accadde finora, esse fanno avanzi in tempo di fertilità e perdite in tempo di penuria.

Godo ora nell'annunciarvi, che sette milioni d'ettolitri di frumento estero sono già in vendita per chi ne ha bisogno, senza contarne la quantità che è in viaggio e nei magazzini di deposito; in tal modo i momenti più difficili della crisi sono passati.

Un fatto notevole, che mi ha profondamente commosso, si è, che, durante questo rigido inverno, nessuna accusa fu diretta contro il Governo, e il popolo sopportò con rassegnazione i suoi patimenti, essendo giusto abbastanza da incolparne le sole circostanze; novella prova della sua fiducia in me, e della persuasione che il suo buon essere è soprattutto l'oggetto delle mie costanti preoccupazioni. Ma finita appena la carestia, principia la guerra.

L'anno passato, nel mio discorso di apertura, promisi di fare ogni sforzo per mantenere la pace e rassicurare l'Europa ; e mantenni la parola : per evitare una lotta andai oltre fin dove mel permetteva l'onore. L'Europa ora sa in modo da non più dubitarne, che, (1) *se la Francia sguaina la spada, vi sarà stata costretta : sa che la Francia non ha veruna idea d'ingrandimento*; essa vuole unicamente resistere a pericolose usurpazioni ; perciò mi piace di proclamarlo altamente: (2) *il tempo delle conquiste è trascorso per sempre; perchè oramai una nazione non può più farsi onorata e potente allargando i confini del suo territorio, sibbene mettendosi alla testa delle idee generose, col far prevalere dappertutto l'impero del diritto e della giustizia quindi vedete i risultati d'una politica senza egoismo e senza secondi fini!* Ecco l'Inghilterra , questa antica rivale, che stringe con noi i vincoli d'un'alleanza ogni giorno più intima, perchè le idee che difendiamo sono pur quelle del popolo inglese. La Germania, ancor diffidente per la memoria delle antiche guerre, e che, per questa ragione, da quarant'anni in qua, si mostrava forse un po' troppo deferente alla politica del gabinetto di Pietroburgo , ha già ricuperato l'indipendenza de' suoi andamenti e guarda liberamente da qual parte si trovino i suoi interessi. (3) *L'Austria soprattutto, la quale non può veder con indifferenza gli avvenimenti che si preparano* , entrerà nella nostra alleanza, e verrà così a confermare il carattere di moralità e di giustizia della guerra che intraprendiamo.

(1) Vedi la nota a pag. 377.
(2) Vedi la stessa nota.
(3) Vedi la stessa nota.

Ecco, infatti, la questione tal quale s'impegna : l'Europa, in questi quarant' anni preoccupata di lotte intestine, e d'altra parte rassicurata nel 1815 per la moderazione dell' imperatore Alessandro, come per quella del suo successore sino a' dì nostri, parea che non vedesse il pericolo di cui la potea minacciare quella colossale potenza, che per le sue successive invasioni abbraccia il settentrione e il mezzogiorno *(dell'Europa)*, che ha il quasi esclusivo possesso di due mari interni, d'onde riesce facile a' suoi eserciti ed alle sue flotte di slanciarsi sulla civiltà nostra. Bastò una mal fondata pretesa a Costantinopoli per ridestare l' Europa assopita.

Vedemmo di fatti in Oriente, nel cuore di una profonda pace, un sovrano pretendere tutt' a un tratto dal suo vicino più debole nuovi vantaggi ; e , perchè non gli otteneva, invadergli due delle sue provincie. Solo questo fatto dovea metter le armi in mano a chi si sdegna per una ingiustizia ; ma noi avevam pure altre ragioni per sostener la Turchia : perocchè importa alla Francia tanto e forse più che all'Inghilterra, di far sì che l' influenza della Russia non si estenda indefinitamente su Costantinopoli ; chè regnare su Costantinopoli equivale a regnare sul Mediterraneo ; e penso che niuno di voi, o signori, dirà, che la sola Inghilterra abbia grandi interessi in quel mare che bagna trecento leghe delle nostre coste. D'altra parte, codesta politica non incomincia da jeri ; già da secoli, ogni governo nazionale in Francia l'ha sempre sostenuta ; nè io me ne vorrò ritrarre.

Non si venga più dunque a dirci : — Che andate voi a fare a Costantinopoli ? — Noi vi andiamo coll'Inghilterra per difender la causa del Sultano, (1) *ma eziandio per proteggere i diritti dei cristiani ;* vi andiamo per difendere la

(1) Vedi la nota a pag. 377.

libertà dei mari e la nostra giusta influenza nel Mediterraneo (1); vi andiamo con la Germania (2) *per ajutarla a conservare il posto, da cui parea che si volesse farla discendere, per assicurar le sue frontiere contro la preponderanza d'un vicino troppo potente: finalmente vi andiamo con tutti coloro che vogliono il trionfo del buon diritto, della giustizia e della civiltà.*

In questa congiuntura solenne, o signori, come pure in tutte quelle, in cui sarò obbligato di far appello al paese, son sicuro del vostro sostegno, perchè ho sempre trovato in voi que' generosi sentimenti, da cui è animata la nazione. Laonde, forte per questo sostegno, per la nobiltà della causa, per la sincerità delle nostre alleanze, e soprattutto fidente nella protezione divina, spero di giungere ben presto ad una pace, che (3) *nissuno potrà più quindinnanzi impunemente turbare.* »

Questo discorso non potea che rispondere alle marziali e generose fibre della nazione francese.

Il giorno 13 luglio di quell'anno l'Imperatore si recò a Boulogne, dove passò in rassegna le truppe che doveano imbarcarsi a Calais su navi inglesi. La circostanza era solenne, giacchè per la prima volta nella storia soldati francesi doveano far vela sotto bandiera inglese; ed ecco in qual modo l'Imperatore toccò questo fatto nel commiato che indirizzò al corpo di quella spedizione.

« Soldati, avendoci la Russia costretti alla guerra, la Francia armò cinquecentomila de' suoi figli, e l'Inghilterra allestì considerevoli forze. Oggi le nostre flotte e i

(1) Vedi la nota a pag. 377.
(2) Mutato il vocabolo *Germania* in quello d'*Italia*, queste ragioni solennemente professate sin d'allora dall'imperatore Napoleone III calzano a pennello allo stato presente delle cose italiane e dell'alleanza tra la Francia e il Piemonte.
(3) Vedi la nota, più volte citata, a pag. 377.

nostri eserciti, uniti per la medesima causa, vanno a dominare il Mar Baltico e il Mar Nero. Io vi scelsi a portare pei primi le aquile nostre nelle nordiche regioni; stanno per trasportarvi colà vascelli inglesi ; fatto unico nella storia, che prova l'intima alleanza di due gran popoli e la ferma risoluzione di due governi, cioè di (1) *non ritrarsi da verun sacrifizio per difendere il diritto del più debole, la libertà dell'Europa e l'onor nazionale!*

Andate, o miei figli !, l'attenta Europa, in palese o in segreto, fa voti pel vostro trionfo. La patria, (2) *altera d'una lotta in cui non minaccia che l'oppressore*, vi accompagna cogli ardenti suoi voti; ed io, che imperiosi doveri trattengono ancora lontano dal campo di battaglia , avrò gli occhi su di voi, e ben presto al rivedervi potrò dirvi : — Erano i degni figli dei vincitori di Austerlitz, d'Eylau, di Friedland, della Moskowa —. Andate, che Dio vi protegga ! »

Il 26 dicembre 1854 venne convocato il Corpo legislativo, a cui l'Imperatore tenne il seguente discorso :

« Signori Senatori e signori Deputati,

Dopo l'ultima vostra adunanza, grandi fatti si sono compiuti. L'appello che feci al paese per sopperire alle spese della guerra fu sì ben compreso, da oltrepassare nel risultato anche le mie speranze : le nostre armi furono vittoriose, sia nel Baltico, sia nel Mar Nero; e due grandi battaglie illustrarono il nostro vessillo.

Una splendida testimonianza venne a provare l'intimità della nostra alleanza coll'Inghilterra : il Parlamento votò congratulazioni ai nostri generali ed a' nostri soldati : un grande Impero, ringiovanito dai sentimenti cavallereschi del

(1) Vedi la nota a pag. 377.
(2) Vedi la stessa nota.

suo sovrano, si staccò da quella Potenza che da quarant'anni in qua va minacciando l'indipendenza dell'Europa (questo, o lettori, è uno stratagemma diplomatico): l'imperatore d'Austria ha concluso un trattato difensivo per ora, e forse ben presto offensivo, che accorda la sua causa con quella della Francia e dell'Inghilterra.

Così, o signori, quanto più si prolunga la guerra, tanto più cresce il numero de' nostri alleati, e si ristringono i legami già fatti. Quai legami infatti più solidi dei nomi delle vittorie appartenenti ai due eserciti e ricordanti una gloria comune, delle stesse apprensioni e delle stesse speranze che commovono i due paesi, delle stesse mire e delle stesse intenzioni, da cui sono animati i due governi su tutti i punti del globo? Adunque l'alleanza coll'Inghilterra non è l'effetto d'un passaggero interesse e d'una politica di circostanze, sibbene l'accordo di due potenti nazioni, confederate pel trionfo d'una causa, in cui da più di un secolo si trovano impegnate la loro grandezza e gl'interessi della civiltà; come eziandio per la libertà dell'Europa. Unitevi dunque a me in questa occasione solenne per ringraziare qui, a nome della Francia, il Parlamento (inglese) per la sua dimostrazione fervida e cordiale, come pure l'esercito inglese ed il suo degno capo per la loro valorosa cooperazione.

Nell'anno prossimo venturo, qualora non sia per anco ristabilita la pace, (1) *spero* di aver a fare i medesimi ringraziamenti all'Austria, ed a quella Germania di cui *bramiamo la prosperità e la concordia*.

Godo nel dare un giusto tributo di lodi all'esercito ed alla flotta, che per la loro premura e disciplina, tanto in Francia quanto nell'Algeria, nel settentrione come nel mezzodì, corrisposero degnamente alla mia aspettazione.

(1) Dunque era solo una speranza di là da venire l'alleanza coll'Austria.

L'esercito dell'Oriente sin qui tutto sofferse e tutto superò; l'epidemia, l'incendio, le privazioni, una fortezza continuamente rifornita di vettovaglie e difesa da un'artiglieria formidabile per terra e per mare, due eserciti nemici superiori di numero; niente di tutto questo potè fiaccarne il coraggio od arrestarne lo slancio. Ciascuno compì nobilmente il suo dovere, dal maresciallo (*Saint-Arnaud*), il quale parve costringer la morte ad aspettare che avesse vinto, sino al soldato ed al marinajo, il cui ultimo grido spirando era un voto per la Francia, un evviva per l'eletto dal paese. Dichiaramolo dunque insieme: l'esercito e la flotta hanno ben meritato della patria.

Vero è che la guerra trae seco duri sagriflzi; ciò nondimeno tutto mi comanda di spingerla avanti vigorosamente, e per questo scopo io faccio assegnamento sul vostro concorso.

L'esercito terrestre attualmente si compone di cinquecentottantunomila soldati e di centotredicimila cavalli; la flotta ha sessantaduemila marinaj imbarcati: mantener questo numero effettivo è indispensabile; ora, per riempiere il vuoto fatto dai congedi annuali e dalla guerra, vi domanderò, come l'anno scorso, una leva di centoquarantamila uomini.

Vi sarà presentata una legge che mira a migliorare, senza accrescere i pesi dell'erario, la condizione dei soldati che s'ingaggiano di nuovo: essa procura l'immenso vantaggio di aumentar nell'esercito il numero dei veterani, e di permettere che si diminuisca più tardi il peso della coscrizione: spero che questa legge avrà bentosto la vostra approvazione.

Vi chiederò d'esser autorizzato a conchiudere un nuovo prestito nazionale; certo che questo spediente aumenterà il debito pubblico; non dimentichiamo però, che colla conversione della rendita l'interesse di questo debito venne ridotto a ventuno milioni e mezzo. I miei sforzi mirarono a metter le spese a livello colle rendite, e il bilancio ordinario vi sarà presentato in equilibrio; le risorse del prestito faranno fronte da sole ai bisogni della guerra.

Vedrete volontieri, che le rendite nostre non si sono diminuite: l'industriale operosità si sostiene; tutti i grandi lavori di utilità pubblica si vanno continuando, e la Provvidenza si compiacque di darci un ricolto che soddisfacesse ai nostri bisogni. Nondimeno il Governo non chiude gli occhi sul malessere occasionato dal caro dei viveri; chè usò tutti i mezzi a lui possibili per prevenire codesto malessere; e per abbreviarlo diede impulsi in più luoghi al lavoro.

La lotta che si prosiegue, circoscritta dalla moderazione e dalla giustizia, mentre fa palpitare i cuori, spaventa sì poco gl'interessi, che bentosto da varie parti del globo si riuniranno qui tutti i frutti della pace.

Gli stranieri non potranno non esser colpiti dallo spettacolo sorprendente d'un paese che, fidando nella protezione divina, sostiene gagliardamente una guerra a seicento leghe dalle sue frontiere, e cura collo stesso ardore le sue interne ricchezze; d'un paese in cui la guerra non impedisce di prosperare all'agricoltura ed all'industria, alle arti di fiorire, e dove il genio nazionale si manifesta in tutto ciò che può fare la gloria della Francia. »

Il 2 luglio 1855 vennero convocate le Camere ad una straordinaria seduta, e la loro apertura venne inaugurata al palazzo delle Tuilerie col cerimoniale consueto: e in quella occasione l'imperatore Napoleone III recitò il seguente discorso:

« Signori Senatori, signori Deputati,

Le trattative diplomatiche, intraprese durante l'ultima vostra sessione, vi aveano fatto presentire, ch'io sarei obbligato a richiamarvi quando fossero finite.

Sciaguratamente le Conferenze di Vienna furono impotenti a ricondurre la pace; vengo dunque di nuovo a fare appello al patriotismo del paese ed al vostro.

Abbiamo noi mancato di moderazione nel regolare le condizioni? non temo di esaminar la questione in faccia vostra. La guerra era principiata da un anno incirca, e già la Francia e l'Inghilterra aveano salvato la Turchia, guadagnato due battaglie, costretto la Russia a sgombrare i Principati e ad esaurir le sue forze per difendere la Crimea. Finalmente avevamo in nostro favore l'adesione dell'Austria e l'approvazione morale del resto dell'Europa.

Stando così le cose, il gabinetto di Vienna ci chiese, se consentivamo a trattare su basi già vagamente espresse prima delle nostre vittorie; un rifiuto da parte nostra dovea parer naturale: non era da credersi infatti, che le pretese della Francia e dell'Inghilterra sarebbero cresciute in proporzione della grandezza della lotta e dei sacrifizi già fatti? Ebbene, la Francia e l'Inghilterra non si sono prevalse dei loro vantaggi, e nemmeno di quei diritti che loro si offrivano pei trattati anteriori; tanto premeva ad esse di rendere la pace più facile, e di dare una prova irrecusabile della propria moderazione.

Noi ci siamo limitati a chiedere, nell'interesse della Germania, la libera navigazione del Danubio, e una diga contro il fiotto russo che viene continuamente ad otturare la foce di questo gran fiume; nell'interesse della Turchia e dell'Austria, una miglior costituzione dei Principati, affinchè servano di baluardo contro di queste invasioni sempre rinascenti del Nord; nell'interesse dell'umanità e della giustizia, le medesime guarentigie pei cristiani di tutte le comunioni sotto la protezione esclusiva del Sultano; nell'interesse della Porta come in quel dell'Europa, abbiam chiesto che la Russia limitasse ad una cifra ragionevole il numero de'vascelli ch'ella mantiene al coperto da ogni assalto nel Mar Nero, e che non può mantenervi se non colla mira di aggredire.

Or bene, tutte queste proposte, ch'io chiamerò magnanime pel loro disinteresse, e che in massima erano state approvate dall'Austria, dalla Prussia, e dalla stessa Russia, si son dileguate nelle Conferenze. La Russia, che teoricamente aveva acconsentito a por fine alla sua preponderanza nel Mar Nero, rifiutò qualunque limitazione delle sue forze navali, *e noi stiamo ancora aspettando che l'Austria mantenga i suoi patti* (1), i quali consistono nel rendere offensivo e difensivo il nostro trattato d'alleanza, qualora non riuscissero le trattative.

Vero è che l'Austria ci propose di guarentire secolei per mezzo di un trattato l'indipendenza della Turchia, e di considerare per l'avvenire come *casus belli* il caso in cui il numero de' vascelli russi oltrepassasse quel che esisteva prima della guerra: ma l'accettare una tale proposta era impossibile; perocchè non vincolava per nulla la Russia; anzi sarebbe parso che noi sanzionassimo per mezzo di una convenzione la sua preponderanza nel Mar Nero: perciò la guerra dovette proseguire il suo corso.

L'ammirabile condotta dell'esercito e della flotta avrà ben presto, lo spero, un esito felice; ora spetta a voi di fornirmi i mezzi per continuare la lotta. Il paese ha già mostrato quali erano i suoi mezzi, e la sua fiducia in me, avendo offerto, già da qualche mese, mille settecento milioni di più di quello che gli chiedevo. Una sola parte sarà sufficiente a sostenere il suo onor militare e i suoi diritti come grande nazione.

(1) Quell'aspettazione fu naturalmente delusa; ma ben se lo sapeva Napoleone III, che non vi fece alcun assegnamento, salvo a far valere le proprie ragioni nella maturità dei tempi, che già si avanzava.

Avevo risoluto (1) *di andare a mettermi in mezzo a quella prode armata*, *dove la presenza del sovrano non avrebbe mancato di produrre un' eccellente influenza*, e dove, testimonio degli eroici sforzi de' nostri soldati, sarei stato altiero di poterli dirigere; ma le gravi questioni agitate all'estero rimasero sospese, e la natura delle circostanze richiedeva nuovi ed importanti riguardi all'interno del paese : perciò con dolore abbandonai quel disegno (2).

Il mio governo vi proporrà di votare l'annua legge di coscrizione; non vi sarà leva straordinaria, e si ritornerà ai modi consueti, che richiedono, per la regolarità del governo, la votazione per la leva da un anno all'altra anticipatamente.

Qui sulla fine, o signori, paghiamo solennemente un giusto tributo di lodi a coloro che combattono per la patria; partecipiamo al suo cordoglio per quelli di cui piange la perdita : *l'esempio di tanta annegazione e costanza non sarà data al mondo inutilmente* (3).

Non ci scoraggiscano i necessari sacrifizi; perocchè, ben lo sapete, *una nazione o deve rinunciare alla sua parte politica, oppure, se ha l'istinto e la volontà di operare conforme all' indole sua generosa, alla sua secolare istoria, alla sua missione provvidenziale, ella deve, ogni tanto, saper sopportare quelle prove che sole possono ritemprarla e rimetterla nel posto che le è dovuto.*

*Fiducia in Dio, perseveranza nei nostri sforzi ; e otterremo una pace degna dell' alleanza di due grandi nazioni.* »

L'Esposizione universale occupò un gran posto nella storia del 1855 ( così dice un annalista francese ): annunciata fin dal 1853 sotto l'influenza dei trattati di com-

(1) Vedi la nota a pag. 377.
(2) Ora invece potè lasciare la Francia per mettersi à capo dell' esercito italo-franco. (Maggio 1859.)
(3) Vedi la nota a pag. 377.

mercio e delle idee pacifiche dominanti allora in Europa e che si erano così generalmente manifestate all'Esposizione di Londra nel 1851, parea che dovesse esser molto compromessa dalla guerra: ma la cosa non fu così; chè, resistendo ai timidi avvisi che consigliavano di differire a tempi migliori l'apertura dell'esposizione, il Governo stette fermo nel suo disegno, e volle che questo gran concorso dell'industria succedesse nel 1855.

L'esposizione doveva aprirsi il primo di maggio; ma la cerimonia d'inaugurazione fu prorogata al quindici, giacchè il numero dei prodotti da classificare e da mettere in ordine fu maggiore dell'aspettazione, e parecchi paesi aveano ritardato le loro spedizioni. Quella cerimonia si era compiuta con grande solennità, presiedendovi l'Imperatore, accompagnato dall'Imperatrice e circondato da tutte le dignità dello Stato. Il principe Napoleone avea recitato un discorso, in cui esponeva i principii che diressero la Commissione nell'organizzare il concorso; e l'Imperatore gli avea fatto una risposta brevissima:

« Apro con piacere, ei diceva, questo tempio della pace che invita tutti i popoli alla concordia »: parole molto espressive in quel momento, quando cioè la diplomazia si studiava, nelle conferenze di Vienna, di ridonare la quiete all'Europa.

Il quindici novembre di quell'anno si fece nel palazzo dei Campi Elisi la distribuzione de'premi; il principe Napoleone, siccome capo della Commissione, riepilogò in un rapporto diretto all'Imperatore i lavori appunto di questa Commissione internazionale; finita la lettura di quel rapporto, Napoleone III recitò il seguente discorso:

« Signori,
L'esposizione, che sta per finire, offre al mondo un grande spettacolo; chè durante una seria guerra, accorsero

da tutte le parti del mondo a Parigi, per esporvi i proprii lavori, gli uomini più illustri della scienza, delle arti e dell'industria : il concorso di tali circostanze è dovuto, mi giova di crederlo, alla generale persuasione, che la guerra intrapresa non minacciava se non coloro che la provocarono, che fu proseguita per l'interesse di tutti, e che l'Europa, ben lontana dal vederci un pericolo per l'avvenire, ci trovava piuttosto un pegno d'indipendenza e di sicurezza. Nondimeno, alla vista di tante meraviglie sciorinateci sotto gli occhi, la prima impressione è un desiderio di pace; la pace sola infatti può dare incremento a questi notevoli prodotti dell'umano ingegno : voi dunque dovete tutti al par di me desiderare, che questa pace sia pronta e durevole.

Ma perchè sia durevole, dee risolvere chiaramente la questione che provocò la guerra; per essere pronta, (1) *fa d'uopo che l'Europa si dichiari;* giacchè senza il peso della opinione generale, le lotte tra grandi Potenze minacciano di prolungarsi, mentre invece, se l'Europa si decide a dichiarare chi abbia ragione e chi torto, sarà questo un gran passo verso la soluzione.

In tempi civili, come sono i nostri, le vittorie degli eserciti, per quanto luminose, non sono che passaggiere; perocchè in fin dei conti l'opinione pubblica è sempre quella che riporta l'ultima vittoria.

Voi tutti adunque, i quali pensate che i progressi dell'agricoltura, dell'industria, del commercio di una nazione ridondano a vantaggio di tutti gli altri, e che quanto più crescono le mutue relazioni, tanto più i pregiudizi nazionali si vanno dileguando, dite ai vostri concittadini (2), ripatriando :

(1) Vedi la nota a pag. 377.
(2) Qui Napoleone III non si rivolge più ai sovrani, ma ai popoli: cosa naturale in lui, ma notevole, perchè tanto rara.

— Che la Francia non serba rancore contro alcun popolo, ch'ella simpatizza con tutti quelli che vogliono al par di lei *il trionfo del diritto e della giustizia* (1): dite loro che, se bramano davvero la pace, conviene che facciano almeno apertamente voti pro o contro di noi: perocchè in mezzo a un grave conflitto europeo *l'indifferenza è un cattivo calcolo, e il silenzio un errore* —. (Questa pare una chiara allusione alle Potenze germaniche).

In quanto a noi, (2) *popoli alleati pel trionfo di una gran causa*, orsù, fabbrichiamo armi senza disertare le nostre officine e senza fermare i nostri telaj; siamo grandi nelle arti della pace come in quelle della guerra, siamo forti nella concordia, e mettiamo la nostra fiducia in Dio, perchè ci faccia trionfare delle presenti difficoltà e delle vicende avvenire. »

Questo discorso era destinato a fare un gran senso in tutta l'Europa; venne comunicato officialmente alle cancellerie delle estere Potenze; e pel tempo e pel luogo in cui fu pronunciato, in faccia ai mirabili prodotti del lavoro e della pace, venne accolto dal numeroso uditorio, che si affollava nel palazzo dell'industria, colle più clamorose acclamazioni.

Il giorno ventinove dicembre di quell'anno rientrarono in Parigi la guardia imperiale e molti reggimenti che venivano dalla Crimea; l'Imperatore mosse loro incontro, e sulla piazza della Bastiglia tenne loro questa allocuzione:

« Soldati, vengo ad incontrarvi, come un tempo il Senato romano moveva alle porte di Roma per incontrarvi le sue vittoriose legioni: vengo a dirvi che voi avete ben meritato della patria.

Grande è la mia commozione, perchè al piacere di rivedervi si mesce il doloroso rimpianto di quelli che più

(1) Vedi la nota a pag. 377.
(2) Vedi la nota sopraccitata.

non sono, e un grave cordoglio per non avervi potuto guidare alla battaglia io stesso.

Soldati della guardia, e voi, soldati di linea, siate i benvenuti! voi tutti rappresentate quell'esercito dell'Oriente, il cui coraggio e la Provvidenza hanno di nuovo illustrato le aquile nostre e riconquistato alla Francia quel posto che le è dovuto. La patria, attenta a tutto ciò che si compie in Oriente, vi accoglie con alterezza tanto maggiore, in quanto che misura i vostri sforzi colla ostinata resistenza del nemico.

Vi ho richiamato, quantunque la guerra non sia terminata, perchè è giusto di sostituire mano mano altri reggimenti a quelli che han più sofferto; ciascuno così potrà procacciarsi la sua parte di gloria: chè al paese, il quale mantiene seicento mila soldati, sta a cuore di aver presentemente in Francia un numeroso ed agguerrito esercito, pronto a recarsi dove lo richieda il bisogno.

Serbate adunque con cura le abitudini guerresche, rafforzatevi nell'acquistata esperienza, tenetevi pronti a rispondere, se bisogna, al mio appello; ma quest'oggi lasciate in obblio le dure prove della vita militare, ringraziate Iddio che v'abbia risparmiati, e marciate alteramente in mezzo ai vostri commilitoni e concittadini, le cui acclamazioni vi attendono. »

Infatti, dice su questo proposito un testimonio oculare, non mai più calorosi evviva accolsero un esercito che ritorna dalla battaglia e rientra nel proprio paese: su tutta la linea dei baluardi il popolo manifestò un'ammirazione entusiasta; i reggimenti indossavano le divise di guerra; le loro file diradate, i logori vestimenti, le lacere e scolorate bandiere, e soprattutto i drappelli di feriti che marciavano alla testa della colonna additavano abbastanza donde venissero. L'Imperatore si era collocato appiè della Colonna di piazza Vendôme, dove sfilarono quelle valorose truppe. Solo chi fu presente a quello spettacolo può comprendere l'ineffabile commozione che si sparse nella folla.

# CAPITOLO XXV.

Discorso dell'Imperatore alle Camere Legislative (3 marzo 1856).
--- Succinto prospetto delle anteriori triste condizioni della
Francia, e delle eccellenti che vi sottentrarono. -- La nazione
francese dà prova della sua fiducia nell'imperatore sottoscrivendosi a gara ad una somma cinque volte maggiore del prestito da lui cercato. -- Sulla venuta della regina d'Inghilterra
in Francia. -- Lodi del re Vittorio Emmanuele II e de' suoi
valorosi soldati. --- Invidiabile encomio della nazione francese.
--- Rapido sguardo alle relazioni internazionali della Francia
col resto di Europa. --- Alessandro II, imperatore di Russia,
benemerito dell'umanità. -- Generosa esortazione di Napoleone III alla Francia. -- Nascita del principe imperiale (16 marzo
1856). --- Congresso di Parigi. -- Conclusione della pace. --
Risposta dell'Imperatore all'indirizzo di congratulazione fattogli
dal Senato, per la nascita del Principe imperiale. -- Battesimo
del principe neonato (14 giugno 1856). -- Il principe imperiale
è *un figlio della Francia*, e l'imperatore è *il primo cittadino
del paese*. --- Discorso di Napoleone III sullo stesso soggetto,
in risposta alle congratulazioni del Corpo legislativo : discorso
d'un gran sovrano, eletto da un gran popolo. --- Grazie elar-
gite per la nascita ed il battesimo del principe imperiale,
confrontate con quelle concesse più recentemente ai sudditi
d'un altro impero. -- Fondazione dell' *Orfanotrofio del principe
imperiale*. --- Discorso dell'Imperatore al Senato ed al Corpo
legislativo (16 febbrajo 1857). --- Napoleone III zela gl'interessi
dell'umanità e della civiltà. --- Sul conflitto tra la Prussia e
la Svizzera. --- Sugli affari di Napoli. -- L'andamento della
civiltà paragonato bellamente alle geste d'un esercito. --

Ragione particolare, per cui si riporta qui tradotto nella sua interezza questo lungo discorso. — Sollecitudini dell' imperatore Napoleone III pel pubblico bene, e specialmente pei bisogni più urgenti del popolo. — Napoleone III e Vittorio Emmanuele II ridanno onore alla già tanto screditata *parola di re*. — Savi consigli, opportuni nei momenti di crisi. — Provvedimenti di alta economia politica per la sicurezza, prosperità e dignità della nazione francese. — Proposta ragionata di alcune utilissime leggi. — Meriti delle Camere legislative verso Napoleone III e la Francia. — Lieti pronostici per l'avvenire della Francia. — Cenno sul tentativo dell'Orsini contro la vita di Napoleone III. — Discorso dell'Imperatore per l'inaugurazione della nuova Camera legislativa (18 febbrajo 1858). — Esposizione nitida, ragionata e succinta di quanto fece in un anno il governo imperiale nell'intento del pubblico bene. — Agricoltura. — Pubblici lavori. — Istruzione. — Culto. — Pubblica beneficenza. — Rendite e pesi dello Stato. — Commercio. — Proposte di nuove leggi. — L'Algeria. — L'esercito. — Soccorsi ai veterani. — Medaglia di Sant'Elena distribuita a più di trecentomila veterani. — Marineria. — Relazioni della Francia con altri Potentati. — Colloquio di Napoleone III colla regina d'Inghilterra e coll'imperatore delle Russie. — Questioni tra la Confederazione Germanica e la Danimarca, tra la Prussia e la Svizzera. — Conferenze parigine sulla questione dei Principati Danubiani. — *Che cosa siamo e che cosa vogliamo*. — Auree sentenze di santa politica. — Rimedi preventivi contro l'imperversare delle fazioni. — Avviso a chi perfidiasse nell'opporsi alla volontà nazionale. — Nobile e dolorosa allusione al tentativo di Orsini. — Salutari avvertimenti sulla teoria politica dell'assassinio. — *Dio protegge la Francia*.


Frattanto la diplomazia s'era rimessa all' opera per pacificare l' Europa, e s'erano già intavolate le trattative, quando l'Imperatore inaugurò la sessione legislativa del 1856; ed ecco il discorso ch'egli tenne in quell'occasione:

« Signori Senatori, signori Deputati,

L'ultima volta che vi convocai, eravamo in preda a gravi pensieri.

Gli eserciti alleati eran rifiniti da un assedio, in cui l'ostinazione della difesa faceva dubitare della riuscita: l'Europa dubbiosa parea che attendesse la fine della lotta, prima di dichiararsi. Per sostenere la guerra vi chiesi un prestito che voi approvaste ad unanimi voti, benchè potesse parere soverchio. Il caro prezzo dei viveri minacciava alla classe laboriosa un generale disagio; e una perturbazione nel sistema monetario facea temere, non si rallentassero i contratti e il lavoro. Ebbene, mercè il vostro concorso e l'energia manifestatasi in Francia e in Inghilterra, mercè soprattutto il sostegno della Provvidenza, questi pericoli, se non disparvero intieramente, si sono per la maggior parte sventati.

Un gran fatto d'armi fece decidere in favore degli alleati una lotta accanita, di cui non avvi esempio nella storia; l'opinione europea da quell'istante si dichiarò più apertamente; le nostre alleanze si sono per ogni dove estese e rassodate; il terzo imprestito venne a compiersi senza difficoltà: il paese mi diede novelle prove della sua fiducia, sottoscrivendosi per una somma cinque volte maggiore di quella ch'io dimandava; sopportò con ammirabile rassegnazione i patimenti inseparabili dalla carezza dei viveri, alleviati però dalla carità privata, dallo zelo dei municipii, e dai dieci milioni distribuiti alle provincie. Oramai i grani forestieri arrivati per mare producono un ribasso sensibile, i timori nati per lo scomparire dell'oro si vennero scemando, e non ci fu mai maggiore operosità nei lavori, nè mai si aumentarono tanto le rendite. I rischi della guerra ridestarono lo spirito marziale della nazione; non vi furono mai tanti ingaggi volontari, nè tanto ardore fra i coscritti tratti a sorte.

A questo succinto prospetto delle condizioni nostre si aggiungono fatti di un' alta importanza politica.

La regina d'Inghilterra, volendo dare al nostro paese una_prova di fiducia e di stima, e far più intime le relazioni nostre, è venuta in Francia (1): l'entusiasmo con che venne accolta potè provarle, quanto siano profondi i sentimenti ispirati dalla sua presenza, in maniera da rinforzar l'alleanza delle due nazioni.

(2) *Il re del Piemonte, che senza guardarsi indietro abbracciò la nostra causa con quello slancio coraggioso di cui avea già dato prova sul campo di battaglia, venne egli pure in Francia per suggellarvi un accordo già cementato dal valore de' suoi soldati.*

Questi sovrani poterono vedere un paese, dianzi tanto sconvolto e scaduto dal suo posto nei consigli dell'Europa, oramai prospero, pacifico e rispettato, e che fa la guerra, non già col delirio momentaneo della passione, bensì con la calma della giustizia e l'energia del dovere; videro la Francia spedire dugentomila uomini attraverso ai mari, e convocar nello stesso tempo a Parigi tutte le arti pacifiche; quasicchè volesse dire all'Europa: — La guerra attuale non è ancor per me che un episodio; i miei pensieri e le mie forze, in parte, son sempre dirette alle arti della pace; non trascuriamo nulla per bene intenderci, e (3) *non mi sforzate a lanciare sui campi di battaglia tutte quante le risorse e l'energia d'una grande nazione —.*

Questo appello par che sia stato compreso, e l'inverno, sospendendo le ostilità, favorì l'intervento della diplomazia; l'Austria si determinò ad un passo decisivo, che recava nelle deliberazioni tutta l'influenza del sovrano di

(1) E andò sotto la cupola degl'Invalidi a prostrarsi davanti alle ceneri di Napoleone, già prigioniero degl'Inglesi a Sant'Elena.

(2) Vedi la nota a pag. 377.

(3) Vedi la stessa nota.

un vasto impero ; la Svezia si legò più strettamente all'Inghilterra ed alla Francia con un trattato, che guarentiva l'integrità del suo territorio ; finalmente da tutti i Gabinetti giunsero a Pietroburgo consigli o preghiere. L'imperatore di Russia (1), ereditando uno stato di cose non fatto da lui, parve animato da uno schietto desiderio di metter fine alle cause che aveano prodotto un così sanguinoso conflitto, e accettò risolutamente le proposte trasmesse dall'Austria : soddisfatto che fosse l'onore delle armi, era pur cosa onorevole per noi l'accondiscendere ai voti sinceramente espressi dall'Europa.

Ora i plenipotenziari delle Potenze belligeranti ed alleate son radunati a Parigi per decidere sulle condizioni della pace : lo spirito di moderazione e di equità, che tutti gli anima, dee farci sperare una riuscita favorevole ; ciò non di meno attendiamo dignitosamente la fine delle conferenze, e stiamo pronti ugualmente, secondo il bisogno, o a snudare di nuovo la spada od a stendere la mano a coloro, che ci hanno lealmente combattuto.

Qualunque sia l'evento , occupiamoci di tutti i mezzi atti ad accrescere la forza e la ricchezza della Francia : stringiamo ancora di più, se è possibile, l'alleanza formata da una comunanza di sagrifizi e di glorie, e i cui mutui vantaggi risulteranno ancor meglio dalla pace : finalmente , in questo momento solenne per le sorti del mondo, mettiamo la nostra confidenza in Dio , perchè diriga i nostri sforzi nel senso più conforme agl'interessi dell'umanità e del civile progresso. »

---

(1) S'intende il mite e generoso Alessandro II, erede del nome e dei sentimenti di suo zio, Alessandro I, che fu sempre favorevole alla famiglia Bonaparte ; ora il nipote scioglie, malgrado i bojari, dalla servitù della gleba i suoi popoli, avverando così quel detto tedesco : — la luce viene dal Nord —.

Nella notte dal 15 al 16 marzo l'Imperatrice di Francia diede alla luce un figlio, la cui nascita, notificata immediatamente ai grandi Corpi dello Stato che si erano radunati in permanenza, come anche al Consiglio municipale, venne annunziata al popolo parigino la mattina del 16 con una salva di cent' un colpi di cannone; e parve che la Provvidenza riserbasse in quel punto a Napoleone III questa gioja paterna, perchè facessero eco agli omaggi ed ai voti dei Francesi per la consolidazione della dinastia Napoleonica anche i ministri plenipotenziari dell'Inghilterra, della Russia, dell'Austria, della Prussia, della Sardegna e della Turchia, che s' eran riuniti in congresso per la pace; la quale infatti venne definitivamente firmata il 30 marzo suddetto. Ma ripigliamo il filo cronologico del nostro racconto.

Il 18 marzo (1856) l'Imperatore ricevette in udienza solenne il Senato, il Corpo legislativo ed il Consiglio di Stato: e son degne d'esser notate le risposte ch' egli fece al signor Troplong, presidente del Senato, ed al signor Morny, presidente del Corpo legislativo.

Ecco la sua risposta al Troplong:

« Signor Presidente del Senato: il Senato partecipò alla mia gioja, all'annunzio che il Cielo m'avea dato un figlio, e voi salutaste come un felice avvenimento la nascita *di un figlio della Francia*: non a caso mi servo di questa parola; perocchè l'imperatore Napoleone, mio zio, che aveva applicato al nuovo sistema, fondato dalla rivoluzione, tutto ciò che l'antico regime avea di grande e di nobile, ritornò ad usare quest' antica denominazione di figli della Francia; ed invero, o signori, quando nasce un erede destinato a perpetuare un sistema nazionale, questo bimbo non è solamente il rampollo di una famiglia, ma è pure davvero il figlio di tutto quanto il paese; e questo nome gliene addita i doveri. Se ciò era vero sotto la vecchia monarchia, che rappresentava più esclusivamente le classi privilegiate; con quanto più forte ragione, ora che il sovrano è l'eletto della nazione, il primo cittadino del paese e il rappresentante degl'interessi comuni! »

Ecco qui l'altra risposta, diretta al presidente del Corpo legislativo:

« Signor Presidente del Corpo legislativo, molto mi ha commosso la manifestazione dei vostri sentimenti per la nascita del figlio, che la Provvidenza si compiacque di accordarmi; voi avete salutato in lui la speranza, che dolcemente ne lusinga, della perpetuità di un sistema che si riguarda come la più sicura malleveria degl'interessi generali del paese: ma le unanimi acclamazioni, che ne circondano la culla, non mi tolgono di riflettere sul destino di quelli che nacquero e nello stesso luogo e in circostanze consimili. S'io spero, che la sua sorte sarà più felice, il fo, perchè, prima, confidando nella Provvidenza, non posso dubitare della sua protezione al vederla rialzare con un concorso di circostanze straordinarie tutto quanto le era piaciuto di abbattere, quarant'anni sono; come se avesse voluto maturar col martirio e colla sventura una recente dinastia, uscita dalle file del popolo; oltracciò la storia dà insegnamenti ch'io non vorrò scordare: essa da una parte mi dice, che non bisogna mai abusar dei favori della fortuna, e dall'altra, che (1) *una dinastia non ha probabilità di fermezza, se non restando fedele alla propria origine,* vale a dire, occupandosi unicamente degl'interessi popolari da cui fu creata. Questo infante, cui consacrano sin dalla sua culla la pace che si prepara, la benedizione del Santo Padre, portatagli dal telegrafo elettrico un'ora dopo il suo nascimento, infine gli evviva di questo popolo francese *cui l'Imperatore ha tanto amato,* questo infante, io dico, spero che sarà degno della sorte che lo attende. »

(1) Vedi la nota a pag. 377.

Il battesimo del principe imperiale venne celebrato con pompa straordinaria il 14 giugno di quell'anno 1856, nella cattedrale di Parigi.

Il cardinal Patrizi (dice un annalista francese, da cui traggo questo particolare ragguaglio) vescovo di Albano e legato pontificio, rappresentava Pio IX padrino del principe, e la granduchessa di Baden (che è Stefania Beauharnais, cugina di Napoleone III) faceva le veci di madrina in nome della regina di Svezia. Dopo il battesimo, l'Imperatore e l'Imperatrice si recarono al palazzo municipale, dov'era stato imbandito un sontuoso banchetto.

La nascita ed il battesimo del principe imperiale furono causa di molte grazie, di molti favori e di molta allegrezza; ben diversi in ciò dalla nascita di un altro principe imperiale, il cui padre per grazia sovrana accordò a' suoi fedelissimi ed amatissimi sudditi due nuove provvidissime leggi, l'una sulla coscrizione militare, l'altra sul sistema monetario, delle quali si vedono tuttora i benefici effetti. L'Imperatore e l'Imperatrice decisero, ch'egli farebbe da padrino ed ella da madrina ai bimbi nati in Francia in quello stesso giorno: il numero di questi fu di circa quattromila; un migliajo di condannati videro aprirsi le porte della prigione, e una generale amnistia condonò tutte le contravvenzioni commesse in materia di navigazione, di pesca e simili. Nello stesso tempo si organizzarono comitati a Parigi, sotto la direzione del podestà, per istabilire liste di sottoscrizioni, la cui cifra era limitata dai cinque ai venticinque centesimi per offrire all'Imperatrice e al principino un presente che attestasse la lor simpatia: e vi furono seicentomila firme, le quali produssero una somma di ottantamila franchi. Però, conforme al desiderio dell'Imperatore, questa somma, accresciuta coll'annua rendita di trentamila franchi, tratta dalla cassa della lista civile, venne consacrata alla fondazione dell'*Orfanotrofio del principe imperiale*, che da un decreto del 15 dicembre 1856 venne riconosciuto come stabilimento di pubblica beneficenza.

Il 16 febbrajo 1857 si radunò il Corpo legislativo per la sessione che doveva esser l'ultima di quella legislatura, dopo la quale doveva procedersi alle elezioni generali; ed ecco il discorso con cui l'Imperatore in quel giorno inaugurò l'apertura di quella sessione, dirigendosi al Senato ed al Corpo legislativo:

« L'anno passato il mio discorso d'apertura terminava con un' invocazione alla pròtezione divina: io le chiedeva di guidare i nostri sforzi nel senso più conforme agl'interessi dell'umanità e della civiltà; e pare che questa preghiera sia stata esaudita.

La pace venne conchiusa, e si riuscì felicemente a superare le difficoltà particolari che seco traeva l'esecuzione del trattato di Parigi.

Il conflitto impegnatosi tra il re di Prussia e la Confederazione Elvetica perdette ogni carattere bellicoso, e possiamo sperarne ben presto una soluzione favorevole.

L'accordo ristabilitosi fra le Potenze protettrici della Grecia rende ormai inutile la prolungazione del soggiorno delle truppe inglesi e francesi al Pireo.

Se uno spiacevole disparere sorse a proposito degli affari di Napoli, bisogna pure attribuirlo al desiderio, da cui sono ugualmente animati, il governo della regina Vittoria ed il mio, di operar dappertutto in favore dell'umanità e della civiltà.

Ora che regna la miglior intelligenza tra tutte le grandi Potenze, dobbiamo attendere sul serio a regolare e a promuovere nell'interno del paese le forze e le ricchezze nazionali; dobbiamo lottar contro i mali, da cui non va esente una società che si avanza.

Quantunque la civiltà abbia di mira il morale perfezionamento ed il benessere materiale dei più, bisogna pur riconoscere ch'ella si avanza a guisa di un esercito; le sue vittorie non si ottengono senza sacrifizi e senza vittime: quelle rapide vie che vanno agevolando le comunicazioni schiudono al commercio nuovi transiti, smovono gl' interessi e respingono all'indietro que' paesi che ne sono ancor privi; quelle macchine sì utili, che vanno moltiplicando il lavoro dell' uomo, ne fanno dapprima le veci, e lasciano così pel momento parecchie braccia disoccupate; quelle miniere che spandono nel mondo una quantità di danaro contante fin qui sconosciuta, e questo aumento della pubblica fortuna, che ne cresce dieci volte il consumo, tendono a cangiare e alzare il prezzo d'ogni cosa; quella fonte inesauribile di ricchezza, che ha il nome di *credito*, produce meraviglie; ma tuttavia l' esorbitanza della speculazione trae seco molte rovine individuali: quindi la necessità di venire in ajuto, senza arrestare il progresso, a coloro che non possono tener dietro a' suoi celeri passi.

Fa d'uopo stimolar gli uni, moderare gli altri, alimentare l' operosità di questa società anelante, inquieta, esigente, la quale in Francia si aspetta tutto dal governo, e a cui egli dee contrapporre i limiti del possibile ed i calcoli della ragione.

Illuminare e dirigere: ecco il nostro dovere. (Benchè qui l'Imperatore si estenda in cenni particolari che concernono più specialmente gl'interessi proprii della Francia, pure credo bene di riportare nella sua interezza questo lungo discorso, siccome quello che addita egregiamente quai sieno le sollecitudini dell'Imperatore pel bene di quel popolo, di cui era l' Eletto.) Il paese va prosperando, egli prosiegue a dire; bisogna pur convenirne; giacchè, malgrado la guerra e la carestia, il moto del progresso non si è rallentato. Il prodotto delle imposte indirette, che è l'indizio sicuro della pubblica ricchezza, oltrepassò, nel 1856, per più di cinquanta milioni la cifra già tanto straordinaria del 1855. Dal ristabilimento dell'Impero a quest'oggi, codeste rendite crebbero da sè di dugentodieci milioni, prescindendo dalle nuove imposte; tuttavia c'è un gran patire in una parte del popolo; fino a tanto che la Provvidenza non ci manderà un buon ricolto, i milioni elargiti dalla carità privata e dal governo non saranno che deboli palliativi.

Raddoppiamo dunque gli sforzi, per rimediare ai mali che sorpassano le umane previsioni.

Molti dipartimenti vennero colpiti quest'anno dal flagello dell'inondazione. (E l'Imperatore fu generosamente in quei luoghi a incoraggiare, compatire e soccorrere, facendosi libero strumento provvidenziale; questo è ben che si sappia, che alle parole di Napoleone III, per quanto sta in lui, corrispondono sempre anche i fatti; per cui si può dire di lui e di Vittorio Emmanuele, che mantengono davvero la data parola, rivendicando così l'onore di quel detto cavalleresco *parola da re*, il quale pur troppo non si trovava confermato quasi più che sui libri.) Tutto mi fa sperare, ei soggiunge, che la scienza riuscirà a dominar la natura. Stimo debito dell'onor mio che in Francia i fiumi, al pari della rivoluzione, rientrino nel loro letto nè possano più uscirne.

Una causa di malessere non meno grave risiede negli animi. Quando sopravviene una crisi, non vi è sorta di false notizie e di false dottrine, che non siano propagate dal malvolere e dall'ignoranza; da ultimo si giunse perfino a tormentar l'industria nazionale, quasicchè il governo potesse volere altra cosa che la prosperità e l'incremento di quella.

Perciò è dovere dei buoni cittadini di spargere dappertutto le savie dottrine dell'economia politica, e principalmente di fortificare quei cuori vacillanti che, non dirò al primo soffio della trista fortuna, ma al primo arrestarsi della prosperità, van seminando lo scoramento, e accrescono il malessere coi loro immaginarii sgomenti.

Attesi i diversi bisogni presenti, risolvetti di ristringere le spese, senza però sospendere i grandi lavori, e senza compromettere i vantaggi acquistati; di scemar certe imposte senza intaccar le finanze dello Stato.

Il bilancio del 1858 vi sarà presentato in equilibrio; tutte le spese prèviste vi son riportate.

Il prodotto dei prestiti basterà per saldare le spese della guerra.

Tutto il pubblico servizio sarà assicurato, senza bisogno di ricorrere nuovamente al credito pubblico.

I bilanci della guerra e della marineria sono stati ridotti in giusti limiti, in modo da conservare i quadri, rispettare i gradi sì gloriosamente guadagnati e mantenere una forza militare, degna della grandezza del paese. A tal fine l'annuo contingente venne fissato a centomila uomini; questa cifra supera di ventimila quella delle chiamate ordinarie in tempo di pace; ma secondo il sistema che ho adottato, ed al quale attribuisco una grave importanza, circa due terzi di questi coscritti non resteranno sotto le bandiere che due anni soli, e formeranno poi una riserva, la quale fornirà al paese, (1) *al primo apparir d'un pericolo, un esercito di più che seicentomila uomini già addestrati nell'armi.* (Come appunto si vede in quest'anno 1859.)

La diminuzione dell'esercito effettivo permetterà di accrescer la paga dei gradi inferiori e della truppa: spediente reso indispensabile dal caro dei viveri. Per la stessa ragione, il bilancio assegna la somma di cinque milioni per dar opera all'aumento de' più tenui stipendi d'una parte dei piccoli impiegati civili, che in mezzo alle più dure

(1) Vedi la nota a pag. 377.

privazioni diedero il buon esempio della probità e della diligenza.

Nè si omise di fissare un assegno per istabilir pacchebotti transatlantici, la cui fondazione è già da lungo tempo vivamente richiesta.

Malgrado questi aumenti di spese vi proporrò di abolire, incominciando dal primo di gennajo 1858, la nuova decima di guerra sui diritti di registratura. Quest'abolizione è un sacrificio di ventitrè milioni; ma in compenso, e conforme al desiderio espresso più volte dal Corpo legislativo, fo studiare l'istituzione d'un nuovo diritto d'imposta sui valori *mobiliari*.

Un pensiero al tutto filantropico aveva impegnato il Governo a trasferire gli ergastoli nella Gujana; ma sfortunatamente la febbre gialla, da cui furono immuni quei paesi in questi cinquant'anni, venne poi ad arrestare il progresso sì bene avviato in quella colonia: ora si sta elaborando un progetto, che mira a trasportar quegli stabilimenti nell'Africa od altrove.

L'Algeria, che passata in abili mani vede estendersi di giorno in giorno la sua coltura e il suo commercio, merita che vi fissiamo in modo speciale il nostro sguardo: il decreto sul discentramento, pubblicato di fresco, favorirà gli sforzi del Governo; ed io non ometterò nulla per presentarvi, secondo le circostanze, i mezzi più acconci all'incremento di quella colonia.

Richiamo la vostra attenzione sur una legge che tende a fertilizzar le grillaje della Guascogna. I progressi dell'agricoltura debbono essere tra gli oggetti della nostra costante sollecitudine; perocchè dal suo incremento o decadimento dipendono la prosperità o la decadenza degli Imperi.

Vi sarà presentato un altro progetto di legge, dovuto all'iniziativa del maresciallo ministro della guerra; cioè un Codice penale militare completo che riunisca in un solo corpo, mettendole in armonia colle nostre istituzioni, le leggi sconnesse e sovente contradditorie, fatte dal 1790 in poi. Sarete lieti, non ne dubito punto, di associare il vostro nome ad un'opera di tanta importanza.

Signori Deputati, dappoichè questa sessione è l'ultima della vostra legislatura, permettetemi ch'io vi ringrazi del concorso sì amoroso ed attivo che mi prestaste dal 1852 sino ad oggi. Voi avete proclamato l'Impero; m'avete favorito in tutti gli spedienti che ristabilirono l'ordine e la prosperità nel paese; m'avete sostenuto gagliardamente, durante la guerra; partecipaste a'miei dolori, durante l'epidemia e la carestia; partecipaste alla mia gioja, quando il Cielo mi concesse una pace gloriosa ed un figlio diletto: la vostra leale cooperazione mi permise di fondare in Francia un regime fondato sulla volontà e sugl'interessi popolari. L'avvezzare il paese a nuove istituzioni era un'opera difficile a compiersi, e per la quale occorreva un vero patriotismo. Sostituire alla licenza della tribuna e alle lotte eccitanti, che cagionavano la caduta o l'innalzamento dei ministeri, una discussione libera, ma seria e tranquilla; era un servizio segnalato fatto al paese ed alla stessa libertà; perocchè la libertà non ha nemici sì formidabili, quanto l'escandescenze della passione e la violenza della parola.

Forte pel concorso dei grandi Corpi dello Stato e per la fedeltà, a tutte prove, dell'esercito; forte soprattutto per l'appoggio di questo popolo, il quale sa che tutti i miei momenti sono consacrati a'suoi interessi, travedo per la nostra patria un avvenire pieno di speranze.

La Francia, senza violare i diritti di alcuno, riprese nel mondo il posto che le conveniva, e può abbandonarsi con sicurezza a tutto quanto ha di grande il genio della pace. Se non si stanchi Iddio di proteggerla, presto si potrà dire dell'epoca nostra quel che un uomo di Stato, storico illustre e nazionale (Thiers), scrisse del Consolato: « *La soddisfazione era dappertutto, e chiunque non aveva in cuore le malvage passioni dei partiti si compiaceva del pubblico bene.* »

Ora, senza parlare della miseranda fine del povero Orsini, degno di miglior sorte, il quale, accecato da non so qual insana teoria, di cui parvegli scusa l'ardente amor patrio, si fece reo del tentativo che tutti sanno; pensiamo quali ne sarebbero state le deplorabilissime conseguenze per l'Italia, per la Francia, anzi per tutta l'Europa, quando fosse riuscito; riflettiamo che Napoleone III non ha potuto graziarlo, perchè troppe furono le vittime innocenti di quell'attentato; riflettiamo altresì che l'Orsini scrisse due lettere all'Imperatore, nella seconda delle quali disapprovava il proprio fatto, e nella prima gli raccomandava l'Italia, terminando con queste memorabili parole: — Vostra Maestà.... liberi la mia patria, e le benedizioni di venticinque milioni di uomini l'accompagneranno alla posterità —; riflettiamo, che Napoleone III permise fosse pubblicata nei documenti della difesa quella prima lettera famosa, benchè offensiva all'Austria, anzi forse appunto per questo, ch'ella ne additava la preponderante influenza su tutta l'Italia; riflettiamo finalmente, che lo sventurato Orsini saliva il patibolo, rassegnato e dolente, gridando: *Viva la Francia, viva l'Italia,* gridi precursori di quelli che or già risuonano o risuoneranno tra poco per tutta la Francia e l'Italia: e passiamo senz'altro proemio a riportar qui fedelmente tradotto il discorso tenuto da Napoleone III il giorno 18 febbrajo 1858, cioè quattro giorni dopo quel tentativo per nostra buona sorte fallito; discorso che inaugurò l'apertura della nuova sessione legislativa, e che riepiloga i fatti principali dell'anno precedente:

« Signori Senatori, signori Deputati,

Tutti gli anni, al primo radunarsi delle Camere, vi rendo conto di ciò che si è fatto durante la vostra assenza, e chiedo il vostro concorso per i partiti da prendere.

Sin dall'anno scorso il Governo proseguì ad avanzarsi regolarmente, scevro di ogni vana ostentazione.

Si è sostenuto più volte, che per governare la Francia bisognava dar di continuo come alimento allo spirito pubblico qualche grande incidente teatrale : io credo invece, che basti cercar di fare il bene, e non altro, per meritar la fiducia del paese.

L'opera del Governo si è dunque semplicemente limitata a far quanto c'era di più utile, secondo le circostanze, nei diversi rami di governo.

Nell' interesse dell'agricoltura, l'esportazione e la distillazione dei grani furono autorizzate di nuovo, e l'appoggio della Banca venne a dar forza al Credito agrario ; le grillaje cominciano a dissodarsi.

Nei pubblici lavori son questi i risultati più importanti : mille trecento trenta chilometri di strade ferrate allestiti nel 1857 per la circolazione, due mila chilometri nuovamente concessi ; fatte nuove strade ; il bacino galleggiante di San-Nazaro e il canale di Caen, che dà nel mare, aperti alla navigazione ; studi accurati, compiuti all' uopo di prevenire il flagello delle inondazioni ; il miglioramento dei nostri porti, e fra gli altri, di Havre, di Marsiglia, di Tolone, di Bajona: nel Nord e nell' Est della Francia messe a profitto nuove cave abbondanti di carbon fossile ; a Parigi l'inaugurazione del Louvre, e quella del Ricovero a Vincennes ; finalmente così nella capitale come a Lione, aperti alcuni quartieri, per la prima volta dopo molti secoli, all' aria e alla luce ; e in tutta la Francia edifizi religiosi, rizzati dalle fondamenta o rialzati dalle rovine.

L' istruzione data dallo Stato si svolge daccanto al libero insegnamento lealmente protetto. Nel 1857 il numero degli alunni de' licei crebbe di millecinquecento : l'insegnamento, ritornato ad essere più religioso e più morale, risorge propenso alla sana letteratura ed alle utili scienze. Il Collegio di Francia venne riordinato; l'istruzione elementare si diffonde assai bene.

È volontà del Governo, che il principio della libertà dei culti sia sinceramente applicato, senza dimenticare, che la religione cattolica è quella della maggior parte de' Francesi; perciò questa religione non fu mai più rispettata e più libera. I Concilii provinciali si vanno adunando senza pastoje, e i vescovi esercitano in piena libertà il loro santo ministero.

I culti luterano e riformato, come pure gl'Israeliti, partecipano in giusta proporzione alle sovvenzioni dello Stato e ne sono egualmente protetti.

L'aumento del valore di ogni cosa ci obbligò sin dall'anno scorso ad accrescere gli stipendi annessi agl'impieghi meno pagati; venne migliorata la sorte dei soldati e aumentato il soldo degli uffiziali di grado inferiore: il bilancio del 1859 accresce l'onorario assegnato ai vice curati, ai professori ed a' maestri, come pure ai giudici di pace.

Tra i mezzi d'assistenza accennerò la propagazione delle Società di mutuo soccorso; nelle campagne quella de' medici distrettuali; nelle città la fondazione de' forni economici. Fu distribuito un milione per soccorrere le popolazioni più gravemente colpite dall'accidentale interruzione del lavoro.

Il bilancio del 1859, che vi sarà presentato, verrà saldato da un soverchio di riscossioni; e l'opera dell'estinzione del debito potrà essere ristabilita, chiuso il gran libro e assicurata la diminuzione del debito fluttuante.

Finalmente il commercio ebbe a scapitarne e fu per qualche tempo arrenato; ma la fermezza del suo contegno in mezzo ad una crisi, per così dire, universale, è agli occhi di tutti onorevole per la Francia, e giustifica i principii economici consigliati dal Governo in fatto di commercio, di finanze e di credito.

L'aumento delle rendite dirette ed indirette nel corso dell'anno testè spirato fu di trenta milioni.

Tra i varii progetti di legge, di generale interesse, che saranno sottoposti alla vostra approvazione, indicherò una legge sulle patenti che sgrava i piccoli contribuenti, un nuovo codice militare di marina, la proposta di assegnare i venti milioni, che rimangono del prestito, al compimento de' lavori destinati a riparar le città dalle inondazioni.

L'Algeria, riunita alla Francia dal filo elettrico, vide le nostre truppe acquistar nuove glorie nella sottomissione della Cabilia: questa spedizione destramente condotta e rigorosamente eseguita compì la nostra signoria. L'esercito, che non ha più nemici da combattere, avrà a lottare contro nuovi ostacoli, aprendo strade ferrate, tanto necessarie all'incremento della prosperità della nostra colonia.

In Francia l'esercito troverà nel campo di Châlons una grande scuola, che manterrà lo spirito e l'istruzione militare nel grado a cui pervenne.

L'Imperatore Napoleone avea lasciato a'suoi antichi compagni di gloria i suoi privati e straordinari possessi; lo Stato gli assorbì sotto la Ristaurazione (Borbonica). Per adempiere in qualche modo questi pii legati voi votaste per una parte la somma di otto milioni, e per l'altra quasi tre milioni di annui soccorsi pei veterani. Ciò nondimeno volli che una medaglia potesse ricordare a tutti coloro, che aveano servito nei nostri eserciti, l'ultimo pensiero del loro antico Capo. Più di trecento mila uomini in Francia ed all'estero domandarono questa medaglia, rimembranza dell'imperiale epopea; e ricevendola avranno potuto dir con fierezza: *anch' io facevo parte della grande armata ;* parole che l'Imperatore ad Austerlitz ebbe ragione di mostrar loro nell'avvenire siccome un titolo di nobiltà.

La nostra marineria, i cui arsenali sono occupati nelle trasformazioni sì necessarie della flotta, serba su tutti i mari onorata la nostra bandiera. Nella China essa va lottando di conserva colla flotta inglese per ottenere la riparazione dei danni comuni e per vendicare il sangue de' nostri missionari barbaramente trucidati.

Le relazioni della Francia colle altre Potenze non sono mai state migliori; i nostri antichi alleati, fedeli ai sentimenti sorti da una causa comune, ci professano la stessa fiducia; ed i nuovi, coi loro buoni andamenti, *col loro leale concorso in tutte le grandi questioni ci farebbero quasi dolenti di averli combattuti* (1). Potei persuadermi a Osborne (dove l'Imperatore ebbe un colloquio di confidenziale politica con la regina Vittoria), come a Stoccarda (dov'ebbe quel famoso e segreto abboccamento coll'imperatore Alessandro II), che il mio desiderio di conservare l'intimità degli antichi legami, come quello di farne de' nuovi, era condiviso egualmente dai capi di due grandi imperi.

Se la politica della Francia è degnamente apprezzata in Europa: la ragione si è, che noi abbiamo l'avvedutezza di mischiarci solo in quelle questioni che c'interessano direttamente, sia come nazione, sia come gran Potenza Europea; perciò mi guardai bene dall'immischiarmi nella questione dei ducati di Schleswig-Holstein che agita oggidì la Germania; perocchè codesta questione, puramente tedesca, resterà tale, finchè non sia minacciata l'integrità della Danimarca. Se invece mi sono occupato dell'affare di

(1) Qui certo l'Imperatore alludea velatamente alla Russia, *sua nuova alleata,* e fra le altre *grandi questioni* a quella italiana.

Neufchâtel, gli è che il re di Prussia avea chiesto i miei buoni uffizi; e fui lieto, in quella occasione, di giovare alla conclusione definitiva d'una controversia, che avrebbe potuto farsi pericolosa alla tranquillità dell' Europa.

In quanto ai Principati (Danubiani), si fecero le meraviglie della discrepanza tra noi e alcuni de' nostri alleati; gli è che la Francia, nella sua politica disinteressata, ha sempre protetto, fin che lo permettevano i trattati, (1) *i voti di que' popoli che aveano rivolti gli squardi verso di lei.*

Tuttavia le conferenze, che stanno per aprirsi a Parigi, ci vedranno portarvi uno spirito di conciliazione, tale da attenuare le difficoltà inseparabili dalla diversità di opinioni.

Tal è, o signori, in compendio la nostra situazione. Potrei dunque terminar qui il mio discorso; ma credo utile, sul principio di una nuova Legislatura, di esaminare con voi, che cosa siamo e che cosa vogliamo; perocché soltanto (2) *le cause ben definite e chiaramente formulate producono convinzioni profonde; solo le bandiere francamente spiegate inspirano amore sincero.*

Che cosa è l'Impero? È forse un governo retrogrado, nemico della luce, bramoso di comprimere gli slanci generosi e d'impacciare nel mondo la pacifica propagazione di tutto quanto hanno di buono e d'incivilitore i grandi principii dell'ottantanove?

No, l'Impero ha inscritto questi principii in capo alla sua Costituzione; egli adotta francamente tutto quanto può nobilitare gli animi e renderli entusiasti pel bene; ma, avverso altresì ad ogni teorica astratta, vuole un governo forte, capace di vincer gli ostacoli che ne impacciassero la via; imperocché, non iscordiamcelo, l'avanzarsi di ogni nuovo governo riesce per lungo tempo una lotta.

(1) Vedi la nota a pag. 377.
(2) Vedi la nota medesima.

D'altra parte è una verità scritta in ogni pagina della storia di Francia e d'Inghilterra, (3) *che una libertà senza freni è impossibile, finchè dura nel paese una fazione ostinata a sconoscere le basi fondamentali del governo;* perocchè allora la libertà, invece d'illuminare, di rivedere, di perfezionare, non è più, in mano dei partiti, che un'arma per rovesciare.

Perciò, non avendo io accettato dalla nazione il potere colla mira di cattivarmi quella effimera popolarità, ch'è la ricompensa ingannevole di concessioni strappate alla debolezza, sibbene per meritare un dì l'approvazione dei posteri, fondando in Francia qualche cosa di durevole; non temo di dichiararvi quest'oggi, qualmente il pericolo, checchè se ne dica, non istà nelle sovérchie prerogative del Governo, sì piuttosto nell'assenza di leggi repressive. Così le ultime elezioni, malgrado l'esito soddisfacente, offersero in certi luoghi un doloroso spettacolo: le fazioni ostili ne approfittarono per sommovere il paese; e si videro taluni, mentre si dichiaravano altamente nemici delle istituzioni nazionali, ingannare gli elettori con false promesse, e, dopo aver brigato per accattarne suffragi, rifiutarli poi con disprezzo. Voi non permetterete che un tale scandalo si rinnovi, e obbligherete ogni persona eligibile a giurare la Costituzione prima di offrirsi a candidato.

Dovendo la pacificazione degli animi esser la meta costante dei nostri sforzi, voi mi ajuterete a cercare i mezzi di ridurre al silenzio le opposizioni estreme e faziose.

E in vero non fa pena, in un paese tranquillo, prospero, rispettato in Europa, il vedervi da una parte taluni screditare un governo, a cui van debitori della sicurezza che godono, intanto che altri non si prevalgono del libero esercizio dei loro diritti politici, se non per minarne le istituzioni?

(3) Vedi la nota a pag. 377.

Accolgo con premura, senza badare al loro passato, tutti quelli che riconoscono il voler nazionale: in quanto ai provocatori di tumulti ed agli organizzatori di congiure, è bene che sappiano, esser trascorso il loro tempo!

Non so por termine a questo discorso, senza parlarvi del colpevole tentativo che successé poc'anzi. Ringrazio il Cielo per la visibile protezione con che ha salvato l'Imperatrice e me, e deploro che si facciano tante vittime per attentare alla vita di un solo.

Frattanto queste congiure portan seco più d'un utile insegnamento: il primo si è, che que' partiti, i quali ricorrono all'assassinio, provano con questi disperati spedienti la propria debolezza ed impotenza; il secondo, che un assassinio, quand'anche riuscisse, non giovò mai alla causa di quelli che aveano armato il braccio de' sicarii: nè il partito che colpì Cesare, nè quello che colpì Enrico IV poterono trar profitto dal loro assassinio. Dio talvolta permette la morte del giusto, ma non permette giammai che trionfi la causa del delitto; perciò questi tentativi non possono turbare nè la mia sicurezza nel presente, nè la mia fede nell'avvenire: s'io vivo, l'Impero vive con me; e qualora io avessi a soccombere, l'Impero verrebbe pur tuttavia rassodato dalla stessa mia morte: perocchè l'indegnazione del popolo e dell'esercito sarebbe un nuovo sostegno al trono di mio figlio.

Pensiamo dunque fidenti all'avvenire, e mettiamoci senza inquiete preoccupazioni ai nostri quotidiani lavori per il bene e la grandezza del paese: *Dio protegge la Francia!* »

# CAPITOLO XXVI.

Giudizio dell' autore sul famoso opuscolo: *L' Imperatore Napoleone III e l'Italia.* --- Altro giudizio dell'autore sul discorso tenuto da Napoleone III alle Camere legislative, il 7 febbrajo 1859. --- Stato presente della Francia. --- Indebito sgomento di molti riguardo alla potenza ed alla volontà del governo imperiale. -- Qual fosse costantemente la politica dell' imperatore Napoleone III. --- Relazioni amichevoli della Francia coll'Inghilterra, con la Russia e la Prussia. -- Dissapori del governo imperiale di Francia coll'Austria. --- Relazioni di alleanza politica e di parentela tra la Famiglia Imperiale e la Corte di Sardegna. — Condizioni infelici dell' Italia. -- Politica Napoleonica, nè pusillanime, nè provocatrice. --- Napoleone III chiama a giudici della sua condotta politica Dio, la propria coscienza ed i posteri. --- Lettera confidenziale di Napoleone III a Sir Francesco Head (1 marzo 1859). --- L'Imperatore di Francia dà in questa lettera un esempio di candida amicizia e di politica veramente paterna. --- Proclama di Napoleone III alla nazione francese, con cui le annunzia la guerra contro l'Austria per la causa dell' indipendenza italiana (3 maggio 1859). --- Ordine del giorno, dell'Imperatore all'esercito d'Italia, 12 maggio 1859.

Ormai siam giunti all'anno di grazia 1859, anno di redenzione dell'Italia dalla servitù farisaica e straniera; e qui sarebbe a parlarsi del famoso opuscolo anonimo, intitolato *L' Imperatore Napoleone III e l'Italia,* il quale promosse e spiegò ad evidenza la questione italiana, e la parte che vi dovea prendere la nazione francese; ma essendo questo prezioso opuscolo ormai divulgatissimo, sia nell'originale, sia in parecchie versioni manoscritte e stampate, mi credo dispensato dal citarne qui de' tratti e dal farne l'analisi: dirò solo, che questo breve, ma veramente aureo libretto (il quale si attribuisce al celebre pubblicista Laguéronnière, ma certo venne ispirato dalla mente di Napoleone, se pure non vi sono anche più pagine composte da lui; chè certo han l'impronta genuina de' suoi concetti e del suo stile) riceve maggior luce dal riverbero, che gettano sulle sue pagine gli scritti anteriori dell'Imperatore Napoleone III, il quale, con un solo complimento, che temperava un franco rimprovero, dato all'Ambasciatore austriaco a Parigi nella visita d'augurio del primo dell'anno, ebbe forza, come il Giove Olimpico di Omero, di agitar tutta quanta l'Europa inspirando timori e speranze, secondo i partiti e le cause abbracciate. Io dirò, che quel libro mi sciolse l'enigma, di che volevano i politicanti velare la mente e il cuore di Napoleone III.

Il discorso poi ch'egli tenne all'apertura della sessione legislativa di quest'anno 1859, nel giorno 7 febbrajo, risuonò per tutta Europa, e fece palpitare di gioja ogni cuore veramente italiano. Si sbracciarono molti, sia per pusillanimità, sia per secondi fini, a interpretarlo e comentarlo diversamente dal suo vero spirito; ma ormai i fatti diedero ragione alle intenzioni degli onesti patrioti, i quali, fortunatamente, molte volte han la vista più lunga che non i più matricolati politici, che consumano la vita nella diplomazia. Ecco qui quel discorso, che a me pare un capo-lavoro di finezza diplomatica; e (per quanto paja contraddittorio a taluni) di popolare franchezza. Se ne scorgano i nessi che legano i trapassi da un periodo all'altro, e sfido chi ha dramma di senno e di cuore a non darmi ragione.

444

« Signori Senatori e signori Deputati,

La Francia, voi ben lo sapete, ha veduto da sei anni in qua aumentare il suo benessere, crescer le sue ricchezze, spegnersi le sue discordie intestine, risorgere il suo prestigio; eppure, in mezzo alla calma e prosperità generale, si fa sentire, ogni tanto, una vaga inquetudine, una sorda agitazione che, senza causa ben definita, s'impadronisce di certi animi ed àltera la pubblica fiducia.

Io deploro questi periodici scoramenti, senza farmene meraviglia; perocchè in una società sconvolta, come la nostra, da tante rivoluzioni può solo il tempo rassodar le convinzioni, ritemprare i caratteri e dar vita alla fede politica.

La commozione che testè succedeva, senza l'apparenza d'imminenti pericoli, ci sorprende a buon dritto; perocchè dà segno, nel medesimo tempo, e di troppa diffidenza e di troppo sgomento. Par che si dubitasse, da una parte', di quella moderazione, di cui diedi già tante prove; e dall'altra, della reale potenza della Francia: ma fortunatamente il complesso del popolo è ben lontano dal sottostare a simili impressioni.

Quest'oggi è mio dovere di esporvi nuovamente quel che pare siasi scordato.

Qual fu costantemente la mia politica? Rassicurare l'Europa, restituire alla Francia il suo vero posto, cementare strettamente la nostra alleanza coll'Inghilterra, e regolare colle Potenze continentali dell'Europa il grado della mia intimità, conforme alle nostre mire, ed alla natura del loro procedere riguardo alla Francia. Appunto per questo, alla vigilia della mia terza elezione, facevo a Bordeaux quella dichiarazione: l'Impero è la pace; volendo provare con ciò, che, se l'erede dell'Imperatore Napoleone avesse a risalire sul trono, non ricomincerebbe un'èra di conquiste, ma inaugurerebbe un sistema di pace, la quale non potrebbe esser turbata, *se non per la difesa di grandi interessi nazionali* (1).

In quanto all'alleanza della Francia coll'Inghilterra, usai di tutta la mia perseveranza per consolidarla, e trovai dall'altro lato dello Stretto un fortunato ricambio di sentimenti per parte della Regina della Gran-Bretagna, come per parte degli uomini di Stato d'ogni opinione. Pertanto a raggiungere uno scopo sì utile alla pace del mondo, misi in non cale, ad ogni occasione, le memorie irritanti del passato, gli assalti della calunnia, e persino gli stessi pregiudizi nazionali del mio paese. Quest'alleanza ha portato i suoi frutti; giacchè non solo abbiamo acquistato insieme una gloria durevole nell'Oriente, ma sin negli estremi confini del mondo schiudevamo or ora un immenso Impero ai [progressi della civiltà e della religione cristiana. Fin dalla conclusione della pace, i miei rapporti coll'Imperatore di Russia hanno assunto il carattere della più franca cordialità; perchè noi siamo stati d'accordo su tutti i punti in questione.

Ho egualmente da rallegrarmi delle mie relazioni colla Prussia, che non cessarono d'essere animate da una reciproca benevolenza.

Per lo contrario il gabinetto di Vienna ed il mio, mi spiace il dirlo, si trovarono spesso dissidenti sulle principali questioni, e ci volle un grande spirito di conciliazione per riuscire a risolverle. Così, per esempio, la ricostituzione dei Principati Danubiani non ha potuto terminarsi che dopo molte difficoltà, le quali nocquero alla piena soddisfazione dei loro più legittimi desiderii; e se si domandasse qual interesse possa avere la Francia in quelle lontane regioni solcate dal Danubio, risponderei:

(1) Vedi la nota a pag. 377.

che l'interesse della Francia è *dovunque sia una causa giusta e civilizzatrice da far prevalere* (1).

Stando così le cose, non c'era nulla di straordinario in ciò, che la Francia sempre più si accostasse al Piemonte, sì generoso, durante la guerra, sì fedele alla nostra politica, durante la pace. Le avventurate nozze del Principe Napoleone, mio diletto cugino, con la figlia del Re Vittorio Emmanuele non è dunque uno di quegl'insoliti fatti, di cui sia d'uopo cercare una ragione recondita; sibbene la conseguenza naturale della comunanza d'interessi tra i due paesi, e dell'amicizia tra i due sovrani.

Già da qualche tempo lo stato dell'Italia e le sue condizioni anormali, in cui l'ordine non può essere mantenuto che da truppe straniere, inquietano giustamente la diplomazia; ma non è questo un motivo sufficiente per credere alla guerra. Sia che gli uni la invochino di tutto cuore, senza legittime ragioni; sia che gli altri con esagerate paure si prendano il diletto di mostrare alla Francia i pericoli di una nuova coalizione: (2) *io resterò irremovibile nella via del diritto, della giustizia, dell'onor nazionale*; e il mio governo non si lascerà nè strascinare nè impaurire: perocchè la mia politica non sarà mai *nè pusillanime, nè provocatrice* (3).

Lungi dunque da noi questi falsi allarmi, queste ingiuste diffidenze, questi interessati languori! La pace, io spero, non sarà turbata; riprendete dunque con calma il corso abituale dei vostri lavori!

Vi ho spiegato francamente lo stato delle nostre relazioni esterne: e questa esposizione, conforme a tutto ciò,

(1) Vedi la più volte citata nota alla pag. 377.
(2) Vedi la nota medesima.
(3) Vedi la stessa nota.

che mi studiai di far conoscere già da due mesi all'interno del paese come all'estero, vi proverà, mi giova crederlo, che la mia politica non cessò mai un istante di essere ben dessa: ferma cioè, ma conciliante.

Perciò sempre fidente io fo assegnamento sul vostro concorso, come pure sull'appoggio della nazione che mi affidò le sue sorti; ella sa che non mai un interesse personale od una meschina ambizione saran per dirigere le mie azioni: perocchè quando un uomo, sostenuto dal voto e sentimento popolare, sale i gradini d'un trono, s'innalza colla più grave delle risponsabilità disopra a quell'infima regione, in cui si dibattono volgari interessi; ed ha per primi motori, come per giudici supremi: Dio, la propria coscienza, ed i posteri. »

Credo bene ora qui di riportare fedelmente tradotta la bella lettera confidenziale, scritta dall'imperatore Napoleone III a Sir Francesco Head, in data del 1 marzo di quest'anno, e che, pubblicata dal *Times*, venne riprodotta nelle colonne del *Journal des Débats*, il 7 marzo prossimo scorso.

« Palazzo delle Tuilerie, 1 marzo.

Signor Francesco mio caro,

Vi ringrazio di aver raccolto, per mandarmeli, gli articoli vari che avete fatto inserire nei giornali inglesi; perchè così mi date l'occasione di esprimervi tutta la mia riconoscenza pei sentimenti che non temeste di manifestare spontaneamente in mio favore. In ciò ebbi una novella prova, (e ne sono commosso) che i miei vecchi amici d'Inghilterra non m'hanno dimenticato, e che sanno fino a qual punto io conservi sempre pel popolo inglese la stima e simpatia che provai durante il mio esiglio tra loro. Anche oggi, mentre vi scrivo, piacemi di ricordare come felice quel tempo, quand'io proscritto vi conobbi in Inghilterra; gli è che cambiando le sorti, non si fa che cambiare di gioje e d'affanni: una volta non sentivo che le afflizioni dell'esiglio; adesso vedo chiaramente i crucci del potere; e senza dubbio un de' maggiori tra questi crucci si è quello di vedersi mal inteso e mal giudicato da coloro, per cui si ha più stima, da coloro, con cui si vorrebbe vivere in buona intelligenza.

Trovo naturalissimo che le fazioni, a cui dovetti oppormi e che fui costretto a reprimere, mi vogliano male e cerchino i mezzi di nuocermi; ma che gl' Inglesi, di cui sono sempre stato il più sincero e più fedele alleato, mi assaliscano continuamente sui giornali nel modo più indegno, questo è quanto io non posso comprendere: perocchè, in fè di Dio, che non so scoprire, qual interesse possano avere ad aizzar la pubblica opinione contro la Francia: s'io volessi far lo stesso nel mio paese, mi riuscirebbe impossibile di frenar le passioni che avessi scatenate.

Ho sempre professato una grande ammirazione per la libertà del popolo inglese; ma duolmi all'anima, che anche la libertà, come ogni cosa buona, abbia i suoi eccessi. Perchè mai, invece di far conoscere la verità, usa ogni sforzo per denigrarla? Perchè, invece d'incoraggiare e promovere generosi sentimenti, va propagando la diffidenza e l'odio?

Sono lietissimo d'aver trovato in mezzo a questi menzogneri raggiri un difensore, il quale, guidato dal solo amor del vero, non esitò a contrapporvi energicamente la sua voce leale e disinteressata.

Vogliate credere, mio caro signor Francesco, alle proteste della mia amicizia.

NAPOLEONE. »

Questa lettera può essere proposta a modello delle lettere di principi a privati. Oh! così fossero tutti i sovrani!

L'unico documento, che non potei avere nel testo francese da sicura fonte (giacchè non ne vidi in francese
che una copia incompiuta), si è questo nobilissimo proclama, di cui do qui per ora la traduzione tal quale
si trova nella Gazzetta Ufficiale di Milano, del 9 maggio
corrente (che lo tolse dall'Osservatore Triestino), salvo
a confrontarla, potendo, col testo originale, od a ritoccarne
qua e là lo stile (come invece mi toccò di fare).

« Francesi!

L'Austria, facendo entrare il suo esercito sul territorio
del Re di Sardegna, nostro alleato, ci dichiara la guerra,
e viola così i trattati, la giustizia, e minaccia la nostra
frontiera. Tutte le grandi Potenze protestano contro questa
aggressione. Avendo il Piemonte accettate delle condizioni
per assicurare la pace, si dimanda il perchè di questa invasione improvvisa: gli è che l'Austria ci ha spinti a tal
estremo, che bisogna o ch'essa domini sino alle Alpi, o
che l'Italia sia libera sino all'Adriatico; perchè in questo
paese, ogni angolo di terra rimasto indipendente è un
pericolo per il suo potere.

Sin qui la moderazione fu la norma della mia condotta; ora l'energia diventa il mio primo dovere.

La Francia adunque si armi, e dica risolutamente al-
l'Europa: — Io non voglio conquiste, ma voglio mantenere senza debolezza la mia politica nazionale e tradizio-
nale; io osserverò i trattati, a patto che non si violeranno
contro di me; rispetterò il territorio e i diritti delle Potenze neutrali, ma dichiaro altamente la mia simpatia per
un popolo, la cui storia si confonde colla nostra, e che
geme sotto l'oppressione straniera —.

La Francia ha mostrato il suo odio all'anarchia; essa
ha voluto darmi un potere abbastanza forte per ridurre
all'impotenza i fautori di disordini e gli uomini incorreggibili degli antichi partiti, che vedonsi continuamente

patteggiare coi nostri nemici; ma non per questo essa rinunziava alla sua missione incivilitrice. I suoi alleati naturali sono sempre stati quelli che vogliono il perfezionamento dell'umanità: e quando essa snuda la spada, nol fa per dominare, sibbene per liberare.

Adunque lo scopo di questa guerra è di restituire l'Italia a sè stessa, non già di mutarle padrone; e noi avremo ai nostri confini un popolo. amico, che ci dovrà la sua indipendenza.

Noi non andiamo in Italia per fomentarvi disordini, o scuotervi il potere del Papa, che abbiam riposto sul trono; bensì per sottrarlo a quella pressione straniera che si aggrava su tutta la Penisola, ed ajutare a fondarvi l'ordine su interessi legittimi e soddisfatti.

Noi finalmente andiamo su quella classica terra, illustrata da tante vittorie, a ritrovar le orme dei nostri padri : faccia Dio che noi siamo degni di loro!

Andrò fra poco a pormi alla testa del mio esercito, lasciando in Francia l'Imperatrice e mio figlio: secondata dall'esperienza e dal senno dell'ultimo fratello dell'Imperatore, ella saprà bastare alla sua missione.

Io li affido al valor dell'esercito che resta in Francia per vegliar sulle nostre frontiere, e per proteggere i domestici lari; li affido al patriotismo della guardia nazionale; finalmente li affido a tutto quanto il popolo, che li circonderà di quell'amore e di quell'ossequio, di cui ricevo tutti i dì tante prove.

Coraggio adunque e concordia! il nostro paese sta per mostrar di nuovo al mondo, ch'ei non è tralignato.

La Provvidenza benedirà i nostri sforzi, essendo santa agli occhi di Dio la causa ch'è fondata sulla giustizia, sulla umanità, sull'amore della patria e dell'indipendenza.

Palazzo delle Tuilerie, 3 Maggio 1859.

NAPOLEONE. »

Anche del seguente proclama all'esercito (il quale gareggia coi più belli di Napoleone I) non posso assicurare
l'integrità e la precisione, perchè non ne ebbi che una
copia manoscritta, in francese, da cui lo tradussi; la quale
pero concorda colla versione italiana, che ne vidi sulla
Gazzetta Ufficiale di Milano.

« Armata d'Italia — Ordine del giorno.

Soldati!
Vengo a mettermi alla vostra testa per condurvi alla
battaglia. Noi andiamo a secondare la lotta di un popolo che va rivendicando la sua indipendenza, ed a sottrarlo dall'oppressione straniera. Questa è una causa santa,
che ha le simpatie di tutto il mondo incivilito.

Non ho bisogno di stimolare il vostro ardore. Ogni
tappa vi rammenterà una vittoria. Nella Via Sacra del-
l'antica Roma le inscrizioni si scolpivano nel marmo per
rammentare ai popoli le sue alte geste. Nella stessa maniera a' dì nostri, passando voi per Mondovì, Marengo, Lodi,
Castiglione, Arcole, Rivoli, camminerete in un' altra Via
Sacra frammezzo a quelle gloriose memorie.

Conservate quella disciplina severa che è l'onor del-
l'esercito! Qui, non iscordatevelo, non ci sono altri
nemici da quelli che si battono contro di voi. Nella battaglia rimanete compatti, e non abbandonate le vostre file
per correre avanti! Diffidate di un soverchio slancio!
Questa è la sola cosa ch'io temo.

Le nuove armi di precisione non sono dannose che da
lungi: esse non impediranno alla bajonetta d'essere,
come una volta, l'arma terribile della fanteria francese.

Soldati! facciamo tutti il nostro dovere e mettiamo
in Dio la nostra fiducia! La patria si aspetta molto da voi.
Già da un capo all'altro della Francia risuonano queste

paro.e di lieto augurio: — La nuova armata d'Italia sarà degna della sua maggior sorella —.

Genova, 12 maggio 1859 ».

Qui ha fine il mio lavoro biografico; e questo capitolo riesce assai più breve degli altri: ma pei lettori italiani dev'essere il più lungo e più importante, perchè lo proseguiranno essi medesimi colla mente, col cuore e colla mano.

FINE

RECENTI PUBLICAZIONI DEL DOTTOR FRANCESCO VALLARDI

TIPOGRAFO-EDITORE IN MILANO, CONTR. S. MARGHERITA N. 5.

# LA PICCOLA GUERRA

### SECONDO

## L' INDOLE DELLA STRATEGIA MODERNA

##### PER

## DE-DECKER

###### GENERAL MAGGIORE AL SERVIZIO DI PRUSSIA

#### NUOVA VERSIONE ITALIANA

## SULLA FRANCESE DI L. A. UNGER

##### PER CURA DI

## CARLO MEZZACAPO

###### GIA' TENENTE COLONNELLO DI ARTIGLIERIA

Un volume in 16.º piccolo di pagine 448,
corredato di 8 tavole incise.

# CARTE GEOGRAFICHE

**Gran Carta d'Italia**, in 15 fogli, nella proporzione di 1 a 600,000, dell'illustre geografo Zuccagni Orlandini.

**Carte speciali dei singoli Stati d'Italia**, in foglio imperiale:

| | |
|---|---|
| Lombardia . . . . . . . . . . . . | in un foglio |
| La Venezia . . . . . . . . . . | *idem* |
| Stati Sardi di terra ferma . . . . | *idem* |
| Ducato di Parma e Piacenza . . . . | *idem* |
| Ducato di Modena e Reggio. . . . | *idem* |
| Toscana. . . . . . . . . . . . | *idem* |
| Stato Pontificio . . . . . . . . | *idem* |
| Regno di Napoli. . . . . . . . | *idem* |
| Regno di Sicilia . . . . . . . . | *idem* |

**70 Carte speciali**, in grande scala, delle Provincie in cui sono divisi gli Stati d'Italia, con piccole Piante delle Città capiluogo.

**33 Piante delle Capitali e principali Città d'Italia.**

Tutte le suindicate Carte, che servono eccellentemente per lo **studio del teatro della guerra** in qualunque parte d'Italia ch'essa si trasporti, vendonsi separatamente **a modico prezzo.**

Dal suddetto trovansi **tutte le Pubblicazioni Geografiche** di altri Editori.

SOTTO I TORCHI :

# STUDI
## TOPOGRAFICI E STRATEGICI
### SULL'ITALIA

#### PER LUIGI E CARLO MEZZACAPO

Un volume in 16.º grande di circa 640 pagine.

---

# MEMORIALE
PEI
# LAVORI DI GUERRA

DEL GENERALE

## G. H. DUFOUR

ANTICO UFFIZIALE DEL GENIO, ECC, ECC.

### VERSIONE ITALIANA

#### SULLA TERZA EDIZIONE FRANCESE

RIVEDUTA E CORRETTA

## DA CARLO MEZZACAPO

GIA' TENENTE COLONNELLO DI ARTIGLIERIA

Un volume in-16.º piccolo di circa pag. 576
corredato da 15 tavole incise.

APERTA L'ASSOCIAZIONE ALL'OPERA:

# L'ITALIA

## SOTTO L'ASPETTO

# FISICO, MILITARE, STORICO, STATISTICO ED ARTISTICO

OPERA COMPILATA PER CURA

## DEI SIGNORI LUIGI e CARLO MEZZACAPO

COLLA COLLABORAZIONE

**dei Signori: CESARE CORRENTI,**
**Prof. EMILIO CORNALIA, Prof. FILIPPO DE-FILIPPI,**
**Dott. PIETRO MAESTRI, Prof. CRISTOFORO NEGRI,**
**Dott. GIUSEPPE SACCHI,**
**March. PIETRO ESTENSE-SELVATICO,**
**e di altri insigni Scrittori,**

ILLUSTRATA

DA PIÙ CHE 500 INCISIONI IN LEGNO INTERCALATE NEL TESTO;
CORREDATA DA UN ATLANTE COROGRAFICO,
STORICO E MILITARE DI 185 CARTE INCISE IN RAME;
E ACCOMPAGNATA DA UNA GRAN CARTA TOPOGRAFICA D'ITALIA IN 15 FOGLI
NUOVAMENTE INCISA IN RAME SUL CONTORNO DELLA CARTA
DEL PROF. ZUCCAGNI-ORLANDINI.

———————

Il testo sarà diviso in cinque volumi, il primo dei quali tratterà tutta la materia topografica e strategica, considerando la superficie del suolo italiano secondo le sue partizioni orografiche e le sue naturali disposizioni.

Il secondo e il terzo volume porgeranno un compendio delle storie italiane, in cui si ritrarrà tutto il passato della nostra patria e si discorreranno principalmente le sue fortune belliche, e il genio, e le vicende delle sue istituzioni militari.

Il quarto conterrà la geologia, la fauna, la flora e statistica, e ritrarrà il presente.

Il quinto volume sarà una nuova maniera d'itinerario e di guida per gl'Italiani, che hanno la fortuna di poter visitare e cercar in ogni sua parte il proprio paese. In questo volume si divideranno per ordine i luoghi e le cose notabili da sapersi e da vedersi; e l'itinerario sarà preceduto da una breve storia delle arti del disegno in Italia, che sono tanta parte della nostra grandezza passata.

IN CORSO D'ASSOCIAZIONE:

# IL MUSEO
## DELLE SCIENZE E DELLE ARTI

DEL

### DOTT. DIONIGI LARDNER

PROFESSORE EMERITO DI FISICA E ASTRONOMIA AL COLLEGIO DELL'UNIVERSITA' DI LONDRA,
DOTTOR IN LEGGE DELLE UNIVERSITA' DI CAMBRIDGE E DI DUBLINO,
MEMBRO DELLE SOCIETA' REALI DI LONDRA E DI EDIMBURGO, ECC., ECC.

### PRIMA TRADUZIONE ITALIANA
#### DALL'ORIGINALE INGLESE

con note ed aggiunte per cura dei più distinti professori
in ciascuna materia.

### OPERA ILLUSTRATA DA CIRCA 1000 INCISIONI

La Collezione completa dei differenti trattati formerà **sei eleganti
volumi in 8.º** ognuno dei quali sarà di circa 50 in 60 fogli d'otto
pagine l'uno.
Il prezzo di ciascuna dispensa (16 pagine in 8.º grande) è di Centesimi 25 di franco.
Ogni sabato di ciascuna settimana si publicano due dispense, e così
di seguito fino al compimento dell'opera.

### Distribuzione dell'Opera:

## VOL. 1. — LA TERRA.
## VOL. 2. — IL CIELO.
## VOL. 3. — FISICA.
## VOL. 4. — MECCANICA E INDUSTRIA.
## VOL. 5. — MEZZI DI COMUNICAZIONE.
## VOL. 6. — STORIA NATURALE.

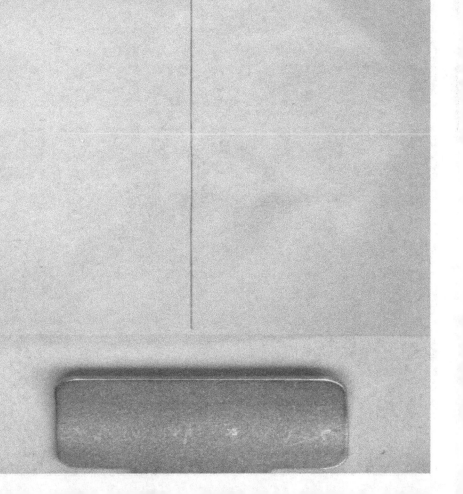

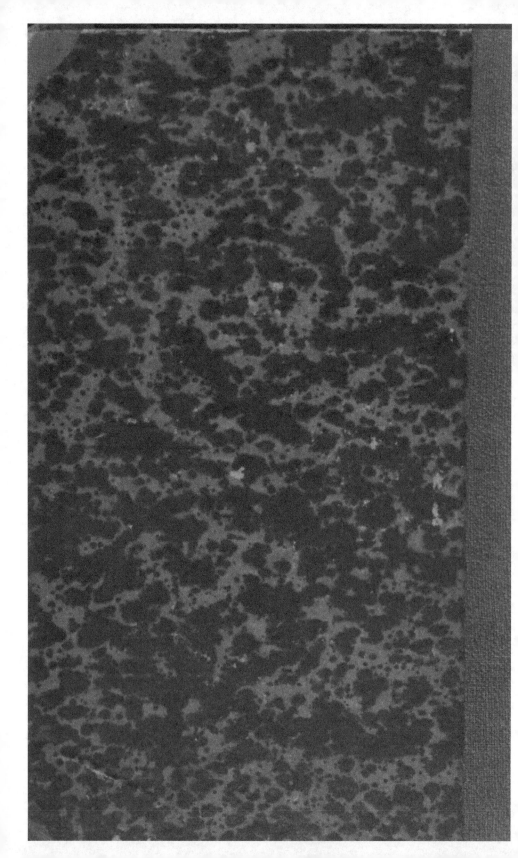

CPSIA information can be obtained
at www.ICGtesting.com
Printed in the USA
BVHW071030150819
555975BV00016B/1375/P